저자 **고경아**

우리는 지금 예전에 비해 문화적으로나 정신적으로
너무나 빠르게 변화되는 시대에 살고 있습니다.
매일 달라지는 이러한 흐름 속에서
나 자신을 지키며 사는 것은 혼자만의 노력도 책임도 아닙니다.
사람 人 글자는 기대어 사는 우리들의 모습을 말해줍니다.
사람은 사람끼리의 대화에서 위로받고 해결책을 찾아갑니다.

이에 타로카드는 단순히 미래만을 예측하는 것이 아니라
사람들의 닫힌 마음의 문을 열고 미지의 시간에 대한 두려움을 완화시키며
서로에게 용기를 주는 가장 인간적인 소통 방법이 될 수 있을 것입니다.
저 역시 오랜 세월 손님들의 애환을 상담해 오면서
보다 더 효과적인 상담 방법이 있을지 늘 고민해왔습니다.

소박하게 시작한 타로카드를 많은 분들이 사랑해 주신 덕분에
그 힘을 바탕으로 다양하고 폭넓은 K-타로의 영역을 넓혀가고자 합니다.
현재는 세계 인류의 시원(始原)인 마고의 정신을 기리고
오늘날에 되살리는 '국제마고선도회'를 운영하고 있으며
좋은 인연으로 맺어진 여러분들과 함께 활동하고 있습니다.

PRIME MUSE

GOLDEN AGE CO.

만신 2 참 고 서

만신 承 - 잊혀진 신과 영웅의 이야기

저자	고경아
초판 1쇄	2022년 3월 14일
출판사	황금시대
주소	서울특별시 강남구 봉은사로68길 75, 우리빌딩 2층
출판등록	2016년 12월 8일(제2016-000372호)
공식판매처	프라임뮤즈

대표전화	070-7764-7070
강의문의	010-7141-8794
Homepage	www.primemuse.com
E-mail	support@primemuse.com

ISBN : 979-11-91632-10-1

만신 2

만신 承 - 잊혀진 신과 영웅의 이야기

참 고 서

고경아 지음

차 례

만신 承 - 잊혀진 신과 영웅의 이야기

많은 분들이 만신 타로카드를 활용하며 보여주신 애정에 감사드립니다.
이번에 더욱 심도 있는 자료를 기본으로 한 작품을 만들고자 노력하였고
만신 1(起)편에 이어서 만신 2(承)편을 줄간하게 되었습니다.

타로카드만으로는 조금 이해가 어렵고
깊이 있는 리딩이 힘들다는 여러분의 의견을 반영하여
어떻게 하면 더 쉽게 카드에 다가갈 수 있을까 고심하였습니다.

우리나라의 무속은 한민족의 얼을 담고 있는 귀한 문화 유산이며
오늘날에도 살아 숨 쉬는 삶의 일부입니다.
이제 우리 자신의 것들과 조상 대대로 내려오는 전통이
세계적인 경쟁력이 되는 시대가 되었습니다.

우리나라는 아름다운 강산과 함께 뛰어난 영적 문화를 소유하고 있습니다.
외국에서 들어온 것만이 우수하다는 인식을 버리고
가장 가까이에 있던 이야기부터 귀를 기울였으면 하는 바람입니다.

이번 편에도 모든 내용을 다 담을 수는 없었지만
그래도 잊혀졌던 전설의 한 조각이나마
오늘날에 되살려보고자 하는 저의 노력이 보탬이 되었으면 합니다.

감사합니다.

2022년 봄 어느날 고경아

각 카드마다 신령들의 세부 설명은 아래와 같이 분류하였다.

① 존호 - 신의 이름
② 신위 - 신의 위치
③ 신적 - 신의 출신
④ 신계 - 신의 활동 영역
⑤ 신격 - 신의 성격
⑥ 직능 - 신의 주된 능력
⑦ 주요 기도터
⑧ 무속인과의 직접 소통 여부

신들의 위계에 대해서는 아래와 같이 분류하였다.

① **천신 - 신적(神籍)이 원래 하늘이신 신령들(때로 국조신에 일부 들어오시기도 함)**
• 상(上)으로 분류된다.
• 우리나라 신령, 외국에서 들어온 신령들이 혼합되어 있다.

② **지신 - 신적이 원래 땅과 바다, 산이신 신령들(산신, 용왕 등)**
• 중, 상(中, 上)으로 분류된다.
• 거의 우리나라 토착신인 경우가 많다.
• 한 때 사람이었으나 사후 지신으로 분류되어 추존되기도 한다.
• 산신은 각 산의 특성을 반영하고 강과 바다의 용왕도 마찬가지이다.
  가끔 지신들은 자신들의 회합에 상중하를 나누기도 하는 편이다.

③ **지하신 - 신적이 저승이나 명부이며 그곳을 다스리고 관할하시는 신령들**
• 중, 상(中, 上)으로 분류된다.
• 우리나라 신령, 외국에서 들어온 신령들이 혼합되어 있다.
• 사람이 사후에 지하신으로 되는 경우가 드물지만 있기는 하다.

④ **인신 - 원래 사람이었으나 사후 신령으로 추존되는 분들**
• 중, 하(中, 下)로 분류된다.
• 그 역량에 따라 마을신, 가택신을 맡는다.
• 때로 마을신은 일부 지신과 혼재되기도 한다.

⑤ **외국신 - 신적이 원래 우리나라가 아닌 신령들**
• 상, 중, 하(上, 中, 下)로 분류된다.
• 무속인의 신당에 모셔지고 굿거리에도 등장하며 지금은 우리나라에 정착되었다.

⑥ **자연신 - 자연물에서 유래한 신령들(도깨비 등)**

—

무속에서는 누구나 자신이 모시는 신령님이 최우선이고, 가장 급이 높다고 판단하기
도 하는데 이것은 어쩌면 당연할 것일 수도 있다. 먼 곳의 높은 신령님이라고 해도 당
장 나와 연관이 없고, 나의 생활에 큰 영향력을 행사하지 않으니 자신과 직접적으로
소통하는 신령한 존재만이 부각되기 때문이리라. 그렇다고 해서 신들의 세계에 위계
질서가 없다고 부정만 해서도 곤란하다.

—

이 신들의 분류표가 완벽하다고 할 수는 없을 것이다. 앞으로 더 많은 연구를 하시는
분들이 나와서 조금 더 체계적이면서 알찬 내용을 덧붙여주시기를 기대해본다.

메이저

—

Major Arcana

00 초립동 | The Fool

생애 처음 먼 길을 떠나는 초립동은 우리들 인생에 한번쯤은 겪었을 법한 청춘의 모습이다. 작은 봇짐을 메고 어설프지만 활기차게 그는 길을 떠난다. 하지만 때마침 어슬렁거리던 호랑이가 초립동을 발견했다. 호랑이는 또한 초립동에게 들키지 않으려는 듯 살금살금 그의 뒤로 접근한다. 앞으로 어떤 일이 벌어질까? 초립동의 앞에는 절벽이, 뒤에는 호랑이가 있다. 그 모든 것을 모른 채 마냥 즐겁기만 한 젊은이.

초립동은 도령신에 해당한다. 아직 성숙한 어른이 되지 못하였지만 아이(동자)의 티를 막 벗은 신령이다. 지나치게 긍정적이고 쾌활한 나머지 뒷수습이 안된다.

생각해보기

인생사의 여러 고난은 내가 겪어서 고생인 것인데, 모른 채 지나간다면 그것은 행운일까? 많은 것을 생각해 보게 하는 카드이다. '바보'를 상징하는 The Fool은 단순히 어떤 인물만을 가리키는 것이 아니다. 아무리 지혜로운 자라도 살아가면서 바보스러운 짓을 한번쯤은 했을 것이고, 또는 자신이 의도하지 않는 고난에 처한 적이 있을 것이다. 반면에 자신이 깨닫지 못하는 사이에 큰 위험이 무사히 지나가는 경우도 있다. 인생은 어쩌면 어린아이 같은 초립동의 마음으로 살아가야 하는 것은 아닐까? 어쩌면 내가 운명을 직접 결정할 수 없다는 것이 운명의 비밀일지도 모른다.

적용

당장은 결과를 알 수 없다. 위기에 처했다고 볼 수도 있고 조심하라고 일깨워 주는 카드이기도 하다. 하지만 대처할 방법이 있는가? 없다고 본다. 대처법을 안다면 바보가 아닐 것이기 때문이다. 종잡지 못하는 인물, 안개정국으로 보이는 일들, 미성숙한 판단. 여러 가지 종합적으로 추론해보자.

- **재물운** - 횡재수가 있지만 그다지 바람직한 출처는 아니다. 또는 금방 사그러드는 재물이다.
- **애정운** - 성급하게 시작하거나 끝나는 사랑. 예상외의 만남이거나 충동적인 사랑이다.
- **이동운** - 갑자기 움직일 일이 생긴다. 여행이나 먼 곳으로 다녀와야 할 일이 생긴다.
- **건강운** - 심각한 질병은 아니지만 낙상이나 골절 등, 가벼운 위험이 예상된다.

분류

① **존호** : 소립동
② **신위** : 하(下) - 인신 계통
③ **신적** : 우리나라
④ **신계** : 집 안팎, 사람이 있는 곳을 좋아한다.
⑤ **신격** : 매우 명랑하고 호기심이 많으며 도전정신이 강하다. 고위 신으로부터의 공부가 많이 필요하다.
⑥ **직능** : 새로운 일이나 인물에 지대한 관심이 많으니 때로 점사를 볼 때에도 도령신으로 등장하기도 하고 다른 고위 신의 시중을 들기도 한다.
⑦ **주요 기도터** : 특정 기도터가 없다.
⑧ **무속인과의 직접 소통 여부** : 가능

돋보기

까치 호랑이 민화(虎圖)

민화는 우리네 민중의 삶 속에서 즐겨 그려지고 이용되던 그림이다. 그다지 부귀한 집이 아니더라도 집안에 좋은 운을 불러들이는 그림을 하나 둘씩은 붙여놓았는데 가족의 장수와 건강을 상징하는 그림들이나 자손들이 잘되는 그림 등이었다.('문자도'라고 해서 문자에 그림을 올려서 붙이는 것도 유행했고 잉어나, 모란 등 다복과 부귀를 상징하는 많은 것들이 소재로 그려졌다) 민화는 자유분방한 그림체와 색감이 아주 다채로운데 19세기에 접어들면서 까치와 호랑이 등, 사람들의 지위와 역할을 대신하는 의미가 부여되었다. 까치는 힘없는 민초를 대변하고 호랑이는 탐관오리를 나타내었다. 대부분 까치에게 쩔쩔 매는 호랑이로 묘사하였는데 그 모습이 우스꽝스럽기도 하고 무서운 인상이 아니어서 나중에는 정감이 가기도 하였다. 호랑이 자체가 나쁜 기운을 막아주는 뜻이 있고 까치 또한 좋은 소식을 가져다준다는 뜻이 있는데 이 카드에서는 까치는 등장하지 않고 호랑이가 먹잇감을 노리며 어슬렁거리는 모습으로 표현하였다.

관례를 축하하기 위해 작성한 문서

호랑이를 그린 민화들

■ 출처 참고 : 360p

그리스 신화 이카로스

미노타우로스를 감금했던 크레타섬의 라비린토스가 테세우스에 의해 함락되고 그가 공주 아리아드네와 함께 도주하자 미노스왕은 이에 대한 죗값으로 라비린토스를 설계했던 다이달로스와 그의 아들 이카로스를 미궁에 감금했다. 다이달로스가 더는 라비린토스와 같은 미궁을 짓지 못하도록 그 탑의 꼭대기에 가두어 놓았다는 설도 있다. 다이달로스는 크레타를 탈출하기로 결심하고, 새의 날개에서 떨어진 깃털을 모아 실로 엮은 후 밀랍을 발라 날개를 만들었다. 다이달로스는 아들 이카로스에게도 날개를 달아 주며 비행연습을 시키고 함께 탈출할 계획을 세웠다. 그는 아들에게 "너무 높이 날면 태양의 열에 의해 밀랍이 녹으니 주의하고, 너무 낮게 날면 바다의 물기에 의해 날개가 무거워지니 항상 하늘과 바다의 중간으로만 날아라." 라고 단단히 주의를 주었다. 탈출하는 날, 날개를 단 다이달로스와 이카로스는 하늘로 날아올랐다. 이카로스는 자유를 만끽하느라 아버지의 경고를 잊고 지나치게 높게 날고 말았다. 결국 태양의 뜨거운 열에 의해 깃털을 붙였던 밀랍이 녹아내렸고, 날개를 잃은 이카로스는 바다에 떨어져 목숨을 잃었다. 이 때 이카로스가 떨어져 죽은 바다가 '이카로스의 바다'라는 뜻의 이카리아 해이다.

05 06

옛날 어느 초립동이 서당에 다니고 있었다. 그런데 하루는 서당에 가는 길에 큰 뱀이 길을 가로막고 비켜주지 않았다. 초립동은 마침 도시락을 싸가지고 가던 터라 밥을 조금 떼서 주었다. 뱀은 그것을 먹고는 길을 비켜주었다. 몇 년을 그리하고 나니 뱀은 정이 들었는지 어느 날 강아지마냥 꼬리를 치면서 따라오기 시작하는 것이었다. 뱀은 초립동을 백사장으로 데리고 가더니 '암하불선(巖下不船)허니 낙유도두(洛油掉頭)'라는 글자를 썼다. 시간이 흐른 후에 초립동이 장가를 가게 되었는데 어느 해변에서 배를 타게 되었다. 거기에서 불현듯 바위가 있는 곳에서 배를 타지 말라는 뱀의 글자가 떠올랐다. 그래서 초립동은 그 다음 배를 타고 갔는데 아니나 다를까 먼저 배는 부딪혀서 침몰을 했고 초립동은 뱀이 은혜를 갚는다고 생각을 했다. 장가를 갔기에 예식을 치르고 나서 저녁에 자려고 누우니 기름병 하나가 툭 떨어졌다. 낙유도두라는 글자가 다시금 초립동의 머릿속을 지나갔다. 밤이 이슥해지자 자객이 침입하여 기름 바른 머리가 신부인줄 알고(초립동이 기름을 바르고 잤음) 그 옆의 사람을 끌어내어 죽이고 말았다. 결국 초립동은 기름을 바르고 잔 덕에 목숨을 부지할 수 있었던 것이다. 자객은 신부와 사귀던 사이였는데 자기를 놔두고 다른 남자에게 시집을 가는 것이 분했던지 예식날 밤 새신랑을 죽이려 한 것이다. 앞이 분간이 안가는지라 머리를 더듬어 기름을 바른 것이 신부라고 생각하고는 그 옆의 사람을 끌어내어 죽인 것이다. 한낱 미물인 뱀도 그 은혜를 갚는다고 하며 선량하고 착하게 베풀고 살 것을 권하는 설화이다.

바보 (The Fool)

시작, 새로운 돌진, 자발적이고 자연스러운 출발과 예측할 수 없는 험난한 여정을 상징한다. 발아래의 절벽(위험)을 보지 못하고 이상만을 꿈꾸는 순수함을 지녔지만 불투명한 미래를 예상하지 못하는 어리석은 면이 있는 사람이다. 그는 자유롭지만 계획성이 부족한 성격이고, 구속을 극도로 싫어하고 여기저기 이동하는 운이 강해서 사업에서는 이동과 이사, 학업과 취업에서는 유학 및 객지의 합격운이 있다. 애정운에서는 첫사랑, 첫눈에 반한 사랑 등 순수한 애정을 나타내지만 한곳에 매이지 않는 그의 특성상 오래 이어지지 않는 단기간의 관계로 끝나는 경우가 많다. 강아지가 그의 발걸음을 막으려는 듯 또는 응원하려는 듯 발치에 머무르고 있다. 이는 그의 주변에 도와줄 만한 조력자가 있다는 것을 의미한다. 성급함을 주의한다면 밝은 미래로 기분 좋은 출발을 할 수 있을 것 같다.

❓Ⓐ 실전 상담에서 응용해보기

직장 내에서 인사 발령을 받았는데, 이로운 방향일까요? 발령지에서는 별다른 일이 없을까요?

발령지로 가게 되는 것은 갑작스러운 일이었을 것으로 보이며, 마음의 준비 없이 가게 되는 상황입니다. 혹은 계획에 없는 변동일 확률이 높습니다. 그렇기 때문에 새로 발령받은 곳에 대한 정보가 없고, 설사 정보가 있다고 해도 전혀 다른 환경이 펼쳐져 있습니다. 완전히 새로 적응을 해야 하는 상황이므로 지금까지 알고 있는 지식이나 업무 등의 정보는 쓸모없게 될 것입니다. 맞닥뜨리는 대로 잘 적응하시길 바랍니다.

소개팅을 해서 만났는데 상대방은 어떤 사람일까요?

애정을 표현하는 데 있어서 서툴고, 오해를 불러 일으킬 만한 언행을 해서 로맨스에는 적합하지 않은 사람일 확률이 큽니다. 상대의 본성, 됨됨이를 논하기 전에 로맨틱한 관계가 형성이 되어 애정의 진도가 나가는데 이 사람은 그것이 형성되기도 전에 튀는 언행을 하기 때문에 좀 아쉬운 부분도 보입니다. 미묘하게 안 맞는 느낌을 주는 사람일 수도 있겠습니다. 장기적으로 봤을 때는 좋은 사람일 수도 있으나 갑작스럽게 시작된 만남이라든지, 상대방에 대해 알지 못한 채 진행이 되었다고 보게 되므로 아쉬운 부분이 있습니다.(연애에서 더 풀 카드는 상당히 난해한 카드. 상황과 성향에 맞게 잘 분석해야 한다)

중요한 계약을 앞두고 있습니다. 이 카드가 나왔습니다. 이 계약을 성사시키는 것이 나에게 이로울까요?

그 계약은 무산되는 것이 오히려 이로울 수 있습니다. 쌍방이나 혹은 어느 한쪽이 제대로 파악되지 않은 상태이며, 두 사람 모두 이 계약 건에 대해서 적절한 조건이 제시되지 않은 상태로 보입니다. 그래서 더 치밀한 준비와 계약 조건을 살펴보는 것이 이롭습니다. 만일 그렇게 대비하지 않은 경솔한 계약이라면, 분명히 어떤 문제가 불거질 것으로 예상됩니다.

❓Ⓐ 무속인을 위한 실전상담

산 기도를 갔다 왔는데, 기도가 잘 되었는지 보니 더 풀 카드가 나왔습니다. 기도가 잘 된 걸까요?

기도 가는 장소와 날짜가 본인과 맞지 않았습니다. 기도를 엉뚱한 데에 드렸을 확률이 높으며, 혹은 급한 기도가 아닌 다른 기도를 드렸을 가능성도 높아 보입니다. 본인에게 맞지 않는 기도를 한 상황으로 예상됩니다.

손님의 천도재를 지냈는데 이 카드가 나왔습니다. 결과가 어떻게 된 것일까요?

천도가 거의 되지 않았습니다. 설사 천도의 주인공인 그 영가가 천도되었다 하더라도 나머지 천도되지 않은 무리들이 일부 남아있어서 깔끔하게 진행되었다고 말하기 어려운 상태입니다. 내지는 천도를 바라는 게 아닌 다른 요청이었을 수도 있습니다.

감흥신령 | The Magician

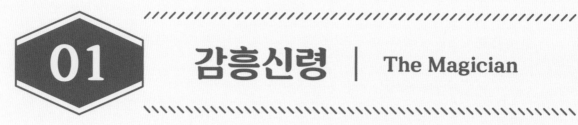

하루에 천 리를 달린다는 전설속의 준마(駿馬)를 타고 감흥신령이 먼 곳을 응시한다. 손에 쥔 부채에는 4가지 원소(컵, 지팡이, 칼, 코인)가 그려져 있다. 이는 감흥신령이 굿거리에서 여러 신령님들의 합의를 이끌어내는 역할을 연상해볼 수 있다. 그 옆에는 보좌하는 자가 양산을 받쳐 들고 있으며 어딘가를 한참 달려온 뒤에 잠시 멈추어 서서 숨을 고르는 모습들이다. 또한 감흥신령은 단군이 화한 신으로 모셔지는 경우가 많은데 고대사회는 정치적 색깔이 다양한 부족장들의 단결과 화합을 이끌어 냈어야 했던 만큼 여러 신들의 공감을 이끌 주인공으로 모셔진다고 보겠다.

본격적인 굿이 진행되기 전에 감흥굿이 되지 않으면 그날은 굿을 할 수가 없다.
모든 신령이 동참하는 출발지점. 4대 원소를 모두 능수능란히 다루는 매지션 카드에 배치하였다.

생각해보기

4대 원소(물, 불, 공기, 흙)는 세상 만물과 더불어 살아가는 사람들의 삶에도 반영되었다. 자연의 이치는 사람에게도 통하는 것이다. 목화토금수(木火土金水)로 물, 불, 공기, 흙에서 공기가 빠지고 나무와 금이 덧붙여진 형태로 보는 학문도 있다. 하지만 지팡이(완드카드)가 나무를 상징하고 코인(혹은 펜타클)이 금의 성질을 일부 드러내는 엽전 등을 응용하여서 여러 가지로 생각해보면 재밌는 조합이 될 것이다.

적용

큰 행사에 초대되어 제 시각에 맞추어 가야하는 의미를 함축한다. 거창한 일을 곧 앞두고 있으니 행사의 규모를 짐작할 수 있다. 서로 다른 존재들이 합하여서 새로운 기능을 수행하며 제3의 조화로운 영역을 개척해간다. 거기에 주축이 되는 역할을 하는 사람의 중요성이 부각된다. 각각의 재능도 무척이나 뛰어나지만 전체를 위해서 조화를 이룬다면 더 큰 일을 수행할 수 있을 것이다.

- **재물운** - 남의 재물도 내 것으로 만들만큼 큰 능력이 있다. 무에서 유를 창조한다.
- **애정운** - 이성 교제에 자신이 있고 마음만 먹으면 얼마든지 사귈 수 있다. 인기가 많다.
- **이동운** - 목적이 분명한 이동이다. 그다지 멀지 않은 곳으로 간다.
- **건강운** - 평소 체력을 잘 분배한다면 큰 염려는 없다.

① **존호** : 감흥신령
② **신위** : 중상(中上) - 단군으로 보는 경향이며 국조신 계열을 참고해 볼 수 있다.
③ **신적** : 우리나라
④ **신계** : 전국
⑤ **신격** : 호방하며 은둔하지 않고 활동무대가 넓음
⑥ **직능** : 굿의 초반에 여러 신령들이 함께 참여할 수 있도록 그 문을 연다. 또는 단군을 몸주신으로 하는 곳에서 활동
⑦ **주요 기도터** : 단군전 또는 국조신을 모시는 사당 등
⑧ **무속인과의 직접 소통 여부** : 굿을 진행할 시에 만신들의 몸에 실려서 공수를 준다.

돋보기

일산

뜨거운 햇볕을 가리기 위한 큰 비단 양산을 말하는데 고관대작들이 평소에 자신의 신분을 과시하기 위한 수단으로 사용되었던 것 같다. 귀족들의 행차를 그린 고분벽화에는 이러한 일산에 대한 그림을 다수 볼 수 있으며 국가적인 예식이나 의례에는 특히나 더욱 활용되었다.

01

만인산(萬人傘)
고을 사람들이 지방관리의 공덕을 기리며
감사의 표시로 바친 일산

적토마

매우 빨리 달리는 튼튼한 말은 영웅과 동반하여 자주 등장한다. 무신도, 특히 장군도에는 말이 자주 나오며 전쟁터에서 주인을 태우고 종횡무진하였던 용감함을 상징한다. 다른 나라 영웅의 일대기에도 말은 곧잘 등장한다. 고대로부터 말을 다룰 줄 아는 민족은 기동성으로 인해 대륙을 정복하고 통치하는데 용이하였다.

02

삼국지연의 등장인물 관우가 탔다고 전해지는
적토마와 그 마부의 탱화

■ 출처 참고 : 360p

그리스 신화 아폴론

아폴론은 그리스 신화에 나오는 태양과 예언 및 광명, 의술, 궁술, 음악, 시를 주관하는 신이다. 제우스와 레토 사이에서 태어난 아들이며 아르테미스와는 남매지간이다. 올림포스의 12신에 속한다. 월계수와 리라, 활과 화살, 백조, 돌고래가 대표적인 상징물이다. 아폴론은 대개 머리에 월계관을 쓰고 손에는 리라를 든 훤칠하고 준수한 미남으로 묘사되며, 그래서 여성 및 남성과 사랑을 나누는 이야기가 많다. 또한 헤르메스가 선물로 준 리라를 잘 연주하고 활도 잘 쏠 줄 알았다. 종종 밝게 빛나는 자라는 뜻을 지닌 '포이보스'라는 별칭으로 불린다.

그리스 델포이 신전의 흔적

터키 안탈리아 신전의 잔해

감흥화, 지화 혹은 신령들의 꽃

감흥화는 감흥신령을 기리는 꽃이다. 동·서·남·북·중앙을 상징하는 빨간색, 노란색, 파란색, 검은색, 흰색 등의 오색으로 만들어지기 때문에 이 꽃을 한편에서는 오색감흥화라고도 한다. 굿거리에는 늘 이런 지화(종이로 만들어진 꽃)를 가득 올리는데 그날 굿의 주인공이신 신령님을 상징하는 여러 가지 색의 꽃을 특징적으로 올리기도 한다. 특별히 감흥신령의 꽃은 거의 모든 색을 망라하고 있는데 아마도 여러 신령의 합의를 이끌어내는 분이기 때문은 아닐까 싶다. 우리나라의 설화에는 '서천꽃밭'이라고 하여 이는 이승에서 저승을 거치는 구역을 가리킨다. 무섭고 침침한 곳이 아닌 꽃밭으로 죽음의 세계를 묘사한 것이 이채롭다. 아무튼 여기에도 오색 꽃이 피며 각각 사람을 살리거나 멸망에 이르게 하는 등의 다양한 기능을 수행한다. 그렇기에 굿상에 꽃이 오르는 것은 당연한 차림인 듯하다. 굿이 끝나고 나면 정갈한 장소에서 지화들은 모두 불에 태워서 깨끗하게 소각했다. 아마 연기 속에 꽃까지 실어서 신령님께 올리는 행위가 아닌가 한다.

초감흥거리

감흥화

> **감흥신령의 어원과 특이한 직능(감응, 가망은 거의 같은 뜻)**
>
> 가망은 무속에서 가장 근원이 되는 신령의 이름이다. 그래서 서울굿의 부정청배 첫머리에 '영정가망 부정가망'으로 불린다. 본향을 쳐들기 전에 반드시 거론되어야 하며, 조상을 부르기 전에 말명이나 대신보다 먼저 불러야 하는 신격이다. 또한 망자가 저승으로 가기 위해 반드시 도움을 받아야 할 신이 가망이다. 서울굿에는 산거리가 가망거리보다 먼저 나오지만 두 거리의 신격은 닮은 점이 있다. 가망거리에서 춤을 출 때 드는 종이를 '가망종이'라 하는데 이는 산거리에서 들고 추는 산종이와 같다. 두 종이는 각각 산과 근원의 모양이다. 터와 지역신을 의미하는 산신과 근원을 의미하는 가망신은 성격에서 상통하는 바가 있다. 서울굿에서는 부정청배를 하고 뒤이어 가망청배를 한다. 가망청배가 끝나야 재가집은 상에 술잔을 올리고 절을 한다. 가망이 와서 근원을 향한 문이 열렸기 때문에 이제 재가집은 신을 맞아들여 절을 올릴 수 있다. 부정청배에서 여러 신격을 불러들였다면 가망청배는 근원을 쳐들어 굿문을 열어 놓았기 때문에 재가집은 신들에게 인사를 올리고 굿을 시작할 수 있다. [이것은 굿을 주도하는 감흥신령의 성격을 말해준다.] 아울러 가망은 조상신과 관련이 있다. 조상거리에서는 먼저 간 조상들이 여럿 불려지는데 가망공수가 있은 후에야 굿판에 들어올 수 있다. 서울진오기굿의 뜬대왕거리에서도 동일하여 망자를 저승으로 온전하게 천도하기 위해서는 반드시 가망공수가 있어야 한다. 이처럼 가망은 신령들이 굿판에 들어올 수 있게 굿문을 여는 역할을 한다.

■ 출처 참고 : 360p

마법사 (The Magician)

매지션은 탁자에 놓인 네 가지의 마이너 원소를 모두 다룰 수 있을 정도로 다재다능하고 다방면으로 창조적인 사람을 나타낸다. 두뇌회전이 빠르고 말재주가 뛰어나며, 화려함을 즐기는 연예인 기질이 있다. 의사소통 능력과 표현력이 뛰어나 사람들과 어울리는 것을 좋아한다. 흰 백합과 빨간 장미가 잘 어울리는 매지션은 외모 또한 준수하여 인기가 많고 연예 및 예술 등의 화려한 직업이 잘 어울린다. 하지만 약간은 감정적인 성향 탓에 끈기가 부족하여 변덕스럽고 사업이나 학업에 변동이 있을 수 있다. 연애 면에서도 한 명을 꾸준히 만나기보다 짧은 인연들을 가볍게 만나는 사람이 많다. 새로운 일을 시작하는 운은 있지만 아직 꿈꾸는 화려한 미래에 비해 준비가 부족한 상태이다. 누군가에게서 도움을 받기를 바라기보나 스스로의 내실을 다져 기반을 탄탄히 하는 것이 좋을 것으로 보인다.

실전 상담에서 응용해보기

전공을 선택해야 하는 상황입니다. 나에게 맞는 진로와 추천할 만한 전공이 있을까요?

내담자에게는 타고난 아티스트적 감성과 남에게 돋보여야 하는 성향, 욕심이 강해 보입니다. 현대 사회에서 가장 많이 요구하는 인재상과 부합하기도 하지요. 주체할 수 없는 타고난 끼의 소유자이므로 실내에 앉아서 조용히 연구하는 일에는 적합하지 않습니다. 설사 가만히 앉아서 일하더라도 그것은 외부로 발산하기 위한 준비일 뿐, 막상 그런 일만 계속해야 한다면 내담자에겐 거의 고문에 가까울 것입니다. 자기 표현적이면서도 화려하고 활동적인 분야, 많은 이들과 소통하는 분야를 추천합니다.

부하 직원이 새로 들어왔습니다. 그 친구의 성향은 어떠할까요?

부하 직원이지만 다루기가 수월하지 않을 것으로 보입니다. 많은 재능을 갖고 있기 때문에 어느 한 사람에게 충성을 다하기보다는 자신의 기량을 마음껏 드러낼 수 있는 기회를 포착하는 데에 열중하는 경향이 큰 사람입니다. 그래서 모든 정보를 다 알려주면 굉장히 곤란한 상황이 펼쳐질 지도 모릅니다. 빠른 시일 내에 급성장해서 상사를 뛰어넘을 자질의 소유자이므로 비록 유능하더라도 약간은 경계해야 합니다. 자기 자신을 드러내는 데에 관심이 집중된 사람이므로 사람들을 통솔하고 책임지는 직책을 맡기에는 다소 자질이 모자란 대신, 혼자 잘할 수 있는 업무를 부여하는 게 좋습니다.

소송이 막바지에 다다랐는데, 결과가 어떻게 될 것인지 궁금합니다.

소송이 잘 되다가 끝에 가서 반전이 있을 것으로 보입니다. 만약 상대방을 상징하는 카드에 마법사 카드가 나오면 더욱 그러하므로 마지막까지 주의를 기울여야 합니다. 반대로 나 지신을 상징하는 카드로 나왔다면 나에게 승소할 수 있는 빌미가 생기니까 좋습니다. 만약 나의 변호사를 상징하는 카드로 마법사가 나오면 그는 상당히 비범한 사람이며, 낙타가 바늘 구멍을 통과하듯이 승소할 수 있는 마지막 증거까지 잡아서 제출할 수 있는 유능한 변호사입니다.

무속인을 위한 실전상담

최근 꿈을 꾸는데, 여러 신령님들께서 나타나셨습니다. 어떤 꿈일까요?

여러 신령들의 합의와 동참이 예상됩니다. 그러므로 이젠 자신의 역량을 드러내라고 하는 신호입니다. 손님이 예전보다 많이 올 수도 있고 기존 자신이 보던 스타일의 손님이 아닌 상향된 수준의 손님을 맞이할 수도 있습니다. 마법사는 감흥신령을 상징하므로 각각 개성있는 신령님들의 종합적인 활약을 예상해 봅니다.

기도 중에 평소와는 다른 신령님이 들어오신 걸로 느껴집니다. 어떻게 해야 할까요?

이름 그대로 마법사 카드처럼 다양한 직능을 수행하기 때문에 이 신령님께는 더 많은 시간과 공을 들여야 할지도 모릅니다. 또한 더 주의 집중해야 할 필요가 있습니다. 한편, 본인의 생활에 있어서도 평소와 다르게 활동적으로 진행되고, 파티나 모임에 자주 불려 다니는 등의 일들이 생길 수 있습니다. 혹은 다른 사람 굿, 다른 무속인들의 굿에 청배하러 갈 일이 있으니 참고하고 대비하시기 바랍니다.

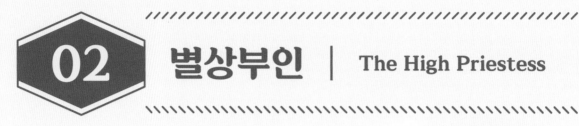
별상부인은 별상대신(대감), 혹은 별상장군의 여성화된 형상이다. 별상신의 의복과 비슷한 색깔로 갖추었으며 앞에서 시중을 드는 여인들 중의 한 명은 천연두로 인해서 얽은 얼굴을 부끄러워하고 있다. 상 위에는 자손과 다산을 상징하는 모란꽃병과 석류가 놓여있다. 대대적인 천연두나 홍역이 유행하게 되면 집안 어린아이들의 목숨을 빼앗아가기 일쑤였으니 이보다 더 무서운 것은 없었을 것이다. 이를 '마마'라고 하기도 하며 손님굿이라고 하여 별다른 굿거리를 행하기도 하였다.

여교황은 이국적인 존재이며 최고의 권력과 명예를 가진 여성이다.
외국에서 전래된 별상부인에 배치하였다. 특이한 능력과 예측되지 않는 신통을 보여준다.

생각해보기

별상에 대해서는 여러 가지 설이 존재한다. 하지만 뚜렷하게 이것이라고 할 만한 이론은 없다. 무속의 세계관은 매우 다양해서 외국에서 국내로 전해진 신령에 대해 관대한 편이기도 하고 딱히 그 신령의 유래나 역사에 선긋기를 하지 않아서 나중에 시간이 지난 후에 출처 등을 알아보려면 매우 어려움이 따른다. 또한 신령들의 성격이 혼재되어 제3의 신령님으로 화하는 경우도 심심찮게 볼 수 있다. 이는 민간신앙인 만큼 보통 사람들의 삶에 매우 밀접하게 작용하는 실질적인 의미 때문이라고 볼 수 있다. 신령님의 위계의 정확도보다는 기능에 초점이 맞추어져 있다고 보겠다.

적용

타협이나 적당한 거래가 불가능해 보이는 신령님이다. 사람 목숨의 생사여탈권을 쥐고 있는 모습은 위풍당당하고 때로는 경외감을 불러일으킨다. 따라서 속임수는 통하지 않는다. 아름답지만 때로는 비정한 일면을 같이 갖고 있다. 그래서 그 결과를 예단하기란 경솔하다고 본다. 이 카드는 대단한 지배력을 상징한다. 그렇기에 아름다운 겉모습만 보고 판단을 하거나 행동을 취했다가는 큰 봉변을 당할지도 모른다.

- **재물운** - 작고 소소한 재물이 아니라 큰 재물과 연관된다. 서류를 주고받는 의미도 있다.
- **애정운** - 자신의 스타일대로 애정을 이끌어 간다. 상대방에게 휘둘리지 않는다.
- **이동운** - 그다지 이동할 일이 없다. 필요에 의해서라면 상대방이 움직이게 되어있다.
- **건강운** - 평소에 건강하지만 체질적으로 약한 어느 부분이 탈이 나면 심각할 수 있다.

분류

① **존호** : 별상부인

② **신위** : 상(上) - 지신

③ **신적** : 외국

④ **신계** : 우리나라

⑤ **신격** : 날카롭고 예리하며 감히 종잡기 어렵다.

⑥ **직능** : 무난하신 다른 신령님들에 비해서 특이할만한 행사나 일이 아니면 자주 등장하지 않는 편이다.
그러나 한번 출현하게 되면 그날의 일은 완성도가 극히 높으니 예외가 없다. 또한 일반적으로 풀기 어려운
사건에 해법과 대안을 제시할 수 있다.

⑦ **주요 기도터** : 주왕산, 폭포가 떨어지는 기암괴석 등 일반적이지 않은 지형, 특이한 자연 지형 속에 머물러 계시기도 함.

⑧ **무속인과의 직접 소통 여부** : 주로 하위신들을 통해 알림을 주는 편이며 직접 하강하시는 법은 드물지만 간혹 있다.

돋보기

01

모란

병에 새겨진 모란꽃은 여러 가지 의미가 있다. 꽃이 화려하고 탐스러운 것은 물론 위엄과 품위를 갖춰서 부귀화(富貴花), 화중왕(花中王)이라고도 불린다. 옛사람들은 귀한 자손을 낳고 부귀하고 평안해지는 것을 바라는 마음으로 집안에 모란 그림을 걸어두곤 했었다.

「뜰 앞 작약은 요염하되 품격이 없고 / 연못 연꽃은 정갈하되 운치가 모자라지. 모란만이 천하에서 가장 빼어난 꽃 / 꽃 피는 시절이면 온 장안이 시끌벅적.(庭前芍藥妖無格, 池上芙蓉淨少情. 唯有牡丹眞傾色, 花開時節動京城.)」— '모란 감상(賞牡丹)', 유우석(劉禹錫 · 772~842)

■ 출처 참고 : 360p

전래되어 오는 이야기

천연두

천연두는 호구별상 이외에도 다양한 이름을 가지고 있다. 흔히 알고 있는 '마마', '시두(時痘)', '두창(痘瘡)'을 비롯하여 '두역(痘疫)', '두신(痘神)', '강남서신(江南西神)', '큰마마', '큰마누래', '손님마마', '역신(疫神)마마', '호귀(胡鬼)마마', '별성(別星)마마', '호구별성(戶口別星)', '강남별성(江南別星)', '호구별성마마', '시두손님', '큰손님', '홍진국대별상(大別相)', '홍진국대별상 서신국(西神國)마누라' 등 셀 수 없이 많다.

몽고군의 고려 침략(1231-1270)은 기나긴 40년간의 장기 전쟁이었으며 전 국토를 초토화시켰다. 결국 두 나라 사이에 강화가 이루어진 다음에도 몽고군은 고려의 물자를 약탈하고 공녀라고 해서 젊은 처녀들을 징발해갔다. 이때 이들의 원혼을 달래기 위해 호구(胡口) 또는 호귀(胡鬼)라는 신령이 생겨나게 되었다. 그러던 중에 15세기 중엽부터 중국에서 들어온 천연두는 다시 한 번 민중에게 큰 충격을 주었다. 천연두는 마마(媽媽), 두창(痘瘡) 또는 적사병(赤死病)이라고도 부르는 두창 바이러스에 의해 감염되어 생기는 전염병이다. 이 병은 1977년이 되어서 인류가 처음으로 박멸한 병이기도 하다. 발진과 고열과 심각한 후유증으로 얼굴에 흉터가 남은 것을 얼굴이 '얽었다'고 표현했고 이러한 사람을 곰보, 얼금뱅이라고 불렀다. 흑사병 사망자가 대략 3억 명이었는데, 천연두 누적 사망자는 10억 명이라고 한다. 엄청난 희생자가 아닐 수 없다.

병자호란 때는 청나라 군사들과 함께 천연두가 조선에 들어왔고 그 이후 전국에서 동시에 창궐했다. 천연두에 한 번 걸리면 죽든가 살아도 평생 곰보로 살아야 했기 때문에 이 병에 대한 민중들의 두려움은 매우 컸다. 천연두를 두려워했던 민중들은 이 병의 이름도 직접 함부로 부르지도 못하고 '마마'(당상관 이상의 높은 사람을 부르는 말), '별성(別星)'(궁을 지키는 수문장), '손님' 등으로 불렀다. 그런데 당시 의원과 함께 천연두에 걸린 환자를 다루었던 이가 바로 무당이었다. 예로부터 무당이 지녔던 최대의 기능은 병을 고치는 데 있었다. 과학과 의술이 발달되지 않았던 옛날 사람들에게 병은 귀신의 작용에 의한 것으로 이해되었다. 따라서 병을 고치는 것은 귀신과 교제하고 그들을 조절할 수 있는 무당들만이 가능한 것으로 믿었다. 무당은 스스로 병자의 생사를 좌우할 수 있다고 믿었고, 무당이 사는 무가(巫家)에는 역신(疫神)이 침범하지 못한다고 믿었다. 그렇기 때문에 사람들은 병이 나거나 역병이 돌 때엔 무당에게 의지하고자 했다.

천연두의 경우도 마찬가지였다. 천연두로 인한 민중의 고통은 다시 한 번 무당에게 그대로 전달되었고, 그 결과 천연두신의 관념이 형성되었다. 그리고 그 과정에서 천연두가 중국으로부터 왔다는 이유로 '호구'라는 신령과 '별성'이라는 신령이 혼합되어 '호구별성(胡口別星)'이라는 새로운 이름이 생겨난 것이다. 위에서 언급된 천연두의 여러 가지 이름 중 '강남별성'도 같은 원리로 만들어졌다. 이후 '호구'라는 말은 천연두가 집집마다 유행한다 해서 '호구(戶口)'로 한자의 뜻이 바뀌기도 하였다. 또한 '별성(別星)'이라는 말 역시, 원래 연산군, 광해군, 사도세자와 같이 왕위를 지키지 못했거나 왕위에 오르기 전 비극적인 죽음을 당했던 인물들을 평안과 재수의 신으로 신격화했을 때 사용되었던 '별상(別相)'이라는 말로 전화되어 사용되기도 했다. '호구별상'이라는 이름은 이러한 역사적 맥락 속에서 등장한 것이다.

■ 출처 참고 : 360p

여교황 (The High Priestess)

여교황은 감정적이지 않고 이성적이고 합리적인 판단을 내린다. 차분하고 조용하고, 직관력과 통찰력이 뛰어나다. 남을 사랑하기보다 자기애가 강하며, 콧대가 높아 도도하며 내면세계가 깊다. 그 때문에 연애운이 잘 풀리지 않는 경우가 많다. 보수적이며 자신이 남자를 선택하고 지배하려는 성향이 강하기 때문이다. 때로는 독신주의 성향의 여지를 상징하기도 한다. 여교황의 뒤에 보이는 두 개의 흑백 기둥은 그녀의 양면성을 나타낸다. 겉으로 보이는 것과 속마음의 생각이 다를 수 있고, 그 때문에 내숭을 떤다는 평을 받기도 하지만 그녀의 속마음을 알아차리는 사람은 거의 없다. 교사, 공무원, 종교인 등의 섬세하고 전문적이며 남을 이끄는 직업이 잘 어울리며 서비스직은 적응하기 힘들다. 금전운보다 문서와 계약운이 좋으며 돈보나 녕예가 따르는 스타일이라고 볼 수 있다.

실전 상담에서 응용해보기

교제를 잘 해온 커플인데, 궁합을 보기 위해 카드를 뽑아보니 별상부인이 나왔습니다.

당신이 남자라면, 당신은 여교황으로 나온 여자분의 손 아귀에서 벗어날 수 없습니다. 그녀는 다양한 매력의 소유자이며, 차가웠다가 뜨거워지는 등 그 매력들을 자유자재로 구사할 수 있는 능력의 소유자입니다. 한 가지만의 매력이 아니기에 거의 모든 남자들이 그 마력에 굴복하게 됩니다. 이 여성을 파악하는 것은 거의 불가능에 가깝습니다. 그 여성분을 존중해주고 그 뜻에 따라주는 것이 더 현명할 것입니다. 당신이 알고 있는 것보다 더 다양한 세계를 품고 있습니다.

직장 내에서 저의 계획서가 통과가 될 수 있을까요? 상사들의 마음에 들 수 있을까요?

결과는 좋습니다. 상사들에게 보여지는 당신의 이미지와 그 계획서는 무언가 심오하면서도 하나로 끝나지 않을 것 같은 다양하고 깊은 의미를 담고 있다는 인상을 주기 때문에 그 결과물의 후광 효과가 상당할 것으로 예상됩니다. 상사의 입장에서는 그것이 단순한 계획서라 하더라도 그 뒤에 당신의 또 다른 계획이나 의미가 있을 거라는 기대를 잔뜩 품게 될 수도 있습니다. 그러므로 그들을 만족시키기 위해 추후 진행할 계획과 노력에 준비가 필요하겠습니다. 자칫 준비가 소홀하면 알차게 준비한 계획서 이후에 오히려 상사로부터 평가 절하될 수 있겠습니다.

아내가 몸이 좀 아픈데, 이유를 모르겠습니다. 무엇 때문일까요?

당신의 아내분은 현재 두 가지 에너지가 충돌하고 있습니다. 여교황은 겉으로 보여지는 이미지와 사적인 내면의 세계가 상반되는 두 가지 세계를 다 갖춘 신비한 여성입니다. 따라서 아내분의 체질과 상황을 모두 상징하고 있습니다. 현재 몸이 아픈 이유는 활동적인 일이 필요한 시점인데 체질적으로 그런 활동에 전혀 맞지 않는 사람이거나 반대로 활동적인 체력을 가졌으나 여건 상 마음대로 활동하지 못하는 상황일 수도 있겠습니다. 그런 점에서 오는 불협화음으로 인해서 정신적인 스트레스에 노출되었을 수 있습니다.

무속인을 위한 실전상담

손님의 기도를 올려드렸는데 결과를 보려 하니 이 카드가 나왔습니다. 손님을 위한 기도가 잘 되었나요?

80% 이상 기도 성취가 있다고 볼 수 있겠습니다. 나머지 모자란 부분 역시 감안하여 2차로 기도를 드리거나, 다른 기도를 올려서 완성을 시켜야 할 의무가 남아있습니다. 미진한 부분이 조금 남아있는 상태이지만 결과적으로 손님을 위한 기도는 잘 된 것으로 보입니다.

손님의 조상에 대한 점사를 봤는데 별상부인이 나왔습니다.

그 조상님은 단순하게 파악하기 힘든 분입니다. 경솔하게 단편적으로 파악하고 그냥 조상이라고 말해서 될 일이 아니라 복합적인 상황을 고려하여 이 조상님에 대해 치밀하게 파악해야 하는 숙제가 있습니다. 별상부인은 여러 가지로 변신하는 비범한 능력이 있는 신령님이시므로, 그 조상님이 이 카드로 나타났을 때에는 오히려 무속인을 시험하시는 분으로도 볼 수 있겠습니다.

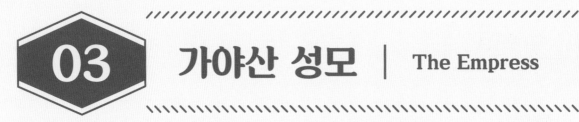

03 가야산 성모 | The Empress

우리나라 고대 가야국이라는 나라에 성스러운 산이 있으니 그 이름 역시 가야산이다. 현재도 가야산은 대단한 기운과 위용을 보이는 산으로 유명하다. 정견모주는 하늘신인 이비가지와의 사이에서 두 아들을 두었고(뇌질주일, 뇌질청예) 큰아들은 대가야의 시조가 되고 둘째 아들은 김해 금관가야의 수로왕이 되었다고 전해진다. 땅의 신인 정견모주가 하늘의 신인 이비가지를 만난 것은 천신과 지신의 결합으로 보기도 하지만 결국 지금까지 여산신이자 고대 가야국의 신으로 추존되는 것은 정견모주 뿐이다. 상아덤 바위 위에서 가야국을 내려다보며 다스리는 위엄있는 여신의 모습을 표현하였다.

제국을 다스리는 왕이면서도 여성의 아름다움을 잃지않는 여제카드에는 가야산 성모(정견모주)를 배치하였다.
여제는 자유로우며 자신의 권능만으로도 충분히 스스로를 증명할 수 있다.

생각해보기

가야산의 성모는 지금까지 그 유래가 전해 내려오는 유명한 가야산의 여산신이다. 가야산 성모를 조금 더 깊이 들여다보면 그 지역에만 국한되지 않는 방대한 세계관을 가진 고대인들의 생각을 들여다볼 수 있다. 또한 위대한 신성은 오늘날의 우리들이 본받아야 할 점들이 있다. 외래에서 들어온 환웅과 웅녀의 전설과 비교해 볼 때 여성 혼자 삶의 모든 것을 관장하고 책임을 지던 모계 사회의 일면도 생각해 볼 수 있다. 특히 남편인 이비가지는 잠시 아들을 낳을 때만 등장할 뿐 이후에는 역할이 매우 미미하다. 여제의 위풍당당한 모습과 남성 없이도 충분히 나라를 다스려가던 고대의 여왕과 여제사장의 제정일치 시대의 모습을 상상해본다. 우리나라의 옛 여신들은 특히나 혼자서 자식을 낳고 훌륭하게 키워내며, 따르는 백성들을 보호하여 많은 존경을 받아왔다. 남편이나 의지할 남성신 없이 스스로 고난의 길을 걸어가며 묵묵히 자신에게 주어진 일을 훌륭히 해내는 모습은 우리 민족의 전통적인 어머니상과도 매우 닮아있다. 이는 지리산의 성모, 신라 선도산의 성모 등 우리나라를 수호하는 많은 여산신들이 갖는 공통점이기도 하다.

적용

여성 혼자서 책임져야 할 일이나 우두머리가 되는 것을 상징한다. 또한 여성의 힘으로 큰 일을 이룬다는 의미도 함께한다. 자잘한 것에서부터 스케일이 큰 행사에 이르기까지 모든 것이 완성도 있게 이루어진다. 위대한 권력의 소유자이며 많은 이들의 존경을 받으니 부와 명예가 함께한다. 수준 높은 이성과의 교제도 상징하지만 그다지 얽매이지 않는다. 여신이 갖고 있는 힘은 지속가능한 것이며 매우 오랫동안 유효하다.

- **재물운** - 최고조의 큰 이익을 얻는다. 시간이 지날수록 더욱 공고히 되는 재물이다.
- **애정운** - 여성이 우위를 점한다. 열정적인 연애를 하지만 그다지 거기에 매이지 않는다.
- **이동운** - 잦은 이동은 없다. 현재 있는 곳에서 최선을 다하는 것이 이롭다.
- **건강운** - 여성 특유의 건강과 관련이 있으나 질병으로 보기보다는 임신, 출산 등의 경우이다.

분류

1. **존호** : 가야산 성모, 정견모주
2. **신위** : 상(上) - 지신이면서 국조신
3. **신적** : 우리나라
4. **신계** : 가야산과 가야국 전체
5. **신격** : 두루 원만하고 자애로우며 책임감이 강하다.
6. **직능** : 나라를 일으키고 백성 전반을 보살핀다.
7. **주요 기도터** : 가야산, 상아덤, 육대신장 기도터(일요암)
8. **무속인과의 직접 소통 여부** : 천제 위주의 큰 행사에 연관. 소소한 개인사에는 공수가 거의 없다.

돋보기

상아덤 바위전설

조선시대의 신증동국여지승람에서 최치원의 저서 <석리정전(釋利貞傳)>에 등장하는 내용이다. 가야의 산신(山神) 정견모주는 천신(天神) 이비가(夷毗訶)와의 사이에서 뇌질주일(대가야왕 이진아시)과 뇌질청예(금관가야왕 수로왕)를 낳았다. 정견(正見)은 불가에서 말하는 팔정도 중 한 가지로, 대구화상, 허황후 남매 전설에서 보듯 가야 신화가 전반적으로 불교의 영향을 받았음을 추정해본다. 아직도 성주군 수륜면 백운리 마을 뒤편에 가면 정견모주의 제단과 정견모주가 하늘신 이비가를 맞이할 때 탄 꽃가마가 변했다고 전해지는 가마바위(상아덤)가 존재한다.

우리나라의 신령 중에서 산신의 비율이 상당히 높은 편인데 이는 특히 산악지형이 중심이 된 구조와 그 아래 마을을 이루고 살아간 사람들의 생활상에 깊이 관여된 바가 크다. 오르지 못하는 높은 산이자 숭배의 상징이기만 한 그런 외국의 산이 아니라 한민족의 삶의 터전이었던 산이다. 한국의 산은 사람을 품어주는 산이었던 것이다. 그러면서 큰 산신은 여성신이라는 점도 특이할만한 일이다. 산신할아버지라고 하면서 흰 수염을 길게 늘어뜨린 남성형의 산신이 대표적으로 알려져 있지만 실상 산신의 시초는 여성신이었다. 가야산의 정견모주는 현재 해인사 산신각에도 모셔져 있다고 한다. 조선시대로 들어오면서 남성우월주의가 팽배하게 되고 여산신은 남산신의 모습으로 강제로 바뀌어지는 수모를 겪으며 오늘에 이르는 슬픈 역사를 갖고 있다.

가야산

김해 가야 수로왕릉

■ 출처 참고 : 360p

23

금관의 비밀

가야 고분에서 발견되는 금관은 매우 화려하고 장식적인 신라의 금관에 비해서 조금 더 단순하게 표현되었다. 비슷한 점은 곡옥(굽은 옥)을 많이 장식한 것인데 이 곡옥에 대해서는 많은 의견들이 나왔다. 뽕나무가 하늘을 상징하는 나무이며 뽕을 먹고 자라는 것은 누에라서 그것을 표현하였다고 보기도 하고, 어머니 뱃속의 태아를 상징하던가 혹은 달의 모습을 본뜬 것이라는 등의 다양한 학설이 있다. 어떤 면에서건 신성하며 하늘과 사람을 연결하는 뜻을 함축하고 있다. 고대에는 금을 하늘의 존귀한 것으로 보고 옥을 지상의 존귀한 것으로 여겨서 사람의 영혼을 보호하고 권위를 상징한다고도 보았다. 따라서 왕과 귀족층에서는 의례에 많은 옥을 사용하였다. 단순히 장식적인 의미를 떠나서 더 심오한 의미를 담고 있었던 것이다.

경주 노서동 215호 고분에서 발견된 목걸이.
금판을 금줄로 연결한 끝에 비취 곡옥이 달려 있다.

중요 인물의 닮은꼴 찾기

결혼하지 않고 자녀를 두지 않으면서 위대한 지도력을 증명한 여성 황제는 역사 속에 종종 찾아볼 수 있다. 신라시대의 선덕여왕은 남자왕 못지 않게 국가를 통치하던 강력한 여제였다. 국가와 결혼했다고 선언한 유명한 영국의 엘리자베스 1세 여왕도 마찬가지이다. 중국은 당나라의 측천무후를 예로 들 수 있는데 당시 지나친 공포정치를 행했던 이면에 백성들이 편히 지낼 수 있었다는 아이러니를 가진 여제이기도 하다. 결혼하여 자녀를 두면서도 위대했던 여제는 오스트리아의 마리아 테레지아를 들 수가 있다. 영향력이 극히 미미했던 남편은 그저 가정 내에서의 역할에만 만족을 하였고 여제 자신은 여러 국가에 걸쳐 강력한 통치력을 가지고 부흥을 주도하였다.

무능한 남편과는 금슬이 좋아서 16명의 자녀를 두었고 그중의 한명이 프랑스 대혁명의 희생자인 마리 앙투와네트이기도 하다. "역사 속에서 나보다 더 좋지 않은 상황에서 나라를 떠맡게 된 군주의 사례를 찾기는 힘들 것이다. 하지만 나의 백성들은 내 마지막 아이들이 될 것이다." 이는 마리아 테레지아 여제가 한 말로, 자신이 다스리는 국가와 사람에게 얼마나 지대한 애정을 갖고 있는지를 여실히 보여준다. 자신의 아이들도 잘 키워냈고 통치 기간 동안 위대한 업적을 지속적으로 쌓은 여제의 이미지와 잘 어울린다고 보겠다.

여제 (The Empress)

여제는 풍요와 다산의 상징이다. 화려한 것을 좋아하는 유복한 여자이며, 사랑을 받고 베푸는 것에 능숙해서 이성에게 인기가 많고 연애를 잘하는 편이다. 육체적 정신적으로 큰 병이 없고 건강하며, 여성스러운 매력이 풍부하고 꾸미는 것을 좋아해서 외모가 화려한 여성의 경우가 많다. 결혼을 할 가능성이 높고, 결혼 후에는 가정에 충실한 아내와 모성애 충만한 어머니의 역할을 모두 완벽하게 수행할 수 있는 능력이 있다. 금전적으로 부족함이 없고 자기 사업을 이끌 만한 수완도 있다. 사랑받고 싶은 욕구를 항상 가지고 있으며 안정과 편안함을 추구하지만 나태함을 주의해야 한다. 현재의 물질적 풍요로움을 당연하게 생각하지 말고, 감사하는 마음을 가진 채 하루하루를 소중히 살아간다면 타고난 운을 백 퍼센트로 발휘힐 수 있을 것이다.

Q&A 실전 상담에서 응용해보기

재혼을 앞두고 있는데, 예전 결혼 때와는 다른 이성을 만나고 싶습니다. 그런 사람을 만날 수 있을까요?

[손님이 여자인 경우] 당신을 능가하는 남자는 지구상에 없습니다. 그렇기 때문에 당신이 의지할 만한 남자를 찾는 것은 불가능에 가깝고 오히려 당신이 전과 같은 패턴으로 남자를 케어하거나 리드하는 상황이 될 것입니다. 처음 시작은 남자가 나를 이끌어주었으니 듬직하게 보였겠지만, 시간이 지나면 또 다시 여제의 역할로 돌아가게 됩니다. 여제는 영원한 여제일 수밖에 없습니다. 모든 것을 다 갖춘 여인은 단 한 가지가 부족한데, 바로 여제 위에 군림하는 남자를 찾는 것입니다. 그러므로 새로운 사랑을 하더라도 자신의 위치와 재능은 행운이라고 여기는 것이 어떨가요?
[손님이 남자의 경우] 매우 능력 있고 이해심 넓은 여인을 만나게 되어 번영과 행복을 누릴 것입니다. 평생에 다시없을 여자를 만나게 됩니다.

빌려준 돈을 돌려받아야 하는데, 과연 받을 수 있을까요?

[상대방을 상징하는 자리가 여제라면] 이 사람은 지금 형편이 괜찮은 상황입니다. 돈을 갚을 만한 재정 상태이며, 빌려준 돈을 돌려받을 수 있으니 최대한 빨리 돌려받으시는 게 좋습니다. [내가 여제라면] 그 사람에게 내가 조금 더 은혜를 베풀어야 하는 상황입니다. 그 사람으로부터 돈을 돌려받는 것은 힘들고, 돌려받더라도 그 액수는 극히 미미한 것으로 봐야 합니다.

명절 때 가족들과 모이게 되는데, 가족 회의가 있을 것 같습니다. 어떤 내용이 나올까요?

여제의 특성상 상속과도 관련이 깊은 카드이기에 집안의 유산 상속과 관련해서 화제에 오를 수도 있고, 특히 집안의 여성인 큰 어른들, 또는 능력 있는 여인 등 집안의 실세인 여성들이 주도적으로 재산 분배나 선물을 주고 받는 걸 결정하는 회의가 될 것입니다. 이러나 저러나 나쁘게 해석될 것은 전혀 없습니다.

Q&A 무속인을 위한 실전상담

최근 기도가 잘 안되는 것 같아서 카드를 뽑았더니 가야산 성모 카드가 나왔습니다.

이전에는 하나하나 개별적인 기도를 해왔다면, 지금은 스케일이 좀 더 커진 기도를 해야 하는 상황입니다. 본인 수준이나 역량이 좀 업그레이드된 기도를 올려야 하는 시점에 이르렀기에 더 많은 노력을 해야 하는 것은 분명합니다.

이번에 손님의 의뢰로 굿을 진행하게 되었는데 어떤 분을 주된 분으로 모셔야 할까요?

첫째로 가야산의 정견모주는 총체적인 여산신의 의미로도 해석됩니다. 이번에 하실 굿에서는 산신, 특히 여산신 신령님 위주로 모셔서 풀고, 그 집안의 조상을 풀 때는 돌아가신 여자 어른(할머니, 엄마)부터 대응하시길 추천드립니다.

04 옥황상제 | The Emperor

옥황상제는 도교의 최고위 신들 중의 한 분이며 우리나라 사람들의 애정이 깊은 신령님 중의 한 분이다. 두 명의 시종이 부채질을 하는 가운데 옥좌에 앉아서 지상을 내려다보며 생각에 잠겨있는 모습이다. 옥색빛의 구름은 천상세계를 상징하듯 신비롭게 드리우고 있다. 옥황상제는 영어권에서는 옥의 황제라고 하여 말 그대로 비취빛의 황제라는 뜻으로도 해석된다. 옥은 고대인들에게 더 없이 귀한 상징의 보석으로 쓰였는데 이런 의미가 천존에게 덧붙여져 옥황상제라는 이름을 낳게 된 것으로 보인다.

황제카드는 지상의 왕이지만 하늘에선 신령들의 왕이신 옥황상제를 배치하였다.
하늘에 무수한 신령이 있으나 그들도 최고 지존인 옥황상제의 다스림을 받는다는 설정이다.

생각해보기

황제의 카드 자리에 어울리는 신령님으로는 하늘에서 제일 고위신인 옥황상제로 보겠다. 지상의 통치권자인 황제도 혼자 모든 권력을 쥐고 왕좌에 앉아서 국가를 다스리듯이 하늘나라의 모든 신들의 위계에서 최고위 신은 옥황상제로 본다. 그러나 사실 옥황상제는 중국 도교에 등장하는 수많은 상제들 중의 한 분이었다고 한다. 도교가 워낙 많은 신을 숭상하기에 당연한 것인지도 모른다. 세월이 흘러서 원나라에 이르러 신들의 계보가 정리되었고 명나라 청나라의 시대를 거치면서 옥황상제가 최고신으로 받아들여지게 되었다고 한다. 도교는 관에서 주관한 것이 있고 민간도교라는 것이 있는데 특히 옥황상제는 이 민간도교에서 열렬히 추앙되었다. 예나 지금이나 민중의 애환을 함께하는 신령님이 최고인 듯하다. 한국에는 고려 말 조선초의 오래된 문헌에 간혹 옥황상제라는 명칭이 비추어지며 무속에서 받들어모시는 '천왕' 즉 하늘의 왕은 하늘임금이시라는 뜻으로 서서히 굳어지게 된다.

적용

집안에서는 올바른 어른이 다스려야 가정이 편안하고, 옛날 마을에서는 촌장, 더 나아가서 나라는 어진 왕의 치세에 백성의 삶이 평화로운 법이다. 이와 같이 신령들의 세계에서도 위계와 질서는 무엇보다 중요하다. 유능하고 실세인 인물을 나타내며 그로 인한 영향력은 가상의 것이 아닌 실체를 가리킨다. 따라서 이 카드는 눈으로 확인할 수 있는 번영과 조화의 상징이다.

- **재물운** - 한번 손에 넣은 재물은 나가지 않으며 확고부동한 금전운을 강화한다.
- **애정운** - 내 위주로 좌지우지 해야하는 점만 고친다면 자신감 넘치는 연애를 주도한다.
- **이동운** - 그다지 큰 이동은 예상되지 않는다. 현재 있는 곳에서 성과를 확인한다.
- **건강운** - 기본적으로 강인한 체력이므로 자잘한 질병에 크게 구애되지 않는다.

분류

① **존호** : 옥황상제
② **신위** : 상(上) - 천신
③ **신적** : 중국도교 또는 우리나라
④ **신계** : 하늘나라
⑤ **신격** : 호방하며 은둔하지 않고 활동무대가 넓음
⑥ **직능** : 하늘에서 신령들의 위계와 질서를 바로잡으며 하위신들의 보고를 받고 공평하게 일을 나누며 하늘의 여러 신들을 다스림과 동시에 땅 위의 인간세계를 관할하는 신들에게 분부를 내리고 그들의 활동을 확인한다.
⑦ **주요 기도터** : 강원도 태백산 천제단, 강화도 마니산 천제단, 황해도 구월산 천제단 등
⑧ **무속인과의 직접 소통 여부** : 주로 하위신들을 통해 알림을 주는 편이며 직접 하강하는 법은 거의 없다.

토막상식

천왕풀이

지역에 따라 차이는 있지만 '천왕풀이'라는 것이 있다. 무속에서 아무리 치성을 들여도 효험이 없거나 막힘이 있다고 느낄 때 '천왕을 푼다'고 한다. 즉 천왕을 풀어야지 다른 기도가 이루어질 것 같다고 판단하는 것이다. 그러나 정작 무속인들에게 천왕을 푸는 것이 무엇인가를 물으면 제대로 아는 사람은 별로 없다. 대구 쪽에는 '천왕메기'라고 해서 천왕에 대한 지신을 풀어내는 행사가 있다. 마을의 액을 쫓아내고 복을 부르는 것이다. 그러나 이에 대해서도 정확히 알려진 바는 없다. 땅 위의 신을 아무리 모셔온다고 해도 그보다 더 높은 하늘신(천왕)에서 허락이 떨어지지 않으면 되는 것이 없다고 여겼던 전통이 대대로 내려온 것이 아닐까 한다.

닮은꼴 찾기
(외국의 신들)

그리스 신화 제우스

제우스 혹은 유피테르, 주피터는 그리스 신화의 주신(主神)이다. 크로노스와 레아의 막내아들이며 포세이돈, 하데스 등과는 형제지간이다. 올림포스의 12신의 첫 번째 세대에 속한다. 번개와 독수리가 대표적인 상징물이다. 긴 수염이 나 있는 강인하고 위엄있는 남성의 모습으로 묘사되는데, 상체는 나신이며, 한쪽 손에는 번개 혹은 홀(笏)을 들고 있다. 제우스는 번개나 비 같은 기상 현상을 주재할 뿐만 아니라 세계의 질서와 정의를 유지하며, 왕권 및 사회적 위계질서를 보장하기도 한다. 또한 호색한이기도 한 그는 헤라의 질투에도 불구하고 여신이나 인간 여성 그리고 님프들과 차례대로 어울리는데 그 수가 헤아릴 수 없이 많다. 제우스의 이러한 호색한적 측면은 우주 만물은 주신의 힘과 질서와 정의를 바탕으로 형성되어 있으며, 우주에 주신의 힘과 질서와 정의가 미치지 않는 영역이 없다는 것을 상징하는 것이라고 해석할 수 있다.

■ 출처 참고 : 360p

천지왕 본풀이-무속신앙

천지왕 본풀이는 제주도에서 굿을 통해 전해져 내려오는 서사무가로 우주기원신화, 인류기원신화, 문화기원신화의 성격을 띠고 있다. 천지왕, 즉 옥황상제는 천상계의 왕으로, 천하궁이라고 하는 하늘나라 궁전에서 살고 있다고 한다. 그 능력은 온갖 조화를 부릴 만큼 상상을 초월하고 전지전능하다고 한다. 손에는 부채를 들고 있는데 그 부채는 새의 깃으로 이루어져 있으며 지휘자의 상징이라고 한다.

자미궁

옥황상제가 있는 하늘을 자미원(紫微元)이라고 하고 궁궐을 자미궁(紫微宮)이라고 한다. 우리 무가에서도 일월성신은 옥황상제라는 구절이 있다. 하늘의 별자리를 보면서 인간사의 길흉을 점치는 동양 점성학에는 '자미두수'라는 분야가 존재하는데 여기에서 나오는 자미성은 북두칠성의 기준점을 의미하며 이는 옥황상제의 궁전을 상징하는 것과 일치한다.

옥황상제의 출생이야기

도가의 신들 중 가장 지엄한 신이자 하늘의 최고 통치자인 옥황상제의 탄생설은 이러하다. 후손이 없었던 광엄묘악국의 정덕왕이 어느 날 여러 명의 도사들을 불러 모아 후손을 얻기 위한 기도를 올렸다. 몇 개월이 지난 어느 날 그의 아내이자 광엄묘악국의 왕비 보월비가 태상노군(노자의 신격화)에게 아기를 받는 꿈을 꾸었고, 얼마 뒤 아이를 잉태했다. 그들 사이에서 태어난 아기가 옥황상제이다. 그는 자비롭고 인정이 넘쳤으며, 가난한 자들에게 나라의 보물을 아낌없이 내어 주었다. 정치를 다른 이에게 물려준 다음에는 산속에 들어가 수행에 전념하였다. 옥황상제는 이후 800겁(劫)을 거쳐 도가의 비법을 깨닫고 어리석은 백성들을 구제하였다.

옥추경

옥황상제 무신도

황제 (The Emperor)

황제가 돌로 만들어진 왕좌에 앉아 있다. 그는 자신의 세력 내에서 절대적인 권력을 가졌지만 가진 것을 지키기 위해 항상 갑옷을 입고 경계하고 있다. 매우 이성적이고 권위적이며 강한 결단력과 책임감도 가지고 있다. 포부와 야망이 크고, 그것을 현실로 만들어낼 만한 충분한 능력이 있다. 하지만 그런 마음이 커지면 지나치게 독선적이거나 이기적으로 보일 수 있다. 누구도 믿지 못해 고독한 면도 있다. 연애 운에서 황제가 나온다면 나이 차이가 나는 남자, 보수적이고 카리스마 있으며 자존심이 강한 남자이지만 가정에 대한 책임감이 있고 안정적인 연애를 할 수 있음을 뜻한다. 연애보다는 결혼운이 있다. 시간이 걸리더라도 사업이나 취업은 성공할 수 있으며 자수성가를 한 오너인 경우가 많다. 집안의 아버지나 어른을 상징하기도 한다.

💬Q&A 실전 상담에서 응용해보기

최근 사업에 필요한 허가 발표를 앞두고 있습니다. 이번에 잘 될까요?

매우 긍정적인 결과를 손에 넣게 됩니다. 무엇보다도 그 허가는 당신의 사업에 있어서 굉장히 중요한 터닝 포인트가 될 것으로 보입니다. 지금까지 준비해왔던 노력에 대한 만족스러운 보상을 안겨줄 것이며 발표 결과 역시 매우 긍정적으로 보입니다. 또한 이 허가는 간단한 허가가 아니라 관공서나 국가로부터의 허가나 면허와 관련된 것일수록 훨씬 더 유리하게 진행될 것입니다.

지금 만나고 있는 사람의 성향(이 사람이 남자인 경우)이 어떤지 알고 싶습니다.

상대방이 황제 남성이라면 이 사람의 뜻을 조금 더 따라주고 리더십을 칭찬해주고 동조해주셔야 합니다. 그렇게 하면 관계는 부드럽게 진전이 될 것입니다. 또한 이 남자의 권력이나 힘에 도전하지 않으시는 걸 추천드립니다. 황제는 많은 이성들의 관심을 받을 만큼 누가 봐도 괜찮은 사람이란 뜻도 포함합니다. 하지만 만일 당신을 나타내는 카드로 여제가 나오면 상대와 당신이 균등한 힘을 갖고 만날 수 있다는 희망적인 것으로 볼 수도 있습니다. 그런 경우가 아니라면 주도권 욕심은 그저 내려놓고, 상대방이 마음에 안 드는 행동을 해도 잘난 남자 만난 탓이라 생각하고 즐겨보시는 건 어떨까요?

헤어진 연인에게서 연락이 왔습니다. 무슨 생각을 하고 있을까요?

이 사람은 황제의 기질을 갖고있기 때문에 과거 이별의 원인이었던 성격이나 기질, 스타일이 크게 변하지 않은 상황입니다. 지금 연락이 온 이유도 헤어진 요인에 대해서 반성하고 고쳤기 때문이 아니라 일말의 그리움, 미련에 의한 것일 가능성이 큽니다. 그래서 만일 혹시라도 당신이 '이 남자가 변했을까?', '이별에 대해 반성하고 바꾸려고 다시 온 걸까?'라고 생각하지 않길 바랍니다. 가볍게 한 번 만나는 건 나쁘지 않겠으나, 큰 기대는 안 하는 것이 좋습니다.

💬Q&A 무속인을 위한 실전상담

제가 기도하는 법당을 옮겼는데 옥황상제 카드가 나옵니다. 어떻게 해석해야 하나요?

무속인이 자신의 법당을 옮길 때에는 이사 가면 전입신고를 하듯이 반드시 도당 신령님들께 신고식을 치러야 합니다. 만일 본인이 모시는 주장신이 대감이나 장군 계열이 아니라면 이 황제는 이사 간 그곳 도당의 신을 나타낼 확률이 높습니다. 그곳에 가서 대접을 하시라는 표시로 나온 카드이니 한 번 찾아뵙길 바랍니다.

새로운 달을 맞이하여 이번 달에는 어떤 손님들이 오실까요?

이번 달에 오실 손님으로는 중년 남성, 사업 쪽으로 수완이 있는 중견 기업가, 혹은 터줏대감 같은 분들이 오실 것으로 예상됩니다. 여성 손님이라 하더라도 대감, 대신, 장군 조상들을 실어서 오는 경우일 가능성이 있습니다. 다양한 가능성을 예상해 볼 수 있겠습니다.

별상대감 | The Hierophant

별상은 '꼐上(별상)'으로 표기하기도 한다. 예전에는 천연두가 매우 무서운 돌림병이었으며 별다른 치료제가 없었던 터라 이를 신격화한 호구별성(戶口꼐星)으로도 모셔졌다. 서울·경기 지역의 무가(巫歌)에는 이따금 별상이 사도세자(思悼世子)로 언급되기도 한다. 별상신은 남철릭이나 홍철릭 또는 곤룡포 등을 입고 전통(箭筒)을 어깨에 메고 양손에는 청룡도와 등채(채찍)를 들었으며 의자에 앉아 있는 모습으로 묘사된다. 그 아래에는 시종 두 명이 받들어 모시는 형태로 예를 갖추고 있으며 역병을 막아준다는 처용의 가면이 상 위에 놓여져 있다.

교황은 유럽을 지배하던 위대한 신의 대리자이다. 외국에서 유입된 별상신이라 이에 배치하였다.
무섭고도 특이한 능력을 갖춘 신령이며 여타 신령과 구별된다.

생각해보기

지금도 별상신이라고 하면 제대로 설명을 할 수 있는 무속인이 많지 않다. 그만큼 특이한 신령님이다. 그 원류가 외국에서 들어온 무서운 역병이라든지 그 역병을 막아주는 처용 역시도 별상의 한 형태로 볼 수가 있었다는 것은 고대의 어느 시점에선 조선시대보다 훨씬 더 외국과의 교류가 잦았던 것을 짐작케 한다. 이는 우리 조상들이 패쇄적이고 은둔했던 나라가 아닌 대외적으로 열려있는 나라였다는 것을 짐작할 수 있다. 그렇기에 그 당시에 들어온 다양한 문물과 영적인 공감대 형성과 문화적 영향 등은 별상신의 형태로 남아서 오늘에 이른다고 보겠다. 또한 장군별상은 별상이었고, 호구별상은 별성으로 따로 구분되는 신령이었으나 지금은 통합된 느낌도 없지 않다.

적용

신앙의 최고위에 있으면서 여러 사람의 숭배를 받는 지위에 있다. 명예와 최고 권력, 그리고 타의 추종을 불허하는 신출귀몰함과 독자적 활동성, 왕 위의 왕, 제사장 위의 제사장과 같은 함축적인 의미를 갖고 있다. 나날이 새롭게 바뀌는 문화도 있지만 불변하며 전통성을 강하게 드러내는 문화도 분명히 존재한다. 의자에 앉아서 정면을 응시하는 자세는 자신감과 더불어 자신의 영역을 공고히 하려는 확고부동한 의지를 느끼게 한다. 별상신과 견줄 만한 신은 존재하지 않는다. 매우 지배적인 세계관을 가진 모습이다.

- **재물운** - 당장 현금화할 생각이 없다면 문서운과 계약에 유리한 면이 있다.
- **연애운** - 내 위주의 연애를 추구하며 대등한 관계에서의 사귐이 어렵다.
- **이동운** - 별다른 이동수가 없으며, 필요한 사람이 나를 찾아오게 하는 것이 낫다.
- **건강운** - 오랫동안 유지해 온 체질과 환경의 변화에 따른 질병일 확률이 높다.

분류

① **존호** : 별상대감, 별상대신

② **신위** : 상(上) - 지신

③ **신적** : 외국

④ **신계** : 우리나라

⑤ **신격** : 좋고 싫음, 복과 불행에 대한 경향이 매우 확실하다.

⑥ **직능** : 신이한 능력으로 해결해야 하는 어려운 문제를 수월하게 해결한다. 불가능한 것을 가능하게 하며 평이한 일에는 오히려 관여하지 않는 역설을 갖는다.

⑦ **주요 기도터** : 기암괴석, 폭포근처, 부정하지 않은 매우 청정한 공간

⑧ **무속인과의 직접 소통 여부** : 매우 드물게 직접 소통이 가능하다.

토막상식

경면주사

역병이나 까닭모를 질병에 걸리면 민가에서는 좋은 약이나 의원의 손길을 기다릴 여유가 없었다. 고관대작이나 부잣집 사람들이 아니고서는 병에 걸리면 각종 민간처방을 하면서 운 좋게 낫기를 바라는 마음 빼고는 달리 손을 쓸 수가 없을 만큼 빈곤하게 살았던 시절이었다. 특히 부적으로 병을 물리치고자 했을 때 사용되었던 경면주사는 외국에서도 오래전부터 비슷한 영적 치유력이 있는 광물로 취급되었다고 한다. 그런 힘 때문에 그것으로 부적을 제작해서 사용하면 병마가 침입하지 못한다고 믿었다. 경면주사는 한약재로도 다루어지는데 자체가 수은을 함유하고 있기 때문에 취급에 주의해야 하는 광물이기도 하다.

객귀물리기(객구물림, 주당물림)

외출 후에 집에 돌아왔을 때 몸에 이상한 조짐이 나타나거나 앓아눕거나 하면 객귀(客鬼)가 침입하여 생긴 것으로 추정하였다. 예전에 보릿고개 등을 겪으며 힘겨웠던 시절에도 잔치는 있어서 생일잔치든 혼례든 초상집이든 사람이 많은 곳을 다녀와서 탈이 나면 거의 객귀 때문이라고 판단을 하였다. 사실 사람이 많은 곳에는 병을 옮기는 사람도 다녀가기 마련이고, 형편이 좋지 않아 한동안 못먹은 사람들이 잔칫날 갑자기 배부르게 이것저것 먹는

바람에 탈이 나는 경우도 허다했다. 지금처럼 전기를 밝혀서 밤을 낮처럼 밝게 할 수 있던 시절이 아니어서, 사람들은 해가 떨어지고 나서 어둠이 찾아오면 신과 잡귀와 인간의 세상이 혼재되어 있다고 생각했다. 그렇기에 원인을 합리적으로 찾기보다는 귀신과 연관 짓기 다반사였다. 여기에 객귀물림, 즉 연고도 없고, 알 길이 없는 잡귀가 붙어서 생긴 질병은 참으로 난처한 일이었을 것이고 당연히 떨쳐버려야 하는 난제였다.

이러한 객귀물림은 지방마다 차이는 있지만 대개 비슷하다. 일단 밥과 국을 아무렇게나 바가지에 말아서 환자 머리맡에 놓고 식칼을 환자의 머리 위에 세 번 정도 돌린 다음 썩 나가지 않으면 혼을 내겠다는 식으로 으름장을 놓는다. 물론 객귀에게 하는 소리이다. 그 다음 바가지를 들고 나가면서 환자의 방에 엑스 표시를 세 번 하고 칼을 대문쪽으로 던져서 칼 끝이 밖을 향하는지 확인한다. 반대 방향이면 아직 나가지 않았다고 판단하고 다시 행한다. 이렇게 해서 밖으로 나가서 삼거리에 바가지에 담긴 내용물을 흩뿌리고 나서 뒤를 돌아보지 않고 들어오는데 교차로에서 이런 비방을 자주 행하는 것은 사람들의 출입이 매우 복잡한 곳이어서 귀신이 다시 따라붙지 못하게 하려는 의도가 있다. 지금도 현대의학이 풀지 못하는 병은 너무도 많다. 원인을 모르는 병이다. 혹시 아는가? 육체의 병이 아니라 정말 귀신이 애를 먹이고 있는 중일지도.

처용은 한국 민간전승과 무속 신앙에서 신의 하나로 숭배된다. 신라 헌강왕(憲康王 : 재위 875~886년)이 바닷가에 놀이를 와서 쉬고 있을 때, 갑자기 구름과 안개가 가려 앞을 볼 수 없었다. 일관이 동해용(龍)의 조화이니 좋은 일을 해주어 달래주어야 한다고 보고하였다. 왕이 즉시 이 근처에 용을 위한 절을 세우도록 명령하자 구름과 안개가 걷혔다고 한다. 그리하여 이곳을 개운포라 이름을 붙였다고 한다. 또한 당시에 세운 절은 현재 울주군 청량면 율리에 터가 남아 있는 망해사(望海寺)이다.

왕의 명령에 동해용이 크게 기뻐하여 바다에서 일곱 왕자를 거느리고 왕의 앞에 나타나 춤을 추고 음악을 연주하였다. 그 가운데 한 아들이 왕을 따라 서울로 와서 왕의 정사를 도왔는데, 그가 처용이다. 왕이 그에게 아름다운 여자를 아내로 삼게 하여 머물러 있도록 하고, 급간(級干)의 관등을 주었다. 아내가 대단히 아름다워 역신(疫神)이 흠모한 나머지 사람으로 변해 밤에 몰래 그 집에 가서 동침하였다. 이 때 밖에서 돌아온 처용은 두 사람이 누워 있는 것을 보고 노래를 부르며 춤을 추었다. 이에 역신은 본래의 모습을 나타내어 처용 앞에 꿇어앉아 "내가 당신의 아내를 사모해 잘못을 저질렀으나 당신은 노여워하지 않으니 감동하여 아름답게 여긴다. 맹세코 이제부터는 당신의 모양을 그린 것만 보아도

그 문 안에 들어가지 않겠다."고 하였다. 이 일로 인해 나라 사람들은 처용의 모습을 그린 부적을 문에 붙여 귀신을 물리치고 경사스러운 일을 맞아들였다고 한다.

『삼국유사』에서는 처용을 용의 아들이라고 하였으나, 처용의 신분에 대해서는 울산 지방 호족의 아들, 혹은 아리비아 상인 등의 학설이 있다.

[처용가]
東京明期月良 서울 달 밝은 아래
夜入伊遊行如可 밤 나들이 노닐다가
入良沙寢矣見昆 집으로 돌아와 이부자리를 보니
脚烏伊四是良羅 다리가 넷이구나
二兮隱吾下於叱古 둘은 내 아내의 것인데
二兮隱誰支下焉古 둘은 뉘 것인고?
本矣吾下是如馬於隱 본디 내 것이었건만
奪叱良乙何如爲理古 이미 빼앗긴 것을 어찌하리오

처용무를 추는 사람들

울산의 처용암

■ 출처 참고 : 360p

교황 (The Hierophant)

교황은 황제와는 다른 영역의 절대 권위자를 나타낸다. 금전보다는 명예운이 강하고, 지식, 배움, 단체를 위한 도덕적인 면이 있다. 보수적인 성격으로, 변화를 즐기지 않고 전통을 고수한다. 새로운 일보다 안정적인 일을 추구하며, 원칙주의자이기 때문에 융통성이 부족해 보일 때가 많은 사람이다. 직업도 교수, 강사, 작가, 목사 등으로 오랜 역사가 있고, 남을 가르치는 일이 잘 맞다. 그는 언변이 뛰어나서 주변에 사람을 잘 끌어 모으고 중재자의 역할을 자주 하지만 나서야 할 땐 나서는 행동력이 부족해서 정작 본인의 연애에는 문제가 있는 경우가 많다. 새로운 상대라면 소개팅이나 중매로 만날 가능성이 있고, 오래 만나온 상대가 있다면 결혼의 운이 있다. 학업과 취업은 누군가의 조언을 얻으면 잘 풀릴 것이고 노력한 만큼의 성과를 볼 수 있을 것이다.

Q&A 실전 상담에서 응용해보기

수술을 앞두고 있습니다. 간단한 수술이 될 거 같은데, 결과가 어떻게 될까요?

의외로 생각보다 간단하지 않은 질환으로 지속적으로 대처하고 건강을 관리해야 할 수 있겠습니다. 실제로 수술을 들어가서 확인해보니 또 다른 병이 발현되는 등의 경우가 생길 수 있습니다. 예상보다 무거운 질환이 될 수 있고, 병이 급성으로 진행될 가능성도 무시할 수 없기 때문에 섣부르게 마음을 놓는 것보다는 식생활이나 생활습관을 개선하는 등 장기적인 케어가 필요합니다.

사업하는 데에 있어서 새로운 파트너를 소개 받았습니다. 이 사람을 믿어도 될까요?

그 파트너는 일반적이지 않은 사고, 비상한 아이디어를 제시해주는 사람이라서 같이 일을 도모할 수는 있을 것입니다. 일적으로는 뛰어나나, 이 사람은 자신이 최고라는 생각을 품고 있기에 대등한 입장의 동업자로서 사업하긴 어려울 것으로 보입니다. 결국 주도권을 쥐려고 완력 싸움이 일어날 수 있겠습니다. 이 성향들을 잘 파악하시면서 사업을 진행하시길 바라겠습니다.

새로운 가게를 오픈하려고 하는데, 어떤 종류의 가게가 저하고 맞을까요?

서비스직은 무리가 있어 보입니다. 본인이 가진 성향에는 남들이 우러러보거나 존경과 명예를 함께 가진 직업이 적합합니다. 일반적으로 물건을 가지고 와서 파는 단순 판매업은 맞지 않으며 흥미를 느끼지 못 할 것입니다. 특수한 것을 발명하고 발표하는 경우도 좋으며, 심리 상담이나 역술인, 종교인처럼 존중받고 선생님 소리를 듣는 사업이 좋아 보입니다. 교육이나 학원 사업도 추천드리는 항목입니다.

Q&A 무속인을 위한 실전상담

일반 손님의 조상 굿을 했는데 결과로 별상 대신 카드가 나왔습니다. 굿이 제대로 되었을까요?

이 굿은 제대로 되었다고 보기 어렵습니다. 별상대감은 외국에서 온 신명이기도 하지만, 국적을 떠나서 굉장히 특별한 지위를 갖는 신명입니다. 격이 다른 신령님이기에 일반 조상신들과는 합의를 받지 않으십니다. 굿이 효험을 보기 위해서는 차후에 별상대감을 위한 기도를 따로 마련할 필요가 있을 것으로 보입니다. 또한 제물이나 절차도 까다롭습니다.

법당에 손님이 갑자기 끊어졌습니다. 어떻게 된 일일까요?

지금 신령님들 사이에서의 변화가 일어난 상태입니다. 별상대신은 굉장히 강력하며 한번 활동하시면 혼자서 모든 걸 막아버리실 수 있는 단호함을 가진 신령님이십니다. 최고위 신령님과의 문제로 추측해 볼 수 있습니다. 현재 모시고 계신 신령님과 다른 신령님들과 충돌이 있는 등 의도와 상태를 파악하기 굉장히 어려운 상황이 펼쳐진 걸로 보입니다. 시간이 걸려야만 해결할 수 있는 문제이며, 매듭을 잘 찾아야 실을 풀어내는데, 매듭이 숨겨져 있어 잘 보이지 않는 것과 동일한 형국입니다. 조바심 내지 말고 면밀히 살펴보시기 바랍니다.

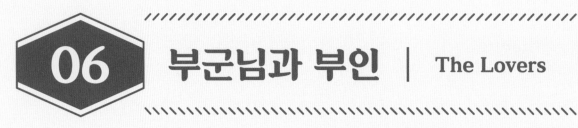

06 부군님과 부인 | The Lovers

남·여 부부신이며 부군님은 마을을 지키는 수호신으로서 모든 재액을 물리침과 동시에 해로운 악신을 멀리하게 한다. 부군님은 또한 선신을 불러들여 마을 사람들의 수명 장수와 자손 번창 등의 소원을 성취케 하고, 마을 사람들의 사업이 잘될 수 있도록 보살피고 돕는 역할을 한다. 두 분은 혼례복을 연상케 하는 옷을 입으시면서 나이 들어서도 금슬이 좋은 진정한 연인의 모습을 보여준다.

러버는 연인들을 뜻한다. 사이 좋은 부부신의 대표적인 상징이다. 모든 만물이 음양의 조화를 이루듯이 신령들의 세계에도 부부신이 존재한다.

생각해보기

사이좋은 부부신을 찾는다는 것은 쉬운 일이 아니다. 사실 모두 독립적인 신격을 갖고 계시기 때문에 두 분을 하나로 모시는 곳도 매우 드물다. 실상 가정 내의 평화가 부부 사이에서 출발하듯이 신령님 부부 두 분을 다정하게 모셔서 마을의 안위와 풍요를 빌었다는 것은 참으로 인간미 넘치는 문화라고 생각된다. 부창부수(夫唱婦隨), 즉 남편이 주장하고 아내가 잘 따르는 것이 부부 사이의 도리라는 말인데 서로 사랑하면서 가정도 잘 건사하듯이 마을 사람들도 그와 같이 되라는 염원이 아니었을까. 물론 오늘날에는 아내가 주장하고 남편이 잘 따르는 예도 많다. 어느 쪽이든 화합과 조화됨은 좋은 것이다.

적용

둘이 함께할 때 더욱 잘 이루어지는 일이라고 보겠다. 혼자였던 사람은 마음이 통하는 사람을 만나니 반갑고 또 사랑이 이루어지니 자신의 반려자를 얻게 된다. 이보다 더 행복한 나날은 없을 것이다. 아무리 위대한 업적도 사랑보다 위대한 것은 없다고 하였으니 흐뭇한 결과를 기대해도 모자람이 없다. 때로는 반드시 연인 사이의 일이 아니더라도 자신의 심정을 잘 헤아려주는 사람을 만나서 도움을 받거나 이해를 받는 것도 포함된다.

- **재물운** - 타인과 같이 더불어 잘될 일이 생기니 이로 인하여 재물이 늘어난다.
- **연애운** - 사랑이 이루어지고 화목하며 서로에게 의지하게 되고 서로의 감정을 재확인한다.
- **이동운** - 그다지 이동할 일은 잦지 않으나 가더라도 근거리 여행이다.
- **건강운** - 나쁘지 않으며 임신과 출산, 가정 내의 자잘한 신경 쓸 거리이니 큰 걱정은 아니다.

분류

① **존호** : 부군신과 부인. 지역에 따라 부군할아버지와 부군할머니, 도당 할아버지와 할머니, 부군님, 산노당 등으로 불림

② **신위** : 중하(中下) - 인신이면서 지신

③ **신적** : 우리나라

④ **신계** : 비교적 사람의 마을이 형성되어 있는 곳

⑤ **신격** : 온화하며 비교적 인간미가 넘친다.

⑥ **직능** : 마을의 수호신과 당신의 역할을 하며 마을을 지키는 역할, 직접적인 보호 역할

⑦ **주요 기도터** :
(남아있는 부군당) 서울 밤섬 부군당, 서울 이태원 부군당, 서울 잠실동 부군당, 시흥 군자봉 등 마을 입구의 도당(한강 이남) 또는 부군당(한강변)

⑧ **무속인과의 직접 소통 여부** :
마을을 대표하는 사람들이나 부근에 유명한 만신들에게 강림해서 마을의 길흉에 대해 선몽과 예언을 내려준다.

돋보기

부군할머니가 들고 있는 부채에는 북두칠성이 수놓여져 있다. 칠성신앙은 우리 민족과 매우 깊은 연결고리가 있으며 수명과 풍요를 상징하고 자손의 번창을 담당한다. 우리나라의 칠성신앙은 상당히 뿌리가 깊으며 천손, 즉 하늘의 자손이라는 인식과 동일시된다. 또한 두 분이 들고 있는 부채는 바람을 일으키는 용도의 물건인데 풀무같이 불길이 잘 일어나게 한다는 의미처럼 자손이 늘어나고 재물 또한 번창하라는 뜻도 함께한다. 뒤에 놓여진 병풍에는 능소화가 수놓아져 있는데 능소화는 '능히 하늘을 이긴다'는 뜻이다. 계속 공중으로 타고 올라가는 습성이 있는 꽃으로 예전부터 양반가에서 애정하던 식물이다. 그래서 일반 민가에서는 심지 못했다고 하며 꽃말은 '명예', '영광'으로 알려져 있다. 자손들의 부귀 번창을 바랬던 사람들의 소망이 두 분 신령님들의 역할과도 같다.

일월성신

태양과 달을 인격화하여 일월성신으로 부르며 부부신으로 묘사하기도 한다. 일월성신과 천지신명은 이렇게 음양의 조화를 하나로 보는 무속의 거대한 세계관을 말해주는 것이기도 하다. 한낮의 태양에서 받아들인 생명 에너지를 토대로 밤의 달빛은 잠들어있는 동식물의 생장을 돕는다. 이렇게 만물이 조화롭게 돌아가는 것은 하늘과 땅, 낮과 밤의 적절한 도움으로 가능하다는 것을 알고 사람들은 일월성신으로 모시며 따랐던 것이다. 이 분들은 물병을 들고 땅 위에 가뭄이 오지 않게 비를 내렸으며, 곡식이 삭을 쥐고 있어 대지에 풍년을 가져다주는 축복을 아끼지 않았다.

01, 02. 서빙고동 부군당의 전경과 내부 탱화(부군님과 부인)

03. 경기도 양주의 도당굿을 찍은 흑백사진.
불곡산(佛谷山)의 산신나무 앞에서 행한 도당굿으로,
탁자 위에 있는 큰 시루는 부군신에게 바쳐진 시루떡으로 부군시루라고도 함.

■ 출처 참고 : 360p

이집트 신화 오시리스와 이시스

오시리스는 고대 이집트 신화에 나오는 풍요, 농업, 내세, 부활, 생명, 초목의 신으로서 저승 세계를 믿는 고대 이집트의 종교에서 죽은 사람을 다시 깨운다고 믿었다. 당대의 왕들인 파라오는 오시리스의 화신으로 받들어졌다. 또한 그의 아내인 이시스 여신은 음모에 빠져 사망한 남편 오시리스를 두 번이나 구출해서 부활시킨 의지의 아내이며 두 부부신의 신의와 사랑은 이집트 신화에서도 유명한 전설이다.

벽에 조각된 이시스, 호루스, 오시리스

지금도 볼 수 있는 마을 수호신의 면면

우리나라에는 마을의 수호신과 관련된 전설이 꽤 많다. 높으신 신령님도 좋지만 결국은 가장 가까이에서 사람들을 수호해주는 분들이 더 정겨운 것은 사실이다. 특히 성황당(서낭당)은 마을의 수호신으로 서낭을 모셔 놓은 신당이며 마을 어귀나 고갯마루에 원추형으로 쌓아 놓은 돌무더기 형태로, 그 곁에는 보통 신목으로 신성시되는 나무 또는 장승이 세워져 있기도 하다. 이러한 곳을 지날 때는 그 위에 돌 세 개를 얹고 세 번 절을 한 다음 침을 세 번 뱉으면 재수가 좋다고 한다. 그러나 침을 뱉는 것 까진 그다지 권하고 싶지 않다. 아무래도 신성한 곳이기 때문이다. 이러한 습속은 현대를 살아가는 우리들에게도 여전히 남아있는데 등산로 골짜기마다 누군가 하나씩 쌓아놓은 돌무더기를 요즘에도 심심찮게 볼 수 있다. 돌 하나에 사람마다 기도를 담아서 하나씩 얹어놓는다. 그 기도가 쌓이고 쌓여서 언젠가는 이루어지리라는 소망이다. 요즘처럼 각박한 시대에도 이러한 신앙은 면면히 이어지고 있는 것만 같다. 이름난 곳으로는 마이산의 돌탑을 들 수가 있을 것이다. 마이산의 탑사라고도 하는데 아직도 신비한 일이 많이 일어나는 기도의 명소이다. 역고드름 현상으로도 유명한데 확실한 원인은 아직 규명이 되지 않았다. 이곳은 특히 바위산에서 내뿜는 강한 정기를 지닌 곳으로 크고 작은 돌을 쌓아올린 장소로는 국내 최대의 규모이다. 민족의 국운이 쇠하고 위기에 처했을 때 이갑룡 처사가 염원하며 세운 돌탑들이며 현재는 유명 관광지이자 기도터로 사람들을 맞이하고 있다.

마이산 탑사

아차산 등산로의 도당. 서낭, 둘레길이나 산책로를 걷다보면 심심찮게 만날 수 있는 정겨운 도당과 서낭의 흔적들

■ 출처 참고 : 360p

연인 (The Lovers)

카드에 등장한 남자와 여자는 인류의 시초라 여겨지는 아담과 이브이다. 선악과와 뱀 등의 상징물로 그 사실을 유추할 수 있다. 연인 카드는 사랑, 교감, 결혼, 계약의 성사, 합의 등을 의미한다. 궁합을 보았을 때 등장하면 여러모로 잘 어울리는 최고의 합이라고 볼 수 있다. 연인 카드가 자주 나오는 사람들의 직업으로는 보기에 화려한 엔터테인먼트나 예술 계통이 잘 맞는 편이고, 감정을 있는 그대로 표현하고, 사랑을 주고받는 것을 즐기기 때문에 때로 지나치지 않도록 조심해야 할 필요도 있다. 특히 공적인 자리에서 예의에 벗어나지 않게 주의를 해야 한다. 두 사람의 뒤로 큐피드처럼 보이는 천사의 후광과 날개는 그들에게 도움을 줄 조력자나 해외로의 이동운을 나타내며, 두 연인의 아름다운 사랑이 합의점에 도달해 원하는 깃이 심사되고 이루어질 것임을 나타낸다.

Q&A 실전 상담에서 응용해보기

새로 이사 간 곳과 내가 잘 맞을까요?

기운이 잘 맞아서 몇 년간 편안하게 지내실 수 있는 거처가 될 것입니다. 지금 운이 이렇게 연인 카드로 나온 건 합의를 이끌고, 좋은 인연을 맞이한다는 뜻도 포함되어 있습니다. 이사 간 터에서도 역시 안정적으로 정착하고 새로 만난 이웃들과 잘 지내고 좋은 사람들을 알아갈 수 있다는 뜻으로 보입니다.

건물주가 월세를 올리려고 하는데, 사업장을 접고 그만둬야 할까요?

설령 건물주가 월세를 올리게 되더라도 두 사람의 입장 사이에서 절충을 보게 될 것입니다. 건물주에 대한 마음의 문을 닫고 미리부터 고민하시거나 힘들어할 필요는 없으십니다. 두 사람 모두 합의할 수 있는 결과를 도출할 수 있으니 먼저 노크해 보셔도 좋을 것입니다.

제가 오랫동안 짝사랑하던 사람으로부터 데이트 신청을 받았습니다. 이 사람과 잘될 수 있을까요?

미리부터 김칫국을 마실 필요는 없겠지만, 상당히 긍정적이고 좋은 신호로 보입니다. 아마 상대방 측에서 깜짝 놀랄 만한 마음을 전할 수도 있겠네요. 어쩌면 두 사람은 서로에게 인연이었던 것을 서로 알아보고 이번 만남을 계기로 관계가 급속도로 진행되지 않을까요? 좋은 결과를 기대해 보실 수 있겠습니다.

Q&A 무속인을 위한 실전상담

그동안 법당을 잘 관리하고 생활해왔는데, 최근 손님이 오려고 하다가 안 오는 이상한 현상이 생기고 있습니다. 이유를 모르겠는데 왜 그러는 걸까요?

이 카드는 걸립(법당의 출입구에서 손님들을 맞이해주시는 신령님)이나 부근 도당의 문제 등을 여러 각도에서 두고 생각해 보아야 합니다. 신령님들도 서로 돕고 손발이 잘 맞는 분들끼리 활동하실 때가 있는데 지금 그 부분에서 문제가 있는 것으로 보입니다. 본인은 단순하게 생각할 수 있으나 신령님이 가장 중요하게 여기는 무구나 물건이나 위치를 이동하지는 않았는지 살펴보세요. 또한 방금 전까지 봐드린 손님의 조상이 내 법당에 머물러 있으려 하거나 뭔가 인연 없는 영가, 혹은 길을 다니던 영가가 출입하려고 하는 조짐일 수도 있습니다.

무속인 본인의 사적인 신변을 여쭈어봤더니 이 카드가 나왔습니다.

무속인도 사람인지라, 사생활적인 면에서 누군가를 돌봐줘야 하거나 신경을 써야 할 일이 생길 수 있습니다. 또한 가족의 일을 신경쓰는 일이 발생해서 법당을 소홀히 대하는 일이 있다는 암시가 되기도 합니다. 사람과의 관계에서 생기는 대소사를 잘 정리하시고 법당의 관리도 놓치지 않으시길 바랍니다.

07 도깨비 | The Chariot

도깨비가 두 마리의 두꺼비에게 수레를 끌게 하고 숲길을 달려간다. 손에는 무엇이든 가능하게 하는 방망이를 들고 즐겁기만 하다. 이들은 가끔 이름 모를 장소에서 또 다른 모습으로 변신할 수도 있다. 하지만 지금은 자기들 천하인 셈이다. 마음대로 숲속을 질주한다. 비상한 힘과 재주를 가지고 심술 궂은 장난을 하러 오늘도 어디론가 달려가는 모습이다. 두꺼비들 또한 신이 나서 개구쟁이 같은 미소를 머금고 있다. 평소엔 느릿느릿한 두꺼비가 빨리 달릴 수 있을까? 도술을 부린다면 충분히 가능할 것이다.

성격 급한 도깨비는 달려가는 전차 카드에 비교될 수 있다.
도깨비는 너무도 경솔한 판단과 행동을 하는 나머지 손해를 자주 보기도 한다

생각해보기

우리 민간 습속에서 도깨비는 친숙하면서도 한편으로는 미스테리한 존재이다. 그들의 머리에는 뿔이 나 있기도 하고 성격은 괴팍하기도 했다가 또 뒤끝이 없이 사람들과 거래를 하기도 하는 등 도무지 종잡을 수가 없다. 그래서 주책없고 망나니짓을 하는 사람을 가리켜 '도깨비 같은 놈' 이라는 표현을 쓰기도 한다. 딱히 악하다고 보기도 그렇고 선하다고 하기도 그런데 신중하지 않고 내달리는 점이 전차와 매우 닮았다. 앞 뒤 잴 것 없이 전진하고 본다. 깊은 숲속을 걷다보면 이 도깨비들과 마주칠 일이 생길지도 모르겠다.

적용

앞 뒤 잴 것이 없이 전진하고 본다. 뒷 일은 나중에 생각하면 된다는 식이다. 살다보면 주구장창 회의만 하고 걱정만 하다가 날이 새는 일이 허다하다. 행동에 옮기는 것 또한 중요한 일이기에 전차 카드를 무조건 경솔한 행동력이라고만 판단할 순 없겠다. 하지만 진행하려는 힘이 너무 강해서 휩쓸아칠 때는 주변의 여건이나 남의 속사정 같은 것을 세심하게 파악을 해줄 수가 없게 되니 나중에 일이 다 끝나고 나서 후회해본들 소용이 없다. 쓰나미가 지나간 마을은 폐허만 남을 수 있기에.

- **재물운** - 생각지도 않았던 재물을 얻는다. 하지만 그 반대로 곧 허무하게 없어질 수도 있다.
- **연애운** - 일반적이지 않은 사람과의 만남이 예상된다. 내지는 분위기에 휩쓸린 사귐.
- **이동운** - 매우 강한 이동수이다. 그냥 있으려고 해도 의지와 상관없이 움직여간다.
- **건강운** - 갑작스러운 생활습관의 변화나 무절제한 식탐 등으로 인한 갑작스러운 질병.

돋보기

도깨비 터

도깨비를 이르는 말에는 지역별로 여러 가지가 있다. 도채비, 허재비, 터깨비, 홍도깨 등 여러 이름으로 불리고 있다. 도깨비가 좋아하는 것은 메밀묵과 막걸리, 사람과 잡담 비슷한 이야기를 하는 것이나 노래를 부르고, 혹은 지나가는 행인을 붙들어 씨름하는 등의 장난도 매우 즐긴다. 붉은 색을 싫어해서 팥이나 피를 보면 달아난다고 한다. 요즘도 부동산 등이 잘 거래되지 않는다던가 하면 '도깨비 터'라고 해서 고사를 지낼 때 메밀묵과 막걸리를 빼놓지 않는 모습을 볼 수가 있다. 어쩐지 옛날 서민들이 좋아했을 법한 음식이다. 어쩌면 고관대작들의 삶보다도 민중들의 애환과 함께한 도깨비가 아닌가 한다.

가끔 이 '도깨비 터'에 잘 들어가면 엄청 장사가 잘 돼서 큰돈을 벌기도 한다고 하는데 제대로 부자가 된 사람을 본 적이 없어서 뭐라 말하기가 그렇다. 필자가 볼 때에 이러한 터의 특징은 몇 가지가 있다. 햇볕이 잘 드는 곳인데도 왠지 음산한 기운이 느껴진다. 밖은 따스한데 유독 이 장소만 가면 추운 기운이 느껴진다. 거기에 앉아 있으면 자꾸만 허기가 진다. 실없는 이야기를 자꾸 늘어놓게 되고 기분이 가늠할 수 없이 왔다갔다 한다. 정신을 하나로 집중하기가 힘들다 등이다. 그런데 이러한 음기는 다른 귀신들이 많은 곳에서도 공통된 현상인데 굳이 도깨비 터와 다른 점을 들라면 들쑥날쑥하다는 점이다. 도깨비들의 특성이 한 장소에 느긋하게 오래 머무르지 않고 부산하게 움직이기에 그렇다. 우르르 도깨비가 빠져나가고 나면 잠시 안정된 기운을 느낀다. 하지만 곧 이 존재들이 다시 나타나기 때문에 꾸준한 안정감은 기대하기 어렵다.

실제로 필자가 살던 지역에 도깨비 터가 있었고 거기에 마트가 들어선 것을 볼 수 있었는데 오래지 않아 문을 닫긴 했으나 그 주인의 한탄이 잊혀지질 않는다. "물건을 잘 정리를 해놔도 자꾸 엉망이 되고… 계산이 맞질 않아요. 손님이 가시고 나서야 알게 되어서… 손해 본 게 한 두 번이 아니에요. 가게만 출근하면 머리가 멍해지고…" 어느 정도 도깨비 터의 위력을 짐작하시겠는가? 또한 도깨비는 집안에 오래된 물건 같은 것이 변신한 것으로 보기도 하는데, 부지깽이, 깨진 그릇, 오래된 신발 등 여러 가지 잡다한 물건이 다 그 재료가 되기도 한다. 모든 물건에 신이 깃든다는 생각이 도깨비전설을 많이 만들어낸 것 같기도 하다. 버려진 집에는 역시 버려진 물건도 많다. 그런 곳에는 도깨비들의 소굴이 되기 십상이다. 너무 많은 물건을 쌓아두고 사는 현대인들에게도 도깨비는 생각해 봄직한 존재이다.

돋보기

두꺼비

한반도, 일본, 몽골 등에 서식하며 개구리와 달리 잘 뛰지 못하고 보통 엉금엉금 기어다닌다. 피부에서 부포톡신이라는 독이 있는 물질을 내뿜는데 이 때문에 다른 양서류에 비해 천적이 적으며 특히 뱀 종류한테 이 독성이 매우 효과적이다. 국토의 많은 부분이 산으로 이루어진 한반도. 이곳을 터전으로 삼아 살아가야만 했던 조상님들의 뱀 걱정과 연관지어 볼 수도 있겠다. 지네장터 설화에 의하면 다 죽어가는 두꺼비를 구한 소녀가 마을의 지네의 제물로 바쳐지게 되자 두꺼비는 지네굴로 가서 지네를 죽이고 희생하여 은혜를 갚았다고 한다.

콩쥐팥쥐전의 두꺼비는 자신을 구한 콩쥐를 위해 계모가 말한 깨어진 항아리에 물을 받아놓으라고 몸으로 항아리를 메꾸어 주었다고 한다. 여러모로 핍박받는 사람들의 편을 들어주는 의리의 두꺼비다. 집안에 튼실한 손주가 태어나면 '떡두꺼비'같다고 해서 좋아한다. 한민족에게 두꺼비는 여러모로 친숙한 존재이며 복을 불러오는 영물로 여겨졌던 듯하다. 오늘날에도 큰 건물 앞을 장식하는 조각상이나 대문 앞에 두꺼비상을 두어서 악한 기운을 물리치고 복을 불러들이려는 믿음은 여전하다.

01

닮은꼴 찾기
(외국의 신들)

02

북유럽 신화 로키

북유럽 신화의 로키신은 영화 '마스크'에서 주인공이 우연히 습득한 나무 가면에 깃들어 있는 신이다. 성실하고 순진한 짐 캐리는 가면을 쓰게 되면서 주체할 수 없는 흥과 장난을 일삼는데 물론 그 끝이 악하지 않아서 다행이긴 하지만 일반 사람들은 전혀 감당할 수도 예상할 수도 없는 캐릭터의 신이 바로 로키이다. 그는 장난기가 가득한 신으로 가끔은 신들의 편을 들었다가 또 금세 자기 기분대로 다른 짓을 일삼는 등 종잡을 수가 없다. 흡사 도깨비 같은 성향이 매우 강하다. 오래된 나무 가면에 붙어있다는 설정도 역시 도깨비가 오래된 물건에 깃들어 있는 것과 흡사하다.

전래되어 오는 이야기

■ 출처 참고 : 360p

옛날 어느 곳에 노인이 혼자 살고 있었다. 그런데 어느 날 머리가 덥수룩한 젊은이가 나타나서 돈을 꾸어달라고 조르는 것이었다. 노인이 자세히 보니 젊은이의 머리에는 뿔이 나 있었고 무서운 마음에 노인은 그만 돈 50냥을 빌려주고 말았다. 그런데 다음 날부터 도깨비가 빌린 돈을 갚으러 나타났다. 다음 날도 또 다시 찾아와서 돈을 갚았고 그 다음 날도 갚았다. 이렇게 계속 돈이 쌓이게 되자 노인은 금세 부자가 되었다. 마을에는 소문이 퍼지게 되었고, 그 소문은 도깨비의 귀에도 들어갔다. 화가 난 도깨비는 노인의 밭을 짓밟아서 엉망을 만들어주었다. 노인은 밭을 돌아보다가 깜짝 놀랐지만 깊이 생각을 하다가 웃음을 터뜨렸다. 그러자 숨어서 지켜보던 도깨비는 더욱 화가 나서 밤을 새면서 모래와 돌멩이, 바위를 치워버리고 말뚝도 다 뽑아버렸다. 그리고 각종 가축의 똥을 잔뜩 가져다 밭에 퍼부었다. 노인은 더욱 웃음이 나오려는 것을 간신히 참고 이제는 우는 흉내를 냈다. 그러자 도깨비는 더 이상 나타나지 않게 되었고 그 해 노인의 밭농사는 풍년을 이루었다. 노인의 꾀에 속은 도깨비 덕분이었다.

전차 (The Chariot)

전차는 강한 행동력과 빠른 진행을 상징한다. 카리스마 있게 밀어붙여야 하는 상황이거나 그렇게 행동하고 있는 경우이다. 전차 카드가 자주 나오는 사람은 이동운이 강하고, 가만히 있는 것보다 여기저기 움직이며 에너지를 발산하는 편을 선호한다. 속전속결로 일에 뛰어들고 해결한 뒤 다시 다른 일을 시작하면서 빠른 속도로 이동하는 중이기 때문에 주위를 세심하게 살피지 못하는 상태. 그 때문에 행동력과 책임감이 강한 훌륭한 리더이지만 연애 쪽으로는 상대를 배려하는 마음이 부족해 상처를 주기도 한다. 또한 흥미를 금방 잃기도 한다. 야망이 있고 적극적인 사람이라 몸을 움직이는 군인, 운동선수, 경호원, 항해사 등의 직업이 잘 맞다. 시작이든 정리든 급격한 변화의 상황을 나타내지만 성급한 결정일 수 있으니 주변을 한 번 더 살피고 움직이는 것이 좋다.

❓ 실전 상담에서 응용해보기

친구와 다툼이 있는데 해결할 수 있을까요?

다툼이 해결된다고 하더라도 두 사람 사이의 근본적인 문제는 쉽게 해결되지 않습니다. 다투는 상황에서 선을 넘는 언행을 하지 않도록 충동을 조절하는 게 필요해 보입니다. 한 번 돌진하면 멈출 수 없는 전차처럼 혈기왕성하며, 경솔하게 처신한 부분에 대해서는 그 언행의 원인을 해소하지 않는다면 또 다른 충돌은 불가피합니다.

만난 지 얼마 안 된 사람과 데이트하고 있습니다. 주의할 점이 있을까요?

두 분의 사이는 짧은 시간에 오래 만난 사이처럼 급작스럽게 진전할 가능성이 큽니다. 하지만 강렬한 감정으로 인해 관계만 빠르게 전개되었을 뿐, 서로를 깊이 있게 알고 계신 것은 아닌 걸로 보입니다. 그렇기에 세심하게 배려하거나 상대방을 알아보는 시간이 부족합니다. 이후에도 두 분 모두 각자의 기분에 휘둘러서 결국 서로에 대해서 잘 알지 못한 채 뜻밖의 이별을 맞이하게 될 수도 있습니다.

신제품 발표회가 내일로 다가왔습니다. 발표를 무사히 잘 끝낼 수 있을까요?

전차 카드가 나왔기 때문에 발표회가 진행되는 중 돌발 사태가 있을 것으로 봐야 합니다. 갑작스러운 질문을 받거나, 혹은 예상치 못한 행동을 하는 사람이 있을 것이며, 적절한 대처를 하지 못한다면 여러 사람 앞에서 망신살이 뻗치는 경우도 각오하셔야 합니다. 여러모로 대비할 수 있는 것들은 모두 대비해두셔야 합니다. 특히 시간이 조금 더 허락된다면 내담자께서 준비하신 내용을 조금 더 보강하시는 걸 권합니다. 당신은 만족스러울 수 있지만, 정작 그 발표를 듣는 이들은 기대치에 미치지 못한 발표라고 여길 수도 있겠네요.

❓ 무속인을 위한 실전상담

손님이 새로 오픈한 가게에 터 고사를 다녀왔습니다. 갔다 오고 나서 카드를 뽑아보니 도깨비 카드가 뽑혔습니다. 어떻게 해석해야 할까요?

손님의 가게가 있는 터 자체가 도깨비 터일 확률이 아주 높습니다. 도깨비 터는 일반 터와 다르기에 고사를 드리는 시간과 방법이 다르며, 터 고사 이후 대접을 잘 받은 듯 당일 혹은 며칠 동안은 손님이 많지만 얼마 지나지 않아 변덕이 생겨 손님이 뚝 끊기는 등 이상한 일이 일어나는 터입니다. 카드 상에서 그 터의 터신이나 마을을 살펴주는 도량신이 없고 도깨비가 나온다는 건 그 터에 대해서만큼은 다른 터에 비해 훨씬 주의해야 하는 상황이라고 생각하시면 되겠습니다.

산신기도/용왕기도를 다녀온 뒤 기도의 결과를 봤더니 도깨비가 나왔습니다.

실망스러우시겠지만 기도의 효과가 거의 없다고 봐야 합니다.('산신들의 회합'이라는 자료 참고) 해당 산의 주산, 큰 산맥의 원천이 되는 산에서 소집하면 산신들께서는 해당 산에서 자리를 비우고 주산에 모두 모이십니다. 그런 경우, 산신께서 계시지 않은 산에서 이무기 등 다른 존재가 그 터에서 대접을 대신 받는 경우가 있으니 기도 장소와 시간에 있어서 각별한 주의를 요합니다. 도깨비의 경우 질이 나쁘거나 심한 장난을 치지 않지만, 공들여서 준비해놓은 것들을 헤집어 놓는 특성이 있습니다. 그렇기에 간만에 큰 준비를 해서 기도를 올린 경우, 바라던 효험은 미미하며 낭패를 볼 수 있습니다.

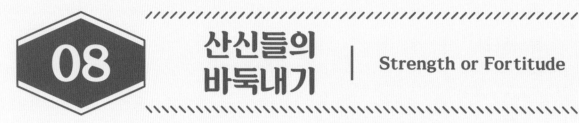

08 산신들의 바둑내기 | Strength or Fortitude

산신으로 보이는 신선 두 분이 진지하게 바둑을 두고 있다. 바둑판을 자세히 보면 북두칠성과 삼태성의 흔적을 확인할 수 있을 것이다. 바둑내기는 시간이 어떻게 흘러가는지 모를 만큼 오래 걸릴 것 같다는 예감이 든다. 저 멀리 나무에는 낙엽이 떨어지고 있고 시중을 들던 선녀도 지쳐서 졸고 있다. 선녀가 아무리 기다려본들 산신들의 바둑이 끝나야 끝나는 것이다. 좀처럼 끝나지 않을 것 같은 바둑내기는 두 신령의 힘의 대결을 상징한다.

힘 카드가 팽팽한 대결의 힘을 나타내며 끝없는 인내를 테스트 하는 것이 산신들의 바둑내기와 닮았다. 시간의 흐름도 이러한 힘 앞에서는 멈추어 선 것 같다.

생각해보기

자고로 '신선놀음에 도끼자루 썩는지 모른다'는 말이 있다. 요새는 팔자 좋게 지내니 세월 가는지 모른다는 식으로 해석이 되는데 사실 실제로 있었던 설화에 기인하는 말인 것을 아는 이들은 별로 없다. 신들의 세계에는 신들의 법이 있다. 빨리 끝날 것 같았던 사안들이(공적인 일이든 개인적인 영역이든) 의외로 오랫동안 시간을 끌고 결론이 나지 않는 경우가 많다. 집착이든 욕망이든 그 원인을 사람이 제공한 것일 수도 있겠지만 이 카드를 보니 꼭 그런 것만은 아니다 싶기도 하다. 두 분 산신들의 바둑이 끝나야지 산 아래 인간 세상의 다른 일들을 봐주실 것 같기 때문이다. 그러니 무지한 사람들은 자신의 기도가 더디 이루어지는 것을 원인도 모른채 인내심을 갖고 기다려야만 할 지도.

적용

남이 볼 때는 그냥 지나치는 장면일 수 있지만 자신들에게 닥친 일로써는 이보다 더한 일은 없다는 상징이 있다. 쉽사리 끝이 나지 않는 일이기에 지루하게 느껴질 수도 있지만 한편으로는 운명적으로 얽힌 관계를 상징하기도 한다. 경솔하게 일을 판단하거나 빨리 속단하려고 해서는 안 된다. 그래봐야 돌아올 것이 없기 때문이다. 또한 변화도 기대하기 어렵다.

- **재물운** - 빌려준 돈이 있다면 받기 어렵고 거래를 해야한다면 지연되거나 대답이 늦어진다.
- **애정운** - 마음이 통하지 않으니 말이 통하지 않는다. 답답한 시간을 보내야하니 막막하다.
- **이동운** - 이동운은 적으며 가령 이동하더라도 예전의 곳에서 해결되지 않은 문제가 발생한다.
- **건강운** - 오랫동안 가늘고 길게 가져가야 하는 지병이나 쉽게 낫지 않는 만성적 질환이 예상된다.

1 **존호** : 산신

2 **신위** : 중(中) - 지신, 산신의 위계에 따라서 중상으로 분류되기도 한다.

3 **신적** : 우리나라

4 **신계** : 크고 작은 산과 이름난 명산

5 **신격** : 평소 인자하지만 산을 더럽히거나 신성한 장소를 침범하는 것에는 벌을 내린다.

6 **직능** : 정해진 산을 관리하고 깃들어 사는 생명체들의 안위를 살핀다. 인근 마을에 살고 있는 사람들의 일상에도 관심을 갖고 도우며 선량한 이들의 기도를 듣는다.

7 **주요 기도터** : 거의 모든 산에는 산신의 기도터가 있는 편이며 이름난 사찰의 산신각과 여러 장소에서 섬겨지고 있다.

8 **무속인과의 직접 소통 여부** : 가능

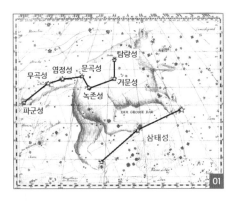

삼태성은 하늘나라의 세 정승으로 알려져 있으며 지상에는 영의정, 좌의정, 우의정이 왕을 보좌하기 위해 존재했다. 3이 갖는 완전한 의미는 나라를 다스리는 체계에도 적용되었다.

바둑판에 놓여진 바둑알은 북두칠성을 상징한다. 이를 인격화한 것이 칠성님이다. 보통 일곱 분의 남성신으로 묘사되는 경우가 많다. 한민족은 특히 칠성 신앙과 깊이 연결되어 있다. 천신 신앙의 가장 기본적인 형태로 신성한 별에서 그 기운을 느끼며 생명과 복을 빌었다.

돋보기

마니산의 전설

옛날에 한 나무꾼이 나무를 하러 산 속 깊이 들어갔다가 신비한 동굴을 발견했다. 그 안에 들어가 보니 백발 노인 두 분이서 바둑을 두고 있는 것이었다. 한동안 넋을 잃고 바둑판을 바라보던 나무꾼은 나중에 정신이 들어 집으로 돌아갈 시간이 되었다는 것을 알게 되었다. 그런데 옆에 세워둔 도끼자루가 다 썩어서 집어 들 수가 없었다. 이상하게 여긴 나무꾼이 마을로 내려와 보니 예전에 살던 마을이 아니었다. 지나가던 한 노인을 붙들고 자기 이름을 말하자 그 노인은 '그분은 저의 증조부 어른이십니다'라고 대답했다고 한다.

마니산 신선설화 내용

■ 출처 참고 : 360p

바둑내기로 아내를 잃을 뻔한 사람의 이야기 「예성강곡」

개성 북쪽에 흐르는 예성강은 고려 초 가장 번화한 교통의 요지 중 하나였다. 당시 송나라 상인들이 뱃길로 고려에 들어올 때 항상 예성강을 이용했다. 송나라 상인들은 수백 명씩 떼를 이루어 고려로 들어왔고, 그들 중 무리를 통솔하는 대표자를 두강(頭綱)이라 불렀다. 중국 상인 중 하씨 성을 가진 두강이 있었다. 그는 풍류에 능해 두강 가운데 유명한 사람이었다. 하 두강이 예성강 어구에 도착했던 어느 날, 그는 절세의 미녀를 발견하고 첫눈에 그녀에게 반했다. 장사도 뒷전으로 하고 어떻게 하면 그녀를 차지해 중국으로 데리고 갈까 궁리만 하던 그는 미인의 남편이 바둑을 좋아한다는 사실을 입수했다. 본래 바둑에 일가견이 있었던 하 두강은 그 길로 그녀의 남편에게 접근해 날마다 내기바둑을 두었다. 진짜 실력을 숨긴 채 돈을 잃는 모습만 보여주자 미인의 남편은 기쁨에 빠져 하 두강의 흑심을 눈치 채지 못했다. 그러던 어느 날 두강이 그에게 큰 내기바둑을 제안했다. 자신의 배에 실린 물건 전체를 걸 테니, 당신은 미인 아내를 걸고 내기를 하자 했다. 어리석은 남편은 당연히 자신이 이길 것으로 여겨 흔쾌히 내기를 허락했고 두강이 단판에 승리했다. 미인의 남편이 한순간의 욕심에 눈이 먼 자신 때문에 배에 탄 채 떠나가는 아내를 보며 예성강 부두에서 부른 노래가 바로 예성강곡(禮成江曲) 전편이다. 배에 탄 여인은 몸을 아주 단단히 조여 하 두강이 자신을 건드리지 못하게 했다. 그러던 중 바다 한가운데에 다다르자 파도가 거세지면서 배가 제자리를 맴돌기만 할 뿐 더 이상 앞으로 나아가지 못했다. 사람들이 놀라 점을 쳐보니 배에 탄 여인의 지조가 너무나 굳으니 서해용왕께서 진노하여 배를 가지 못하게 막는 것이라 하였다. 배가 나아갈 수 있는 방법은 여인을 다시 고국에 데려다 놓는 것뿐이었다. 하 두강은 펄펄 날뛰었지만 다른 방법이 없었다. 뱃머리를 고려로 돌리자 파도가 순식간에 잠잠해졌다. 배에서 내린 미인이 남편과 재회하여 지어 부른 노래가 예성강곡 후편이다.

힘 (Strength)

무장하지 않은 여인이 맨손으로 맹수를 제압하고 있다. 이 카드가 의미하는 힘은 무력이 아니라 강인한 정신력, 인내력, 의지력, 끈기임을 나타내며, 또는 그런 마음이 필요한 상태에 처했음을 말하기도 한다. 어떤 문제를 맞닥뜨렸든 당장 대답을 얻기는 힘들고 기다림의 시간이 필요하다. 현재 앞이 보이지 않을 정도로 답답한 시간을 겪고 있겠지만 당분간은 더 기다려야 한다. 스트렝스 카드가 자주 나오는 사람은 동정심이 많아 어려운 상황의 사람을 잘 보살피고, 봉사 정신이 강한 경우가 많다. 직업도 간호사, 상담 관련, 동물 조련사 등 타인을 위해 일하는 직업에서 보람을 크게 느낀다. 가진 것이 많아도 차림새가 검소한 편이며 천성이 부지런해서 무언가를 얻기 위해 항상 노력하는 삶을 산다. 금전, 취업, 학업 등 모든 면에서 인내의 시간을 가져야 함을 뜻하며 연애운에서는 짝사랑, 희생적인 사랑 등을 나타낸다.

ⓆⒶ 실전 상담에서 응용해보기

관계가 악화된 두 사람이 화해할 수 있을지 궁금합니다.

이 불화는 굉장히 오래 진행되며, 막막하고 답답한 형태로 흘러가겠습니다. 설사 한쪽이 자존심을 버리고 화해의 의사를 표시해도 다른 한쪽이 응해주지 않기 때문에 결론은 동일하게 나올 것으로 보입니다. 진심으로 서로를 용서하고 화해하는 일이 이루어지기 어렵습니다. 그러다보니 불화가 해결되지 못해 결국 인연이 멀어지는 것까지도 예측해 볼 수 있겠습니다. 만일 계약으로 맺어진 관계라면 계약은 지속되면서도 화해하지 못하는 상태이니 더욱 힘들게 됩니다.

이번에 진로를 바꾸려고 합니다. 지금까지 한 일을 버리고 새로운 기술을 배우려고 하는데 잘될 수 있을까요?

새로운 진로를 찾는 것은 거의 불가능합니다. 지금까지 해온 것에서 발을 빼기가 쉽지 않은 상황으로 보이며, 어떤 이유가 생겨서든 제자리에 있게 되는 상황이 펼쳐질 것으로 예상됩니다. 내담자께서는 가슴속에 큰 뜻을 품고 새로운 진로로 가고자 하지만, 그것이 잘 이루어지는 환경이 될 때까지는 많은 시일이 걸립니다. 본인의 예상보다 더 큰 인내심을 요구하는 과정일 테니 참고하시기 바랍니다.

이번에 대학을 한 번에 붙어서 입학할 수 있을까요?

내담자께서는 대학 합격이 관건이시지만, 설사 합격이 되더라도 나아지는 것은 없습니다. 합격이 되지 않을 가능성도 매우 농후하며, 특히 이 카드는 입학 시험을 여러 번 도전해야 한다는 것을 암시하는 카드이기도 합니다. 본인이 굉장히 많은 공부를 해왔고 좋은 성적으로 합격해도, 본인이 상상했던 것처럼 인생에 극적인 변화를 주진 않습니다. 이 카드는 미지근한 상황이 오래도록 지속되는 것을 상징합니다. 즉 변화가 일어나지 않는 상황을 암시하며, 합격하더라도 성취에 대한 감흥을 느낄 새가 없거나 불합격하고 재수해야 되는 지겨운 상황 둘 다를 상징합니다.

ⓆⒶ 무속인을 위한 실전상담

한동안 특정 기도를 올렸는데, 기도가 잘되지 않은 것 같은 느낌이 듭니다. 이 카드가 나왔는데 어떻게 해석할까요?

당분간만이 아니라 훨씬 더 오랫동안 신에 대해 열려있던 통로가 막혀있을 것으로 보입니다. 이 불통은 대단히 오래 지속될 수 있으며, 어디서부터 어떤 게 잘못되었는지 그 근원을 찾아야 합니다. 자신의 신당 등에 이상이 없는지, 자신이 어떤 이유로 이렇게 되었는지 알지 못하면 잠시 잠깐의 기도로 해결될 문제가 아닙니다. 또는 응답 없는 곳에 기도를 드린 것으로도 생각해 볼 수 있습니다.

손님이 오셨는데, 그 집 조상을 보기 위해 카드를 펼쳤더니 이 카드가 나왔습니다.

돌아가신 지 굉장히 오래된 조상을 뜻합니다. 고집이 세고 소통이 잘 안 되는 조상이며, 치성이나 기도나 굿을 해도 큰 효험을 기대하기 어려운 조상입니다. 조상의 성질을 잘 파악하셔서 적절한 대응을 하셔야 됩니다. 만일 어떤 제의식을 통해서 천도나 유사한 방법을 생각한다면 한 번 만에 되지 않고 서너 번 진행해야 할 수도 있습니다.

글문도사 | The Hermit

글문도사는 말 그대로 학문과 관련된 신령님이다. 이분은 한적한 곳에서 도를 벗삼아 학문을 익히고 정진하며 그 속에서 우주의 지식과 지혜를 쌓아서 인간세상을 이롭게 하는데 도움을 주기도 한다. 때 이른 눈발이 날리는 초겨울의 날씨에 어디론가 걸어가는 도사님의 앞을 토끼가 앞장서서 등불을 밝힌다. 이제 산 아래의 일을 다 돌본 후에 자신의 거처로 돌아가는 중일 것 같기도 하다. 아니면 신들의 회합이 있어서 길을 나서고 있는 중일 수도 있다. 뒤에는 파초가 아직 시들지 않은 채로 보여진다. 도사님의 신통력으로 눈 속에도 여전히 싱싱한 것 같다.

은둔자와 절묘하게 어울리는 산 속 깊은 곳의 글문도사로 배치하였다.
요즘도 큰 공부를 하려는 사람들은 외따로 떨어진 산사나 호젓한 장소를 찾는다.

생각해보기

번잡한 곳에서는 생각도 번잡해질 수 밖에 없다. 조용한 곳에서 명상하고 사람들을 멀리하는 은둔자의 자발적인 고독을 짐작할 수 있다. 외부적인 요인보다는 내부적인 요인이 더 중요할지도 모른다. 그저 혼자서만 걸어가고 있다면 산속에서 수행 중인 일반적인 수도승같이 보일 수도 있을 것이다. 그런데 놀랍게도 토끼가 옷을 입고 마치 사람처럼 등을 밝히고 걸어가고 있다. 토끼는 몹시 추운지 두 손을 옷 안으로 집어넣고 있다.

적용

속세의 이익과는 거리가 먼 카드이다. 그렇기에 학문 또는 사색하거나 연구하는 일에 적합하다. 사교적이거나 떠들썩한 파티, 사람들의 교제와는 동떨어진 카드이다. 자신의 고집이 매우 강하기에 지나치면 아집으로 비춰질 수도 있다. 하지만 비밀스런 은둔자의 삶은 알려지지 않았기에 신비한 것이고 그렇기에 가치가 있다. 모두에게 알려져 유명해지는 것에는 관심이 없다.

- **재물운** - 금전에 관심이 없는 데다가 이익을 취할 수 있는 여건도 재능도 안된다.
- **애정운** - 속세의 연애는 이루어지지 않고, 시도하더라도 추상적이거나 관념적인 연애이다.
- **이동운** - 먼 곳으로의 이동은 불가하다. 자신의 은신처를 떠나지 않는 상황으로 본다.
- **건강운** - 자신의 체질이나 가문의 내력으로 인해서 얻어지는 질병일 수 있다.

분류

① **존호** : 글문도사, 글문할아버지, 선관도사
② **신위** : 중(中) - 인신
③ **신적** : 우리나라
④ **신계** : 산이나 호젓한 장소
⑤ **신격** : 조용하고 고상하며 번잡한 것을 기피한다.
⑥ **직능** : 학문이 깊은 신으로, 제자들의 안목을 넓혀준다. 세상의 이치와 소양에 대한 지식이 풍부하여 그것들을 글로 기록한다. 또한 인간들이 가야할 길을 모를 때 알만한 상황으로 인도하며 지식의 각성과 깨달음을 주관한다. 때로 글과 부적을 내려주기도 한다.
⑦ **주요 기도터** : 바위가 많은 산. 매우 깊은 산
⑧ **무속인과의 직접 소통 여부** : 가능

돋보기

파초에 관련된 이야기

민화나 양반들이 즐겨 그리던 그림에 자주 등장하는 파초는 바나나잎과 비슷한 모양새를 하고 있고 키는 4미터까지 자라기도 한다. 또한 정원을 장식하는 데도 자주 식재되었는데, 겨울에는 다 말라붙어 죽은 것 같다가도 봄이 되면 왕성한 생명력으로 자라나는 모양에서 끈기 있게 되살아나는 의미를 상징한다. 또한 파초의 꽃말은 '기다림'이라고 하는데 학문의 길을 가는 것은 하루아침에 되는 것이 아니기에 참으로 어울리는 조합이라고 보겠다.

토끼

꾀 많은 토끼는 친숙하고도 귀여운 동물의 대명사이다. 별주부전에서는 용왕님을 위해 간을 구하러 온 자라를 속이는 뻔뻔하고 대담한 활약을 보여주기도 한다. 민간 설화에서 옥토끼는 달에 살면서 떡방아를 찧어서 불사약을 만든다고도 전해진다.(도교에서 토끼는 장생불사를 상징) 큰 신들의 전령이나 심부름꾼을 하는 등 보좌하는 역할에는 제격으로 보여진다.

01

부적도사 선관도사

글문도사와 연관이 있으며 부적 또한 문자의 일종으로 여겨져서 살아생전에 매우 많이 배우거나 그러한 것을 좋아하던 조상이 죽어서 부적도사나 선관도사가 된다고 여겼다. 특히 선관은 결혼을 하고 돌아가신 남자 어르신의 혼령을 총칭하기도 한다. '신가리' 또는 '선관가리'라는 용어가 있는데 이는 '가리'라는 뜻이 가려낸다는 뜻도 있으며 갈아내다, 즉 바꾼다는 의미도 포함한다. 신내림을 받을 때도 신가리를 하지만 신을 모신지 오래된 무당이 자신이 모시는 신령님의 정체성이나 위력이 달라졌다고 느낄 때 '선관가리'를 해서 새로운 신의 위계를 바로잡는다. 이 도사님들은 생전에 글 꽤나 읽으시고 학문에 정진하던 분들이라는 공통점이 있다.

■ 출처 참고 : 360p

이집트 신화 토트

토트는 고대 이집트 신화에 등장하는 중요한 신으로서, 지식과 과학, 언어, 서기, 시간, 달의 신이다. 주로 따오기나 비비의 머리에 사람의 몸을 한 모습으로 묘사된다. 지혜와 정의의 여신 마트는 토트의 아내이다. 토트는 창조에 관여한 신 중 하나로 보이며, 고대 이집트의 문자였던 신성 문자(히에로글리프)를 발명하여 인류에게 준 것으로 알려져 있다. 프톨레마이오스 왕조에서 토트는 헤르메스와 함께 도서관의 수호신으로 받아들여졌다.

토트(가장 왼쪽)

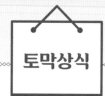
토막상식

화개살(華蓋殺)

사주명리에 화개살(華蓋殺)이라고 있다. 이는 빛나는 것을 가린다는 뜻이다. 이는 종교적이며 수행자를 상징하고 고독함의 상징이다. 심오한 학문의 세계로 들어가며, 사고의 깊이가 일반인을 훨씬 뛰어넘는 것으로 본다. 하지만 빛을 가린다는 성향 때문에 출세와 명예를 위해서 나아간다면 오히려 효과가 없고 자신만의 외로운 길을 묵묵히 가다보면 높은 학문의 경지에 도달한다고 보기도 한다. 여러모로 산 속에서 홀로 수행하는 은둔자의 모습을 상징하는 것만 같다. 때로 이 화개는 우울함을 상징하기도 한다.

바위산 수행에서 도사, 도인이 나온다?

산은 대개 양산과 음산으로 나뉘는데 바위가 많은 산을 양기가 충만하다고 해서, 도사, 도인이 수행하기 좋다고 여겼다. 반대로 흙이 많은 산을 음산이라 하여 부근에는 촌락이 형성되고 농사짓기 좋은 마을이 된다고 한다.

우리나라에는 6대 악산(岳山)이 있는데 송악산(개성)·치악산·설악산·모악산·관악산·월악산이다. 큰 산 악(岳)자가 들어가는 산들은 양산이고 골산이다. 양산은 인체에 비유하여 뼈로 본다. 즉 골산(骨山)이다. 음산은 육산(肉山)이라고 하여 토양이 기름지고 부드럽다는 뜻이다.

이 밖에도 굳이 이름난 바위산에 가지 않더라도 자신의 거처 부근에서 바위지형이 있는 곳을 이용해 틈틈이 수행하는 것도 하나의 방법이라고 본다. 속세를 완전히 등지고 살 수 없는 상황이라면 최대한 지혜롭게 은둔생활의 묘미를 누려볼 수 있겠다.

바위가 많은 곳에는 특유의 기운이 뿜어져 나오며 정신을 통일하기에 좋은 조건을 조성하는 것 같다. 각 광물마다 고유의 헤르츠를 발산하고 있는데 덩어리진 바위가 많은 곳에서는 더 많은 기운이 용솟음치고 있을 것이다. 속세를 버리고 깊은 산중으로 들어왔으니 자연과 하나가 되어서 심오한 경지를 탐험하기엔 더할 나위없는 조건이겠다.

■ 출처 참고 : 360p

은둔자 (The Hermit)

은둔자는 관찰력과 통찰력이 뛰어나고 선구자적인 관점을 가졌지만 세상을 벗어나 고독하게 살아간다. 깊이 빠져들어 탐구하기를 즐기며 시간이 오래 걸리더라도 끝까지 파고들어 목적을 달성한다. 깊고 좁은 인간관계를 가진 사람이 많고, 정신적인 조언을 잘해 주어 상담직에 종사하면 타인의 마음을 보듬는 훌륭한 상담사가 될 수 있다. 하지만 정작 그를 도와줄 수 있는 사람은 없어 보인다. 그는 주변인들보다 작은 등불에 의지하고 있다. 이들은 연구직, 철학자, 교수, 성직자 등의 직업이 잘 맞는다. 그는 이제 세상 밖으로 나와 소통할 필요가 있으며, 등불을 들고 나아가려는 것을 보아 본인도 그런 의지가 조금은 있는 것 같다. 연애 면에서는 열정적인 사랑보다는 오래된 관계, 친구 같은 사이를 의미하고 때로는 시험, 취업 준비 때문에 연인보다 본인에게 집중해야 하는 상황을 뜻한다. 사업이나 취업에서 기다림이 필요하고 정체되어 있다.

Q&A 실전 상담에서 응용해보기

최근 남편과 대화가 잘되지 않습니다. 회사 생활이 힘든 건지, 통 대화가 없습니다. 남편은 무슨 생각을 하고 있을까요?

남편분은 회사를 관두고 싶을 수도 있고 약간의 우울증이 있으며, 현실을 도피하는 중이십니다. 자신에게 휴식이 주어지기를 바라는 마음을 가지고 계시지만 그걸 표현할 수 없습니다. 그래서 대화가 단절된 것으로 보이네요. 만일 남편이 혼자 돈을 벌고 계시다면 이젠 본인이 좀 쉬고 싶지만 그러지 못하는 상황 때문에 대화를 피하고 동굴 속으로 자꾸 숨으려고 하는 상태입니다. 가족의 관심과 이해, 남편분을 향한 위로와 감사하는 마음이 굉장히 필요하겠습니다.

요즘 무엇을 해도 흥미가 없고 매사 의욕이 없습니다. 원인이 무엇일까요?

시간을 일부러 내서라도 본인에게 휴식과 안식의 시간을 주어야 합니다. 때로는 그런 휴식이 쓸모없어 보이고, 생산적이지 않은 시간이라고 여겨 그저 낭비하는 모습으로 보여질 지라도 사람은 살아가면서 그런 여백의 시간이 반드시 필요합니다.
[주의할 점] 내담자가 장기간에 걸친 외톨이, 혹은 집에만 박혀있는 생활을 해온 경우, 혹은 대인 기피증을 겪는 경우에도 이 카드가 나올 때가 있다. 이런 경우 휴식이 필요한 상황이 아니라 오히려 밖으로 나가서 활동적으로 생활하라고 조언해줘야 한다. 내담자의 성향과 현재 일어나고 있는 성향을 잘 구분하여 알맞게 리딩해야 한다.

최근 교제하게 된 사람에게 이 카드가 나왔습니다. 어떤 유형의 사람인가요?

이 사람은 기본적으로 내향적이며 내성적입니다. 생각이 많은 사람이며, 좋은 의미에서는 철학적이고 사색적이지만 단점으로는 애인으로 교제할 땐 다소 재미없고 고리타분한 사람일 확률이 높겠습니다. 특히 젊은 남자에게 이 카드가 나오면 '애늙은이'라는 소리를 많이 듣는 스타일입니다. 걱정이 많으며, 성숙하고 어른스러운 연애를 할 수 있지만 환상적이고 로맨틱한 것과는 거리가 멀기 때문에 즐겁고 활력이 넘치는 연인을 기대하긴 어렵습니다. 본인과 성향이 맞으면 편안하고 무난한, 한결같은 연애를 하실 수 있겠습니다. 다만 본인 성향과 맞지 않는 것 같으면 한 번쯤은 고민해 보셔야겠습니다.

Q&A 무속인을 위한 실전상담

예전에 없었던 기운을 느끼고 있던 차에 글문도사 카드가 나왔습니다. 어떻게 할까요?

장시간 산기도나 수신기도가 필요한 상황입니다. 당분간 손님 보는 걸 멈추고 가서 기도하는 게 좋습니다. 또한, 글문도사, 부적도사께서 새로운 재능, 즉 부적을 쓰는 재능이나 글로 풀어서 해석할 수 있는 재능을 주실 수도 있으니 이 점은 개개인의 차이를 고려해서 생각해보시길 바랍니다.

(이사를 하게 되거나, 집안의 다른 공간으로) 신당을 옮겨야 하는 상황이 되었습니다. 글문도사 카드가 나왔는데 어떻게 해야 할까요?

당분간은 신당을 옮기지 마시길 바랍니다. 숲속에 몸을 숨기는 은둔자처럼, 이 카드는 이동에 대해서 관대한 카드가 아닙니다. 이런 시기에 무리하여 이동하기로 결정하면 오히려 불이익이 생기거나 동티가 날 확률이 높으니 신당을 옮기는 건 다시 한 번 고려하시길 바랍니다.

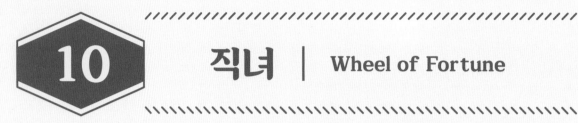

10 직녀 | Wheel of Fortune

직녀가 물레에 실을 잣고 있다. 하늘에는 그녀의 별인 직녀성이 찬연히 빛난다. 운명의 실을 잣는 숙련한 모습에서 행운의 수레바퀴가 연상된다. 물레는 쉬지 않고 돌아간다. 어떨 때 매듭지어진 실을 풀어내느라 잠시 멈추긴 하겠지만 다시금 돌아간다. 한 사람이 태어나서 살아가는 동안은, 그 사람이 갖고 태어난 자기 몫의 행운의 수레바퀴는 계속 돌아가는 지도 모른다. 물레의 무게를 견디기 위해서 받쳐놓은 돌은 매화의 모양을 닮았다. 매화 꽃은 직녀의 또 다른 상징이다.

계속 돌아가는 수레바퀴는 인생을 말해준다. 영원히 물레에 실을 잣는 직녀가 이 카드에 배치되었다. 물레가 멈추는 날은 한 사람의 인생이 종착역에 도달한 것이다.

생각해보기

보이지 않는 운명적인 실로 사람들이 이어져있다는 이야기가 있다. 인연을 이야기하는 것이기도 하지만 사람 간의 만남에 원인과 이유가 있었으면 하는 소박한 바람일지도 모른다. 견우와 직녀의 이야기는 매우 유명하고 다른 나라에도 유사한 전설이 많다. 견우와 직녀가 사랑놀음에 빠진 것을 옥황상제에게 들켜서 헤어지게 되었고 해마다 7월7석이 되는 날 다시 만나게 해준다는 설정은 행운의 수레바퀴와 매우 닮아 있다. 바퀴가 돌다가 어느 지점에서는 사람에게 행운과 기쁨을 던져주기도 하고, 또 어떤 시절에는 아무리 기다려도 대답 없는 메아리처럼 시간만 흘러가는 듯한 느낌도 준다. 직녀는 이제 사람들의 운명의 실을 잣고 있다. 자신의 운명이 정해지게 된 전설처럼.

적용

간단히 끝내버릴 수 있는 인연이 아니다. 그럴 사건이 아니니 오랜 시간이 걸린다. 또는 그만큼 깊이가 있는 문제이므로 속단하지 말고 은근히 기다려야 한다는 말이다. 인생의 통찰 또는 성숙에 관한 것이다. 마치 수레바퀴가 돌아가듯 되풀이되는 것 같은 느낌을 받겠지만 사실 먼 훗날 생각을 해보면 인생은 원래 돌고 도는 건지도 모른다. 새로운 것 같아 보이지만 사실은 새로운 것이 없고 새 사람을 만나는 것 같지만 늘 비슷한 유형의 사람을 만나게 되듯이.

- **재물운** - 지금 처해진 상황에서 잘 헤쳐가고 만족하도록 하는 것이 좋겠다. 횡재는 어렵다.
- **애정운** - 오래도록 만나온 사람과 관련된다. 헤어질 수는 없다. 권태 또는 지속적인 사랑 암시.
- **이동운** - 이동하게 되더라도 가까운 곳 또는 자신이 익숙한 장소로의 이동.
- **건강운** - 급격히 나빠질 일은 없으며 가벼운 질병은 재발된다. 체질과 관련된 것일 수도 있다.

분류

① **존호** : 직녀

② **신위** : 중상(中上) - 천신

③ **신적** : 우리나라

④ **신계** : 천계

⑤ **신격** : 태어날 때부터 주어진 신분과 직분에 충실하며 책임감이 강하다.

⑥ **직능** : 사람 간의 인연을 이어주는 일을 전담한다. 생명과 수명에도 깊이 연관된다.

⑦ **주요 기도터** : 천신기도터 혹은 허공기도

⑧ **무속인과의 직접 소통 여부** : 직접 인간 세계에 하강하지 않으며 무속인 개개인에게 공수를 내리지 않는다.

돋보기

길쌈 문화와 고대 문화

길쌈의 과정은 실을 뽑는 일과 베를 짜는 일로 이루어져 있다. 실의 원료에는 명주·삼베·무명이 있다. 그 중에서 명주와 무명은 물레를 이용해서, 삼베는 삼 삼기를 하면서 실을 뽑는다. 베를 짜는 과정은 어느 것이든 베틀을 이용한다. 신라 선도산의 성모가 베를 짜서 비색(緋色), 즉 붉은색으로 물을 들여서 사람들의 칭송을 받은 일이며, 그 유명한 연오랑 세오녀 신화에서 세오녀가 짠 비단을 다시 본국으로 보내오자 다시 하늘이 밝아졌다는 등의 이야기에서 보듯이 직물은 당대의 문화수준을 가늠하는 최고의 기술이었던 것으로 보인다. 직물을 이용해서 고귀한 신분을 유지하고 드러낼 수 있었으니, 무엇보다 사람들의 삶과 가장 밀접한 관계에 있었다고 보겠다.

직녀성의 위용

직녀성(베가)은 거문고자리 알파라고 읽으며 그 별자리에서 가장 빛나는 별이고 밤하늘에서 다섯 번째로 밝다. 직녀성은 천문학적으로도 매우 중요한 별로 분류된다. 지구가 1만 2천년 전에는 직녀성이 현재 북극성의 위치에 있었다. 지구로부터 약 25.3광년 떨어져 있으니 매우 가까운 별이며 우리 지구인들의 역사에 많은 영향을 끼쳐왔다. 북부 폴리네시아 원주민들은 베가를 '웨투 오테 타우'라고 불렀는데 이는 '1년의 별'이라는 뜻이다. 오랫동안 이 지역 주민들은 한 해의 농사를 시작할 무렵을 새로운 해가 시작하는 것이라고 여겼으며, 그 시작을 상징하는 별이 베가라고 생각했다. 이후 플레이아데스 성단이 베가의 자리를 대신하게 되었다.

고대 아시리아 사람들은 베가를 '다얀-사메'라고 불렀는데 이는 '하늘의 심판자'라는 뜻이다. 고대 아카드 사람들은 '티르-안나'로 불렀으며 이는 '하늘의 생명'이라는 뜻이다. 바빌로니아 시대의 천문 기록에 따르면 베가는 '딜간'이라는 이름이 붙은 여러 별들 중 하나였다. 여기서 '딜간'은 '빛의 전령'이라는 뜻이다. 고대 그리스 사람들은 그리스 신화상의 오르페우스가 들고 있는 하프 부분을 거문고자리라고 불렀으며, 여기서 베가는 손잡이 부분에 해당된다. 로마 제국에서는 베가가 지평선 아래로 내려가 보이지 않게 되는 시점을 가을이 시작되는 때로 인식했다.

01

■ 출처 참고 : 360p

그리스 신화 아라크네 혹은 모이라 여신

그리스 신화에 나오는 아라크네는 베를 잘 짜기로 유명했다. 그녀는 자신의 실력에 자만한 나머지 아테나 여신보다 뛰어나다고 실력을 뽐내며, 아테나에게 도전한다. 아라크네의 자만심에 화가 난 아테나는 할머니로 변신하여 신을 모독하지 말고 용서를 구하라고 충고했는데, 아라크네가 그녀를 무시하고 쫓아내려 하자 자신의 본래 모습으로 돌아와 그녀와 시합을 벌인다. 아테나는 자신과 포세이돈이 아테네를 두고 겨룬 승부의 광경과 신에게 대항한 인간들이 욕을 보는 장면과 자신의 신목이자 평화의 상징인 올리브를 수놓아 아라크네에게 경쟁을 포기하라는 경고를 하였다. 그럼에도 불구하고 아라크네는 자신의 직물에 제우스와 여러 신들의 문란한 성생활을 뛰어난 솜씨로 수놓는다.

아테나는 아라크네의 뛰어난 솜씨에는 감탄했지만, 신들을 웃음거리로 만드는 자수 내용에 모욕과 분노를 느껴 북으로 직물을 찢는다. 아테나는 이 행동으로 인해 '신이 인간에게 패배했다.'고 공식적으로 인정하고 만다. 아테나는 아라크네에게 패배했다는 사실을 아라크네 스스로가 인식하지 못하도록 북으로 아라크네의 이마를 때리며 자신의 죄와 치욕을 느끼게 하였고, 아라크네는 치욕을 참지 못하여 목을 맨다. 아라크네를 불쌍히 여긴 아테나는 그녀가 영원히 실을 잣도록 하게 만들고자 아코니트 즙을 뿌려 그녀를 거미로 만들고, 그녀의 목에 매어있던 밧줄은 거미줄이 된다.

이 이야기는 인간의 운명을 신이 좌지우지하려는 것에 반기를 든 용감한 아라크네의 일면을 볼 수 있다. 신이 인간에게 패배한 몇 안되는 전설 중의 하나이다. 또한 그리스에는 운명을 상징하는 세 명의 모이라 여신이 있다. 이들 세 여신은 인간의 생명을 관장하는 실을 관리하는데 한 명이 그 실을 자으면(10달 임신의 관리) 다른 한 명은 이를 감고(삶의 길이 할당) 나머지 한 명은 인간의 목숨이 다하면 그 실을 끊는다고 한다.(죽음의 시기 결정)

매화부인(梅花婦人)과 직녀성

자미원 북쪽 울타리 밖에 떠있는 직녀성이 매화부인이다. 매화부인은 마고, 직녀의 다른 이름으로 알려져 있으며 이는 모든 근본이 하나의 여신에서 출발하였음을 시사한다. 또한 북두칠성은 매화부인이 낳은 아들들이며 칠성님은 견우별이 되었고 매화부인은 직녀성이 되었으며 칠석에 내리는 비는 오랜만에 만난 견우와 직녀가 흘리는 눈물이라는 전설이 있다.

무속에서 칠성풀이는 매우 중요한 부분으로 이는 칠성신을 청배하여 자손의 무병장수와 출세를 기원하는 과정이다. 천상국에 사는 칠성대왕이 지하에 살고 있는 매화부인과 혼인하고자 지하국에 내려온다. 세 번에 걸쳐 청혼해서 허락을 받은 다음 칠월 칠석에 혼인한다. 그러나 여러 해가 흘렀지만 자식이 없었고 드디어 공을 들이고 애를 쓴 후에 일곱 아들을 얻게 된다. 그러나 칠성대왕은 처자식을 보살피지 않고 하늘로 돌아가버린다. 이후에 아들들은 장성하여 하늘로 아버지를 찾아간다. 그러나 거기에는 둘째 부인이 도사리고 있다가 각종 음해를 일삼으며 아들들을 핍박한다. 하지만 결국에는 아들들이 이기게 되고 계모는 벌을 받으며 매화부인은 용궁마마로 등극한다는 줄거리를 담고 있다. 대개의 거의 모든 여신 신화가 그러하듯이 혼자서 아이들을 훌륭히 키워내고 갖은 고생을 마다하지 않는 우리나라의 어머니상이 그려지고 있다. 결과는 해피엔딩으로 끝나기도 하지만 그렇지 못한 설화도 매우 많이 존재한다. 고난과 그것을 디디고 일어서는 여인의 역사이다.

가을 세시명절(歲時名節)의 하나인 칠석(七夕)을 노래한 시로, 김인후(金麟厚 1510~1560)가 19세 되던 1528년(중종 23) 성균관 시험에서 장원할 당시 답안으로 제출한 것이다. 김인후는 이 시에서 가을바람이 으스스 불어오는 칠석 저녁 밝은 빛이 돌고 있는 은하를 쳐다보면서 칠석날 밤 짧은 만남 후 긴 이별을 해야 하는 견우(牽牛)와 직녀(織女)의 애틋한 사랑을 노래하고 있다.

■ 출처 참고 : 360p

행운의 수레바퀴 (Wheel of Fortune)

운명, 숙명, 윤회, 인과응보, 인생의 전환점과 분기점 등을 상징하는 행운의 수레바퀴는 언젠가는 필연적으로 일어났어야만 하는 일을 상징한다. 정해진 길을 계속해서 굴러가는 바퀴처럼 반복되는 경험과 그로 인한 새로운 시작, 또는 행운과 불운의 반복을 나타내기도 한다. 이동운이 좋아 움직임에 길하고, 사업이나 취업은 노력하면 시간이 걸리더라도 그럭저럭 결과를 볼 수 있다. 직업을 생각하고 뽑았을 때 행운의 수레바퀴가 나온다면 천직이라는 뜻으로도 읽을 수 있다. 연애운에서의 행운의 수레바퀴는 운명적인 만남과 전생의 인연을 말한다. 헤어지기 힘든 깊은 인연이며 결혼할 천생연분일 때, 헤어진 사람과 쉽게 끊어지지 않고 반복해서 만나게 되는 재회의 연이 있을 때 나타나는 카드이다. 바퀴는 운명을 의미하기 때문에 누구도 이 행운의 수레바퀴를 함부로 굴리거나 멈추게 할 수 없다.

🅠🅐 실전 상담에서 응용해보기

자녀가 계속 직업이 없다가 이번에 취직을 결심했습니다. 취직이 될까요?

취직은 어렵습니다. 취직이 되더라도 생활습관이나 대인관계가 개선되지 않으면 직장을 유지하기 어렵게 되겠습니다. 사람이 습관을 바꾸는 것이 가장 어렵기 때문에, 직장을 바꾸는 것보다 본인의 생각이나 생활 습관을 먼저 고치는 것이 중요한데 그것이 전제되지 않으면 이번 취업은 그저 일시적인 해결책에 불과할 것입니다. 좀 더 장기적인 대안을 세우고 오랫동안 기술을 익히고 그에 맞는 직장을 가지는 것이 좋을 것으로 보입니다. 오랫동안 직업 없이 놀고 있었다면 이번에 직장을 구하는 것에도 큰 기대를 걸지 않는 것이 좋겠습니다.

알게 된지 얼마 되지 않은 사람인데 마음이 많이 가고 신경 쓰입니다. 이 사람과 계속 만나도 괜찮을까요?(이성교제 시)

두 사람의 인연은 상당히 깊은 편에 속하고, 단순하게 스쳐지나가는 인연이라기보다는 서로가 만나서 해결해야 될 인생의 숙제를 같이 풀어나가는 사이입니다. 어떤 이유로든 두 사람이 함께 지내며 얽히게 되는 문제들을 함께 풀어가고 알아가는 연애를 할 것으로 보여집니다.

집이 팔리지 않아서 이사를 하지 못하고 있습니다. 언제쯤 집이 팔릴까요?

향후 몇 달간은 팔리지 않을 것으로 보이고, 조금 더 오랜 시간을 기다려야 하겠습니다. 만일 사려고 오는 사람이 있다고 해도, 가격 흥정을 하다가 안 이루어지고, 가격을 낮추면 사람이 나타나지 않는 등, 매매에 관한 일들이 신속하게 이루어지지 않습니다. 인내심을 갖고 더 기다리거나, 매매보다는 전세나 월세 등 다른 방법을 택해야 할 수 있습니다.

🅠🅐 무속인을 위한 실전상담

제가 신의 길을 걷는 무속인이 되어야 하나요?

당신은 이 길을 가도록 예정된 사람이라는 것을 말해줍니다. 단순히 어제 오늘의 일이 아니라 오래전부터 예정된 일이었고, 당신 스스로도 이미 그걸 느끼고 있습니다. 단지 지금 그것을 회피할 뿐이지만, 제대로 된 스승을 잘 만나기만 한다면 자연스럽게 해결될 문제이기도 하겠습니다. 빨리 계기를 마련하고 직녀가 하나씩 실타래를 풀듯이 잘 해결하시길 바랍니다.

한동안 가깝게 지내던 손님이 찾아오질 않습니다. 거의 연락이 끊어지다시피 했는데 어떻게 해야 하나요?

이 손님과의 인연은 아직 남아있으며, 먼 훗날에라도 다시 당신을 찾아오게 될 것입니다. 다만 당장은 거리를 둬야 하는 상황일 것이며, 이 손님 또한 연락이 되지 않지만 당신과의 인연에 대해서 생각하고 있습니다. 시간을 두고 기다려 보도록 합시다.

11 지하장군 | Justice

사람이 죽어서 저승에 가면 자신이 한 일에 대한 것을 평가받고 판결을 받는 순간이 온다고 한다. 누구나 모면할 수 없는 때가 오는 것이다. 말을 타고 지하를 수호하는 장군신으로 알려져 있는 무신이다. 지하용마장군, 용마장군, 용장군, 지하제일장군 등으로도 불린다. 여기에서는 말을 탄 모습이 아니라 사람의 선악을 분별하는 역할을 맡은 모습으로 표현되었다. 기름솥에서는 시뻘건 불길이 달아오른다. 사람은 자신 앞에 두려움과 직면을 해야만 죄를 실토하는 어리석은 존재인지도 모른다. 죽은자의 죄는 이제 저울에 달아지게 되었다.

저스티스는 정의를 말하는 카드이다. 죄인의 죄를 심판하려는 지하장군과 어울린다.
왠지 저울추보다 사람 쪽을 더 벌주려는 지하장군의 손짓이 익살맞게 느껴진다.

생각해보기

사람이 저울추와 어림잡아 평평해 보이는데도 왠지 장군은 죄인 쪽으로 무게를 실을 것처럼 손가락을 갖다 대려 한다. 살아생전에 좋은 일을 많이 한 사람이라면 걱정이 없으련만 어디 세상 사는 일이 그런가. 뜻하지 않게 나도 남에게 원한을 사기도 하고 또 나를 이렇게 힘들게 만든 원인을 딱히 누구라고 찝어서 말하기가 난처한 경우도 많은 요즘 세상이다. 조금은 억울할 수도 있으나 어찌되었거나 누구나 한번쯤은 삶의 판결을 받아야 하는 모양이다.

적용

정의의 심판을 받는다면 정의로운 사람에겐 더할 나위 없이 뿌듯한 상황일 것이다. 하지만 마음 한 켠에 뭔가 께름칙한 부분이 있는 사람이라면 밤잠을 설쳐야 한다. 굳이 법과 관련된 것이 아니더라도 사람 사이의 관계를 정리할 때, 또는 정리당할 때에도 비슷하게 적용이 된다. 상대가 겉으로는 웃고 있지만 속으로는 나를 판단하고 어느 부분 정리를 하려고 한다고 생각해보면 이해가 쉬울 것이다.

- **재물운** - 오랫동안 해결되지 못한 것이 해결되기도 하고 금전적으로 포기해야 할 것도 생긴다.
- **애정운** - 헤어지게 되든지 중대한 기로에 서게 된다. 상대방에 대해 새로운 부분을 파악한다.
- **이동운** - 급하게 이동할 일이 생기며 타의에 의해서 이루어질 확률이 높다.
- **건강운** - 좋지 않은 검진 결과를 받아보기도 한다. 건강에 좋지 않은 환경일 수도 있다.

분류

① **존호** : 지하장군, 용마장군, 용장군, 지하제일장군 등
② **신위** : 중상(中上) - 천신
③ **신적** : 우리나라
④ **신계** : 저승, 지하세계
⑤ **신격** : 거침이 없고 직선적이며 자신의 분야에 확고부동한 실현을 시킨다.
⑥ **직능** : 동법살과 상문살을 풀어준다. 동티가 난 것을 풀고 불길한 기운을 타서 원하지 않게 수명이 줄어든다든가 하는 것을 막아준다.
⑦ **주요 기도터** : 특정 기도터가 없다.
⑧ **무속인과의 직접 소통 여부** : 망자를 위한 굿이나 기도 시에 소통

돋보기

삼천갑자 동방삭의 도피행각

동방삭은 전한 무제 시기의 인물이며 고위관료였다. 외모와 언변과 행동 때문에 그는 살아있을 때부터도 무성한 소문의 주인공이었다고 전해진다. 지금으로 치면 매우 다재다능하고 천재적인 인물이었던 듯하다. 전설에 따르면 그는 삼천갑자(三千甲子 한 갑자는 60년이니 도합 180,000 년)를 살았다고 하는데 서왕모

⤎ 숯을 씻는 저승사자와 노인으로 변장한 동방삭

의 복숭아를 훔쳐먹어 죽지않게 되었다고 한다. 특히 한국에서는 저승사자가 동방삭을 잡으려고 계교를 꾸몄는데 강가에서 숯을 씻고 있으니 노인으로 변장한 동방삭이 지나가다가 궁금증을 참지 못하고 저승사자에게 말을 걸었다고 전해져 오는 이야기가 있다. 사자는 검은 숯을 씻어서 희게 하려고 한다고 대답했고 동방삭은 자신도 모르게 '내가 삼천갑자를 살았으나 이런 것은 처음 본다'고 말해버렸다. 이리하여 드디어 동방삭은 저승으로 끌려가게 되었다고 전해진다. 우리나라에서는 이 전설이 이루어진 곳의 이름을 탄천이라 하며 서울 강남구에 위치하고 있다. 한강을 산책하다가 탄천쪽으로 가보는 것도 좋겠다.

탄천의 모습과 빌딩을 배경으로 한 오늘날의 탄천

■ 출처 참고 : 360p

이집트 신화 심장 무게 달기

이집트 신화에 전해 내려오는 <사자의 서>에 의하면 죽은 이의 영혼은 지하세계인 두아트를 지나 오시리스의 심판을 받는 장소에 도달해야 한다. 그곳에 도착하기까지의 여정도 쉽지 않으며, 신의 도움을 받아야하므로 두아트의 입구에는 신의 태양선에 승선하고자 하는 영혼들이 즐비했다. 태양신 라의 도움을 받아 이 과정을 거치면 오시리스에게 심판을 받게 된다. 오시리스는 죽은 자의 심장의 무게를 저울에 단다. 심장의 무게를 재기 전에 죽은 이에게는 자신의 죄를 고백하거나 결백을 주장할 시간이 주어진다. 강도, 거짓말, 살인, 간음, 악담, 인신공격, 신에 대한 저주, 엿듣기, 이유 없는 분노, 범법, 폭력, 경솔 등은 고대 이집트인들의 금기로 <사자의 서>에 언급되어 있다. 드디어 죽은 이가 오시리스의 심판을 맞이할 때가 되었다. 저울의 한 쪽에 심장을 올리고 반대쪽에는 마트 여신의 머리에 꽂혀 있던 깃털을 올린다. 마트 여신은 정의와 우주의 질서를 상징한다. 우주의 질서에는 올바른 삶을 통해서 도달할 수 있으므로, 그는 죽은 자의 삶의 도덕성을 판단하는 기준이 된다. 심장의 무게가 깃털과 수평을 이룬다면 이는 영혼의 고백이 진실되며 그가 결백함을 상징한다. 따라서 그에게는 영원한 삶이 주어지고, 오시리스의 땅에서 지낼 수 있는 권리가 부여된다. 하지만 만약 저울이 심장의 쪽으로 기울어진다면 오시리스의 옆에서 대기하고 있던 암무트가 죽은 자의 심장을 먹어치운다. 암무트는 머리는 악어, 상체는 사자, 하체는 하마의 형체를 가진 상상 속의 동물이다. 고대 이집트인들에게 심장은 양심, 도덕심과 동일시되며 가장 중요한 신체 기관이었다. 미라를 제작할 때도 심장만은 몸속에 남겨두었으며 암무트에게 심장을 먹힌 영혼은 더 이상 존재할 수 없는 완전한 '죽음'을 맞이하는 것이었다.

심장의 무게를 다는 의식을 그린 파피루스

저승사자와 지하세계에 대한 이야기

이름과 나이가 같은 두 사람이 서로 다른 지역에 살았다. 그들은 신기하게도 한 날 한 시에 동시에 죽었고, 두 사람의 영혼이 저승에 다다랐다. 염라대왕이 살펴보니 한 명은 수명이 다해 죽는 것이 맞았으나 다른 한 명은 아직 명이 남아있어 그를 다시 이승으로 돌려보냈다. 그러나 그의 혼백이 이승에 돌아왔을 때는 이미 육신을 매장한 후였다. 하는 수 없이 그는 저승에서 보았던 동명의 다른 사람의 몸으로 들어갔다. 죽은 자가 다시 살아났다고 좋아하는 사람들 앞에서 그는 자신은 다른 지역에 살던 이름만 같은 다른 이이며, 본인의 가족에게 가 살겠다고 말했다. 양쪽 집안 아들들 사이에 되살아난 자가 서로 자신의 아버지라 싸움이 벌어졌고, 고을의 원님은 그가 살아있을 때는 영혼의 아들이 그를 모시고, 죽은 후에는 육신의 아들이 몸을 찾아가 장례를 치르라 판결을 내렸다. 이 이야기는 경기도, 강원도, 충청도, 전라도 등 여러 지역에서 이름만 다르게 전해 내려오고 있으며 <삼국유사>와 <어우야담>에도 수록되어 있다. 조선 명종 때 쓰여진 <왕랑반혼전>에도 비슷하지만 다른 이야기가 등장한다. <왕랑반혼전> 속 송씨 부인은 10년 전에 죽음을 맞았지만 영혼이 공주의 몸에 들어가 되살아나고, 옛 남편과 재회한다. 영혼이 저승에서 돌아왔을 때 사람이 아닌 개의 몸에 의탁하는 변이형도 존재한다.

예로부터 저승에 갔던 영혼이 다시 돌아와 다른 이의 몸에 들어가는 소재는 아주 흥미롭게 여겨졌다. 저승사자의 실수, 또는 염라대왕이 수명부를 잘못 읽은 실수로 벌어지는 일이었다. 염라대왕은 수명부를 보고 혼백의 명이 남아있을 경우 그를 다시 이승으로 돌려보냈다.

> ## 유니버셜 웨이트와 비교

정의 (Justice)

완벽하게 수평을 이룬 저울은 어느 곳에도 치우치지 않고 공정한 결과를 나타낸다. 저울을 들고 있는 법관은 이성적인 판단력을 갖추었으며, 높게 들어올린 칼에서 그녀의 단호함과 결단력이 엿보인다. 양쪽의 돌기둥은 빈틈을 찾아볼 수 없는 그녀의 성격과 흔들리지 않는 소신과 굳센 의지를 나타낸다. 단호하며 객관적이지만 융통성과 물 흘러가는 듯한 대처능력이 부족해서 많은 이들과의 어울림은 어렵게 느낄 수도 있다. 법관은 타인의 죄를 심판하는 일을 하는 사람이므로, 순간적인 판단 미스가 돌이킬 수 없는 결과를 가져오기도 한다. 그 때문에 그녀는 주관과 감정을 배제한 채 오로지 눈앞의 진실과 객관적인 사실만으로 억울한 이 없도록 심판을 내린다. 결과를 기다리는 상태에서 이 카드가 나온다면 기다리던 좋은 소식을 빌을 수 있음을 의미한다.

실전 상담에서 응용해보기

잘 사귀고 있는 사이였는데, 최근 들어 상대방의 행동이 마음이 쓰입니다. 상대방의 속마음은 어떨가요?

이제 곧 상대방이 나에게 결정적인 말이나 행동을 하려고 준비하는 중입니다. 아마 당신이 예상하지 못한 것일 수도 있고, 작게나마 예상하는 주제일 수도 있습니다. 하지만 결국 일방적으로 당신이 그런 이야기를 들어야 하는 상황이다보니, 기분이 썩 좋지는 않겠습니다. 상대방은 평소 당신을 만나면서 당신의 언행을 관찰하고, 둘의 사이가 어떻게 진행되어야 좋은지 계속 평가해왔을 수도 있습니다. 겉으로 보이기엔 친절하고 다정한 사람이지만 속은 매우 비판적이고 판단력이 강한 사람일 수 있습니다.

제가 취직하고자 면접을 봤는데, 회사에서 어떤 연락이 올까요?

아직 심사 중이나, 곧 연락이 올 것입니다. 하지만 그다지 좋은 평가는 아닐 확률이 높습니다. 만일 본인이 면접을 굉장히 잘 봤다고 생각하고 좋은 결과를 기대한다면, 그건 착각일 수 있습니다. 굉장히 엄정한 평가를 받는 상황이며, 자존심의 상처를 입을 수도 있습니다. 만일 이 회사에만 지원했다면, 다른 곳을 알아봐야 할 것이며 본인이 도전하기에는 턱이 많이 높은 곳이기도 합니다. 근무 조건이 매우 까다롭고 정확한 것을 요구하는 곳으로 보여집니다.

원하는 계약이 체결되지 않고 시간만 질질 끌고 있는 상황입니다. 언제 체결될까요?

가까운 시일에 계약 결과를 알게 되겠으나, 계약은 성사되지 않을 확률이 높습니다. 이 또한 많이 기대를 하고 있었다면 실망스럽겠지만 마음을 내려놓는 게 본인을 위해서도 더 현명한 선택이겠습니다. 많은 기대를 하지 않았다면, 예상대로 결과 통보를 받는 상황이 진행될 것입니다.

무속인을 위한 실전상담

스승과 제자 사이인데 앞으로 좋은 관계가 유지될지 의문이 드는데 이 카드가 나왔습니다.

이제는 판단을 미룰 수 없는 사이가 되었습니다. 관계를 정리하는 것이 이롭겠습니다. 인간 관계로서는 나쁘지 않을 수도 있지만, 신들의 세계에서는 합의가 되지 않을 수도 있습니다. 어떤 계기가 생기기 때문에 결정을 하지 않을 수 없게 될 것입니다.

손님의 기도를 올렸는데, 기도가 제대로 되었는지 궁금합니다.

당분간은 행동을 조심하고, 부정한 것을 가리고 근신하는 자세로 있는 것이 좋겠습니다. 이 방침은 무속인 뿐만 아니라 기도 의뢰를 한 손님 역시 마찬가지입니다. 어딘가 미진한 부분이 있어서 아직은 신들의 판단을 기다려야 하는 상황입니다.

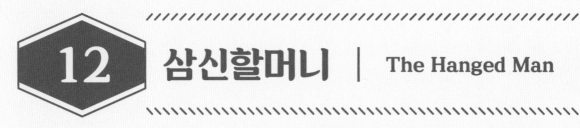

12 삼신할머니 | The Hanged Man

신성한 하늘에서 긴 동아줄이 내려오고 거기를 떨어질세라 꼭 잡고 있는 귀여운 아기가 보인다. 이 동아줄은 한편으로는 어머니 뱃속의 탯줄을 연상하게 한다. 땅에는 삼신상(미역과 밥, 밤과 대추)을 차려놓고 삼신할머니가 그 줄을 잡고 아기가 잘 내려오기를 기다리면서 자애로운 미소를 짓고 계시다. 할머니는 연꽃을 들고 있으신데 진흙 속에서 피어나는 아름다운 연꽃이 지상에 새롭게 태어나는 고귀한 생명을 연상하게 한다. 또 허리춤에는 오방색의 복주머니가 보이는데 이는 한 사람이 태어나기까지 여러 기운이 합해진 것이라는 뜻도 함께한다.

 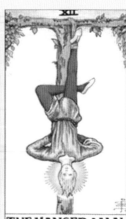

삼신할머니는 매달린 남자, 즉 행 맨을 가치 있게 만들어주는 존재이며, 지상에 인간이 오게 된 내력을 말해준다. 어머니 뱃속의 탯줄을 연상해 본다.

생각해보기

옛날 자식을 갖기를 원하는 여인들이 삼신할머니께 기도를 올리곤 했다. 삼신할머니의 '삼'은 셋을 뜻하는 삼(三)으로 해석해 세 분으로 묘사되기도 하며, Kam 및 Sam과 어원을 같이 하는 무속신으로 모시기도 한다. 아이가 태어난 후에도 성장할 때까지 일정 기간 건강을 돌보아 주셨다. 옛날에는 위생과 환경이 좋지 못해서 아기들이 일찍 목숨을 잃는 경우가 많아서 집안에서는 아이의 정식 이름 대신에 '붙들이' 라는 식의 예명을 지어주기도 했다. 자기 생명줄을 꼭 붙들으라는 깊은 바람이 들어있다. 그러니 행 맨 만큼 어울리는 카드도 없는 것 같다. 삶에 대한 끈기와 집착은 단순히 욕망으로 보기보다는 절실함으로 보는 게 맞을 수도 있을 것 같다.

적용

오래도록 생각해 온 부분이나 일이나 사람과 관련된 카드이다. 서로 인연으로 이어져 있기 때문에 간단히 정리되지 않는다는 뜻도 있다. 겉으로 확인할 수 없다고 해서 그 존재를 부정하거나 일의 진행을 속단하는 것은 매우 어리석다. 생각보다 깊이 연관되어 있고 끝나지 않는다. 이것은 특히 자신의 의지와 관련된 것이기도 하다. 스스로 하려고 하고 지속적으로 연결시키려 하는 힘에서 모든 것은 출발하는 지도 모른다.

- **재물운** - 당장 큰 돈이 되지는 않지만 지속적으로 진행을 하면 차후에 기대를 할 수 있겠다.
- **애정운** - 누군가를 마음 깊이 짝사랑하고 있거나, 쉽게 헤어지지 못하는 사랑이다.
- **이동운** - 현재 있는 곳에서 크게 움직일 수가 없다. 이동해도 다시 돌아올지도 모른다.
- **건강운** - 지속적인 건강관리를 해야한다. 또는 체질로 인한 질병을 예상할 수 있다.

1 **존호** : 삼신할머니, 삼신할망
2 **신위** : 상(上) - 천신
3 **신적** : 우리나라
4 **신계** : 인간세계, 집집마다 삼신할머니가 계신다고 보는 편이다.
5 **신격** : 친근하며 사람들의 집집마다 가정 내에 일어나는 일에 지대한 관심이 있으시다.
　　　　삼신상이라든지 삼신기도상을 받으실 경우는 꼭 그에 합당한 복을 주시는 편.
6 **직능** : 아이를 점지하고 탄생하게 하는 능력. 결과적으로 사람이나 가문이 멸하지 않게 하고 번창시킨다.
7 **주요 기도터** : 강화도 남산 기도터, 각 집 안의 삼신단지 등
8 **무속인과의 직접 소통 여부** : 가능

돋보기

모셔지는 삼신의 형태

중부 지방에서는 주머니에 쌀을 담고 한지로 만든 고깔을 씌워 만든 제석주머니를 안방구석에 매달아 놓았다. 영남 지방에서는 쌀을 담은 바가지를 한지로 덮고 끈으로 묶은 삼신바가지나 바가지 대신 항아리를 이용한 삼신단지를 모셨다. 꼭 그 안에 계신다기보다는 신체를 그러한 식으로 드러내면서 삼신을 존경한다는 표시를 했다고 봄이 타당할 것이다.

남극노인성 또는 수성노인

새롭게 이 세상에 태어나는 아기를 점지하는 삼신할머니의 역할과 비슷하지만 일견 대조되는 자리에 배치된 신령님이며 오래 사는 장수를 상징하고 그렇게 되기를 발원하는 사람들에 의해 많이 섬겨진 분이다. 사람들의 최고 관심사는 누구나 건강하게 오래 사는 것이었다고 볼 수 있다. 원래 인간의 수명을 관장하는 별자리인 남극성(南極星)을 의인화하여 일컫는 말이며 노인성(老人星)이라고도 불린다. 노인성(카노푸스, Canopus)은 남극 가까이에 위치한 별이어서 동양에서는 24절기 중 낮과 밤의 길이가 똑같은 추분(秋分)에 관측할 수 있는 별이다. 사실상 우리나라에서는 거의 관측하기 어려운 별

이지만 아주 드물게 남쪽 수평선 근처에서 볼 수 있다. 이 별은 처음에는 나라의 평안과 왕의 수명을 상징했다가 점차 확대되어 개인의 수명과 장수를 상징하는 별이 되었다. 노인성은 고대 중국의 신화에서 복성(福星), 녹성(祿星)과 함께 장수와 복록을 상징하는 삼성(三星) 중 하나로 숭배되었다. 그래서 이와 같이 삼성이 함께 그려져 있는 그림도 있었다. 수성노인도는 회갑 축하와 장수를 축원하는 축수용(祝壽用) 그림으로 많이 제작되었다. 특히 조선시대에 노인성에 대한 숭배가 증가하면서 수성노인도 역시 증가했을 것으로 추측한다. 현재에는 17세기 이후인 조선시대 중기 이후의 작품이 많이 남아있다.

기린과 동자를 데리고
서있는 수성노인, 손에는
오랜 수명을 상징하는
복숭아를 들고 있다.

연꽃

강한 생명력으로 흙탕물에서도 깨끗하고 고고한 자태를 피워올리는 연꽃은 동서고금을 막론하고 다양한 분야에서 사랑받아왔다. 특히 우리나라에서는 각종 공예품과 옷감의 무늬, 와당에 이르기까지 다양한 분야에서 활용되었다.

연꽃의 옛 이름은 '하화荷花', '부용芙蓉', '부거芙蕖'라고도 불렀다. 유교에서는 군자의 청빈과 고고함을 상징하여 조신시대 사대부들은 원예용으로도 많이 선호하였다. 특히 연밥은 귀한 식재로이기도 했는데 자손들이 많이 늘어나고 번성하는 것을 상징하기도 하였다. 불교에서는 연꽃을 부처님의 초월적인 모습과 비슷하다고 여겼는데 더러운 진흙물에서 이처럼 청아하고 아름다운 연꽃을 피워올리는 모습이야말로 혼탁한 세상에 태어나 깨닫고 법을 설하신 부처님의 일생과 같다고 보았다. 그리하여 연꽃 위에 앉으신 부처님, 연꽃을 들고 계시는 부처님 등 다양한 형태로 불상과 절의 내외부를 장식하는데 많이 사용되었다.

인당수에 몸을 던진 효녀 심청은 나중에 용궁에서 대접을 받고 연꽃을 타고 올라와서 왕의 부인이 된다. 이때에도 연꽃은 심청의 상징으로 함께 등장한다. 그녀가 척박한 삶을 이겨내고 빛나는 존재가 되는 것 또한 연꽃의 의미와 상통하기 때문일 것이다.

■ 출처 참고 : 360p

삼신상 차리기

과거에는 병원에 가지 않고 집에서 아이를 출산할 때 바닥에 짚을 깔아 산실을 만들었다. 출산 후 피가 묻지 않은 부분을 추려 그것을 삼신짚이라 불렀고, 그 위에 삼신상을 차렸다. 삼신상은 아이가 태어나고 사흘이 되는 날 차린다. 무사히 아이가 태어날 수 있었음을 감사하고 아이와 산모의 건강을 기원하는 의미이다. 그 날부터 이레 또는 세이레(삼칠일)간 삼신상을 차려 정성을 들이며 아이의 백일과 돌에도 삼신상을 차리고 건강을 빌기도 한다.

삼신상에는 쌀(밥), 미역 또는 미역국, 실타래, 정화수 등을 제물로 올린다. 아무리 집안 형편이 어려워도 삼신상에는 반드시 흰 쌀을 준비해야 했다. 제물로 올리는 미역국을 끓일 때에는 기름에 미역을 볶지 않고 간도하지 않은 '맨미역국'을 준비한다. 삼신을 세 분의 신으로 여겨 밥과 미역국, 정화수 등의 제물을 모두 세 그릇씩 맞추어 올리는 것이 보편적이다. 하지만 출생과 관련된 신으로서의 역할을 강조해 삼신(三神)이 아닌 삼신(産神)으로 표기하기도 하며 '삼'을 아이를 배었음을 뜻하는 순우리말로 해석하기도 하기 때문에 삼신상에 올리는 제물의 수는 개인과 집안에 따라 달라질 수 있다.

일반적인 조상 제사와 달리 삼신상에 올렸던 제물은 특별히 산모가 먹었다. 제물로 사용했던 쌀과 미역국으로 산모에게 첫국밥을 끓여 먹여야 아이와 산모 모두 건강하고 유량을 풍부하게 만들어 준다고 믿었다. 이때는 한 끼를 먹고 남긴 국밥도 다음 끼니에 마저 먹어야 했다.

삼신상

닮은꼴 찾기
(외국의 신들)

고대 페르시아 출산의 여신 아나히타

고대 페르시아의 출산의 여신의 이름은 '아나히타'라고 한다. 이 여신은 세상에 물을 흘러보내어 땅 위의 모든 생물들이 번성하게 살 수 있도록 자비를 베풀며 남자와 여자의 건강을 도와주어서 아이가 무사히 세상에 태어나도록 돕는다고 한다.

지구의 배꼽

배꼽은 어머니와 뱃속의 아이를 이어주던 탯줄의 흔적이다. 왕자들이 태어나면 장차 왕이 될 운명이었기에 태실을 따로 좋은 곳에 마련해서 탯줄을 보관했다고 하니 매우 신성시되는 인체의 부분이다. 사람이 어디엔가 매달려 있다면 그것은 아마 어머니 뱃속부터가 아니었을까 하는 생각이 든다. 이렇듯 지구에도 배꼽이 있다. 지구도 살아있는 생명체로 본다면 역시 배꼽이 있는 모양이다. 어머니는 누구이실까?

호주에는 울루루, 또는 에어즈락이라고 하는 거대바위가 있는데 지구의 배꼽으로 불리기도 한다. 이는 에펠탑보다 높으며 단일 바위로는 세계 최고라고 한다. 약 5억 년 전에 형성된 것으로 추정되며, 높이는 348m, 둘레는 9.4㎞에 달한다. 현지 원주민들이 신성히 여기는 구역이어서 이제는 더 이상의 접근이나 관광을 금한다고 하니 조금 아쉽기도 하다.

삼칠의 의미

아기가 태어나면 삼칠일 즉 21일이 될 무렵에 삼신상을 차리기도 하는데 삼칠은 우리 민족과 매우 깊은 의미가 있다. 삼은 즉 삼신을 상징하고 칠은 칠성을 상징하기 때문에 이 두 수가 합하여 신성한 7일이 세 번 거듭되는 것은 아기가 뱃속의 양수 속에서 쭈글쭈글하던 모습이 세상에 나오며 펴져서 비로소 사람다운 모습으로 화하는 상징적인 의미가 있는 것이다. 그리고 이 세상에 어느 정도 적응을 하여 살아갈 수 있는 기틀이 마련되었다고 본다. 어릴 때는 의술의 혜택을 받지 못하는 사람들이 거의 대부분이었기에 새 생명의 태어남이 경사이기는 해도 건강하게 유지하는 것은 삼칠이 지나서야 가능하다고 여겼다. 그래서 대문 앞의 금줄도 삼칠이 지나야 거두었다. 이밖에도 삼칠을 신성시하는 의례는 우리의 종교와 역사 문화에 자주 등장한다.

■ 출처 참고 : 360p

하늘나라 명진국의 삼신할머니는 평소 아기들을 매우 귀히 여기고 예뻐했다. 그 사실을 안 옥황상제가 삼신할머니에게 아기를 점지하는 일을 맡겼고, 삼신할머니는 정월 초하루 새벽마다 세상에 내려와 아기를 원하는 사람들에게 새 생명을 점지해 주었다. 어느 날 만삭의 임산부가 아기를 낳지 못하고 고통에 몸부림치고 있을 때 그녀를 본 삼신할머니가 손으로 배를 두어 번 쓸어 주자 큰 힘을 들이지 않고 아기가 바로 태어났다. 태어난 아기가 울지도 않고 움직이지도 않자 삼신할머니가 아기의 엉덩이를 찰싹 내리쳤고, 비로소 아기가 울음을 터뜨리며 숨을 쉬기 시작했다. 삼신할머니가 얼마나 세게 때렸던지 아기 엉덩이에 푸른 멍이 들었는데 이때부터 우리나라 아기들 엉덩이에는 '몽고반점'이라고 부르는 푸른 멍이 생기게 되었다. 삼신할머니는 아기를 따뜻한 물에 씻긴 뒤 유모를 불러 젖을 먹였고, 산모에게는 미역국을 끓여 먹였다. 그러자 두 사람 모두 건강을 회복했다.

05

매달린 남자 (The Hanged Man)

한 남자가 나무에 거꾸로 묶인 채 매달려 있다. 그러나 그는 온화한 표정을 짓고 있으며, 무언가 깨달음을 얻은 듯 보이기도 한다. 나무에 다리가 묶인 것은 집착, 미련 그리고 쉽게 움직일 수 없는 상황에 처해 있음을 나타낸다. 헤어진 연인에게 깊은 미련이 남은 상황, 연락에 대한 집착이 심해 하루 종일 핸드폰만 보게 만드는 남자친구 등을 상징하며 국가고시 등 어딘가에 매여 집중을 해야 하는 시기이므로 타인에게 신경쓰지 못하는 상태를 말하기도 한다. 그의 양손은 등 뒤로 가려져 있으므로, 묶여있는지 자유로운지 지금으로서는 알 수가 없다. 만약 두 손이 자유롭다면 그는 자발적으로 나무에 거꾸로 매달려 있는 것이다. 몸이 아니라 정신적으로 속박당한 듯한 기분을 느끼고 있는 경우일 수도 있다. 그는 거꾸로 매달려 세상을 거꾸로 보고 있다. 그러므로 이 카드는 때때로 반전되는 상황, 새로운 사고방식과 예측 불가능한 사람을 의미하기도 하며, 문제를 보는 방식을 바꾸어 볼 필요가 있음을 암시한다.

■ 출처 참고 : 360p

Q&A 실전 상담에서 응용해보기

형제간에 우애가 안 좋아서 오랫동안 화해하지 못했습니다. 상대방은 어떤 생각을 하고 있을까요?

형제분 또한 같은 생각을 하고 있습니다. 화해하시지 못한 상태로 오래 지속되더라도 가족으로서의 관계는 흔들리지 않습니다. 한 가족이라는 생각을 갖고 있으므로 언제든 다시 화해할 이유나 구실은 있으나 지금으로서는 먼저 손을 내밀어주길 기대하고 있습니다. 서로 같은 마음이므로, 만나기 전 미리 연락해봐도 무방합니다. 화해의 제스쳐를 취해보세요.

이혼 소송 중입니다. 상대방 배우자가 어떻게 나올지 궁금합니다.

상대방은 이혼보다는 이 결혼을 계속 이어나갈 바라는 마음이 강합니다. 재판까지 간다고 하더라도 결국 감정에 호소하는 등 의외의 행동을 보일 수 있겠습니다. 배우자분께서 확실하게 결혼 생활을 끝내겠다고 보여지지 않습니다.

이번에 수술을 받는데. 수술 후 결과가 어떨지 궁금합니다.

삶에 대한 애착이 굉장히 강하기 때문에 쉽게 포기하지 않는 근성을 갖고 계십니다. 수술 후 회복을 위해서 생활 습관을 개선하고 체력을 회복하기 위해 노력을 해야합니다. 다만 그 병증이 완전히 사라지는 것이 아니며, 수술을 통해 건강이 회복되지만 완전히 개선진 않는 것으로 보입니다. 자신의 투철한 의지를 갖고 건강을 쌓아나가는 자세가 필요합니다.

Q&A 무속인을 위한 실전상담

오래전에 죽은 사람이 최근 저의 꿈에 나오고 있습니다. 무슨 이유가 있을까요?

죽음 뒤의 세계에 대해서는, 영가들과 속세에 사는 이들의 시간의 흐름이 조금 다릅니다. 우리 입장에서는 오래전 영가들이지만 영가들의 입장에선 죽은 순간이 그렇게 느껴지지 않을 수 있습니다. 그분들의 사연이 아직 해소되지 않은 부분이 있어서 나에게 요청하는 것은 아닌지 생각해 볼 필요가 있겠습니다.

[참고] 시간이라고 하는 건 살아있는 사람들이 만들어낸 편리한 개념일 뿐, 절대적인 우주의 원리에 있어서는 시간이 존재하지 않는 것으로 본다. 이에 대한 내용은 차후 다른 구간에서 부연 설명할 예정이다.

최근 손님을 위해서 굿을 해준 뒤. 그 손님의 몸이 좋지 않아서 주당을 제하는 의식을 치렀습니다. 결과가 어떻게 되었을까요?

깨끗하게 제거되지 않아 아직 그 여파가 남아있는 것으로 보입니다. 조금 더 정성을 들여서 3회 정도의 주당물림을 진행하셔야 하겠습니다.

(주당, 객구 : 사람이 많이 모이는 잔칫집이나 초상집, 현대에는 파티, 모임 등의 장소에 갔다온 뒤 몸이 갑자기 아픈 증세를 말한다. 주당을 정화하는 주당물림이라는 것이 있다.)

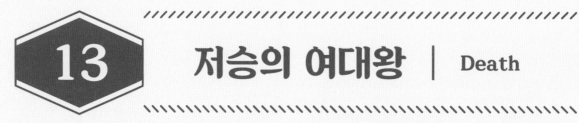

13 | 저승의 여대왕 | Death

저승에는 죽은 자들만이 건너는 검은 강이 흐르고 있다. 삼도천이라는 이 강을 건너면 본격적으로 저승의 세계로 들어가게 된다. 그리고 누구나 저승의 대왕 앞에 끌려가서 살아생전의 죄의 유무를 변론하고 그에 합당한 처분을 받게 된다고 한다. 염라대왕이라고도 하는 저승의 왕은 모두 남성으로 대변되는 왕이었지만 우리나라 전설에는 이 저승에 여왕이 분명히 존재한다. 지엄한 저승의 대왕으로써 망자들의 세계를 다스리며 또한 삼차사들의 보고를 받으시는 모습을 재현하였다. 애걸복걸하는 망자들의 모습이 매우 절박해보인다. 청산하거나 벌을 받아야 할 일들이 상당한 것 같다.

데쓰 카드는 죽음 그 자체이다. 죽음 앞에서는 모두가 평등하다. 왕도 그보다 더 높은 자도 같아진다. 저승의 여대왕 카드에 배치하였다. 막 끌려온 이들이 애걸하고 있다.

생각해보기

인간을 세상에 태어나게 하는 역할에 삼신할미(삼승할망)가 있다면 그 반대편에 저승할망, 구삼승, 저승삼신으로 불리는 용궁의 고귀한 여신이 존재한다. 원래는 아이들이 병에 걸리지 않게 지켜주고 죽은 아이의 영혼을 돌보았지만 실력부족으로 인하여 삼신할미에게 자리를 내어주고 저승의 여대왕으로 군림하게 되었다. 여기에서 할망, 할미란 늙은 여자를 말하는 것이 아니라 여신의 존칭으로 보아야 한다. 죽음으로써 그냥 끝나는 것이 아니라 저승에서 다시 판결을 받고 그 다음의 순서를 기다리게 하는 연속선상에서 동양인의 삶과 죽음에 대한 생각을 엿볼 수 있는 것 같다.

적용

하나의 대단원이 막을 내렸으니 그 다음의 것이 진행된다고 볼 수도 있다. 미련을 가진 것이 있다면 버려야 한다. 예전의 것에 연연하는 것은 어리석으니 당면한 새로운 국면을 받아들이는 게 좋다. 정당한 평가를 받게 된다는 의미도 있으니 모두 부정적으로 해석할 것은 아니다. 살아있을 때는 사람들 간의 이간질과 아첨으로 제대로 된 평가를 받을 수 없는 때도 많았겠지만 명부, 즉 죽음의 땅에 이르러서는 그런 편법은 통하지 않는다.

- **재물운** - 정리할 건 정리가 되고 포기할 것은 포기가 된다. 전반적으로 재물이 늘지는 않는다.
- **애정운** - 질질 끌던 관계는 깔끔하게 해소가 될 수도 있다. 한동안은 혼자 있는 것이 낫겠다.
- **이동운** - 큰 이동이 예상된다. 하지만 자신이 바랐던 이동은 아닐 수도 있으며 타의에 의한 것.
- **건강운** - 좋지 않다. 자신의 환경과 체력을 돌아보고 미리미리 확인하는 습관을 들여야한다.

① **존호** : 구삼승할망, 지승할망

② **신위** : 상(上) - 천신

③ **신적** : 우리나라

④ **신계** : 저승, 지하세계

⑤ **신격** : 엄한 성격이며 단호한 면이 강하나 저승의 아이들에게는 자상한 일면도 있다.

⑥ **직능** : 죽은 아이의 영혼을 저승으로 데려가기도 하며 특히 수자령에 깊은 관여 망자에 저승에 관련된 대부분을 관할

⑦ **주요 기도터** : 지상에 단독 기도터는 존재하지 않는다.

⑧ **무속인과의 직접 소통 여부** : 거의 소통하지 않으며 간혹 죽은 자를 위한 기도나 수자령에 대한 기도 시에 소통

돋보기

저승삼차사

사람이 죽을 때가 되면 저승에서 세 명의 차사를 보내는데 원래는 이들도 한때는 사람이었다고 한다. 이들은 넋대신이라는 이름으로도 불린다. 세 명의 차사는 각각의 직분이 있는데, 일단 일직사자는 하늘의 일을 보며 월직사자는 땅의 일을 본다. 또한 사람의 일을 보는 인황차사가 있는데 망자의 영혼을 저승에까지 데리고 가는 것은 강림도령이 그 몫을 해내고 있다.

강림도령은 매우 특이한 인물로서, 예전에 과양생이라고 하는 여자가 자신의 아들 셋이 이유없이 죽자 고을 원님에게 가서 이 문제를 해결해 달라고 하였다. 원님은 자신의 힘으로 이 사건을 풀지 못하자 강림도령에게 염라대왕을 잡아오라는 말도 안되는 명령을 내렸다. 그런데 비범한 용기와 재주를 갖고 있던 강림도령은 불가능할 것 같은 이 일을 해내게 되었다. 그 용기를 칭찬한 염라대왕은 친히 이승으로 납시어 원님에게 자초지종을 듣고 나서 과양생이라는 여자의 업보로 인하여 일이 이렇게 된 것을 설명했고 벌을 내렸다. 이후에 염라대왕은 강림도령의 혼을 저승으로 데려가 그때부터 저승차사로 삼았다고 한다. 이 설화는 오래된 이야기치고는 매우 구체적이기도 하고, 한때 사람이었던 존재가 망자의 혼을 데려가는 직분을 맡는다는 지금으로서도 파격적인

내용을 담고 있다. 강림도령은 이후 다양한 문학작품에 등장하였으며 그 활약상이 재창조되기도 하였다. 그는 매우 인간적이고 때로는 허당같은 실수도 하는데 죽음에 대해 우리 한민족이 갖고 있는 속깊은 의미를 해학적으로 풀어내었던 것이 아닐까 생각해 본다.

세 분의 사자들을 위해서 상을 차리거나 소쿠리 등에 담아서 지붕에 올려놓기도 하였다. 여기에는 밥과 술과 짚신 세 짝을 마련 후 엽전을 놓아두었다. 이는 망자를 데려가는 수고로움에 대한 답례이기도 했다. 짚신과 엽전은 망자가 사후에 사용하게 된다는 의미도 있었다고 한다. 사후세계에까지 삶이 이어진다는 의식이다.

저승 삼차사의 모습
(좌로부터 일직사자,
강림도령, 월직사자)

수자령에 대해서

삼승할망이 죽은 아기들에 대해서 언급되는 것과 같이 생각해 볼 부분은 이 수자령에 대한 것이다. 사실 우리나라의 설화에는 매우 신비한 이야기가 많은데 특히 서천꽃밭에서 지내고 있는 동자들에 대한 언급이다.

'오금까지 오는 뽀얀 물을 지나 잔등까지 차는 노란 물을 건너, 목까지 차오르는 붉은 물의 큰 강을 건너면 있다고 하며, 죽어야만 갈 수 있으나 저승계도 이승계도 아닌 서천꽃밭의 꽃들은 광천못에서 기른 물로 자라나는데, 광천못에서 물을 떠와 꽃들에게 주는 것은 죽은 아이들이다. 이들을 서천꽃밭의 동자들이라고 부른다.'

이 아이들은 어머니의 뱃속에서 죽었거나, 태어나서 얼마 지나지 않아서 죽었거나, 아이 때에 죽은 아이들을 모두 포함한다. 특히 수자령은 현대에 많이 유산되는 아기의 혼령을 통칭하기도 한다. 의료기술의 발달은 인위적인 유산을 선택할 수 있게 만들었는데 어떤 부분에서

는 여성들의 권리를 말해주기도 하지만 아기들의 권리는 전혀 지켜지지 않는 이중적인 잣대인 것만은 틀림이 없다. 그러므로 이 수자령들에 대해서 삼승할망이 인자한 것도 나름의 이유가 있다고 본다. 서천꽃밭은 사람을 살리는 다양한 꽃을 기르고 있는데, 여기의 꽃을 돌보는 것이 이 동자들의 혼령이라고 본다면 가장 억울한 죽음이기에 그렇지 않을까 라는 생각을 해본다.

이따금 절 입구에 누군지도 모르게 많이 가져다 놓는 동자상들도 이러한 수자령을 추모하는 의미가 있다. 개인마다 말할 수 없는 아픔과 사연을 가져다 놓은 것만 같기도 하고 여기에서라도 좋은 곳으로 가라는 바람인 것도 같다.

01

구삼승할망 설화

구삼승할망은 제주도 신화의 여신으로, 동해용왕의 딸이었다. 한 살 때 어머니 젖가슴을 때린 죄, 두 살 때 아버지 수염을 뽑은 죄, 세 살 때 곡식을 흩어놓은 죄, 네 살 때 곡식의 싹을 뽑아낸 죄, 다섯 살 때 곡식의 싹 위에 돌멩이 얹어놓은 죄, 여섯 살 때 부모님께 말대꾸한 죄, 일곱 살 때 동네 어른에게 욕한 죄, 여덟 살 때 곡식 낟가리를 무너뜨린 죄, 아홉 살 때 말 못하는 짐승을 때린 죄, 이렇게 모두 아홉 가지 죄를 짓고 용궁에서 쫓겨난 것이었다. 용왕 따님아가는 죄를 용서받기 위해 세상에 가서 마음씨 고운 부부에게 아기를 점지해주는 일을 했다. 그러나 아기를 갖게 해주는 법은 배웠지만 아기를 낳게 해주는 방법은 알지 못했는데, 삼신할머니가 나타나 아기를 낳게 해주고는 아기를 차지하려고 하여 자신은 억울하다고 말했다. 동해용왕 따님아가의 이야기를 다 들은 옥황상제는 은대야 두 개를 가져오게 하더니, 각각 한 그릇씩 꽃나무를 심어 삼신할머니와 동해용왕 따님아가에게 주며 말했다. "꽃을 더 많이 피우는 사람에게 아기 낳게 해주는 일을 시키겠노라." 그날부터 두 여신은 정성스레 꽃나무를 가꾸었다. 처음에는 동해용왕 따님아가의 나무에 꽃이 더 많이 피었지만 조금 지나자 그녀의 꽃은 시들었는데, 삼신할머니의 나무는 점점 더 무럭무럭 자라나 사만오천육백 개의 가지가 뻗고, 가지마다 서른세 송이 꽃이 피었다. 옥황상제는 동해용왕 따님아가에게 이제부터 저승 할머니가 되어 죽은 아이들을 돌보라 명했다. 그녀는 구삼승할망이라고도 불리었으며, 저승에서 죽은 아이들의 혼을 주관하는 신이 되었다.

■ 출처 참고 : 360p

죽음 (Death)

백마를 탄 사신이 아비규환 속을 지나고 있다. 어린아이도, 젊은이도, 심지어는 최고의 권력을 가진 왕과 교황도 결코 다가오는 죽음을 피할 수는 없다. 그러므로 이 카드는 필연적으로 마주해야 하는 일을 나타낸다. 자칫 부정적인 방향으로만 생각이 들 수도 있겠지만 저 멀리 동이 트고 있다. 어두운 밤이 지나고 아침이 밝아오고 있는 것이다. 모든 시작은 반드시 어느 종말의 뒤를 따라온다. 끝과 시작은 동시에 존재함을 나타내며, 이미 끝난 것들에 낙심하기보다는 다가올 시작을 준비하는 것이 이로울 것이다. 죽음 뒤의 새로운 시작은 이제까지의 경험과는 완전히 다른 방향으로, 신선한 충격으로 다가올 수 있다. 육체적 건강의 악화를 의미하기도 하는 카드이니 생활 습관을 개선하고 건강 검진을 받아보는 것도 좋을 것으로 보인다.

Q&A 실전 상담에서 응용해보기

오랫동안 교제한 애인과 권태기에 접어들었습니다. 어떻게 해야 할까요?

관계가 약간의 냉전기를 맞이했으니 조금 떨어져 있는 시간을 갖는 것이 서로에게 좋습니다. 하지만 그렇게 하기 어렵다면, 또 그런 결정을 내리는 과정에서 다시 더 다투게 된다면 이제는 확실한 결론을 내야할 것 같습니다. 이미 서로에 대해 너무 잘 알고 있기 때문에 어떤 결말을 맞이하게 될지 어느 정도 짐작하고 있을 거라 생각됩니다.

살고 있는 집의 계약이 만료가 되었는데 재계약을 해야 할까요?

재계약을 하기보다 오랫동안 살았던 곳을 떠나 보는 것도 좋은 방법일 것 같습니다. 새로운 곳에서 새로운 기운을 받아보는 것은 어떨까요? 재계약을 해서 살던 곳에 계속 지낸다면 잘했다는 생각이 들지 않고 오히려 답답함을 크게 느끼게 될 것 같습니다. 이 카드는 새 출발을 하는 의미도 포함하고 있기 때문에 무작정 부정적으로 해석하기보다 지금까지의 생활을 청산하는 긍정적인 의미로 해석하는 것이 좋겠습니다.

최근 건강이 좋지 않아서 하던 일을 쉬고 있습니다. 언제까지 제가 이렇게 쉬어야 할까요?

당분간은 요양을 하는 것을 권해 드립니다. 실제로 당신의 건강 상태가 좋지 않은 것은 사실이고, 이 카드는 장기간의 요양을 의미하기도 합니다. 그러니 무리하게 체력이 소모되는 일을 하기보다는 마음이 급하더라도 자신의 신체적 건강상태와 역량에 맞게 완급 조절을 하셔야 할 것 같습니다. 앞으로 일을 하게 되더라도 그에 알맞은 강도의 일을 권해드립니다.

Q&A 무속인을 위한 실전상담

오늘 어떤 손님이 예약을 하고 오기로 했는데 무슨 질문을 할지 궁금합니다. 이 카드가 나왔어요.

이 손님은 돌아가신 영가에 대한 질문을 할 확률이 상당히 높습니다. 집에 초상이 나서 상문이 열렸을 가능성 등을 생각해 볼 수 있습니다. 살아있는 분에 대한 질문보다는 돌아가신 분에 대한 것들이나 제사 등 전반에 관련된 일을 물어볼 것 같습니다.

최근 상문이 들어온 집의 손님을 맞이해서 상문풀이를 진행했습니다. 뭔가 미진한 것이 있을까요?

저승의 여대왕에게 판결을 받고 있는 그림의 카드는 아직 무언가 결론이 확실히 내려졌다고 보기에는 어렵습니다. 대수대명이나 다른 천도 의식을 한 번 더 해야 할 가능성을 생각해 보아야 합니다.

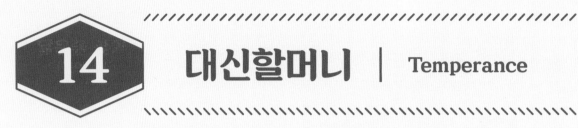

14 대신할머니 | Temperance

작은 소반에 소금과 옥수그릇을 받쳐놓고 부채와 방울을 흔들면서 점사를 보는 대신할머니이다. 실내인 것으로 보이는데 뒤에는 창문을 드리우는 발이 내려져 있다. 할머니의 머리에는 한 송이 모란꽃을 장식하였다. 점사를 보는 것은 만신의 가장 기본적이면서도 중요한 능력인데, 그 점괘가 잘 맞느냐 하는 것으로 만신의 유명세를 가늠하는 척도가 되기도 했다. 대신이라는 명칭이 붙는 신령들이 무척 많은데 거의 다 점사를 보는 것과 관련이 있는 신령이라고 볼 수 있다. 대신이 강림하지 않으면 만신은 점사가 어려워진다.

템퍼런스 카드는 절제를 의미하며 철저한 자기 관리를 요하는 카드로서 집중하여 점사를 보는 대신할머니를 배치하였다.

생각해보기

깨끗하고 명료한 점사를 보는 것은 무속인의 기본이다. 엽전이나 쌀을 이용하기도 하고 자신만의 다양한 방법을 동원해서 신령님의 뜻을 알고자 하는 것은 매번 자기 자신과의 싸움이기도 하다. 무속인들도 사람이므로 그날그날의 컨디션이 다르고 개인적인 고민이 있다든가 환경이 따라주지 않으면 힘겨운 날도 있을 것이다. 그럼에도 불구하고 한결같은 점사를 보기 위해서 스스로 균형을 잡고자 노력하는 것은 매우 중요하다.

적용

자기 관리의 필요성은 예나 지금이나 중요한 것이며 타인과의 싸움보다 자기 자신과의 싸움에서 이기는 것이 더 어렵다. 인생은 여러 가지 혼란한 것들이 쉴 새 없이 펼쳐져 있는 장이다. 여기에서는 스스로 중심을 잡는 것이야말로 가장 중요하다는 것을 알려준다. 또한 지금 처해진 상황이 한쪽으로 치우칠 우려가 있으므로 조금 더 자기 자신을 가다듬어야 할 때라는 것도 알려준다.

- **재물운** - 수입과 지출의 균형을 맞추는 게 좋다. 현상유지가 되고 있다면 좋은 편이다.
- **애정운** - 감정의 기복이 심해지거나 소모되는 등, 한쪽으로 치우치지 않도록 유의해야 한다.
- **이동운** - 먼 곳으로 옮겨 가거나 이동하더라도 생활 패턴은 크게 달라지지 않는다.
- **건강운** - 혈액, 수족 냉증 등의 순환기 질병이 예상된다. 그러나 크게 걱정할 정도는 아니다.

분류

① **존호** : 천왕대신, 대신할머니
② **신위** : 상(上) - 천신 , 무속인의 조상이 점사를 보는 신령으로 좌정할 때는 하(下) 인신
③ **신적** : 우리나라
④ **신계** : 인간세계, 각 만신의 신당
⑤ **신격** : 점사를 볼 때 개성적인 목소리와 특징을 가지고 내리는 경우가 많으며 대부분 만신의 성향과도 일치하는 편이다.
⑥ **직능** : 정확한 점사를 통한 미래 예언, 때로 소소한 부분까지 짚어내고 지향할 바를 제시한다.
⑦ **주요 기도터** : 명산의 기도터에 계시기도 하고 각 만신의 신당에도 출입
⑧ **무속인과의 직접 소통 여부** : 가능

방울

무당은 굿을 할 때 방울을 왼손에 쥐고 흔들어가며 신을 청한다. 방울소리에 잡귀가 물러가고 신령들이 감응하여 맑은 공수를 준다고 여긴다. 또 나머지 한 손으로는 부채를 함께 들기도 한다. 가끔은 방울을 쌀무더기에 넣었다가 끄집어내어서 방울에 쌀이 붙어있는 형태와 숫자를 세어서 점을 치기도 하는 도구로도 쓰였다. 고대의 청동기 시대에는 제사장이 팔주령이라고 하는 방울을 제사를 올릴 때 쓰기도 하였으며 그것은 신의 기물로 다루어졌다.(방울이 일곱 개인 것은 칠성을 상징한다) 때로 무당들은 신칼과 명두와 방울 등을 어딘엔가 묻어두고 제자로 하여금 찾아오게 하는 행사를 진행하였다. 신이 내린 제자들은 아무도 모르게 묻어둔 신의 기물들을 찾아온다. 그야말로 신통력에 의한 것이다. 그러면 그 사람은 진정한 신의 길로 가는 것을 인정받고 그 이후로 정식 내림굿을 진행하게 되었다. 이것은 신어머니라고도 하고 신의 대선배인 큰 무당들이 역시 물림으로 내려받아 사용하던 신의 기물을 다시 대를 이어 아래 세대에 전달하는 방식이기도 했다. 늘 새것만 좋아하는 지금과는 사뭇 다른 전통이다. 구관이 명관, 오래된 신의 물건이야말로 더욱 깊은 영력이 깃들어 있음을 믿어 의심치 않는 것이다.

불사할머니와 대신할머니의 차이점

불사할머니는 살아생전 신령을 모시던 조상으로 그 자손에 강림하여 무업을 불려준다고 전해진다. 즉 직접 조상과 직접 후손과의 연결고리가 꼭 필요한 분이라고 한다. 그런데 '불사'라는 의미에는 무신도에 고깔을 쓰고 (이 경우 제석으로 표현되기도 함) 흰 치마저고리에 염주를 걸고 목탁을 들고 있는 모습인데 다분히 불교적인 색채라고 본다. 우리의 무속은 기나긴 역사 속에서 각종 환란을 거치고 그때 그때의 정치, 종교적 상황이 변함에 따라 갖가지 모습을 다 수용하고 녹여내어 지금까지 살아남았다. 그러기에 그 모습이 우리의 전통인가 아닌가에 대해서는 많은 이견이 있는 편이다. 필자의 생각에는 불사할머니도 그 가운데 한 분이 아닌가 한다. 신라시대에 불교가 국교로 반포되고 고려시대에 이르러 숭불정책이 활발해지면서 당연히 무업에도 그 그림자는 비쳐졌을 것이다. 그러므로 불사, 즉 생전에 절에 기부를 많이 했다든지, 절에 드나들면서 불법을 공부하고 기도하고 스님을 공양하는데 평생을 바쳤다든지, 각종 다양한 시주를 한 할머니가 돌아가시면 불사할머니로 좌정을 한다고 여겼다. 아마 살아생전의 생활과 개성을 그대로 후대에 계승하는 모양새가 되었다. 그러므로 불교가 우리나라에 들어오기 전의 신령은 아니라고 보아야 할 것이다. 특히 이 경우는 자신의 후손이 무업을 계승하기에 몸주신으로 강림하여 재물을 불려주는 역할에 치중이 된다. 그러나 대신할머니의 경우는 다르다. 이분은 천신으로 알려져 있으며 무속인 본인과 아무런 혈연관계가 없다. 따라서 무속인 개인의 번창보다는 국가적인 예언 혹은 큰 명운에 대한 점사를 보는 편이라고 볼 수 있다.

불사할머니와 제석고깔이 합쳐진 형태

삼불제석으로 자리잡은 형태. 쥐고 있는 실과 염주와 복주머니가 삼불제석의 능력을 상징한다.

불사거리 굿의 모습

대신할머니가 쌀과 엽전으로 점사를 보고 있다. 고깔을 쓰지 않은 형태로 대신할머니의 특색을 잘 엿볼 수 있다. 방울과 부채 또한 점을 볼 때 필요한 무구이다.

■ 출처 참고 : 360p

절제 (Temperance)

절제는 '적절하게 결합하다'라는 뜻의 라틴어에서 유래된 단어이다. 양손의 컵에 담긴 물을 섞으며 균형을 맞추고 있는 천사의 표정에서 신중함이 엿보인다. 그는 두 발을 각각 땅 위와 물속에 두고 있는데 이는 내면과 외면의 일치, 무의식과 의식의 연결을 의미한다. 어느 결론을 짓기 위해서 거쳐야만 하는 지루한 과정을 나타내며, 키다란 날개를 가진 천사가 지상에 내려와 지상의 아름다운 조화를 위해 절제하며 희생하는 상황을 의미하기도 한다. 만물의 조화는 수많은 희생으로 이루어진다. 절제는 꼭 필요한 덕목이지만 그것이 과해지면 갈팡질팡하는 우유부단한 면이 강조되어 결단력 없는 사람으로 비추어진다. 절제 카드가 자주 나오는 사람은 적응 능력이 뛰어나고 신중하며 튀지 않는 잔잔한 매력이 있기 때문에 혼자 있을 때보다 다른 사람들과 함께 있을 때 더욱 아름다운 조화를 이룬다.

Q&A 실전 상담에서 응용해보기

두 사람 사이에서 제가 양다리를 걸치고 있습니다. 선택의 순간이 온다면 누구를 골라야 할지 잘 모르겠습니다.

빠른 시일 내 누군가를 선택한다고 보기 어렵습니다. 당분간은 양다리의 관계를 유지하실 것 같고, 이 상황은 어느 정도 계속 지속이 될 것입니다. 어쩌면 당신은 지금의 상황을 즐기고 있으며, 굳이 한 사람을 선택해야 하는지 가슴속에 의문도 가지고 있는 것 같습니다. 일부러 우유부단한 태도를 취하고 있다고 볼 수도 있겠군요. 어찌 되었든 당분간은 선택을 고민하지 않아도 되며, 현 상황이 계속 유지될 것으로 예상됩니다.

현 직장보다 더 나은 자리를 권유받았는데 제가 그쪽으로 옮기는 것이 가능할까요?

아무리 좋은 조건의 스카우트 제의가 들어온다 하더라도 본인이 과감하게 단번에 그곳을 선택하지 못할 것으로 보입니다. 무슨 이유에서인지 현 직장을 떠나기가 쉽지 않아 보이네요. 또는 양쪽의 조건을 저울질하다가 결국 좋은 기회를 놓치는 것으로 해석할 수도 있습니다. 정말 직장을 옮기고 싶다면 마음을 단호히 먹고 이동을 해야 하는데 지금은 어려워 보입니다.

여기저기 사업체를 벌려놓고 있습니다. 이윤이 많이 남지 않는 곳은 이번에 정리하려고 합니다. 가능할까요?

결론부터 이야기하자면 빠른 정리는 어렵습니다. 아무래도 예상하지 못했던 일들이 생길 것으로 보입니다. 그리고 그로 인해 지금까지 큰 이윤을 주지 못한다고 판단했던 그 업종에 약간의 미련이 남거나 그곳에서 새로운 가능성을 발견할 수도 있을 것 같습니다. 막상 포기하려고 하면 또 작은 가능성이 보여서 딱 잘라 정리를 하지 못하는 애매모호한 상황이라고 할 수 있겠습니다.

Q&A 무속인을 위한 실전상담

최근 신당에 어떤 변화가 있는지 확인해 보려고 뽑았더니 이 카드가 나왔습니다.

크게 잘못된 일은 없으나 그림 속 대신할머니는 점사에 뛰어난 능력이 있는 분이시기 때문에 이 상황에서는 점사를 볼 때 조금 더 신중을 기하고 집중을 하라는 의미로 읽어야 합니다. 또한 절제는 균형 감각을 상징하므로 신당을 지나치게 화려한 모습으로 새로 꾸민다거나 하지 말고 기존에 있는 것들을 잘 관리하고 유지하는 것이 낫겠습니다.

치성을 드리기로 약속한 손님의 연락이 오지 않습니다. 이분이 약속을 지킬까요?

이 손님은 아직 확실한 결론을 내리지 못했고 혼자 고민에 빠져 있습니다. 마음이 약한 분인 것 같기도 하고, 자기 자신이 확신을 느낄 때까지 약간 더 시간과 여유가 필요해 보입니다. 강하게 권할 필요는 없습니다. 그렇게 권한다고 해도 또 망설이고 있을 분으로 판단됩니다.

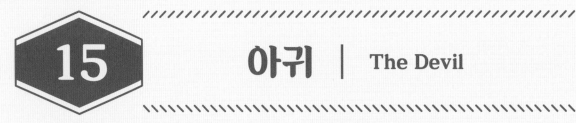

15 아귀 | The Devil

밥상에 차려진 음식을 허겁지겁 먹고 있는 남자의 모습이 위태로워 보인다. 상 아래에는 음식의 잔해가 나뒹굴고 있고 남자의 몰골 또한 자기 자신을 돌아볼 상황이 아닌 것 같다. 그의 머리 위로는 강력한 악마가 나쁜 기운을 불어넣고 있다. 남자는 자신의 의지가 아닌, 다른 요인(아귀)의 희생자인지도 모른다. 아무리 먹어도 허기가 가시지 않는 상황은 멈추지 않고 계속된다. 어쩌면 악마는 서서히 사람의 정기를 빨아들이면서 마지막에는 사람 자체를 들이마실 것 같다.

족쇄가 채워져 자유롭지 못한 인간남녀를 조종하는 악마의 카드에 아귀를 배치하였다. 사람이 욕망의 노예가 되는 순간이다. 눈에 보이는 쇠사슬보다 더 강하게 구속된다.

생각해보기

사람이 갖고 있는 욕망은 실로 다양한데 그중에서도 식욕만큼 기본적이면서도 강렬한 욕망은 없는 것 같다. 그것은 생존과 직결되며 하루 세 끼 이상을 먹어야 하는 현대인은 누구나 식탐에서 자유롭지 못하다. 최근은 맛집이라고 해서 식도락을 위한 문화가 한창이다. 그러나 어느 정도의 절제는 건강을 위해서 꼭 필요하다. 굳이 음식이 아니더라도 술과 그 밖의 특정 음식에 대한 집착 등은 생활을 해치게 되고 나중에는 중독현상까지 불러일으키게 된다. 살아가는 동안 이 같은 순간은 매번 경험하게 되는 것이고 그때그때마다 스스로 판단하고 제어하지 않으면 안되는 것이 사람의 운명이다.

적용

꼭 음식에 대한 것이 아니라 더욱 포괄적으로 해석해 볼 필요가 있다. 만일 인간관계에 대해 적용을 해본다면 생각할 부분은 꽤나 많아진다. 사람 간에도 매혹되고 중독되는 현상은 비일비재하다. 매력은 살아가는 동안 중요한 요건이기도 하지만 때로는 그것에 이끌려 파멸하는 경우도 많다. 남녀 간에는 서로가 이끌림에 의해 사랑하고 결혼하며 자손을 낳는다. 이것은 인간을 영속적으로 존재하게 하는 매우 중요한 요소이다. 하지만 또 다른 형태의 사랑이라든가 매력이 가져오는 변수는 실로 다양해서 그것은 단순 쾌락으로 이어질 가능성이 매우 높다. 그렇게 된다면 사람은 나락으로 떨어지게 되며 자기가 속한 사회 구성원들로부터 외면당한다.

- **재물운** - 의외로 금전이 들어오고 뜻하지 않은 횡재가 따르지만 뒤탈을 예상해야 한다.
- **애정운** - 마음대로 헤어질 수도 없고, 뜻깊은 사귐보다는 일시적 욕망의 노예가 될 수 있다.
- **이동운** - 쓸모 없는 일을 위해서 바삐 이동하거나 타의에 의해 움직인다.
- **건강운** - 지나친 체력 소모나 에너지가 고갈되어 나타나는 질환이다. 절제하지 않으면 안 된다.

분류

신령이 아니므로 신의 위계를 표시하지 않음

토막상식

불교의 우주관에 33천이라는 세계가 있다. 우리가 속한 세계가 아닌 다른 하늘나라, 또는 우리보다 못한 지하의 세계를 그려내고 있다. 거기에는 아수라와 지옥과 축생 등의 다양한 군상이 펼쳐져 있으며 악마 또한 그 가운데 거처하고 있다. 엉망진창이 된 상황을 아수라장이라고 하는데 사실 우리가 살고 있는 세계가 명확히 이들 지하세계와 구분되지 않는다는 것을 나타내 주기도 한다. 사람이 악귀보다 더욱 악한 때가 많으니 지하의 악마들이 우리 세계에 섞여 살아가는 것일 수도 있겠다. 여러 악마들 중에도 특히 '아귀'라고 하는 존재가 있는데 이는 굶어죽은 귀신을 말하기도 하고, 산 사람에게 붙어서 계속해서 음식을 먹게 하면서도 전혀 포만감을 느끼지 못하는 작용을 한다. 현대인들의 최대 관심사인 '다이어트'는 불과 백 년 전만 해도 상상도 못할 일이다. 예전 어려웠던 보릿고개나 흉년에 초근목피로 연명하며 기아로 인해서 사망하는 사람의 수가 엄청났던 것을 생각하면 지금에 와서 먹는 것을 제한하여 살을 빼는 것에 대해서 옛사람들은 전혀 이해할 수가 없을 것이다. 사실 아름다운 관점은 차치하더라도 건강을 위해서 적당한 몸을 유지하는 것은 중요하다. 하지만 먹는 것이 풍요로워진 현대에 자신의 식욕을 주체하지 못하거나, 스트레스를 먹는 것으로 해소하기 위해서 끊임없이 먹고자 하는 욕망은 악마의 꼬드김 같을 지도 모르겠다. 그리하여 건강을 해치면서도 멈출 수 없는 식탐의 노예가 된 모습이 일상의 '아귀'가 아닌가 한다.

뒷전풀이

뒷전은 중요한 신이 아닌 잡귀들을 한꺼번에 풀어서 먹이는 굿이다. 집안에 진수성찬을 차리고 진행하는 중요 신들의 굿과는 달리 뒷전은 나물, 떡, 밥, 술 등의 간소한 상을 마당에 차려서 행한다. 이 굿은 참혹하고 억울하게 죽은 사람의 넋이나 그를 따라온 상문, 수비 등 인간들에게 악을 끼치는 잡귀 잡신이 그 대상이다. 이들은 인간의 삶에 해악을 가할 수 있는 존재들이므로 무속에서 신으로 대접받지는 못하고, 뒷전에서 한 상 얻어먹은 뒤 물러간다. 뒷전에서는 장구잡이와 만신이 대화를 하며 소박하게 연극을 연출해 내기도 한다. 만신이 음탕한 장님, 바람둥이, 해산모 등으로 분하고 뼈있는 재담을 뽐내므로 이 과정을 장님타령 또는 해산타령이라고 부르는 곳도 존재한다. 이때 허수아비를 만들어서 마을의 모든 액을 품은 상징적 존재로 삼고 해학적으로 놀린 다음 태워 버리기도 한다. 뒷전풀이의 마지막 단계에는 제사상의 제물들을 조금씩 떼어내어 문밖에다 버리고 집안에서 마당 밖으로 신칼을 던진다. 칼끝이 바깥쪽을 향하면 잡귀가 잘 물러갔다고 믿었다. 뒷전은 완전히 고정화된 굿의 제차 중 하나이며, 부정굿으로 시작하여 뒷전으로 마무리되는 굿의 형식은 전국적으로 예외 없이 동일하다. 잡신을 악하게 여기지 않고 풀어서 먹이는 굿을 마지막으로 모든 굿이 끝맺음을 하는데 이것은 우리나라 사람들이 갖고 있는 여유로운 심성과 함께 나누어 먹는 것에 대한 인정을 베푸는 것에 있어서 귀신들의 세계도 다르지 않게 여기고 있음을 알 수 있다. 또한 죽음에 이르러서도 마지막까지 포기할 수 없는 욕망은 식욕이라고 하였다.

그리스 신화 에리식톤

그리스 신화에는 에리식톤이라는 자가 있었는데 그는 신들을 존경할 줄 모르는 자였다. 그는 곡물과 수확의 여신인 데메테르의 숲을 도끼로 무자비하게 베어버리는 만행을 저질렀다. 그 숲에는 많은 님프들이 살고 있었는데 에리식톤에게 생명을 잃어버리기 일쑤였으니 결국은 여신의 귀에까지 사실이 알려지게 되었다. 데메테르 여신은 기아(飢餓)의 여신에게 부탁하여 에리식톤에게 굶주림이라는 형벌을 내렸다. 에리식톤은 잠을 자고 있다가 갑자기 깨어나서 견딜 수 없을 정도로 허기를 느꼈다. 온갖 음식을 쌓아놓고 먹으면서도 배고픔을 달랠 수 없었다. 먹으면 먹을수록 더 먹고 싶어졌다. 그의 재산은 급속도로 줄어들었고, 마침내 그는 딸마저 노예로 팔아버렸다. 에리식톤의 딸은 아버지와 달리 매우 신실하고 성실한 사람이었다. 그녀의 기도를 들어준 포세이돈에 의해 에리식톤의 딸은 몇 번이고 집으로 되돌아갔지만 그때마다 에리식톤은 돈이 되는 딸이 돌아왔음을 기뻐하며 번번이 딸을 팔아버렸다. 그래도 허기를 면할 수 없었던 에리식톤은 마침내 자기 자신을 먹어치우기 시작했다. 자신의 팔과 다리, 몸까지 모두 먹어치우고 나중에는 이빨만 남게 되었다. 죽음이 데메테르의 복수로부터 그를 해방할 때까지 그 고통은 계속되었다고 전해진다.

01

오랫동안 병든 어머니를 모시고 사는 가난한 나무꾼이 있었다. 그는 평소 식사도 잘하지 못하고 누워만 지내는 어머니를 안쓰럽게 생각하는 효자였다. 어느 날 어머니가 흰 쌀밥이 먹고 싶다고 말하자 오랜만에 식사를 하겠다는 말이 너무나 기뻤던 나무꾼은 곧바로 부엌으로 달려갔다. 그러나 형편이 너무나 가난해 쌀독에 쌀이 조금밖에 남아있지 않았다. 자기 몫의 밥이 없으면 어머니가 걱정할 것을 염려하던 나무꾼은 문득 마당의 나무를 보고 좋은 생각을 떠올렸다. 그는 어머니의 밥그릇에 흰 쌀밥을 담은 다음 나무에 올라가 하얀 꽃을 따서 자신의 밥그릇을 가득 채웠다. 어머니는 쌀밥을 맛있게 먹었고, 그 모습을 본 나무꾼은 꽃밥을 먹으면서도 행복하게 웃었다. 아들이 크게 웃자 어머니도 웃음을 지었고, 신분을 숨긴 채 그곳을 지나던 왕이 가난한 집에서 행복한 웃음소리가 나는 이유가 궁금해 심복에게 사연을 알아오게 했다. 이야기를 들은 후 크게 감동한 왕이 그들에게 큰 상을 내렸다. 이후로 사람들은 나무꾼의 마당에 자라던 나무를 '이밥나무'라고 부르기 시작했고 시간이 지난 뒤로는 '이팝나무'로 발음이 변해 지금까지 전해지고 있다.

■ 출처 참고 : 360p

악마 (The Devil)

염소의 머리에 인간의 상체, 짐승의 하체를 가진 악마는 무절제의 화신으로, 거부하기 힘든 유혹과 인간의 세속적인 본능을 상징한다. 옷을 입지 않은 여자와 남자는 쇠사슬로 그에게 속박되어 있고, 이미 악마의 노예가 된 것처럼 보인다. 머리에서 뿔이 자라났고, 꼬리도 생겨났다. 이는 우리가 살아가는 동안 나태함과 내면의 두려움, 트라우마, 중독, 여러 종류의 강박, 욕심 등에 매여 있으며 그것들로부터 자유로울 수 없다는 사실을 보여준다. 하지만 쇠사슬이 느슨히 묶여있는 것으로 미루어 보아 단단히 마음을 먹는다면 자유를 꾀할 수 있음을 나타낸다. 본능에 충실한 것이 나쁘다고 여길 수만은 없다. 그러나 지나치게 그에 현혹되어 본능만을 따른다면 짐승과 다를 바 없을 것이다. 달콤한 악마의 유혹에 당하지 않으려면 언제나 스스로의 의지를 단단히 세우고 살아가야 한다.

Q&A 실전 상담에서 응용해보기

아는 선배가 사람을 소개해 주겠다고 하는데 그 자리에 나가는 것이 맞을까요?

결론적으로 당신은 그 자리에 나가 소개를 받으실 것으로 보입니다. 하지만 뭔가 개운하지 않은 느낌은 있으시겠죠. 주선자에 대한 당신의 신뢰는 어떤 목적 없는 순수한 믿음이 아닌 것 같습니다. 그 선배와 당신의 사이에 말로 설명하기 힘든 미묘한 연결고리가 있는 것 같기도 합니다. 진정으로 당신을 위하는 사람이 아닌 것은 알고 있지만 단순한 재미나 즐거움을 위해서는 서로 필요한 관계일 수 있습니다. 이 카드는 달콤한 유혹을 상징하기도 하니 당신은 그 관계를 깨기 싫어서 소개를 받으러 나가는 것일 수도 있겠네요.

같이 일을 하고 있는 동업자와 저의 관계를 알고 싶습니다.

동업을 이미 시작한 후라면 두 분은 헤어지기가 힘듭니다. 어떤 이해타산적인 부분이 있다고 하더라도 같은 배를 탄 운명 공동체로서 일정 기간 함께 가야만 하는 상황입니다. 만일 동업을 아직 시작하기 전이라면 재고해 볼 여지가 있습니다만 좋지 않은 점의 결과가 나왔다고 해도 아마 당신은 최종적으로 이분과 함께 일을 할 것으로 판단됩니다. 조금의 확신이 부족해서 여기저기 조언을 구해 보시는 것 같지만 사실 당신에게는 지금 누군가의 조언이 필요하지 않습니다. 이미 본인의 마음속에 결론을 내리고 있는 상태이기 때문입니다.

대인관계 때문에 힘들어서 직장을 옮기게 되었습니다. 새 직장에서는 괜찮을까요?

새로운 직장에서 처음부터 인간관계가 힘들 것으로 보이지는 않지만, 본인의 습관을 고치지 않으면 계속 이런 아귀가 꼬일 수밖에 없습니다. 스스로를 고치지 않고 주변 탓을 하는 것은 예를 들어 다이어트를 할 때 스스로가 식탐을 부리지 않고 식단을 조절해야 다이어트를 성공할 수 있음에도 불구하고 본인의 다이어트를 위해서 주변 사람들에게 음식을 먹지 말라고 하는 것과 같습니다. 주변 사람이나 환경을 탓하지 말고 본인부터 변해야 상황이 근본부터 개선될 것입니다.

Q&A 무속인을 위한 실전상담

손님의 굿을 진행하고 돌아왔습니다. 결과를 보려고 하니 이 카드가 나왔습니다.

뒷전이나 수비 등을 더 풀어냈어야 했던 것으로 보입니다. 대접하는 제물이 부족했다든지, 음식이 조금 소홀했든지, 아니면 먹는 것으로 인해 들어온 부정함이 있을 수 있는데 차후 조금 더 상황을 지켜보도록 합시다. 기도를 올린 신도분과 무속인 본인 또한 먹는 것을 필히 주의해야 할 것으로 보입니다. 더 넓게는 모든 언행도 포함됩니다.

외출을 하고 돌아와서 갑자기 몸이 좋지 않은데 이 카드가 나왔습니다.

주당이나 객구 또는 음식을 통해 들어온 부정일 가능성이 상당히 높습니다. 어떤 자리에서 어떤 사람을 만났는지 한번 자세히 생각해보고 부정함을 깨끗이 털어버릴 수 있도록 자신만의 비방을 행하도록 합시다. 그래도 개운해지지 않으면 다른 방법을 강구해야만 합니다. 의외로 강력한 사념이 따라붙은 것 같아 보입니다.

16 성수대신 | The Tower

영험한 큰 무당을 상징하는 카드이다. 다 허물어진 누군가의 집 앞에서 다시금 소생하는 기운을 불러 일으키는 굿을 진행한다. 앉아있는 여인들도 굿장단을 맞추며 심취해있다. 봄이 되어 피어나는 개나리는 이러한 폐허에서도 다시금 소생하는 생명력을 상징하며 희망을 잃지 않아야 한다고 말해준다. 기와장은 다 흘러내리다시피 되었고 담도 허물어 졌다. 그러나 까치가 마치 좋은 소식이 온다는 듯이 성수대신의 굿거리를 응원하고 있다.

하나의 사건이 끝나고 모든 것이 허물어진 것 위에 새로운 토대가 마련되길 바라는 굿을 진행하는 성수대신을 배치하였다.

생각해보기

성수대신이 굳이 폐허 앞에서 굿과 치성을 드리고 있는 것을 어떻게 생각해야 할까. 자고로 굿이란 가장 힘든 시기에 요청되는 제의다. 복이 흘러넘치고 좋은 시절에는 신을 요청하지 않는 것이 인간의 본성이다. 형편이 힘들어지고 낭패를 겪어본 뒤에야 반성하고 작은 도약의 불씨라도 얻고자 하는 것이다. 이러한 일련의 과정이 있은 후에야 다시금 신의 위력과 권능을 느끼는 것이 인간의 운명인지도 모른다.

적용

하나의 사건은 끝을 맺었다고 보아야 할 것이다. 오래 끌던 일이나 사람과의 관계도 마찬가지이다. 끝이 난 것을 인정하고 그 다음 단계로 넘어갈 것을 권한다. 쓸데없는 미련은 소용이 없다. 매우 힘든 일을 겪고 있다든가, 모든 것이 다 망쳐버린 것 같을 때에도 실마리는 있다. 하나의 세대가 가야 그 다음 세대가 일어설 수 있다. 하지만 본인에게 닥친 일이면 세상이 끝난 것 같은 경험을 할 것이다. 앞이 보이지 않을 그때에 실낱같은 희망을 주는 그 누군가는 인생에 잊을 수 없는 귀인(성수대신)일 것이다. 동트기 직전이 가장 어둡게 느껴진다고 한다. 어둠의 터널을 지나서 모든 것이 무너진 뒤에 더 강하게 솟아오르는 삶의 의지와 생기에 대한 카드로 리딩해도 될 것이다.

- 재물운 - 포기해야 할 재물은 빨리 잊는게 낫다. 청산을 해야 할 일이 생긴다.
- 애정운 - 질질 끌던 관계면 이번에 확실하게 결론이 난다. 외부적 요인으로 인해 헤어진다.
- 이동운 - 뜻하지 않은 이동이 생긴다. 미처 준비하지 못했던 상황이지만 받아들이게 된다.
- 건강운 - 갑작스러운 질환에 시달리지만 장기적으로 가는 질병은 아니다. 추락 조심.

1 **존호** : 성수대신, 성수신
2 **신위** : 중하(中下) - 인신
3 **신적** : 우리나라
4 **신계** : 인간세계, 각 만신의 신당
5 **신격** : 무속인의 스승이 돌아가신 뒤 신으로 추존되므로 생전의 개성이 그대로 표현되는 경우가 많다.
6 **직능** : 정확한 점사를 통한 미래 예언과 무당들의 무업을 불려주며 번창시킨다.
7 **주요 기도터** : 각 개인의 신당
8 **무속인과의 직접 소통 여부** : 가능

돋보기

성수는 무당이 죽어서 신이 되었기 때문에 굿을 할 때 사용하는 성수부채를 오른손에 들고 왼손에는 아흔아홉상쇠방울과 줄바라를 쓰는 것으로 묘사되곤 한다. 카느 그림에서 바라는 생략하였다. 꽃으로 만든 모자인 화관을 쓰고 성수 오른쪽에는 장구를 치는 상장구 할머니와 왼쪽에는 징을 두드리는 징할머니가 앉아 있는데 이들도 역시 굿할 때 필요한 이들이니 거의 세 분이 같이 그려지는 경우가 많다.

아흔아홉상쇠방울

무당이 굿을 할 때 거의 동일하게 다루고 있는 기물중의 하나가 방울이다. 특히 이 99개의 상쇠방울은 황해도 지역의 큰 무당이 주로 사용하는 것으로 알려져 있다. 신들은 이 방울소리를 좋아한다고 하는데 잡귀들은 무서워서 달아난다는 말도 있다. 그러므로 방울소리로서 제대로 된 신령님을 모시고자 하는 뜻도 있겠다. 옛날에는 방울이 만들기 어려운 물건이어서 제사장들이나 매우 직급이 높은 사람들만이 가질 수가 있었다고 하니 제사장의 직분을 이은 현대의 큰무당에게도 어울리는 방울이라고 보겠다.

선거리와 앉은거리 때로는 강신무, 세습무, 독경무

강신무는 어느 날 갑자기 신이 내려서 무당의 길로 접어든 사람을 나타낸다. 그는 어린아이의 목소리를 내기

도 하고 나이든 사람의 목소리를 내면서 점을 친다. 하지만 굿거리를 진행하기에는 무리가 있어서 거의 점을 치는 것을 주업으로 삼기도 한다. 세습무의 경우는 집안 대대로 굿을 진행해온 집안에서 물려받아서 굿을 주관할 수 있는 자로 종합예술인의 성격을 띤다. 이들은 정해진 대로 굿을 진행하기에 진정한 신의 공수를 내릴 수 없는 경우도 많았다고 한다. 지금은 강신무와 세습무가 혼재된 형태로 볼 수 있으며 많은 강신무들이 선거리를 연습하고 익혀서 자신들의 굿을 진행하기도 한다. 독경무는 앉아서 경을 외고 기도에 집중하는 형태인데 앉은거리로 볼 수도 있다. 어느 방법이건 신령과 소통하고 사람들에게 신의 메시지를 전달하는 대리자의 역할을 하고자 노력했다고 볼 수 있다.

01

02

■ 출처 참고 : 360p

지박령과 대문신

최근까지도 흉가 체험을 하는 방송은 인기가 높다. 한때는 사람들이 붐비게 살았던 곳인데 모두들 떠나가고 잡풀만 무성히 자라는 장소만큼 서글픈 곳이 없다. 때로 여기에 좋지 않은 기운까지 깃들면 섬뜩한 느낌마저 풍긴다. 잘 보존이 되어서 박물관이나 체험관이나 명소가 된다면 좋겠지만 이름 없는 사람들의 집은 버려진 채로 흉물이 되기 일쑤이다. 어느 모로나 활기찬 사람들이 살아가는 공간이야말로 생기가 돌고 좋은 기운이 감도는 법이다.

지박령은 자신이 죽은 자리를 떠나지 못하는 영혼들을 지칭한다. 이들은 자신들의 죽음을 거의 인지하지 못한 상태가 대부분이며, 살아생전에 지나치게 강력한 집착이 남아있거나 사고로 사망해서 충격을 받아서 혼이 그곳을 벗어나지 못하고 머무르게 되는 경우가 대부분이다. 그렇기에 실제 거주하고 있는 현실의 사람들을 깜짝깜짝 놀래키기도 하고 소음을 만들거나 물건의 위치를 변동시키는 등 각종 사건을 만들곤 한다. 그러면 굿을 하거나 위령제를 지내어 지박령이 그곳에 갇히지 않고 좋은 데로 가시라는 천도의식을 행하게 된다. 이 경우 결과가 좋아지는 경우도 있지만 그 반대로 반발하여 더 악화되는 경우도 종종 있게 된다. 지박령이 자신의 보금자리에서 쫓겨나는 것으로 인지하기 때문이다.

지박령의 경우에 대문신이라고 하는 신령을 거론하자면 이분 같은 경우는 단순 지박령이라기보다는 하나의 고유 업무를 맡게 된 경우라고 볼 수 있다. 특히 집의 대문에 거하면서 드나드는 존재들을 간섭하고 집을 지킨다. 지금은 다들 아파트 생활이 늘어나서 굳이 이 대문에 대한 중요한 의미를 상기할 필요는 줄어들었다. 그러나 사람에게도 먹는 입이 중요하듯이 집에서는 들어오는 입구를 매우 중요하게 여기는 풍습이 있어서 이에 특별한 신령의 역할을 부여하게 되지 않았나 추측해 본다.

대문신

탑 (The Tower)

인간들이 어렵게 쌓아올린 탑 위에 벼락이 내리친다. 결국 공들여 지은 높은 탑이 무너지고, 사람들이 비명을 지르며 추락하고 있다. 이는 대비하지 못한 사고와 같은 상황을 나타내며, 피할 수 없는 외부적 충격을 나타낸다. 커다란 왕관이 벼락으로 인해 떨어지는 장면은 이 사고로 인해 누군가의 명예가 실추될 수 있는 가능성을 암시한다. 이런 천재지변을 단시간에 회복하기는 어려울 것이다. 추락하고 있는 사람들은 예기치 못한 사고, 타박상 등으로 상처를 입을 수 있다는 사실을 말해 준다. 한 번 옳다고 생각한 신념이나 고집스레 고수하던 정의가 무너짐을 나타내며, 그로 인한 생각의 전환이 충격으로 다가올 수 있다. 가까운 사이의 사람들과 크게 싸우거나 연인과 갑작스레 이별을 하게 될 수 있다. 한 번 탑이 무너진 자리는 다시 새로운 무언가를 지을 수 있는 공터가 된다. 이 비극에 좌절하지 말고 심기일전하여 다시 일어서야 한다.

💬 실전 상담에서 응용해보기

빌려줬던 돈을 이번 달에 돌려받기로 했는데 정해진 날짜에 받을 수 있을까요?

돌려받기 힘들 것으로 보입니다. 상대가 아무리 철썩같이 약속을 했다고 하더라도 그때가 되면 또 핑계나 변명거리가 생길 것으로 예상되며, 이로 인해서 그에 대한 당신의 신뢰는 완전 바닥을 치게 됩니다. 믿었던 사람이니 충격이나 상처를 받게 될 수도 있습니다. 그의 말을 완전히 믿지 말고 나름대로 당신 쪽에서도 어떤 대책을 세워두는 편이 좋을 것 같습니다.

회사 입사 면접을 앞두고 있습니다. 좋은 결과가 있을까요?

해당 회사에서는 좋은 결과를 얻기가 힘듭니다. 또한 굉장히 자존심 상하는 경험을 할 수도 있고요. 주변에서 들려오는 소리 때문에 매우 속상한 시간을 보내게 될 가능성도 있습니다. 만일 지금 지나친 기대를 하고 있는 상황이라면 빠른 체념이 한편으로는 도움이 된다는 말씀을 드리고 싶습니다. 스스로의 수준보다 더 높은 곳에 상향지원을 해서 헛된 기대에 부풀어 있는 상황을 의미하기도 합니다.

오랫동안 끌어온 소송의 결과가 어떻게 나오게 될까요?

소송이 이제 막바지를 향해 가고 있습니다. 이제 곧 결론이 날 것입니다. 하지만 그 결과가 양쪽 어느 쪽으로도 좋은 결과를 가져오는 것이라고 보기는 어렵습니다. 이것은 누구에게 죄가 있느냐 없느냐를 가리는 문제가 아닙니다. 때로는 매우 억울한 상황에 처한 분들도 있을 것이고, 어떤 경우에는 어부지리로 위험을 피해가기도 할 것입니다. 또는 고래 싸움에 새우 등 터지는 경험을 하게 될 수도 있습니다. 어쨌든 가장 중요한 것은 조만간 결론이 난다는 것입니다.

💬 무속인을 위한 실전상담

오랫동안 질환을 앓고 계신 신도분이 최근 들어 연락이 되지 않습니다. 신변에 무슨 일이 생기신 걸까요?

네. 매우 절망적인 상황입니다. 그리고 최악의 상황으로는 사망하신 경우도 생각해 볼 수 있습니다. 이 카드는 대부분의 경우 상황이 완화되고 개선된다는 의미보다는 모든 것이 수습되고 결론이 나는 것을 상징하기 때문에 만약 오랜 질환을 앓고 계셨다면, 특히 그것이 불치병이라면 회복은 어렵다는 것을 의미합니다. 기적적인 소생을 생각해 보기 위해서는 다른 카드를 연이어 더 선택해서 리딩해 봐야만 합니다.

먼 곳으로 기도나 치성을 다녀와야 하는데 무탈하게 다녀올 수 있을까요?

약간의 접촉사고, 낙상, 골절, 예기치 않은 다툼을 예상해 볼 수 있습니다. 무난하게 다녀올 수 있을 것 같지는 않아 보이며, 날짜와 장소 선별에 조금 더 신경을 써야 할 것 같습니다. 무리해서 가게 되면 탈이 날 가능성이 매우 높아 보입니다.

사해용왕부인 | The Star

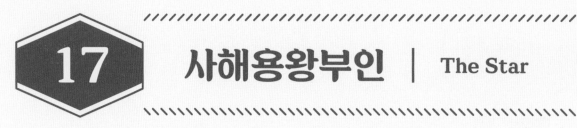

물을 상징하는 용이 장식된 의자에 앉아서 용왕부인이 흐르는 물에 다시 자신의 정수를 부으면서 축복하고 있다. 그 옆에는 시녀가 용왕부인이 드실 찻물을 따르고 있으며 연속적으로 흘러가는 물의 성질을 은근히 비유하고 있다. 또한 옥좌 옆에는 큰 물동이가 있는데 이것은 우리나라의 여인들이 물을 길어 가던 동이이며 생명수의 신묘한 푸른 빛이 뿜어져 나온다. 물가에서 잘 자라는 버드나무도 별빛에 찬연히 빛난다. 바다와 강과 모든 물이 깨끗한 정기로 가득차는 아름다운 모습이다.

스타 카드가 별빛을 받으며 지상의 물을 축복하는 표현으로
사해용왕부인 카드를 배치하였다. 물은 생명의 정수이며 또한 별이 빛나는 밤에 모든 생명의 재생이 이루어진다.

생각해보기

모두가 잠든 밤에도 물은 도도히 흘러가면서 생명을 가진 모든 것을 품어주고 정화시킨다. 또한 하늘의 별은 찬연히 빛나며 각 별자리는 다양한 신화와 전설을 알려주고 있다. 별들의 운행은 우기와 건기를 알려주고 대지에 풍요를 가져다 주며 농경을 살찌우게 했다. 그 이후에는 사람의 운명마저 하늘의 별과 관련이 깊다는 것을 알게 되었고 그것은 점성술로 이어졌다. 사해란 지구의 4면에 펼쳐진 모든 바다를 의미하며 용왕이란 바로 그 바다를 다스리는 신이시다. 용왕은 남성적인 면으로도 알려져 있지만 우리 무속에서는 용왕부인으로도 등장하시는 것이니 지구가 여성형의 가이아 여신으로 대변되는 것처럼 바다 또한 어머지의 자궁 속에 아기가 자라는 양수같이 여신의 세계이지 않을까?

적용

별빛은 아름다우면서 실제 생활에 쓰임이 되기에 더 절실하듯이 삶의 순환과 거기에서 얻어지는 합리적인 부분을 생각해봐야 한다. 바다와 강 모두 사람을 살리는 물이며 한군데 고여 있지 않고 끊임없이 돌아간다. 인간 관계와 자연환경 즉, 살아있는 모든 것이 해당된다. 조화로움은 서로에게 헌신하고 나누어주며 (물은 위에서 아래로 흐르며 겸손하고 모든 것에 스며든다) 이러한 선량한 순환 속에서 평화의 참 의미를 되새겨 볼 수 있을 것이다. 결과도 중요하지만 그보다 과정이 얼마나 더 중요한가를 깨우쳐야 한다. 물의 흐름은 늘 같아 보여도 같은 것이 아닌데 우리들의 일상이 늘 같아 보여도 같은 날은 하나도 없는 것과도 같다.

- **재물운** - 금전의 흐름이 좋아지고 막혔던 것이 풀어지며 복구된다. 어려움이 해결된다.
- **애정운** - 인연이라면 자연스럽게 이어지게 된다. 인위적으로 해결되는 문제가 아니다.
- **이동운** - 물길이 닿는 곳으로 이동하게 된다. 또는 그러한 곳으로 이동하는 것이 길하다.
- **건강운** - 순환기 계통의 질병이나 독소가 빠져나감으로써 다시 건강을 되찾게 된다.

① **존호** : 사해용왕 부인, 용신할머니, 용궁아기, 용태부인
② **신위** : 중(中) - 지신
③ **신적** : 우리나라
④ **신계** : 인간세계, 자연지형, 바다와 연못, 강 등
⑤ **신격** : 청아하고 깨끗한 것을 사랑하며 혼탁해지는 것을 꺼린다.
⑥ **직능** : 가뭄을 해소하고 마을 주민의 생존을 위한 강과 우물 등을 깨끗하게 한다. 또한 막힌 것을 뚫고 정화한다.
⑦ **주요 기도터** : 전국 용궁당, 용궁터
⑧ **무속인과의 직접 소통 여부** : 가능

토막상식

수신(水神)기도란 무엇인가!

지상의 모든 더러운 먼지가 세찬 비에 씻긴 다음 청량하게 빛나는 것은 매번 감탄이 나오는 수신의 정화능력이다. 제 아무리 문명이 발달한다고 해도 이렇게 세세히 세상의 모든 것을 깨끗이 씻어주는 것은 할 수 없을 것이다. 또한 태풍이 와서 거대한 파도가 지상을 덮친다든지, 강이 범람한다든지 할 때의 무서움은 산사태에 비할 바가 아니다. 물은 모든 것을 쓸어가 버린다. 이와 같이 물은 만물을 소생하고 정화하면서도 한꺼번에 다 소멸시켜버리는 파괴적인 힘도 모두 갖고 있다. 하지만 지혜롭게 쓴다면 수력발전소를 이용해 필요한 전기를 공급받는 것처럼 사람에게 이로운 방법도 연구할 수 있을 것이다. 이러한 수신의 기운은 기도를 통해서 사람들의 생기를 정화하고 성장시키며 심오하게 이끌어 주기도 한다.

더불어 주의해야 할 것은 물의 성질과 수신은 같다는 것이다. 오행에서 토극수(土剋水) 즉 물이 가장 싫어하는 것은 흙의 기운인데 맑게 흘러가는 강에 한 줌의 흙을 집어넣는다면 금세 오염이 되어버리는 것과 같다. 그러므로 수신기도의 기본은 제물을 차리되 부정하지 않은 것을 올리고 혈기가 있는 음식(고기 등)을 올리지 않으며, 기도 후의 장소 관리를 깨끗이 하는 것을 기본으로 한다. 자연 보호구역으로 지정되어 있어 출입을 금하는 곳이 더 영험하다고 해서 굳이 들어가서 제물을 차리곤 하는데 이것은 그다지 바람직한 방법이 못된다. 일반인들의 접근도 금해 놓은 곳을 들어가 본들 눈치를 보면서 올리는 기도가 그 무슨 효험이 있겠는가? 또한 돼지머리라든가 이런 것을 물속에 집어넣는다든가 하는 이해하지 못할 습속이 현대에 이어져서 수질을 더욱 썩게 만드는데, 돌이켜 생각해본다면 누군가 내 집 마당에 쓰레기를 버려서 고약한 냄새를 풍긴다면 얼마나 화가 나겠는가? 하물며 깨끗해야 할 물을 더럽게 만들면서 제물을 공양했으니 용왕의 화가 미치지 않는다면 다행으로 여겨야 할 것이다. 무조건 제물을 올리면 용왕이 내 기도를 들어주겠거니 하는 일차원적인 사고는 이제 지양해야 할 시점이다.

무속인들은 일반인들로부터 존경과 존중을 받아야 할 신분이다. 그러나 그러한 것은 저절로 이루어지지 않는다. 앞장서서 배울 점을 스스로 깨우쳐 가고 실행해야 하는 것이다. 수신기도는 차라리 생수나 준비해 간 깨끗한 물을 강에 합수(合水)시키면서 더욱더 청정하게 되기를 발원하는 소박한 기도가 더욱 효과가 있을지도 모른다.

수신기도는 재물운의 기초!

여러 가지 발원이 있지만 금전운이나 재물을 늘게 하는 기도는 수신기도가 탁월하다. '돈이 돈다' 또는 '돈이 돌지 않아서 힘들다'는 표현을 보면 돈의 속성은 물의 기운과 매우 닮아있다. 돈이 잘 흘러가고 흘러들어오는 순환이 잘 이루어지면 개인의 경제뿐 아니라 국가의 경제도 걱정이 없을 것이다. 이렇게 맑게 흘러가는 물처럼 금전의 운을 상승시키는 수신기도에는 청결함이 우선이고 기도한 자리는 뒷정리를 깔끔하게 하는 것이 기본이다. 물은 혼탁하게 되는 것을 가장 꺼려하며 만일 기도자리에 양초나 향을 켜게 되더라도 다 연소되기까지 기다렸다가 나머지 잔재는 회수해서 와야 할 것이다.(양초는 작은 것을 선호한다. 다 연소될 때까지 기다리기 힘들 때에는 끄고 가져와도 된다. 오랜 시간을 켜둔다고 해서 더 많은 기도가 이루어지는 것은 아니다.)

수신기도의 위치 선정

바다와 강과 샘물(산에서 솟아나는 곳도 포함) 모든 곳이 수신기도의 장소가 된다. 시간상으로는 사람의 인적이 뜸하고 조용한 시간이 좋다. 만일 바다에서 기도할 경우에 특히 야간 기도를 행할 때 혹시 달이 수평선에 걸린다든가 해서 달빛이 수면을 물들이게 될 때의 기도는 더욱 수신기도가 강해지는 효과가 있다. 달은 조수 간만의 차이를 일으키며 지구의 수력을 좌우하기 때문이다. 또한 많은 사람들이 사고를 당하는 '용소' 같은 곳은 수신기도 역시 피하는 것이 좋으니 이는 두 가지 물이 합하여 소용돌이를 일으키기 때문에 기도에 적합하지 못하다. 잔잔하면서 평화롭게 흘러가는 물가가 안정적이며, 고여 있더라도 지하에서 솟아오르며 끝없이 신선한 물을 더하는 곳이 수신기도에 좋다.

버드나무

개울가나 들에 나는데 특히 축축한 땅에서 잘 자란다. 대한민국에서는 전국 각지에 분포한다. 강력한 생명력을 지녀서 꺾어서 번식시키기에도 좋으며 늘 한민족의 삶과 함께한 버드나무. 특히 부드럽게 휘어지면서도 끈질겨서 가구를 만들고 소쿠리 등의 생활용품을 만드는 데도 매우 유용했으니 아마도 우리 민족의 은근한 인내력을 상징하기도 하며 실생활에 도움이 되는 면에서 여러모로 친숙한 식물임에 틀림없다. 버드나무는 맨 먼저 봄을 알려주며 특히 갯버들이 꽃을 피우는 모습은 매우 아름다워서 동서양을 막론하고 사랑과 이별의 소재로 문학작품으로 많이 다루어졌다. 또한 버드나무같이 끈질긴 모성애를 대변하는 우리나라의 부인들은 영웅들을 낳았는데, 동명성왕의 어머니인 유화부인, 또 박혁거세도 버들산 밑의 우물에서 신비한 기운을 뻗치며 자주색 알에서 태어났다. 고려태조의 첫째 부인인 신혜왕후도 버들부인이며, 왕건이 목이 말라서 우물가에서 물을 청할 때에 버들잎을 띄워서 체하지 말고 천천히 마시게 한 지혜로운 여인으로 나중에 왕비로 삼게 되었다는 전설이 있다.

용인시 기흥구 저수지의 버드나무

물동이 신앙

우리나라는 물동이에 올라서서 굿을 진행하는 것을 많이 볼 수 있다. 물동이의 민족이라고 해도 과언이 아니다. 신내림 굿, 진적(자신의 신령님을 정기적으로 대접하는 굿)을 할 때 또는 용태부인거리에서 물동이에 올라서는 것을 빠트리지 않는다. 물은 만물의 근원이며 물을 담는 동이는 생명이 잉태되는 어머니의 품 또는 위대한 시작을 알린다. 세계각지의 신화에서도 비슷한 공통점이 많다. 물을 길어 나를 때 주로 나무 봉에 걸어서 짊어지거나 어깨에 메고 옮기는 경우가 있는데 옛날 우리나라 여인들은 주로 물동이를 머리에 이고 날랐다. 고되기도 하지만 고대로부터 내려온 물동이 신앙의 상징적인 모습일 수도 있겠다고 생각해본다.

영등할미

이 신령님은 '물영등'과 '바람영등'으로 나뉘기도 하는데 특히 영남지방에서 2월 초하루에 비가 오면 '비영등'드린다고 하고, 바람 불면 '바람영등'드린다고 한다. 비가 오는 것은 한해의 풍년을 약속하는 것이기에 매우 흡족하게 여겨졌다. 비영등은 곧 물영등이며 물의 여신을 지칭한다.

닮은꼴 찾기 (외국의 신들)

수신 마조여신

우리나라에는 잘 알려져 있지 않지만 중국과 동남 아시아에서 매우 신봉되고 있는 여신이다. 이분은 송나라 초 복건 지방에서 실존했던 여성으로, 성은 임씨이고 미주서 사람으로 원래는 사람의 화와 복을 예언하던 무녀였다고 전해진다. 그녀가 죽고 나서 사당을 세우고 제사를 지내게 되었는데 신비한 이적이 많이 일어났다고 한다. 특히 마조여신은 수신으로서 바다의 풍랑을 잠재우고 바다 위의 해적들로부터 자신을 지켜달라는 기도에 특효하여 바다를 기반으로 삶을 영위하고 있는 사람들에게서 열렬히 숭배 받았다. 시간이 흐르면서 각종 상인과 질병을 앓는 사람들에게도 전파되어 그 신력이 증거되었다고 하니 지금도 해외의 화교들이 마조여신에게 제사를 지내며 자신들의 조상과 마조여신을 기리는 정성을 짐작해 볼 수가 있다.

■ 출처 참고 : 360p

별 (The Star)

별들이 아름답게 수놓인 밤하늘은 낙천적인 상황과 누군가의 꿈, 희망을 나타낸다. 별들이 지켜보는 아래 아름다운 여인이 물병의 물을 땅과 호수에 붓고 있다. 그녀는 남들의 주목을 즐길 줄 알며 자신을 드러내는 일에 재능이 있으므로 연예인이나 예술가와 같이 화려하고 아름답게 꾸미는 직업이 잘 어울린다. 화려한 외모를 보고 다가오는 사람들이 많고, 인기가 많은 것처럼 보이지만 정작 마음을 둘 만한 사람을 찾기는 힘들어 실속이 없다고 느껴질 수도 있겠다. 그녀는 옷을 걸치지 않고 있으므로, 물병의 물이 가진 것의 전부이다. 그러나 그것을 하릴없이 그저 흘려보내고 있다. 이 모습은 그녀가 처한 상황에 필요 이상의 과몰입이나 감정 낭비를 하고 있을 가능성을 나타내며, 자기 이익을 확실하게 챙기는 능력은 부족한 면이 있음을 보여준다.

Q&A 실전 상담에서 응용해보기

부하 직원이 실수를 해서 팀장인 제가 힘든 상황에 처했습니다. 어떻게 해야 할까요?

결론은 대세를 따르라는 것입니다. 물이 흘러가는 것을 일시적으로 틀어막을 수는 있지만 인위적으로 물길을 완전히 막을 수는 없는 것과 같은 상황입니다. 부하 직원의 잘못을 본인이 떠안든, 그를 감싸 주든, 내치든 마찬가지입니다. 지금 당신이 고민하고 있다고 해도 결과가 크게 달라질 것 같지 않습니다. 부하 직원을 해고한다고 해도 금방 일이 처리되지 않고, 당신에게 불리한 일이 생기게 되는 지도 당장 확인할 수 있는 여건이 되지 않기 때문에 시간을 가지고 기다려야만 하는 이 상황이 안타깝네요.

학교 졸업을 앞두고 있습니다. 저의 전공을 잘 살려서 취직할 수 있을까요?

의외로 전공이나 지금 희망하고 있는 일과 전혀 다른 기회가 다가오고 있습니다. 살다 보면 본인이 잘하는 것을 직업으로 삼아서 일하고 살고 있는 사람이 있는 반면 이상만 높아서 자신이 잘할 수도 없는 일을 향해 꿈을 좇는 사람도 있습니다. 물론 어느 쪽이 낫다고 섣불리 판단하기에는 이릅니다. 당신은 아직 젊으니까요. 그러나 이런 단기적인 문제, 전공을 살려 취직을 하는 문제에 있어 이 카드는 굳이 당장 염두에 둔 그것이 아니더라도 다른 좋은 기회가 찾아오니 그 기회도 고려해 보는 것이 좋다고 제안하고 있습니다.

자식들 문제로 매우 마음이 힘든데 언제쯤 독립을 해서 자기들 생활을 해 나갈지 궁금합니다.

아주 급격한 변화를 기대하기는 어렵지만 당신이 원하는 바가 차근차근 하나씩 이루어져 갈 것입니다. 알게 모르게 속으로 스트레스를 많이 받으신 것 같은데, 이제라도 자녀늘에게 하나씩 제대로 표현을 해 보시는 것이 어떨까요? 지금까지 겉으로 짜증을 드러내면서 자녀들에게 독립을 권유해 왔지만 그것이 실질적으로 그들에게 와 닿지 않았던 것 같습니다. 그래서 자녀들은 늘 그러려니, 우리 부모님은 언제나처럼 받아주겠거니 하고 생각한 것 같습니다. 따라서 그들에게 변화가 시작되더라도 조금 더 유연한 의미의 변화부터 하나씩 생겨날 것이니 급격한 변화를 바라는 입장에서는 당분간 속이 계속 답답하실 수 있겠습니다. 하지만 희망적인 방향으로 생각해 볼 수 있습니다.

Q&A 무속인을 위한 실전상담

기도를 가려고 하는데 어떤 곳으로 가는 것이 좋을까요?

용왕기도, 수신기도를 권해드립니다. 이 기도는 매우 청정한 상태에서 이루어져야 하기 때문에 일정 기간 동안 당신의 생활을 깨끗이 한 후에 다녀오시기를 권합니다. 잠시의 방심도 허용하지 않는 매우 엄숙한 기도를 상징합니다.

이번 달에 손님들의 치성과 기도 의뢰 중 어떤 종류가 많이 들어올까요?

물이 흘러가는 것처럼 사람의 인연을 이어주는 기도가 많을 것으로 보입니다. 또한 물은 재물을 상징하기 때문에 금전운을 강화시키고 싶은 손님들이 당신을 많이 찾아올 것으로 예상이 됩니다.

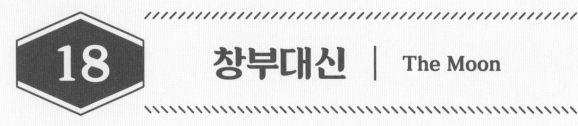

18 창부대신 | The Moon

꽃이 핀 밤길을 창부대신은 넉넉하게 피리를 불면서 걸어간다. 하늘에는 보름달이 떠있고 나뭇가지에는 부엉이가 앉아서 내려다 본다. 달빛이 어스름한 길을 걷는 것만큼 사람의 마음을 흔들어놓는 것도 없을 것이다. 시인이 아니어도 시를 쓰게 되고, 음악가가 아니어도 음률을 흥얼거린다. 하물며 예술가의 대표격인 창부대신은 그야말로 흥취가 한껏 오른 모습으로 날아갈 것 같은 발걸음을 옮긴다. 게다가 부엉이의 길게 드리운 그림자는 잊혀진 연인을 떠올리는 것처럼 여인의 모습을 닮아있다.

보름달은 사람들에게 영감과 환상을 같이 가져다준다.
특히 예술인들에게는 더할 나위 없는 존재이기에 창부대신을 배치하였다.

생각해보기

낮과 밤은 태양과 달의 영향 하에서 양과 음을 조절하며 사람의 삶을 이끌어간다. 이중에 특히 달의 기운은 지친 체력을 회복하고 사람이 잠드는 동안 그 의식을 쉬게 하고 새로운 영감을 불러일으키는 등의 많은 장점을 갖고 있다. 반면에 어떤 의혹과 음모를 상징하기도 하고 사람의 눈을 피해서 저지르는 일 또한 밤에 많이 이루어지니 양면성을 상징하기도 한다. 아무리 좋은 도구라고 해도 다룰 줄 모르는 사람의 손에 들어가면 오히려 손을 베이게 만드는 것처럼, 달의 좋은 기운을 이상한 곳에 쓰는 사람들 또한 많은 셈이다. 달은 사물을 흐릿하게 보이게 만들며 대낮동안 잠들어있던 다양한 잠재력을 수면 위로 끌어올린다. 사람마다 감추어져 있던 본성과 욕망이 고개를 쳐드는 시간이다.

적용

일의 윤곽이 뚜렷이 드러나지 않으니 확신을 갖기 어렵다. 그렇다고 해서 실체가 완전히 없는 경우도 아니어서 이런저런 결과를 내기가 난감하다. 달이 지배하는 시간에는 영적인 존재들이 활개를 치고 자신들의 영향력 하에 무기력한 사람들을 휘둘러댄다. 하지만 그 또한 한시적이다. 해가 떠오르고 다시 날이 밝아지면 언제 그랬느냐는 듯이 달의 기운은 스러져 간다. 환상적이고 로맨틱하면서도 무자비하고 경계가 흐린 사건들이 빈발한다. 무정형의 존재들은 자신들의 힘을 마음껏 과시하고 그것에 젖어드는 사람들마다 꿈을 꾸며 아이디어와 영감의 원천으로 삼기도 한다.

- **재물운** - 가시적으로 드러나지 않는 것을 추구하거나 투자해서는 이익을 취하기 어렵다.
- **애정운** - 한층 더 로맨틱한 면이 강해지면서 이성적인 면이 무디어지고 감정적으로 흐른다.
- **이동운** - 분위기에 취해서 움직일 수 없거나 또는 지나치게 휩쓸려 움직이게 된다.
- **건강운** - 심신의 균형이 깨어져 오는 질병이니 원인을 찾는 것이 쉽지 않다.

1 **존호** : 창부대신

2 **신위** : 하(下) - 인신

3 **신적** : 우리나라

4 **신계** : 전국 어디든 가능

5 **신격** : 활발하고 표현이 능숙하며 광대신으로 불리기도 하니 가장 흥겨운 신명

6 **직능** : 악기를 다루는 일인자이니 풍류 지존이다. 굿에 있어서 노래와 춤과 음악이 빠지면 아무것도 이루어지지 않는다. 또한 가정의 횡액을 막아주거나 마을의 안위를 지켜준다.

7 **주요 기도터** : 굿이 거행되는 거의 모든 장소

8 **무속인과의 직접 소통 여부** : 가능

돋보기

부엉이

일본에서 부엉이는 복과 부유함을 상징한다고 하며 유럽에서는 지혜의 상징이라고 한다.(지혜의 여신 아테네의 상징물이 부엉이) 우리나라에서 부엉이를 흉조로 상징하는 지역에서는 흉년이 들거나 집안에 초상이 날 때 부엉이가 운다고 본다. 반면에 길조로 여기는 지역에서는 살림이 늘어나고 뜻하지 않은 재물이 들어오는 것으로 알려져 있다. 어느 모로나 밤에 울어대는 부엉이는 밤의 전령이고 수호신이다. 행운이 오는 것도 이렇게 아무도 모르게 밤에 도달한다는 의미인 듯도 하다. 또한 부엉이와 올빼미는 매우 닮았는데 귀가 쫑긋한 쪽이 부엉이라고 보면 되겠다.

보름달

달과 관련된 속설은 매우 많지만 그중에서도 보름달과 관련된 것은 동서양에 차이가 조금 있다. 달 자체는 차고 기우는 그 모습에서 부활과 불멸을 상징하며 모든 사물에 주기적으로 작용하는 인과관계를 생각하게 된다. 밤의 지배인 달은 많은 예술가들에게 영감을 선사했고 특히 잠들어있는 사람은 꿈을 꾸면서 무한한 세계를 여행하고 그 원천에서 많은 예술이 탄생했다. 서양에서의 달빛, 특히 보름달에 대해서는 그다지 긍정적이지 않은데 늑대인간이나 달빛을 받아서 미치광이가 된 사람을 '루나틱'이라고 하는 등 불길하게 여긴 경우가 더 많다. 특히 한 달에 보름달이 두 번씩 뜰 때가 있는데 이

보름달을 '블루문'이라고 하여 더욱 미묘하면서 불안한 힘을 증폭시킨다고 여겼다. 그에 반해서 동양, 특히 우리나라에서는 보름달을 풍요로운 것으로 보았다. 옥토끼가 떡방아를 찧는다는 전설에서부터 달의 모양을 빚어서 만든 송편을 먹는 풍습까지 참으로 친숙하다. 중국에서는 달에 사는 여신을 '항아'로 불렀으며 보름달을 상징하는 월병이라는 과자를 중추절에 만들어 먹었다. 사람들의 삶 속에 깊이 받아들여진 달의 문화를 보여준다고 하겠다.

외줄타기

인생은 외줄타기라고 한다. 극한의 상황을 이겨내고 아슬아슬하게 위기를 넘기는 인생사가 그렇기도 하다. 또는 원수와 맞닥뜨리는 상황을 '외나무 다리'에서 만났다고 표현하기도 한다. 한국의 줄타기는 고대로까지 그 유래가 거슬러 올라가는데 각종 연회에 자주 등장하였으며 당시의 곡예는 예술의 영역이었다. 무속인들이 물동이나 작두 위에 올라가서 신의 공수를 담당하였다면 이들은 좀 더 다른 영역에서 삶의 애환을 풀어내었다.

그리스 신화 오르페우스

오르페우스는 그리스 신화에 나오는 시인이자 악사이다. 그는 트라키아의 왕 오이아그루스와 뮤즈 칼리오페의 아들이며, 하프를 대단히 잘 연주하여 숲의 동물들뿐만 아니라 나무들이나 바위까지도 그의 연주에 귀를 기울였다고 한다. 오르페우스는 이아손이 이끈 아르고호 원정에 참가하여 하프를 연주해서 폭풍을 잠재우고, 안테모에사 섬에서 마녀 세이렌들의 요사스런 노래를 하프 연주로 물리쳐 위험을 피했다. 사랑하는 아내 에우리디케를 되찾으러 저승으로 내려갔을 때도 오르페우스는 노래와 연주로 스틱스 강의 사공 카론과 수문장 케르베로스는 물론 하데스와 페르세포네까지 감동시켰다. 하데스는 에우리디케가 그의 뒤를 따라갈 것이라고 약속해주며, 대신 이승으로 완전히 나가기 전까지 절대로 뒤를 돌아보지 말라 했지만 출구 바로 앞에서 오르페우스는 에우리디케가 잘 따라왔는지 뒤를 돌아보았고, 에우리디케는 다시 저승으로 끌려들어갔다. 아내를 또다시 잃은 오르페우스는 여성과 접촉을 일체 멀리하고 지내다 새롭게 신이 된 디오니소스가 트라키아에 방문했을 때 그를 화나게 해 마이나스(광란하는 여자)들에게 여덟 조각으로 찢어 죽었다. 마이나스들은 오르페우스의 머리를 헤브로스 강에 던졌다. 머리는 노래를 부르면서 흘러가 레스보스 섬 해안에 당도했다. 주민들은 예를 갖추어 오르페우스의 머리를 묻었고 그 후 레스보스 섬은 오르페우스의 가호에 의해서 많은 예술인을 배출하게 되었다. 또한 뮤즈들이 그의 하프를 거문고자리로 만들었다.

에우리디케를 이끌고 저승을 빠져나가는 오르페우스　오르페우스를 살해하는 디오니소스의 여신도들

남사당 바우덕이의 슬픈 전설

남사당패는 마을과 장터를 오가면서 춤과 노래 등을 공연했던 집단이며 지금으로 치면 전문 예술가단체라고 하겠다. 원래는 남성들로만 구성되었으며 리더는 꼭두쇠라고 부른다. 그런데 여성 최초로 남사당에서 꼭두쇠가 된 이가 있었으니 바우덕이가 그 주인공이다. 그녀는 경남 안성에서 주로 활동했는데 조선시대의 3대 시장으로 불리던 곳이었으니 문화와 교통의 중심지로서의 역할을 톡톡히 하던 장소로 매우 핫한 지역이었던 셈이다. 매우 어린 나이에 가난 때문에 남사당패를 따라다니며 생계를 유지했던 바우덕이는 15세에 뛰어난 두각을 나타내어 남사당 최초로 꼭두쇠가 되었다. 흥선대원군이 경복궁 건설에 동원된 노역자들을 위하는 잔치를 베풀었을 때 바우덕이의 공연을 보고 크게 감탄하여서 옥관자를 하사하게 되면서 그녀는 당대 최고의 아티스트로 인정을 받게 된다. 하지만 23살의 나이에 폐병으로 요절하게 되었으니 그야말로 안타까운 일이었다. 이후로 해마다 안성에서는 바우덕이의 넋을 기리고 그녀의 재능을 잊지 않고자 축제를 열고 있다.

■ 출처 참고 : 360p

달 (The Moon)

고뇌에 빠진 표정의 달이 하늘 높이 떠 있다. 어슴푸레 보이는 형상들은 진실이 아닐 수 있으며, 달빛 아래 숨기고 싶은 비밀들을 의미하기도 한다. 태양 아래에서는 드러낼 수 없는 은밀한 관계의 연인, 밤이 되면 찾아오는 깊은 우울증도 함께 의미한다. 개와 늑대가 무엇인가를 깨달은 것처럼 달을 보고 짖어대고 있지만 강에서 올라오는 전갈을 알아채지 못하는 것은 상황 파악을 전혀 하지 못하고 있다는 사실을 암시한다. 확실하지 않아 막막하게 느껴지는 미래를 앞두고 있거나, 그렇기에 머리가 복잡한 상태에 잘 등장하는 카드이다. 예로부터 밝은 달은 동양에서 영감의 원천이라 여겨졌다. 사람들은 달을 보며 깊은 고민과 내면의 두려움, 감추고 싶은 비밀, 불안함 등을 토로하기도 했을 것이다. 달은 특히 여성을 상징하며, 여성 질환이나 원하지 않는 임신을 나타내기도 한다.

Q&A 실전 상담에서 응용해보기

최근 만난 사람과 매우 급격하게 사이가 좋아져서 행복한 날들을 보내고 있습니다. 주의해야 할 점이 있을까요?

한동안 계속 로맨틱하고 행복한 시간을 보내실 것으로 보입니다. 임신이나 그와 관련 질환을 유의해야 하고, 지나친 파티와 유희 등으로 인해서 간과 신장이 손상을 입는 것도 주의해야 하겠습니다. 늘 그렇듯이 음주가무가 지나치게 되면 병이 찾아옵니다. 즐거움에도 때로는 적당한 절제가 필요한 것입니다.

부서를 옮겨서 새로운 상사를 모시게 되었습니다. 어떤 성향의 분일까요?

이분은 업무의 성과로만 부하 직원을 판단하지 않습니다. 분위기를 잘 돋우는지, 또는 자신이 원하는 분위기를 유도해 줄 수 있고 자신을 띄워줄 수 있는 연출이 가능한지를 진정한 능력으로 칩니다. 단순히 서류로 실적을 올린다던가 보고를 잘 한다던가 하는 것도 중요한 업무 능력이지만 상사 본인의 기분을 잘 맞춰 주고 흐름을 잘 파악하는 것을 최상의 재능으로 여기는 분이니 참고하세요.('퇴근 후 한잔할래?' 라는 제안을 하실 수도 있는 분)

오랜만에 고향 친구를 만났습니다. 지낼 곳이 마땅치 않다 해서 제 집에 며칠 머무르게 하려는데 괜찮을까요?

절반은 좋고, 절반은 나쁩니다. 오랜만에 친구와 만났으니 즐거운 기분에 젖어들고, 신이 나서 시간과 돈과 체력을 마음껏 쓰게 될 가능성이 매우 높다는 것입니다. 그러나 한편으로는 그 친구의 속마음이 진정한 우정이 맞는지를 의심하게 되는 상황이 연출될 수도 있습니다. 이 부분은 당신이 직접 잘 판단해서 살펴보아야 할 것입니다. 그러니 웬만하면 친구를 집에 머무르게 하지 않았으면 좋겠습니다.

Q&A 무속인을 위한 실전상담

손님을 위해서 기도를 하러 가는 장소의 기운의 흐름이 궁금합니다.

그곳은 수신의 영향이 매우 강한 지역이므로 심신을 청정하게 하지 않으면 매우 위험합니다. 그리고 심야 기도, 자시 기도를 추천드립니다. 하지만 매우 기운(음기)이 강한 곳이기 때문에 당신이 그 장소와 잘 맞는 사람인지 한 번 더 신중하게 카드를 펼쳐보시기 바랍니다. 이곳은 기기묘묘하고 신통한 효력이 있는 지역으로써 엄청난 주의 집중이 필요합니다.(달은 물을 상징합니다)

금전운을 강화하는 기도를 올린 후에 좋지 않은 사건이 계속 일어난다며 손님에게 연락이 왔습니다. 이유가 무엇일까요?

수신기도는 극도의 깨끗함을 요하는 기도인 만큼 해당 기도에 부정한 무엇인가가 깃들었을 가능성이 매우 높으며, 이는 무속인 본인과 손님 둘 모두에게 해당하는 사항입니다. 주변을 잘 살펴보길 바라며 솔직하지 않거나 께름직한 부분을 짚어내야 합니다.

산마도령과 애기씨 | The Sun

꽃향기 가득한 숲길을 걸어가는 소년과 소녀의 귀여운 모습이다. 산마도령은 불로초에 버금가는 산삼을 들고 있고 애기씨 역시 불사의 상징인 영지버섯을 들고 있다. 뒤에는 강아지가 장난스럽게 따라온다. 하늘의 태양은 어린 두 신령을 따뜻하게 비추어준다. 극락의 세계가 펼쳐져 있는 것 같다. 두 신령은 손을 꼭 잡은채 무언가 이야기를 하거나 노래를 부른다. 어린이가 갖는 순수한 모습, 그 자체이다. 생전에 고귀한 가문의 딸은 수풀당 주신, 또는 공주신으로 부르며 다른 애기씨신들과 따로 구분하기도 한다. 이들은 동자신, 도령신, 태주신 등과 함께 인간의 운명을 말하여 주는 신들이기도 하고 왕족으로서 왕실가문에서 태어나 일찍 죽은 후에 추존된 분들이기도 하다.

더 썬 카드의 순수함과 생기발랄함을 산마도령과 애기씨로 표현하였다. 태양은 만물을 소생케하고 생명력을 신장시킨다.

생각해보기

태양은 만물을 소생하게 한다. 땅과 바다와 하늘의 모든 생명 있는 것들은 태양빛이 없어서는 안 된다. 또한 신(神)이 어디에 깃들어 있는가? 하고 누가 물으니 '아이의 발뒤꿈치'라고 하는 옛말이 있다. 통통 튀는 아이의 발걸음은 신의 생기를 있는 그대로 표현한다. 기쁨과 생기가 가득한 어린 존재는 더 사랑받는 법이다. 신의 사제로 살아가기 위해서는 세속에 물들지 않은 깨끗한 시기가 더욱 좋은지도 모른다. 하루가 다르게 부쩍 자라나는 아이들의 모습을 보면 과연 참다운 생기가 무엇인지를 알게 된다. 태양의 위대함이다. 기나긴 겨울이 지나고 대지 위에 다시 싹을 틔우게 하는 것도 결국은 태양의 힘이다.

적용

활력이 충만한 시기를 나타내거나 희망적인 신호이니 대단히 긍정적으로 볼 수 있다. 어려운 시기를 잘 헤쳐나갈 수 있으니 걱정하지 말라는 위로와 격려의 뜻으로 볼 수 있다. 형편이 좋은 시기라면 더욱 좋은 일이 겹경사로 생기니 기쁨이 함께한다. 두려움과 어둠이 사라지고 어디에선가 조력자가 나타난다. 아이처럼 순수함을 간직한 사람을 만나게 되니 의심이 사라지고 더욱 공고한 인간관계를 바래볼 수 있다.

- **재물운** - 손실이 복구되고 잊고 있었던 이득이 다시 저절로 찾아온다.
- **애정운** - 우정처럼 느껴지는 편안한 사랑, 매일 더욱 새로워지는 관계로 발전한다.
- **이동운** - 옮기거나 여행할 일이 있으며 큰 위험이 없으니 부담없이 다녀올 수 있다.
- **건강운** - 지나친 활력으로 인해서 일어나는 일시적인 질환이니 걱정하지 않아도 된다.

1 **존호** : 산마도령과 애기씨
2 **신위** : 중(中) - 인신
3 **신적** : 우리나라
4 **신계** : 인간 세계
5 **신격** : 활발하고 순수하며 동심이 가득하다.
6 **직능** : 사람들에게 잃은 건강을 되찾게 하고 생기를 부여한다. 산 속에서 명약을 찾게 해주는 등의
　　불가사의한 기적의 발현
7 **주요 기도터** : 청정한 산 속, 계곡 등
8 **무속인과의 직접 소통 여부** : 가능

돋보기

산삼

인삼 재배가 활성화되기 전 기록물에 나타난 인삼은 산삼과 같은 의미로 사용된 용어이다. 그러나 인삼이 조선 후기 상품 작물로 재배되기 시작하면서, 사람의 손을 거치지 않은 자연산 인삼은 '산삼'이라는 이름으로 독립적인 개념을 얻게 된다. 자연산 인삼은 동북아시아의 고려인삼을 최고로 친다. 산삼의 한국 고유 명칭은 심이지만 어원과 유래는 알려지지 않고 있다. 이 심이라는 명칭은 《동의보감》, 《방약합편》, 《제중신편》 등의 의학서에 일관되게 등장하고 있다. 심마니의 '심'이 산삼을 일컫는 명칭일 것으로 추측된다.

01

산삼에 대한 기록은 중국에 처음으로 나타나며 한국, 일본에도 기록이 전해진다. 산삼은 매우 느린 속도로 자라며, 씨를 섭취한 새의 배설물이 땅에 떨어져 싹이 트고 이후 여러 해에 걸쳐 잎과 줄기의 개수를 늘리면서 뿌리를 깊이 드리워 간다. 생장에 위협을 주는 환경 하에서 자기 치료를 위한 휴면(동면) 상태에 돌입하는, 아직은 검증되지 않은 특이한 생존법을 지니고 있기도 하다. 산삼은 그 개체수가 매우 적기 때문에 과학적으로 생태나 효능에 대한 자세한 학문이 정립되어 있지 않다. 따라서 그 효능에 대해 주술적, 미신적이고 과장된 평가가

내려지기도 하며, 수령이나 진품 여부, 채집 장소 등이 논란의 주제로 떠오르기도 한다.

약사도사

약사도사는 주로 남자신령을 의미하며 여성형으로는 약사할머니가 있다. 특히 이 신령님들은 만병통치인 물약이 든 호리병이나 산삼을 갖고 다니기도 한다. 아픈 사람을 낫게 하는 은혜를 베풀어 주며, 이름난 효자에게는 부모의 병을 고칠 수 있는 지혜를 알려주신다. 옛날에는 의료의 혜택을 보지 못하는 사람들이 절대 다수였고 이름을 모르는 병에 걸린다든가 돌림병이 돌면 그보다 더한 재앙은 없었다. 민간처방에 의지하여 생명을 이어가던 시절이었으니 약을 주어 사람을 낫게하는 신령님보다 더 밀접한 신은 없을 터였다.

■ 출처 참고 : 360p

불로초에 얽힌 이야기

춘추전국시대를 통일한 진시황은 말년에 영원불멸의 삶을 위하여 불로초에 집착했다. 그는 결국 서복이
라는 신하를 시켜서 불로초를 구해오라 명했는데, 서복은 남녀 아이 수천 명과 각종 곡식 씨앗과 기술자
등을 싣고 불로초를 구해오겠다는 핑계로 항해를 떠난 후 영원히 돌아오지 않았다. 서복은 불로초 따위
는 구할 수 없다는 것을 미리 알았고, 빈 손으로 돌아갔다가는 진시황에게 목숨을 내놓아야 함을 잘 알
고 있었을 지도 모른다. 이에 대해서 그가 어디로 갔는지에 대해서는 의견이 분분한데 제주 서귀포에 들
렀다는 설, 일본으로 가서 정착했다는 설 등 여러 가설이 존재한다. 하지만 역사 속에 이들의 행적은 묻
혀버려 더욱 신비한 전설처럼 전해져온다. 영지버섯과 산삼은 대표적인 영약으로 불로초에 가까운 위력
을 발휘한다고 알려져 있으며 이는 평소에 선한 행실을 많이 쌓은 사람에게만 발견된다고도 한다. 부모
님의 병을 낫게 하고자 하는 효행이 지극하다든지, 죽어가는 사람을 살리기 위해서 살신성인의 용기를
낸 사람들에게 주어지는 신의 선물인 셈이다.

태양신 설화

우리나라의 건국신화는 거의 모두 태양신 신앙이다. 고구려 시조인 주몽은 태양의 기운을 받아서 태어
난 태양의 아들이라고 한다. "햇빛이 그 어머니의 배를 비추어서 잉태했다"는 것이 그것이다.
「아무르강 길랴족에 대한 버솔드 로퍼(Berthold Laufer)의 조사 보고서에서 우리민족의 태양신 신화의
실체적 기록을 찾아내었다. 그 기록에는 세 개의 태양과 세 명의 신, 세 명의 인간, 세 마리의 흰 새가 등
장하여, 민족의 성수 3이 태양신 신앙과 연관되어 있음도 밝혀내었다. 이 기록에는 우리민족의 태양신
신화와 천지창조 신화가 함께 나옴으로서, 우리민족의 뿌리가 태초까지 거슬러 올라간다는 것을 확인해
주었다.」 - 비교민속학(2013) / 비교민속학회 / 손성태(배재대학교)
일본의 국조신인 아마테라스 여신은 태양의 여신이며 일장기의 붉은 태양은 그 신성을 그대로 상징하
고 있다. 연오랑 세오녀 신화에서 그들이 일본으로 건너간 후에 신라에는 태양과 달이 뜨지 않았다고 묘
사되어 있다. 이와 같이 위대한 인물은 거의 태양에 비교되었으니 전 세계에 걸친 태양숭배사상이 인류
사에 미친 지대한 영향력을 짐작해 볼 수 있겠다.

풍년을 약속하는 태양빛은
비와 더불어 가장 중요한 요소이다.

■ 출처 참고 : 360p

태양 (The Sun)

찬란한 태양 아래 백마를 탄 어린 아이는 순수한 마음과 숨김없이 세상에 자신을 드러내는 당당함을 의미한다. 담장 뒤의 해바라기처럼 햇빛을 받아 쑥쑥 성장할 것만 같은 어린 아이는 잠재력과 생기, 넘치는 에너지를 나타낸다. 그는 앞으로 더욱 멋진 청년으로 자라날 것이며 태양의 축복을 받아 앞으로 펼쳐질 여정에 대한 기대감으로 가득 차 있다. 여러 모로 긍정적인 기운이 넘치는 새로운 출발의 모습이다. 연인 사이에 더 썬 카드가 나온다면 친구 같은 편안한 관계, 함께 있으면 기분이 좋지만 조금은 성숙함이 필요한 관계로 읽을 수 있으며 취업이나 사업의 시작을 앞두고 이 카드가 등장한다면 큰 걱정할 필요 없이 근사한 시작을 맞이할 수 있을 것이다.

Q&A 실전 상담에서 응용해보기

최근 저에게 도움의 손길을 주시는 분이 있습니다. 이분을 믿어도 좋을까요?

본인이 선량한 의지와 목적이라면 큰 의심 없이 이분의 도움을 받아도 될 것입니다. 하지만 당신이 그분의 도움을 받아들일 때에 다른 목표를 따로 품고 있는 것은 아닌지 오히려 그 부분을 더 명확하게 생각해 볼 필요가 있습니다. 두 분의 관계는 매우 좋은 인연으로 보이고, 그 결과도 무난할 것으로 예상됩니다. 너무 따지지 말고 귀인의 도움을 받아들이면 될 것 같습니다.

어떤 분의 소개를 받아서 일을 진행하게 되었습니다. 소개해주신 그분의 의도가 궁금합니다.

만일 큰 도움을 받으셨다면 그분에게 약간의 사례를 하는 것도 좋을 것입니다. 그분은 오로지 좋은 의도로 당신에게 일을 소개해 준 것이기 때문입니다. 또한 인간관계가 매우 폭넓고 성격이 밝은 분인 것으로 예상이 됩니다. 겉치레를 챙기기보다는 굉장히 실속이 있는 분이기도 하니 이런 좋은 분과의 연결고리는 계속해서 잘 지켜가는 것이 행운이겠지요?

어릴 때부터 알고 지내온 친구 사이입니다. 우리가 연인으로 발전할 수 있을까요?

두 분은 사귀는 사이로 발전한다 하더라도 크게 관계에 변화가 생긴다고 보기 어렵습니다. 세상에는 수많은 형태의 커플이 있고, 사랑이라고 해서 늘 뜨겁게 타오르는 것만이 연애는 아닙니다. 당신과 상대분이 나누고 있는 감정은 다양한 여러 가지 사랑의 형태 중 하나입니다. 무엇을 함께하든 늘 즐겁고 쾌활한 기분이 드니 우정과도 같이 굉장히 신뢰가 깊은 사랑입니다. 어린이처럼 순수하고 깨끗한 사랑을 추구하는 분들일 수도 있겠습니다. 따라서 연인으로 무리 없이 발전할 수 있다고 봅니다.

Q&A 무속인을 위한 실전상담

동자, 선녀와 관련된 일들이 조금 일어나고 있습니다. 어떻게 해야 할까요?

어린 아이들은 장난치기를 좋아하지만 계산을 할 줄 모르고, 매우 착하고 순수한 일면이 있기에 어른들의 귀여움을 받습니다. 동자와 선녀도 신령님들을 옆에서 보좌하는 역할이지만 때로는 철없는 장난을 일으키기도 합니다. 하지만 크게 나쁜 일은 일어나지 않을 테니 너무 걱정하지 마세요. 오히려 어른들을 부끄럽게 만들만큼 솔직한 표현을 하기도 하니 좋은 부분도 생각해 봅시다.

요즘 신당에 손님이 끊겨서 힘이 듭니다. 어떤 조치를 취해야 할까요?

오랫동안 당신을 따르며 믿고 의지해 왔던 손님들이 조만간 다시 연락이 올 것입니다. 새로 오시는 손님들 또한 당신에게 스스럼없이 상담을 하고 의지를 하게 될 것 같습니다. 이 카드에서 보이는 신령님들의 사이좋은 모습으로부터 유추해 보자면, 당신의 신당에 계신 신령님들의 합의동참이 해결이 되면 그때 바로 손님이 들어올 것으로도 보입니다. 기운이 좋아지고 있으니 너무 걱정하지 않아도 됩니다.

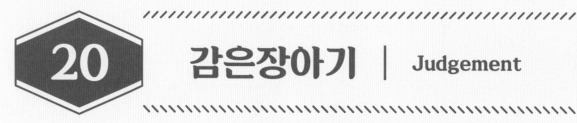

20 감은장아기 | Judgement

제주 신화의 주인공 중의 한 명인 감은장아기의 탄생 배경은 흥미롭다. 위로는 은장아기, 놋장아기에 이어서 세 번째 딸로 감은장아기가 태어난 것이다. 15살 무렵이 되었을 때, 부모가 누구 덕에 먹고사느냐고 딸들에게 물으니 부모 덕이라고 대답한 위의 두 언니와 달리 감은장아기는 자기 덕에 먹고 산다고 하여 미움을 받고 내쫓기게 되었다. 하지만 부모는 마음이 편치않아 위의 두 언니를 보내어 다시 집으로 돌아오게 하라고 시켰다. 그러나 이 두 언니는 고약한 심보를 가지고 있어 감은장아기에게 거짓말을 늘어놓았고 이 벌로 감은장아기는 언니들을 각각 청지네와 말똥버섯으로 만들어버렸다. 이 카드 장면은 후일 감은장아기가 사람의 길흉화복과 운명을 다루는 위대한 여신이 되는 소질을 설명하고 있다.

저지먼트는 심판이라는 뜻이며 감은장아기가 언니들의 잘못을 심판함과 아울러 미래의 운명의 여신이 된다는 의미 또한 함께 갖고 있다.

생각해보기

요즘은 자기 소신이 뚜렷하고 활발한 성격을 가진 여자들이 환영받는 세상이다. 하지만 남존여비 시절에는 여자가 너무 자기 의식이 투철한 것을 꺼려하였고 핍박받기 좋은 구실거리가 되기도 했다. 이러한 실정을 풀어낸 감은장아기 신화는 앞서가는 시대정신을 가진 여성의 난관과 모험을 상징한다. 특히나 자신의 의도대로 삶을 개척해보겠다는 용감무쌍한 소녀 감은장아기의 신화는 단순한 요즘의 중2병과는 조금 다른 의미 있는 반항으로도 보여진다. 또한 청지네와 말똥버섯은 사람의 생활에 하등 도움이 되지 않는 존재들이다. 오히려 기피하게 되는 대상인 것이다. 감은장아기가 처벌을 내릴 때는 인정사정 없다는 점을 보여준다.

적용

누구나 생활 속에서 심판하고 심판 받으며 살아간다. 크게는 법에 저촉되는 일을 저질러서 나라의 준엄한 심판을 받기도 하지만 아무 죄의식 없이 벌어지는 소소한 일상에 대해서도 마찬가지다. 사람들은 인간관계나 일상생활에서 저마다 심판을 하면서 살아가는 지도 모를 일이다. 남에게 제재를 가할 수 있는 위치의 사람은 더욱 자신에게 엄격하지 않으면 안된다. 하지만 남에겐 엄격한 잣대를 들이대면서 정작 자신에게 관대한 것이 인간의 약점이기도 하다. 심판을 받거나 심판을 내릴 때 등장하는 카드이다.

- **재물운** - 자기가 간수하지 못할 재물이 늘어남은 재앙이 될 수도 있다.
- **애정운** - 작은 소동이나 다툼이 예상되니 조금은 심적 갈등이 예상된다.
- **이동운** - 큰 이동이 있다. 타의에 의한 이동일 확률이 높다.
- **건강운** - 급격히 건강이 안 좋아지거나 ,극적으로 회복하게 되는 등 상반된 경향을 보인다.

분류

① **존호** : 감은장아기

② **신위** : 중상(中上) - 지신, 신화상으로는 인신에서 지신으로 상향됨

③ **신적** : 우리나라, 제주도

④ **신계** : 인간 세계

⑤ **신격** : 자기 주장이 강렬하며 주체적이고 혁신적이다.

⑥ **직능** : 복과 행운을 가져다 주지만 벌을 내릴 때에는 매우 즉각적이며 신속하다.
　　　　길흉에 대해서 어중간한 법이 없으며 확실하다. 인간의 운명을 좌지우지 한다.

⑦ **주요 기도터** : 특정 기도터가 없다.

⑧ **무속인과의 직접 소통 여부** : 거의 어렵다.

주술의 세계

동화에 흔히 등장하는 개구리 왕자라든지, 야수로 변한 왕자 등은 모두 주술에 걸린 사람들이다. 이러한 민담은 세계 곳곳에 등장하는데 본인의 뜻과 상관없이 타인의 힘에 의해서 외형이 변화된 채 살아가다가 다시 원래의 사람으로 돌아오는 극적인 사연을 담고 있다. 동양에서는 이러한 것을 둔갑술(기문둔갑)이라고 하여 자신의 외형을 변화시킬 뿐만 아니라 더 나아가서는 타인 또한 자유자재로 변화시키는 비방을 발전시켰다. 특히 동물이 사람으로 변하는 경우도 비일비재하였다.

진가생주설화(眞假爭主說話)는 집주인이 함부로 버린 손발톱을 주워 먹은 쥐가 주인으로 변하여 주인행세를 하자 고양이를 데리고 와서 이를 물리치는 내용을 담은 이야기이다.

자신의 몸을 건사하지 못한 달마대사의 사연도 있다. 달마대사는 남인도 향지국의 셋째 왕자로 태어나 대승 불교의 승려가 된 인물로, 520년경 중국에 들어가 9년 간 면벽 좌선을 통해 깨달음을 얻은 후 선종을 창시하게 된 인물이다. 달마대사의 원래 수려했던 얼굴이 지금의 못생긴(?) 모습으로 바뀐 것은 인도를 출발하여 중국으로 오던 때라고 한다. 달마대사가 어느 날, 한 곳을 걸어가다가 사람들이 모여 웅성거리고 있는 것을 목격하게 된다. 커다란 구렁이 한 마리가 길가에 가로 놓여 있어 사람들이 감히 이를 타넘어 가지 못한 채 모여 있는

것이었다. 죽은 지 오래돼 썩는 냄새가 진동을 했기에 달마대사는 숲속으로 가서 자신의 몸을 벗어 놓고 뱀에게 들어가서 그 몸을 움직여 멀리 개천가로 옮겨놓았다. 때마침 라마승 한 분이 숲속을 지나가다가 잘 생긴 육신을 보게 된다. 평소 자신의 몸이 못생긴 것을 유감으로 생각했던 라마승은 자신의 것을 벗어 놓고, 달마대사의 육신에 영혼을 넣어가지고 떠나갔다. 그리하여 달마대사는 하는 수 없이 자신의 영혼을 라마승의 못생긴 육신 속에 넣을 수밖에 없었고 그로부터 달마대사의 형상이 현재의 그림에서 표현되듯 못생긴 모습을 하게 된 것이라고 한다.

특정 동식물이나 자연물에 영혼이 깃들어있다고 믿으며 숭배하는 것을 토테미즘이라고 한다. 그것은 과학이 발달된 현재에도 현대인의 생각을 좌지우지할 만큼 강력한 주술의 무의식이라고 볼 수 있으며 고대로부터 사람의 정신 세계를 지배해 온 뿌리 깊은 의식 세계이다.

또한 특정한 사람이 갖고 있던 물건에는 좋은 기운이 붙어 있다고 여긴 나머지 몰래 훔쳐서 그 효과를 몰래 받아보려는 바람이 있었다. 아이를 낳지 못하는 집에서는 아이를 잘 낳거나 최근에 출산한 여성의 속옷을 구해다 입기도 했으며, 힘이 매우 센 소를 좌지우지하던 코뚜레 역시도 집안에 걸어두면 부귀함을 붙잡아 주는 역할을 한다고 믿었다.

마녀전설, 뛰어난 재능을 가진 여인들의 운명

중세 암흑기에 마녀라는 굴레를 씌워 유럽의 많은 여성들이 박해받고 핍박받았던 것은 매우 비극적인 사실이다. 이 시기에는 종교적인 신념이 국가와 사람을 지배하던 시절이었고, 특히 앞서가는 여성, 지식을 많이 갖고 있는 여성들은 남성중심의 사회에 큰 위협이라고 인식되었다. 그녀들의 사기를 꺾어놓기 위해 갖은 방법을 쓰다가 결국 통하지 않으면 마녀로 몰아서 화형대에 세웠다. 많은 여성들이 실제 마법을 행한 적이 없음에도 화형대에서 사라져갔다. 이처럼 비극적인 역사는 현대에도 끝없이 되풀이 되고 있다. 여성이기 때문에 당하는 차별과 학대, 그리고 약자로서 처해진 운명을 받아들여야 하는 것은 오늘날 아직도 분쟁국가에서 흔히 볼 수 있으며, 인권과 여성에 대한 인식이 부족한 국가에서 자행되고 있는 일들이다.

전우치

각종 기행과 도술의 대명사인 전우치는 조선 중종 때의 실존 인물이다. 그는 관리로서는 그다지 중요한 직책을 맡지 않았고 사직한 후에는 은거하여 도인으로 활약했다고 한다. 백성을 현혹시켰다는 명목으로 잡혀와 옥사하였으나 가족들이 이장을 하려 무덤을 파보니 시체가 없었다고 전해진다. 이후로 많은 소설 속에서 다양한 모습으로 등장한 둔갑술의 대가이다.

전래되어 오는 이야기

세 번째가 주는 완벽함

미녀와 야수라는 동화에서 보면 아름다운 셋째 딸이 야수를 만나서 다시 멋진 왕자님으로 돌아오게 해서 사랑을 완성하는 장면이 나온다. 이 셋째 딸은 너무 아름다운 마음씨를 가졌다. 또한 그리스신화 속 사랑의 신인 에로스와 결혼한 프시케의 이야기도 너무 유명하다. 다른 신들의 가슴에 화살을 쏘아서 사랑을 마음대로 조절하던 당사자 에로스가 사랑에 빠지게 되었던 것이다. 프시케는 어느 왕국의 세 번째 딸이었으며 '미녀와 야수' 동화와는 달리 두 언니의 꼬임에 넘어가서 양촛불을 비추어 남편이 괴물인지 아닌지 확인하는 바람에 각종 수난과 고난을 맞이하게 된다. 물론 끝은 해피엔딩이 되긴 했지만, 어쨌든 셋째 딸의 수난은 동서고금을 막론하고 운명지워져 있는 것만 같다. 우리나라의 '최진사댁 셋째 딸'이라는 노래에도 천하의 절색인 셋째 딸과 혼인하는 용감한 남자의 도전기가 표현되어 있다. 성수 3은 역시 세 번째 딸에게 주어지는 것인 것 같다.

유니버셜 웨이트와 비교

심판 (Judgement)

천사가 나팔을 불자 이미 한 번 죽음을 맞이했던 사람들이 관 속에서 새로운 생명을 맞이했다. 천사가 움켜쥐고 있는 나팔은 신의 목소리를 상징하며, 뜻하지 않은 소식을 의미하기도 한다. 이 소식은 많은 사람들에게 퍼져 나갈 것이며, 그렇게 되어야만 한다. 천사의 심판은 죽음이 아닌 부활을 의미한다. 사람들을 부활시킨 이유가 명확하지 않지만 이는 분명 이들에게 터닝 포인트, 인생의 큰 전환점, 또는 위기를 기회로 삼을 수 있는 절호의 타이밍이 될 것이다. 부활과도 같은 기회를 얻었을 때 감사한 마음으로 앞으로 나아가기 위해서는 과거를 깨끗이 정리하고 순간순간을 항상 소중히 여겨야 할 것이다. 과거의 트라우마에 붙잡혀 있다면 벗어나려는 노력을 이제는 시작해야 하고, 사람들 간에 오해가 있었다면 풀려는 시도를 하는 것이 좋다.

❓ 실전 상담에서 응용해보기

내일 상사로부터의 면담이 있습니다. 제게 어떤 일이 벌어질까요?

그동안 누적되어 온 업무 실적에 대한 사항과 품행에 대한 사항 등 여러 가지 문제점들을 한꺼번에 지적을 받는 날이 될 것입니다. 마음의 준비를 단단히 하는 것이 좋겠습니다. 그동안 본인이 생각했을 때 충분히 일을 열심히 했고, 그다지 지적을 받을 만한 언행을 하지도 않았다면 너무 걱정하지 않아도 되겠으나 전체적으로 매우 엄중한 평가의 시간이 될 것이므로 소신 있게 임하는 태도가 필요하겠습니다. 아주 세심한 것들까지 들추어지는 자리가 될 수 있습니다.

헤어진 그 사람과 다시 만나고 싶습니다. 어떻게 해야 할까요?

헤어진 사람에게 미련을 가지기보다는 새로운 출발을 하는 것이 더 좋아 보입니다. 서로 다시 만날 수 없는 이유, 또는 헤어짐을 선택했던 이유가 너무나 명확합니다. 그렇기에 좋았던 순간만을 떠올리면서 다시 만나고 싶다는 생각을 하는 것은 단순한 미련입니다. 그와의 인연은 다 끝났다고 말씀드릴 수 있습니다.

동창회가 있어서 친구들과의 만남 자리에 가야 하는데 그곳에서 큰 탈은 없을까요?

그저 즐겁기만 한 자리는 아닐 것 같습니다. 무언가 서로를 판단하게 될 만한 작은 사건이나 계기가 발생할 것으로 예상이 됩니다. 또는 시작은 즐겁게 놀기 위해 만난 자리였지만 그 사이에서 어떤 규칙 또는 회칙을 새로 만들기 위한 시도가 있을 것 같기도 합니다. 따라서 마냥 유흥을 즐기고 부담 없이 다녀올 수 있는 그런 자리는 아닐 것으로 판단됩니다.

❓ 무속인을 위한 실전상담

신내림을 받고자 어떤 손님이 찾아왔는데 그가 인재가 맞을까요?

이 손님은 실제 내림굿을 진행해 보아야 판단을 할 수 있습니다. 그 전에 신내림을 받을 만한 인재다 아니다를 당장 결정할 수는 없습니다. 심판이라는 것은 단순하게 '판단이 내려졌다'는 뜻으로 해석할 수도 있지만 한편으로는 특정 상태가 되어야만 판결문이 나옴을 상징하기도 합니다. 강하게 내림굿을 원한다면 권해볼 수는 있을 것입니다. 하지만 반드시 무속인이 된다고 보기도 어렵습니다. 다만 이 사람은 굿을 진행해 봐야지만 그렇다 아니다를 판별할 수 있습니다.

같이 기도를 다니던 무속인들 사이에서 조금의 언쟁이 있었습니다. 어떻게 될까요?

결론은 이미 난 것 같습니다. 같이 기도를 다닌다는 것은 서로 색깔과 결이 맞아야 하는 것인데, 특히 신들의 세계에서는 더욱 그것이 중요합니다. 그 와중에 심판 카드가 나왔다는 것은 이 상황이 그 누구에게도 유익하지 않다는 것을 의미합니다. 차라리 혼자서 기도를 다니는 것은 어떨까요? 오히려 더 좋은 결과가 있을 수도 있습니다.

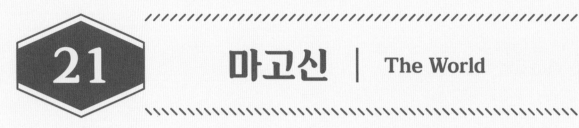

21 마고신 | The World

신단수 아래에 앉아서 네 마리의 신성한 동물들과 함께하는 분은 마고신이다. 신단수는 하늘의 신을 숭배하는 한민족의 신목(神木)이며 우주의 중심이다. 나무는 하늘로 뻗어 올라서 보이지 않는 미지의 세계로 닿아있는 것 같은 모습이다. 신령한 동물 네 마리는 마고신의 곁에서 즐겁게 장난을 치며 평화로운 한때를 보낸다. 이들은 어떤 의미에서는 지구의 네 방위를 암시하기도 하고, 세상을 살아가는 사람들이 추구하는 가장 높은 가치와 이상을 상징한다. 신들의 세계가 조화로우면 더불어 인간 세상도 조화로운 법이다.

더 월드 카드에서 보여지는 완성된 세계는 마고신이 창조한 세계와 부합된다.
세계는 하나로 이어져 있으며 서로 연결되어 있다.

생각해보기

위대한 마고신이 이 세상을 열었을 때에 더불어 사람의 창조도 함께 이루어졌다. 그렇게 해서 자연과 동식물이 어우러진 가운데 사람의 역사가 시작되었다. 생명은 생명을 낳으며 번성했고 지금의 우리가 누리는 세상이 되었다. 메이저 카드의 마지막이면서 모든 사연들의 집대성이며 조화된 결과라는 점에서 매우 뜻깊으며 심오한 이치를 담고 있다. 결국 사람의 인생도 그 누군가와의 연결고리와 관계성에 있어서 어울려 가지 못한다면 아무런 의미가 없다는 말도 된다. 조화로움은 이 세계를 더욱더 온전하게 하는 이치이다.

적용

드넓은 세계를 돌아보고 통찰하는 것은 그만큼 분주한 일이며 매우 바쁜 나날을 보낸다는 뜻도 함께 있다. 그렇기에 수많은 이동수와 변동을 예상할 수 있다. 지구는 자전과 공전을 쉼없이 이루어가고 사람의 심장 또한 한시도 멈추지 않는다. 이러한 것은 생명 있는 것들에게 생기가 주어지면서 변화무쌍하게 작용하는 이치를 대변한다. 끝없는 영속성과 더불어서 앞으로 나아가는 추진력, 그리고 아무리 어려운 환경에서도 새롭게 태어나는 생명력을 말해준다.

- **재물운** - 여러가지 투자 혹은 사람들의 연합으로 이루어진 큰 활동에서 재물이 예상된다.
- **애정운** - 헤어졌다면 다시 만나게 되며, 사랑을 시작했다면 완성될 가치가 있는 사랑이다.
- **이동운** - 큰 이동이 있다. 의미있는 여행이나 큰 사명감이나 목적을 가진 이동이다.
- **건강운** - 활동에만 치중하다 보면 휴식을 잊기도 한다. 심신의 균형이 중요하다.

① **존호** : 마고신

② **신위** : 상(上)

③ **신적** : 우리나라

④ **신계** : 세계 어디든 가능

⑤ **신격** : 창세신이며 일반 신격과는 다르다. 신들 위의 신이기 때문에 희노애락과는 거리가 멀다.

⑥ **직능** : 세상과 사람의 창조에 직접 관여하며 절대적 권능으로 다스린다.
　　　　　현재는 황궁씨의 복본 서약이 이루어질 때까지 기다림의 시간으로 보기도 한다.

⑦ **주요 기도터** : 전국의 천제단

⑧ **무속인과의 직접 소통 여부** : 거의 어렵다.

돋보기

청동방울

마고신의 가슴에는 청동거울이 빛을 발하고 그 손에는 팔주령이 들려있다. 청동방울(팔주령)은 흔하지 않은 청동방울로, 석관묘(石棺墓) 같은 무덤에서 한 쌍으로 나오고 있다. 8이라는 숫자는 완전한 수이며 완성을 상징하는 것으로 알려져 있다. 동서남북을 4방위로 잡고 중앙에 좌정을 하면 전체 방위를 8개로 나눌 수 있다.(동북, 동남, 서북, 서남 포함) 그러므로 8방위의 중심에서 천하를 다스린다는 큰 뜻을 짐작할 수 있다. 불교에선 열반에 이르려면 팔륜수레 혹은 팔정도가 필수라

고 한다. 정견·정사·정정진·정념·정어·정업·정명·정정이 그것이다. 여덟 가지의 바른 방법을 통해서 열반에 이른다고 보았다. 기독교에서도 8은 상서로운 숫자로 생각한다. 창세기를 보면 조물주는 7일 동안 천지만물을 창조한다. 제8일은 그 질서가 시작되는 날이다. 노아의 홍수 때에도 8명의 의인만을 방주에 태워 목숨을 구해준다. 오늘의 인류는 그들의 후손이라는 것이다. 고대 이스라엘에서는 남자아이가 태어나면 8일 만에 할례를 하며 정결한 날을 상징한다. 동서양을 막론하고 8은 모든 완성을 상징하는 수로 여겨졌던 듯하다.

`01`

화순 대곡리 유적 출토 유물

■ 출처 참고 : 360p

부도지

부도지(符都誌)는 신라 눌지왕 때 박제상이 저술했다는 사서인 《징심록》의 일부이다. 1953년에 그 후손인 박금(朴錦)이 그 내용을 발표함으로써 일반에 공개되었고, 1986년 번역본이 출간되어 널리 알려졌다. 조선시대에 김시습에 의해 번역되었고, 그 필사본이 보관되고 있었다고 하지만 확인할 수 없다. 현존하는 부도지의 내용은 원본의 내용을 연구했던 기억을 복원한 것이라고 한다. 여기에는 마고의 시대와 그 이후의 시대까지를 아우르는 매우 방대한 지식을 담고 있으며 세상이 창조되고 사람이 만들어지고 다스림을 받은 것에 대한 총체적인 기록이다. 특히 우리 민족의 시원이자 전 세계 사람들의 시조가 되는 인류에 대한 것들이 담겨져 있어 앞으로 연구할 가치가 충분한 자료라고 보겠다. 단순 신화로 보기에는 내용이 대단히 구체적이고 심오하다.

여신과 관세음보살 관련성

아시아에서도 특히 우리나라만 관세음보살 신앙이 막강한 것은 매우 특이한 일이다. 국내의 이름난 성지는 대개가 관세음 성지로 볼 수 있을 정도이다.

토함산 석굴암에 새겨진 관세음보살상은 매우 여성적인 외관과 실루엣을 가지고 있으며, 이외에도 대부분의 관세음보살이 여성형으로 표현되고 있는 것은 미스테리가 아닐 수 없다. 그러나 우리나라 사람들이 고대로부터 숭상해 온 여신 신앙의 계보를 생각해 본다면 해결의 실마리가 풀리기도 한다. 한민족은 마고의 후손들임에도 나라의 이름이 바뀌고 권력이 바뀔 때마다 특정 종교와 신앙을 강요당하는 세월을 보내왔다. 하지만 백성들과 석공들은 어떻게 하면 마고를 잊어버리지 않고 새겨놓을 수 있을지 고심하였을 것이고 이것은 각종 다양한 불상과 특히 관세음보살상에 미묘하게 녹아들었다. 저승 세계는 지장보살이, 미래(내세) 세계는 미륵보살이 돌보시며 현세의 고통은 관세음보살이 돌보시는 것으로 알려져 있다. 즉 바로 현실의 일을 해결하시는 분인 것이다. 우리의 어머니들이 온갖 환난과 어려움 속에서도 자녀와 가정을 지켜내었던 것을 떠올리게 한다.

오래된 나무에 얽힌 믿음

위그드라실은 북유럽 노르드 신화에 나오는 세계수이다. 이는 거대한 물푸레나무로 매우 신성시되며, 신들은 매일 여기에 모여서 회의를 연다고 전해져 온다. 우리나라의 신단수 역시도 같은 의미를 갖고 있으며 오래된 나무에 깃든 신령한 힘이 마을을 지킨다는 의식은 현대에까지도 존재한다. 이것은 나무 자체가 갖는 모습, 즉 그 뿌리는 지하를 향해 깊숙히 뻗어있으며 나뭇가지는 지상으로 솟아올라서 맨 위는 사람이 측량할 수 없는 높이로 하늘을 향하니 이를 보는 사람이 느끼는 경이로운 감정은 당연한 것이다. 이렇듯 지하와 지상과 하늘 세계를 통합하는 듯한 존재는 오래전 사람이 잊고 있었던 역할에 대한 향수일지도 모른다. 한 때는 이 땅에 신들과 사람이 함께 살았던 시절이 있었다. 그것은 단순히 신화에 그치지 않고 우리의 무속신앙 속에 오래된 나무를 섬기는 것으로 이어져 내려오고 있다. 특히 성황당(서낭당) 나무 신앙이 이를 말해준다. 마을을 수호하는 신령한 나무는 특히 베거나 하는 것을 꺼려서 현대에도 이를 가운데 두고 도로를 건설하는 예가 서울 강남 한복판에 존재한다. 또한 서낭신이라고 하여 신목과 더불어 거기에 깃들어 있는 인격신을 함께 지칭하기도 하였으며 나라에서 벼슬을 하사받는 경우도 있었다고 한다. 신목에는 오방색의 천과 금줄, 또는 돌무더기를 쌓아서 신성한 영역임을 알렸다.

■ 출처 참고 : 360p

유니버셜 웨이트와 비교

세계 (The World)

커다란 월계관 속 서 있는 젊은 여인은 다재다능한 마법사가 들고 있는 마법 지팡이를 들고 있다. 이는 그녀 또한 다양한 분야에 뛰어난 재능을 가지고 있음을 드러낸다. 하지만 그녀는 월계관 속의 세상에서만 자유롭다. 이는 그녀가 아직 진정한 능력을 모두 드러내지 않았으며, 훨씬 더 큰 잠재력을 지녔을 가능성이 있다는 것을 나타낸다. 그것을 발휘하기 위해서는 자신의 틀을 깨고 새 출발을 해야 한다. 그녀는 이제 더 넓은 세계로 나아갈 준비가 되어 있다. 아직은 자신만의 세계에 취해 자아도취에 빠진 상태일 수 있으며, 그럴 경우 현실을 조금 더 이성적으로 직시해야 한다. 가까운 곳보다 멀리, 특히 해외에 취업 운이 있고 이리저리 이동하는 직업이 잘 맞다. 좋은 사람을 만나는 것도 마음속에 스스로를 가두던 틀에서 벗어난 다음에 가능하나.

◎Ⓐ 실전 상담에서 응용해보기

하던 일을 쉬려고 합니다만 그 뒤에 다시 직업을 갖는 게 힘들까봐 걱정이 됩니다.

재충전의 시간은 누구에게나 필요합니다. 지금은 온전히 자기 자신만을 위해서 여유를 가져도 좋습니다. 아무리 능력있는 사람도 평생을 팽팽한 활시위같이 살아갈 수는 없습니다. 조화로운 삶은 가끔 여백을 필요로 합니다. 또한 이 카드는 전체의 조화를 상징하기 때문에 한 쪽으로 쏠린 생활보다는 균형을 찾기를 바라는 것으로 해석할 수 있습니다.

해외로 나갈 일이 생길 것 같은데 가는 게 좋을까요? 여기에 머무르는 것이 좋을까요?

결론적으로는 나가게 될 것으로 보여집니다. 바다의 물결이 한시도 잠잠하지 않고 크고 작은 파도가 변화를 일으키는 것처럼 우리의 생활도 마찬가지입니다. 다양한 변화가 없다면 멈추게 되고 그렇게 되면 활력과 생기를 잃게 됩니다. 두려워하지 말고 다가오는 변화를 긍정적으로 검토해보고 적극적으로 받아들이면 좋겠습니다. 또한 이 카드는 더 넓은 세계를 포용하라는 상징도 함께 갖고 있기에 외국행은 나쁘지 않을 듯 싶습니다.

경제적 여건이 좋지 않아서 하루하루가 걱정입니다. 이 달은 어떻게 될까요?

힘든 상황이지만 이제 바야흐로 숨통이 트이기 시작합니다. 너무 좌절하지 않아도 될 것으로 보여집니다. 그동안 여러 군데에 의뢰를 해놓은 것이 있다면 일부라도 융통이 될 것입니다. 그리고 의외의 곳에서 긍정적인 제안이 오거나 일거리가 옵니다. 낙담하지 말고 자기 주변에서 해결하거나 실마리를 잘 찾아보도록 합시다.

◎Ⓐ 무속인을 위한 실전상담

최근 답답하고 마음이 안정이 되지 않고 이상한데 이 카드가 나왔습니다. 어떻게 볼까요?

조금 더 폭넓은 공부가 필요할 때가 되었습니다. 그리고 자신의 주변 인간관계와 여러 가지 환경적인 문제를 두루 살펴보면서 정리정돈의 시간을 가진 후에야 발전이 있을 것으로 생각됩니다. 신당을 옮겨야 한다든지 아주 먼 곳으로 기도를 다녀올 때도 등장하는 카드입니다.

손님이 오셔서 이런저런 상담을 했는데 개운하지 않은 느낌입니다.

손님은 자신의 고민을 상담하고 의지할 만한 곳인지 처음엔 그 여부를 알기 위해 온 것일 수도 있습니다. 이번에는 자신의 고민을 다 털어놓지도 않았을 것이고 좀 더 신뢰할 수 있는지 지켜본 다음 진짜 고민을 상의할 것으로 보입니다. 하지만 한번 단골이 되고 나면 매우 깊이 있는 관계가 형성됩니다.

마이너 아르카나의 컵에는 바리공주의 이야기를 담았다.
바리공주는 어린 시절 딸만 여섯인 왕국의 일곱 번째 공주로
태어났다는 이유로 부모에게서 버림받았다.

가난하지만 인심 좋은 노부부의 손에서 바르게 자란 그녀는
어느 날 자신의 출신을 알게 된다. 그때 마침 아버지 대왕의 병이 깊어졌다는
연락을 받게 되고 기꺼이 서천서역 너머 저승으로
자신을 버린 아버지의 병을 낫게 하는 약수를 구하기 위한 여정을 떠난다.

가는 길에 여러 사람을 돕고 얻은 지혜들로 저승에 도착한 바리공주는
약수를 지키던 동수자에게 여자임을 들킨다.
동수자는 그녀에게 아들 셋을 낳아주면 약수를 주겠다 말하고,
어쩔 도리 없이 바리공주는 그의 말을 따른다.

바리공주는 천태산 마고할미의 도움을 받아 힘겹게 생계를 꾸리고,
어느 날 동수자가 가르쳐 준 동굴에서 약수를 발견한다.
약수와 함께 뒷동산의 뼈살이꽃, 피살이꽃, 살살이꽃을 꺾어
가족들과 함께 고향으로 돌아간다.
아버지 오구대왕은 이미 돌아가시고 그의 상여가 막 길을 떠나고 있었다.
상여를 멈춰 세운 바리공주는 세 송이 꽃으로 아버지의 육신을
다시 온전히 하고 마지막으로 약수를 먹여 생명을 불어넣었다.

건강한 모습으로 되살아난 아버지가 바리공주에게
왕국의 절반을 주겠다고 제안했지만 그녀는 거절하고
저승의 억울한 영혼들을 인도하는 신이 되었다.

컵의 시종은 바리공주와 동수자 사이에서 난 어린 아들이며,
기사는 젊은 시절의 동수자의 모습이다.
동수자와 바리공주의 큰 아들로 보아도 무방하다.
컵의 여왕은 저승의 신 바리공주이고 컵의 왕은 중년이 된 동수자를 그렸다.

※ 사람을 살리는 세 송이 꽃은 마고할미에게서 받는 장면으로만 연출하였습니다.

마이너 컵

Minor Cups

—

바리공주

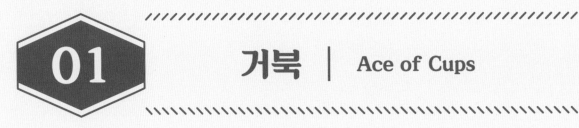

01 거북 | Ace of Cups

장수(長壽)의 상징이자 상서로운 동물로 알려진 거북은 물을 상징한다. 컵을 등에 올리고 하늘을 향해 고개를 들고 유유자적 헤엄치는 거북의 모습은 우아하고 유연하다. 물의 성질에 대한 대표적인 이미지를 떠올릴 수 있다. 효녀 바리공주가 약물을 구해 와서 자신을 버린 아버지를 되살리고 다시 수명을 이어갈 수 있게 한 점과 거북의 오랜 수명은 연관성을 갖는다. 지구의 모든 생명을 살리고 깨끗하게 정화하는 것도 물이며 사람 또한 물(어머니 자궁 속의 양수)에서 태어났으니 모든 것의 기초이자 가장 순수한 에너지이다.

한국은 국토의 삼면이 바다인 관계로 용궁 신앙, 수신 신앙이 매우 뿌리 깊다. 좋은 우물이 있는 곳에 마을이 형성되듯이 사람들의 생존에 가장 기초하면서도 강한 믿음을 가져다준다.

생각해보기

등껍질에 커다란 황금색 컵을 얹은 거북이다. 신령한 존재임을 한눈에 알 수 있다. 컵은 제의를 지내던 제사장들의 필수품이며 거기에 성수나 또는 제사를 지내기 위한 술을 담아 올리기도 했다. 거북의 등에 새겨진 주름을 해석해 점을 치는 거북점이 백제 시대에 존재했으며, 여러 설화에 등장하기도 한다. 대표적으로 '거북아 거북아 머리를 내밀어라'는 내용의 <구지가>를 노래하는 김수로왕의 설화가 있다. 거북은 수신(水神)의 성격을 지닌 영물이기도하므로 물과 감정을 담는 컵에 잘 어울리는 상징물이다. 머리를 높이 치켜들고 있는 거북의 모습에서 다가올 새로운 시작에 대한 의욕과 넓은 바다의 창조력을 짐작할 수 있다.

적용

- **재물운** - 새로운 기회가 다가온다. 금전의 유통이 잘 되고 직장 등에서 인정을 받을 수 있다.
- **애정운** - 좋은 사람을 만날 수 있다. 감정적으로 잘 맞고 소통이 잘 되는 사람을 만난다.
- **이동운** - 모든 방향으로의 이동이 길하다. 이동 후 좋은 기운으로 새로운 시작을 할 수 있다.
- **건강운** - 건강을 회복하고 활기찬 에너지를 되찾는다. 행복한 임신의 가능성도 나타낸다.

에이스 컵 (Ace of Cups)

컵을 다 채우고 흘러넘치는 물은 넘치는 창조력과 자비심을 나타낸다. 새로운 아이디어가 샘처럼 솟아나 잠재의식과 무의식 속으로 흘러들어가고 있다. 컵은 어디론가 흘러가는 물처럼 움직이기 쉽고 형체가 없는 사람의 마음과 감정을 담고 있는 그릇이다. 첫 번째 카드이므로 기쁨과 행복이 넘치고, 의욕이 샘솟아 새로운 시작을 할만한 운과의 만남을 의미한다. 카드 속 성배로 날아들고 있는 흰 비둘기는 평화로운 상황 속 좋은 소식이 도착할 것임을 보여준다. 새로운 사람과의 만남일 수도, 새로운 기회의 제안이 들어올 수도 있을 것이다. 어느 쪽이든 긍정적인 시작을 맞이할 수 있을 것이다. 너무 모든 것을 수용하려 하지만 않으면 된다. 좋은 마음으로 받아들이고 시작하려 한 일이 의욕만큼 잘 따라주지 않을 수도 있고, 여대껏 잘 빚아주었기 때문에 상대가 지나치게 나에게 부탁하고 의존할 수도 있나. 배경으로 보이는 감정의 바다에 휩쓸리지 않도록 본인 줏대를 확실히 지켜야 한다.

실전 상담에서 응용해보기

※ 최종 카드로 등장했을 경우

재물운

지금 고민하고 있는 곳에 투자를 한다면 이익을 볼 수 있을까요?

지금도 가진 것이 부족하지 않고, 스스로도 그에 만족하는 부분이 분명히 있는 것 같습니다. 감정에 휩싸여 순간적으로 내리는 충동적인 판단만 조심한다면 지금보다 훨씬 크게 재정적인 이익을 얻을 수 있으실 것으로 보입니다.

애정운

다음 주에 지인을 통해 소개팅을 하게 되었어요. 좋은 사람을 만날 수 있을까요?

결론부터 말씀드리면 그 사람과 아주 좋은 인연이 될 수 있습니다. 새로운 연애를 시작하기 충분한 좋은 운이 들어와 있습니다. 두 사람은 대화가 잘 통하고 감정적으로도 소통이 잘될 것 같습니다. 황금빛 성배가 마치 축배처럼 보이기도 합니다. 관계가 시작되고 나서 매순간 새롭고 즐거운 일들이 가득할 것으로 보입니다.

이동운

이직을 준비하고 있습니다. 성공할 수 있을까요?

새로운 기회가 다가오고 있습니다. 이직 결과도 좋을 것으로 보이며, 더 나은 조건의 곳에서 스카우트 제의를 받을 수도 있을 것 같아요. 선택은 본인의 결정에 달려 있으며, 좋은 시작의 운이 따를 것이니 응당한 노력을 한다면 기대보다도 더 큰 선물 같은 결과를 얻을 수 있을 것입니다.

건강운

요즘 감정기복이 심해서 기분이 오락가락합니다. 병원에 가봐야 할까요?

억압된 감정 문제가 있으신 것으로 보입니다. 누구에게라도 솔직히 터놓고 말하는 기회를 만들어 보시는 게 좋을 것 같습니다. 그런 감정기복이 아니라면 건강상 심각한 문제는 없는 것으로 판단됩니다.

먼 옛날 불라국의 젊은 임금 오구대왕이 길대부인과 혼인을 하였다. 사실 그 해의 운이 좋지 않아 한 해만 미루자고 박사가 말했으나 듣지 않고 강행한 탓에 길대부인은 줄줄이 여섯 명의 공주만 낳게 되었다. 이들 부부의 수심이 깊어졌을 때 길대부인이 일곱 번째 아이를 가졌는데, 황룡과 청룡이 나타나고 보라매와 백마를 양 손에 보았으며 해와 달이 양 어깨로 솟는 태몽을 꾸었다. 그러나 이번에는 반드시 아들이 태어날 것이라는 기대 속에도 일곱 번째 공주가 태어났으니 바로 바리공주이다. 크게 상심하고 화가 난 오구대왕은 아기를 보기도 싫으니 함에 넣어 바다에 띄워 버리라는 잔인한 명령을 내렸고, 길대부인은 눈물을 흘리며 공주에게 바리라는 이름을 지어주고 생년월일을 써넣은 옷고름과 함께 물에 띄워 보냈다. 신기하게도 바다에 가라앉지 않고 며칠을 흘러간 함을 어느 노부부가 발견했다. 그들은 자식도 없이 가난하게 살던 사람들로, 바리를 발견하고 정성을 다해 돌보았다.

생각해보기

일곱 번째의 공주라는 점은 한국인의 칠성신앙과 무관하지 않다. 칠성은 명을 이어주는 신이며 또한 신묘한 공덕으로 세상 사람들을 다스린다. 명은 칠성에서 빌고 복은 제석에서 빌으라는 말이 있다. 조금씩은 신령님들이 하시는 일이 나누어진 것 같은 인상을 받을 수도 있다. 그러나 명확하게 그것을 나누기보다는 한민족의 정서에 뿌리 깊게 내리고 있는 칠성신앙에 대한 이해를 새롭게 하는 게 좋을 것 같다. 칠성줄이 세다는 말은 현대에는 또 다른 의미로 해석되어야 할 것이다. 그것은 '칠성님이 너를 보호하신다.'는 뜻이다. 일반인으로 살지 못해서 안달이 났는가? 특별하게 잘살고 싶다고 외치면서 이런 면에서는 일반화를 원하고 있는 사람들의 이중성을 생각해보게 된다. 바리공주는 고난을 이기고 결국 자신의 권리를 회복하게 된다.

적용

- **재물운** - 동업자를 만나 재물을 모을 수 있다. 이로운 합의가 들어오고 계약이 성사된다.
- **애정운** - 새로운 인연을 만나게 된다. 길한 만남이 예상된다. 궁합이 좋은 연인이다.
- **이동운** - 자연스럽게 이동하는 운이 들어온다. 긍정적인 결과가 기대된다.
- **건강운** - 인간관계에서 오는 피로감이지만 머지않아 원만하게 해결될 수 있다.

유니버셜
웨이트와 비교

컵 2 (Two of Cups)

월계관과 화관을 나누어 쓴 남자와 여자가 서로에게 컵을 건네고 있다. 그들을 축복하는 것처럼 마주 댄 컵 사이에 치유를 상징하는 헤르메스의 지팡이가 공중에 떠 있다. 두 사람은 결혼을 하고 있는 것처럼 보이므로 이 카드는 머지않은 미래에 좋은 인연을 만날 수 있음을 나타낸다. 꼭 결혼이 아니더라도 득이 되는 계약, 믿을 수 있는 동업자 등 신뢰할 수 있는 사람과의 인연을 상징한다. 컵을 든 두 사람이 힘을 합치니 창조적이고 예술적인 아이디어가 두 배 이상으로 늘어나고, 즐거운 대화를 통해 친밀감이 깊어 지는 시기이다. 누군가와 소통을 원하고 있는 상태에도 이 카드가 나올 수 있다. 그런 경우 먼저 누군가 에게 다가갈 상황이 여의치 않디 해도 마음을 얼어두고 다가오는 사람을 밀어내시 않노록 해야 한다.

Q&A 실전 상담에서 응용해보기

※ 최종 카드로 등장했을 경우

〉 재물운 〈

새로운 사업을 시작하려고 합니다. 별 탈 없이 진행이 될지 궁금합니다.

혼자 진행하기보다 주변에 함께 일을 시작할만한 동업 자가 있으면 좋을 것 같습니다. 동업 제안이 들어오면 거 절하지 말고 긍정적으로 생각해 보세요. 계약운이 좋으 니 새로운 일을 시작하기에 시기적으로 적당한 때입니다.

〉 애정운 〈

사귄지 얼마 되지 않은 사이입니다. 앞으로 어떻게 될까요?

성격과 취향이 모두 잘 맞는 사람과 만남이 이루어진 것 같습니다. 새로운 관계를 시작하기에 부족함 없는 사람 이니 잘 어울리는 커플이 될 수 있을 것입니다. 두 사람 의 궁합이 좋아서 만남이 오래 유지된다면 결혼까지 이 어질 수 있는 좋은 운입니다.

〉 이동운 〈

회사 업무가 힘들어서 이직을 준비하려고 합니다. 괜찮은 선택일까요?

좋은 의미의 이동운이 들어와 있으니 이직을 준비하기 좋은 시기입니다. 열심히 준비한다면 원하는 곳으로 이 직이 가능할 것이고, 더 좋은 조건의 직장에서 예상치 못 한 스카우트 제안이 들어올 수도 있을 것 같습니다.

〉 건강운 〈

최근 회식이나 모임이 많았습니다. 그래서 조금 피곤한데 큰 병은 아닐까요?

당연히 음주나 과도한 유흥으로 인한 손실이 있는 듯합 니다. 기분은 좋고 심적으로는 만족감이 있었지만 뒤이 어 따라오는 후폭풍 같은 체력저하를 맛보게 됩니다. 충 분히 쉬면서 다시 원기를 회복하기 위해선 조금은 절제 가 필요해 보입니다.

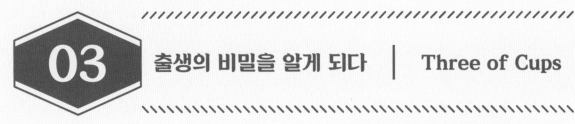

03 출생의 비밀을 알게 되다 | Three of Cups

노부부의 보살핌 속에 무럭무럭 자라난 바리공주는 어느 날 부모님에 대해 의문을 가졌다. 할머니가 하늘이 아버지고 땅이 어머니라고 얼버무려 대답했지만 바리공주는 어찌 하늘과 땅이 인간을 자식으로 둘 수 있냐며 재차 물었다. 할머니는 앞뜰의 왕대가 너의 아버지이며 뒷동산 머구나무가 너의 어머니라 다시 한 번 둘러댔다. 바리공주는 답답해하며 초목이 어찌 사람을 자식으로 둘 수 있느냐 다시 물었다. 할머니는 마침내 바리공주를 키우게 된 사연을 털어놓았다. 함에 들어 있던 자신의 생년월일이 적힌 옷고름을 받아든 바리공주는 울음을 터뜨렸다.

생각해보기

뒤의 소반에 놓인 세 개의 컵은 위대한 숫자 3을 상징하기도 한다. 이것은 거대한 운명이 바야흐로 열리는 순간이며 새로운 역사가 시작되는 바로 그 타이밍이라는 의미다. 한민족은 3이라는 숫자와 매우 밀접한데 이는 외국의 종교에서 말하는 삼위일체와도 그다지 다르지 않다. 천부경의 석삼극 무진본, 개천절, 삼태극, 삼족오, 삼불제석에 이르기까지 신성한 3의 분야는 실로 방대하다.

적용

- **재물운** - 즐거운 축하를 받을 만한 일이 생긴다. 주변에서 누군가의 협력을 기대할 수 있다.
- **애정운** - 두 사람 사이에 다른 이가 연관되어 있을 가능성이 있다. 가볍게 즐기는 관계이다.
- **이동운** - 멀리 이동하지 않고 당분간은 기쁨을 즐기며 즐거운 마음으로 그 자리에 머무른다.
- **건강운** - 들뜬 마음에 유흥이 지나치면 건강을 해칠 수 있다. 적당히 조절해 관리해야 한다.

컵 3 (Three of Cups)

세 명의 여자들이 컵을 높이 들고 춤을 추고 있다. 주변의 꽃과 열매들, 그리고 화려한 색의 옷차림을 보아 이제껏 노력한 것의 결실을 보고 그를 축하하기 위해 잔치를 벌이고 있음을 예상할 수 있다. 기쁨은 나눌 때 두 배가 된다는 말처럼 그림 속의 이들은 타인과 기쁨을 공유하는 즐거움을 실천하고 있다. 혼자 일을 할 때보다 여럿이서 함께 행동할 때 더 좋은 결과를 이룰 수 있다. 사람들을 만나 교류하는 자리에 참석할 기회가 생기거나 깊지 않은 인연들이 동시에 다가올 수 있다. 그들과 어울리며 들뜬 분위기를 즐기는 것도 좋지만 유희에 지나치게 빠지지 않도록 주의해야 한다. 술자리 등에 몰두해 정작 중요한 일을 잊어서는 안 된다. 많은 사람이 모이는 자리이니 작은 행동도 오해를 살 수 있어 행동을 조심하는 것도 좋겠다. 애정운에서는 삼각관계의 조짐이 있을 수 있으니 유의해야 한다.

Q&A 실전 상담에서 응용해보기

※ 최종 카드로 등장했을 경우

〉 재물운 〈

직장에서 진행하고 있는 프로젝트가 있습니다. 좋은 결과를 얻을 수 있을까요?

성공적으로 일을 마무리하고 주변에서 인정과 축하를 받을 수 있겠습니다. 함께 프로젝트를 진행했던 사람들과 다 같이 축하파티를 할 수도 있을 것 같아요. 다만 여러 사람이 연관되어 있으니 구설을 조심한다면 팀워크가 더욱 돈독해지고 동료들과의 사이가 더욱 원만해질 수 있는 계기가 될 것입니다.

〉 애정운 〈

새로 연락 중인 사람이 답장도 잘 오지 않고 속을 알기가 힘든데 저와 잘 맞는 사람일까요?

상대분은 깊은 관계를 선호하지 않는 상태일 수 있습니다. 아직 노는 것이 좋고 가볍게 즐길 수 있는 관계를 원하는데 당신이 너무 진지하게 접근한 것이 그가 피하는 이유일 수 있습니다. 관계를 이어가고 싶다면 무게를 조금 덜어내고 가볍게 다가가 보는 것이 좋겠습니다.

〉 이동운 〈

직장을 옮기고 싶은데 조만간 이직할 수 있는 운이 있을까요?

지금 지내는 곳이 괜찮아 보입니다. 사람들과의 사이도 원만한 것 같은데 직장을 옮기려는 이유가 궁금합니다. 단지 일이 힘들어서 더 편한 곳을 찾아 여가 시간을 늘리고 싶은 마음이라면 이직을 조금 더 깊이 고민해 볼 필요가 있을 것 같습니다.

〉 건강운 〈

이유 없이 기분이 우울하고 무력합니다. 건강의 큰 적신호는 아닐까요?

이유 모를 우울함이 걱정이라면 새로운 사람들을 만날 수 있는 동호회나 소모임 등을 찾아 반복되는 생활의 권태감을 이겨보는 방법을 권합니다. 기분이 훨씬 나아질 것입니다. 지나친 감정 기복과 유흥에 탐닉하지 않도록 조심은 해야겠지요.

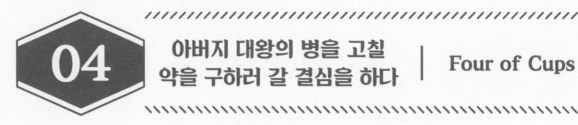

04 아버지 대왕의 병을 고칠 약을 구하러 갈 결심을 하다 | Four of Cups

바리공주를 버린 오구대왕은 하루가 다르게 수척해지다 앓아누웠다. 수많은 의원을 부르고 약을 지어 먹어도 병세가 나아지지 않아 점을 쳐보자 서천서역 너머 저승의 약수를 구해 와야지만 병을 고칠 수 있다는 것이었다. 많은 신하들도 여섯 공주도 이런저런 핑계를 대며 저승에 가기를 거부했다. 충성스런 시종이 막내 공주를 모시고 오겠다고 길을 나섰고, 수소문 끝에 바리공주를 만날 수 있었다. 노부부에게 인사를 올리고 궁궐로 향한 바리공주는 마침내 아버지 어머니와 만날 수 있었고, 기꺼이 오구대왕을 위해 저승으로 가겠다고 나섰다.

생각해보기

신하들이 찾아와서 아버지의 병세를 전하자 충격을 받은 바리공주는 여러 착잡한 감정에 북받쳐 눈물을 짓게 된다. 자신을 버린 아버지를 향한 원망보다는 효심이 지극하다. 효녀, 효자에 대해 매우 많은 전설을 갖고 있는 우리나라는 효행을 인간의 가장 근본됨으로 인식하였다. 이는 역설적으로 효심을 갖기가 힘들었다는 반증이기도 하며 사람의 본성에 효심이 자연스럽게 우러나오는 것도 쉬운 것이 아니라는 말도 된다. 또한 효자는 하늘이 내는 것이라는 말도 있다. 아무리 정성을 다해 키우더라도 불효자가 나오는 집안이 있는가하면 아무렇게나 내버려둔 아이가 찾아와 부모를 돌보는 효자가 되기도 하기 때문이다. 운명은 참으로 알 수가 없는 것이다.

적용

- **재물운** - 변화 직전의 침체기를 겪고 있다. 제안이 들어와도 심드렁하게 대하고 호응이 없다.
- **애정운** - 연애보다 다른 일에 관심이 있다. 누군가 다가와도 받아들이지 않을 가능성이 크다.
- **이동운** - 새로운 기회를 누군가 제안해도 본인이 이동할 마음을 먹기 어려울 것으로 보인다.
- **건강운** - 육체보다는 마음이 침체된 상태이다. 권태감과 우울의 원인을 찾고 이겨내야 한다.

컵 4 (Four of Cups)

누군가 눈앞으로 손수 컵을 내밀어주고 있는데도 불구하고 남자는 심드렁한 태도를 취하고 있다. 매사 귀찮고 따분한 상태라 어떤 것에도 관심을 가지지 못하고 있는 상황을 나타낸다. 어쩌면 그는 이제껏 열심히 달려왔고, 이제는 자신의 행적을 되돌아보며 잠시나마 휴식의 시간을 가지고 싶어 나무 아래 앉아 있는 것인지도 모른다. 휴식을 취하는 것은 좋지만 생각만 하는 시간이 길어지면 무기력증과 의욕 상실까지 이어질 수 있음을 항상 유의해야 한다. 연애 면에서는 호감이 있는 상대가 내게 호응을 하지 않거나, 누군가를 만나고 있으면서도 정작 마음은 다른 사람에게 가 있는 경우일 수 있다. 취업과 사업에서도 마음이 다른 곳에 가 있으니 진전이 더디고 준비가 되지 않은 상태이다. 더 나은 미래를 생각한다면 그는 하루빨리 나무 그늘에서 벗어나 새로운 발걸음을 떼야 한다.

Q&A 실전 상담에서 응용해보기

※ 최종 카드로 등장했을 경우

⟩ 재물운 ⟨

취업을 했는데도 이게 맞는 건지 자꾸 생각이 많아집니다. 계속 다녀도 괜찮을까요?

원인을 찾아야 합니다. 다른 사람들이 가진 것을 부러워만 하고 있거나 원하는 직장이 따로 있는 것 같기도 합니다. 당신이 가진 기회들을 되돌아볼 필요가 있습니다. 스스로에게 집중하고 다가온 변화를 받아들여야 삶의 의혹을 이겨낼 수 있을 것입니다.

⟩ 애정운 ⟨

좋아하는 사람이 있는데 반응이 항상 미적지근합니다. 포기하는 게 좋을까요?

그분은 현재 연애보다 마음 쓰이는 다른 일이 있는 것 같습니다. 아니면 연애에 대해서 그다지 큰 열정이 없어 보이기도 합니다. 그렇기에 당신에게 신경과 관심을 쏟을 여지가 없겠네요. 스스로 희망고문하지 말고 다른 좋은 사람을 만날 기회를 찾아보는 것이 좋을 것 같습니다.

⟩ 이동운 ⟨

이사를 계획하고 있는데 남편의 태도가 심드렁한 이유가 뭘까요?

이동할 수 있는 상황은 준비되어 있지만 당장은 이동하고자 하는 마음이 없어 보입니다. 때문에 그러한 태도로 보이기까지 하는 것 같습니다. 남편분께 이사를 원하지 않는 것이냐고 부드럽게 물어보시고 대화를 시도해 보심이 좋겠습니다. 이유를 알아야 이사를 가든 말든 결정을 하겠지요. 하지만 그에 대해서도 정확한 대답을 하지 않을 것 같군요.

⟩ 건강운 ⟨

가족이 자꾸 잔병치레가 많은 것 같아서 걱정입니다. 큰 병은 아니겠죠?

원인도 없이 자잘한 불편함으로 병원을 자주 드나들게 되었다면 몸이 아닌 마음의 우울함이 겉으로 표현된 것일 수 있습니다. 곁에서 지켜보고 계속 신경써 주시는 것이 좋겠습니다. 이야기를 들어주며 마음의 병이 개선될 수 있도록 돕는 것을 권합니다. 사랑과 관심은 명약입니다.

바리공주는 저승에 다다라 무지개를 타고 물을 건너 약수를 지키는 동수자의 집으로 찾아갔다. 바리공주가 약수를 내어 달라 청하자 그녀가 여인임을 알아본 동수자는 바리공주를 천연 욕탕으로 인도했다. 동수자는 바리공주에게 아랫탕에서 씻으라 하고 자신은 윗탕으로 올라가 그녀의 모습을 엿보았다. 여자임을 확인한 동수자는 바리공주의 옷을 훔쳐 멀찍이 물러섰다. 당황한 바리공주가 옷을 돌려달라고 하자 동수자는 자신과 혼인해 아들 셋을 낳아주면 옷도 주고 약수도 주겠다는 제안을 했다. 바리공주는 하는 수 없이 그의 제안을 받아들였다.

생각해보기

효녀 바리공주의 앞길에 고난이 가득하다. 처음부터 강력한 장애물이 등장한다. 사실 살아가면서 누군가를 가장 힘들게 하는 것은 사람 간의 문제일 것이다. 특히 이성 문제는 사람을 좌절하게 하고 파멸하게도 만든다. 하늘에서 내려온 선녀들이 목욕하는 것을 훔쳐보던 나무꾼 청년이 선녀의 옷을 훔쳐서 결혼을 한 다음, 자녀를 낳고나서 그 선녀옷을 보여주자 그새 옷을 입은 선녀는 다시 하늘로 올라가버렸다는 전설과도 일치한다. 이는 바리공주, 즉 선녀의 신분은 지상의 사람과는 엄연히 그 출신이 다름을 말해주는 것이다. 하지만 어느 시기에는 동수자 같은 남자를 만나서 어처구니 없는 고생을 겪어야하는 운명의 장난이 아닐 수 없다.

적용

- **재물운** - 당장은 손실이 있지만 이겨낼 수 있는 희망이 분명 존재한다. 주변을 보아야 한다.
- **애정운** - 과거의 관계에 미련이 남아 그리워하고 있는 상태이다. 새로운 사람을 보지 못한다.
- **이동운** - 의도치 않은 사건으로 이동하지 못한다. 한동안 자리에 머무를 것으로 보인다.
- **건강운** - 묵혀둔 마음의 짐이 무거워 우울하다. 긍정적인 마인드를 가지도록 노력해야 한다.

컵 5 (Five of Cups)

쓰러진 컵을 물끄러미 내려다보고 있는 남자의 모습이다. 넘어진 컵은 지나간 기회, 그리운 과거 등을 상징한다. 과거의 미련에 발목이 붙잡혀 그는 등 뒤 올곧게 서 있는 두 개의 컵을 보지 못하고 있다. 후회만 하다가 남아있는 새로운 기회가 근처에 있음에도 알아차리지 못하는 것이다. 혹은 그는 안정되지 않은 현재의 상황을 탓하며 불안한 마음에 아직도 과거를 그리워하고 있는 것인지도 모른다. 하지만 그럴수록 앞을 보며 나아가야지, 지나간 일들에 매여 있는 것은 아쉬움과 후회만 키울 뿐 조금도 도움이 되지 않는다. 연애, 사업, 취업 모든 면에서 현실을 직시하고, 놓치고 있던 기회를 붙잡아 다시 잘 꾸려나가려는 태도를 가져야 한다. 지나간 일은 그대로 흘러가도록 내버려 두는 것이 좋다.

ⓠⓐ 실전 상담에서 응용해보기

※ 최종 카드로 등장했을 경우

···· 〉재물운 〈 ····

다니던 직장을 그만두게 되어서 마음이 힘듭니다. 어떻게 해야 할까요?

당장은 실직으로 인해 재정적으로 손실도 있고 절망과 슬픔을 느끼는 상황이지만, 분명 다시 일어나실 능력이 있는 분이십니다. 또 일어날 수 있는 상황도 받쳐줄 것으로 보입니다. 지금은 힘들지만 가까운 미래에 손실을 회복하고 상황이 개선될 수 있으니 슬픔에 너무 오래 잠겨 계시지 않았으면 좋겠습니다.

···· 〉애정운 〈 ····

오래 만난 연인과 얼마 전 완전히 정리했습니다. 제가 새로운 사람을 만날 수 있을까요?

헤어진 연인에 대한 미련에서 아직도 벗어나지 못하고 계신 모습입니다. 과거의 좋았던 기억들에 붙잡혀 아직 그 때를 그리워하고 계신 것 같네요. 하지만 과거의 미련에서 눈을 돌려야 주변의 새로운 인연들을 볼 수 있습니다. 미련 때문에 다가오는 인연을 놓치는 것은 너무나 아쉬운 일입니다.

···· 〉이동운 〈 ····

이직을 준비하고 있는데 계획대로 잘 될지 궁금합니다.

이직을 준비하려는 이유와 현재 상황을 꼼꼼하게 살펴볼 필요가 있습니다. 성공하게 되더라도 과거를 돌아보며 그리워하는 모습이 보이니 신중하게 생각하셔야겠습니다. 지금 가진 것들을 잘 둘러보고 섣부른 결정이라면 재고하시는 것이 좋습니다. 또한 이직하게 되는데 장애물이 많을 것이며 혹여 이직하더라도 마음이 편치 않은 등 여러 가지 극복해야할 난제가 보입니다.

···· 〉건강운 〈 ····

친구가 우울해 보여서 걱정이 됩니다. 금방 이겨낼 수 있을지 궁금합니다.

그분이 과거의 어떠한 문제를 아직 극복하지 못하고 트라우마에 시달리고 계신 것은 아닐까요? 조금씩 과거의 아픔을 씻어내고 세상 밖으로 나올 수 있도록 감정적인 지지가 필요합니다. 혼자만 두도록 하지말고 적극적으로 지인들이 나서서 활기 있는 취미생활이라도 함께할 수 있게 도와주세요. 한편 전문 상담인의 도움을 받아 의지할 수 있도록 하는 것도 좋은 방법입니다.

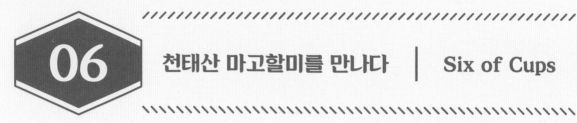

06 천태산 마고할미를 만나다 | Six of Cups

동수자와 넉넉하지 않은 살림을 꾸려가며 바리공주는 세 아들을 낳았다. 그림 속 천태산 마고할미는 바리공주가 저승으로 약수를 구하러 가는 길에 만났던 신령이시다. 바리공주는 마고할미의 검은 빨래를 희게, 흰 빨래를 검게 빨아 주었고 꽃가지와 금빛 방울을 얻었다. 열두 고개를 넘으며 귀신들의 방해를 물리친 바리공주는 나루터에 도착했다. 그 강은 황천수로, 산 사람은 건널 수 없었지만 바리공주는 할머니가 주었던 꽃가지를 보여주고 배를 탈 수 있었다. 저승에 도착한 바리공주가 금빛 방울을 꺼내어 던지자 물 위에 무지개가 떠서 강을 건널 수 있었다.

생각해보기

마고할미(마고의 여성형) 또한 힘겹게 살아가는 바리공주에게 선뜻 기회를 주지 않고 테스트를 한다. 원하지도 않는 남자와 살며 아이를 낳고 기르는 것이 얼마나 고단한 일인가. 그럼에도 봐주지 않고 또다시 힘겨운 미션을 완수하는가를 확인한다. 신들의 세계에는 날로 먹는 것이 없다는 뜻을 보여준다. 하지만 그러한 어려움을 이겨내고 시험에 통과하게 되면 비로소 행운의 열쇠를 선물로 받게 된다. 고진감래란 이를 두고 하는 말이다. 드디어 기회가 왔다.

적용

- **재물운** - 귀인의 도움을 받아 재물을 불릴 수 있는 기회를 얻는다. 상속의 가능성도 있다.
- **애정운** - 과거의 인연과 재회할 수 있다. 계산하지 않는 순수하고 아름다운 애정을 나타낸다.
- **이동운** - 어딘가로 이동하기보다 그곳에 머무르며 가진 것과 누군가를 보호하려는 상태이다.
- **건강운** - 보살핌이 필요하거나 누군가를 보살펴야 하는 상태이다. 유전병을 의미하기도 한다.

컵 6 (Six of Cups)

순수함을 상징하는 하얀색의 꽃을 건네며 어린 아이를 보살피는 장면이다. 계산하지 않는 순수한 관계를 나타내며 가족에 대한 사랑, 보살핌을 받고 싶은 마음을 상징하기도 한다. 힘든 일이 있었다면 기분 좋은 옛 생각에 잠기거나 믿을 수 있는 가족, 친구에게 연락해 위로를 얻을 수 있다. 초심으로 돌아가 새로운 마음가짐으로 당면한 일을 해결할 수 있을 것이다. 연인이라면 나이 차이가 있는 연상연하 커플일 가능성이 크고, 유아교육과, 미술 관련, 디자인 등 아기자기한 업종이 잘 맞는다. 그리운 유년시절에 대한 향수나 과거의 인연에게 연락이 올 가능성을 보여주기도 하는 카드이다. 만약 재회의 운을 볼 때 이 카드가 나온다면 아주 좋은 징조이다. 또한 귀인이 나타나 자신을 도와준다는 의미를 가지고 있기도 하다. 누군가 다가와 당신에게 하얀 꽃을 건넬지도 모른다.

Q&A 실전 상담에서 응용해보기

※ 최종 카드로 등장했을 경우

···· 재물운 ····

사업을 하고 있지만 독자적으로 다른 것을 시도하고 싶습니다. 전망이 괜찮을까요?

재정적으로 아직 누군가에게 의지하고 있는 모습이 보입니다. 어머니나 아버지, 손윗사람 또는 형제로 보이기도 합니다. 가족 간에 함께 사업을 운영하고 있는 것으로 보이기도 합니다. 아직은 혼자 일어설 때가 아닙니다. 조금 더 다른 사람들과 함께 사업을 꾸려 가시며 시기를 살피는 것이 나아 보입니다.

···· 애정운 ····

과거에 만났던 사람과 재회하게 되었어요. 다시 시작해도 괜찮을까요?

재회 후 그분과의 좋은 기억들이 다시 살아나고 있으신 것 같습니다. 상대방도 아마 같은 마음으로 보입니다. 두 분이 다시 인연을 시작하게 된다면 예전보다도 더 서로를 위하는 좋은 관계가 될 수 있을 것 같습니다. 하지만 서둘러서 자신의 본심을 드러내진 말고 조금 지켜보면서 신중을 기하면 더욱 좋겠습니다.

···· 이동운 ····

이사를 가야하는데 막막합니다. 이번에는 좋은 집을 찾을 수 있을까요?

금액이 맞으면 위치가 안 맞고 위치가 좋으면 금액이 맞지 않는 등 여러 가지 문제가 있었던 것으로 보입니다. 그 고민이 이제 해소될 것으로 보입니다. 예전에는 그냥 흘려버렸던 정보를 다시 접한다든지, 혹은 이제 집을 고르는 기준이 변해서 실속있는 것을 구한다든지 좋은 변화가 보입니다. 인연이 있는 곳을 곧 만나게 됩니다.

···· 건강운 ····

앞으로의 건강이 궁금해서 카드를 뽑아보았는데 이 카드가 나왔습니다. 어떤 의미인가요?

어린 시절로 돌아간 듯 지금 누군가에게 보살핌을 받고 싶다는 마음이 드나요? 약간의 관심과 애정어린 시선만으로도 금방 활력을 찾고 밖으로 나가 운동을 할 수 있는 당신입니다. 만일 질환으로 범위를 좁혀서 이야기한다면 집안 내의 내력이 있는 유전적 질환이거나 트라우마로 인한 정신적 괴로움일 가능성이 큽니다.

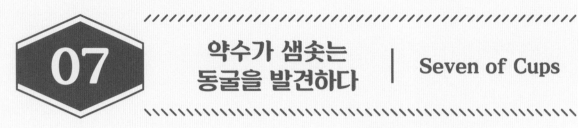

07 약수가 샘솟는 동굴을 발견하다 | Seven of Cups

바리공주가 이제는 약속을 지키라 하자 동수자가 오구대왕을 살릴 수 있는 약수가 샘솟는 동굴을 알려주었다. '사지생살문'이라 적힌 바위 문을 밀치니 안개가 깔린 신비한 동굴의 입구가 드러났다. 바리공주는 무지갯빛 안개를 헤치고 동굴로 기어 들어가 약수를 담고 뒷동산에서 뼈살이꽃, 피살이꽃, 살살이꽃을 한 송이씩 꺾어 나왔다. 약수는 바리공주가 저승까지 험한 여정을 겪으며 얻어내기를 원한 이상향이었다. 마침내 약수를 마주한 바리공주는 그간 겪은 고생이 씻겨 내려간 것처럼 감격에 젖어있다.

생각해보기

현대는 열 아들 안 부러운 효녀들의 시대라고도 한다. 아무리 반강제로 시집을 가서 아이를 셋을 낳고 살았어도 아버지의 약을 구하겠다는 바리공주의 일념은 무너지지 않았으며, 가히 초인적이다. 게다가 아버지는 자신을 버리지 않았던가. 이 설화는 효도하는 마음이 얼마나 숭고하며 가장 값어치 있는 인간미인지를 잘 보여준다. 제아무리 장애물이 있다고 하더라고 그 가상한 마음은 모든 것을 뛰어넘어 기적에 도달한다.

적용

- **재물운** - 기회가 다가오면 현실적으로 판단하고 그에 상응하는 노력을 해야 이익을 본다.
- **애정운** - 연인의 매력에 푹 빠진 상태이다. 또는 사랑에 환상을 가진 상태로 읽을 수 있다.
- **이동운** - 뜬구름 같은 마음이 아니라 이성적이고 현실적인 계획을 세운 후 이동해야 한다.
- **건강운** - 과로, 스트레스, 압박감 등으로 지친 상태일 수 있다. 적당한 휴식을 취해야 한다.

컵 7 (Seven of Cups)

구름 위에 떠 있는 일곱 개의 성배에 담긴 것들은 부, 명예, 지혜, 인생의 동반자 등 인간이 갖는 다양한 욕망을 상징한다. 한 사람이 그 사이에서 무엇을 선택할지 고민하고 있는 모습이다. 하지만 구름 위의 성배들은 헛된 망상일 뿐이고, 금방 사라질 실속 없는 겉치레일 뿐이다. 환상에 속아 섣부른 선택을 할 수 있으니 이를 경계하고 현실적으로 판단해야 한다. 화려한 것을 좋아하거나, 허황된 망상으로 근심 걱정이 많은 사람들이 자주 뽑는 카드이지만 연예, 예술의 화려한 직업이 잘 맞는 사람들에게도 잘 등장한다. 연애 면으로는 외적인 이상형 또는 사랑에 눈이 멀어 보고 싶은 대로 상대를 보고 있는 상태를 나타내기도 한다. 이상만을 추구하지 말고 정말 무언가를 얻어내고자 한다면 움직이라는 경고의 의미를 띠는 경우도 있다. 일곱 개의 성배 중 하나라도 손에 쥐려면 말이다.

Q&A 실전 상담에서 응용해보기

※ 최종 카드로 등장했을 경우

····〉 재물운 〈····

지인이 새로운 사업 제안을 해왔는데 큰 돈을 벌 수 있을까요?

아무리 잘 알고 지내는 사이라고 하더라도 금전과 관련된 것은 주의를 요합니다. 더구나 자신이 잘 모르는 분야이고 지인에게 거의 모든 것을 의존해야 한다면 한번 더 심각하게 고민해 볼 것을 권합니다. 상대가 생각하는 이익의 규모와 내가 생각하는 것이 전혀 다를 수가 있고 이익을 얻게 되는 시점도 정확하지 않을 수 있습니다. 이러저러한 환상만 잔뜩 품고 일을 진행했다가는 많은 손해를 볼 수 있습니다. 그저 말 뿐인 이야기로도 생각됩니다.

····〉 애정운 〈····

남자친구가 저에 대해 어떻게 생각하고 있을까요?

남자친구분께서 상담자님께 푹 빠져있는 상태이니 그의 마음이나 애정을 당장 걱정하실 필요가 없으실 것 같습니다. 그가 그리는 이상적인 이성의 모습을 당신에게서 보고 있는 것으로 보여요. 하지만 상담자님에게서 그 틀에서 어긋나는 모습을 보았을 때 그가 어떤 반응을 보일지 걱정이 되기는 합니다. 현실을 보게 만들지, 그 환상을 유지할지는 본인의 선택에 달려 있습니다.

····〉 이동운 〈····

이직을 준비하고 있습니다. 원하는 결과를 얻을 수 있을까요?

옮긴 직장은 지금보다 나을 것이라는 꿈과 희망에 가득 차 있으신 것 같지만, 섣부른 판단은 금물입니다. 예술, 연예 계통의 화려한 직종에서는 전망이 좋지만 그게 아니라면 더 현실적으로 상황을 직시하셔야 합니다. 뜬구름 잡는 환상에 사로잡혀 미래를 계획해서는 안 됩니다. 충분히 생각하고 따져본 후 이직을 준비하시기를 권합니다.

····〉 건강운 〈····

몸이 안 좋은데 병원에서는 아무 이상이 없다고 합니다. 이유를 알 수 있을까요?

전반적으로 몸과 마음이 아주 지친 상태입니다. 과로나 스트레스로 인해 병을 얻을 수 있고, 심하면 환각 증세까지 일어날 수 있으니 충분한 휴식을 취해야 합니다. 병원에 가는 것보다 무엇 때문에 그렇게 압박감을 느끼고 있는 것인지 스트레스의 원인을 먼저 찾아보고 해결하는 것이 건강을 되찾을 수 있는 방법이라 생각됩니다.

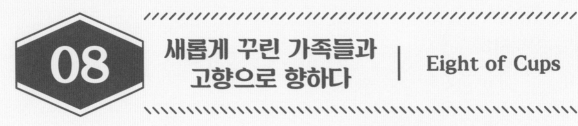

08 새롭게 꾸린 가족들과 고향으로 향하다 | Eight of Cups

바리공주는 아버지의 병을 고치기 위해 다시 불라국으로 돌아가는 여정을 떠났다. 동수자와 세 명의 어린 자식도 그녀를 따라 나섰다. 왔던 길을 되짚어 돌아가는 길에 바리공주는 다시 금방울을 던져 무지개로 길을 내고, 열두 고개를 지나면서는 그곳의 영혼들을 위해 기도해 그들을 극락왕생 시켜주었다. 바리공주는 저승에서 갖은 고생을 하며 힘들게 지냈지만, 목표를 달성한 후 미우나 고우나 남편과 사랑하는 아들들과 함께 그리웠던 고향의 궁전으로 향하게 되었다.

생각해보기

성숙해진 인간의 삶을 단편적으로 보여준다. 여러 장애물을 거쳤으나 포기하지 않는 한국의 여인들, 어머니상이다. 가족을 모두 책임지고 이끌어가는 모계 사회의 원형을 짐작해 볼 수도 있다. 현재도 세계 여러 곳에는 소수민족이긴 하지만 여성이 가정의 중심이 되어 생활을 이끌어가는 희귀한 전통을 유지하는 곳이 있다. 이곳에서는 여성이 모든 집안 대소사의 결정권을 갖고 있고 배우자도 직접 선택을 한다고 한다. 특히 남녀 간에도 사랑이 지속되는 동안만 부부가 유지될 뿐이라는, 지금의 시각으로도 혁신적인 생활풍속을 갖고 있으며, 태어나면 어머니의 성을 따르고 재산은 어머니에게서 장녀에게로 물려진다고 한다. 이곳의 여자들은 매우 자유롭고 당당한 삶을 살아간다고 알려져 있다.(중국의 모쒀족)

적용

- **재물운** - 직업이나 금전의 흐름에 변화가 발생한다. 원치 않더라도 변화를 받아들여야 한다.
- **애정운** - 현재의 관계에서 벗어나려 하는 마음이 있다. 몸이든 마음이든 떨어져 있게 된다.
- **이동운** - 먼 곳으로 이동하는 일이 생길 것이다. 머무르는 자리보다 객지에서의 운이 좋다.
- **건강운** - 마음의 짐을 벗어놓고 생각이 머무르는 곳을 바꾸어야 한다. 멘탈 관리가 필요하다.

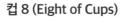
컵 8 (Eight of Cups)

달빛 아래 쓸쓸히 떠나는 남자의 뒷모습이 외로워 보인다. 배경의 험준한 산과 강은 여덟 개의 컵을 이루기 위해 그가 겪어 온 장애물처럼 보이기도 한다. 그는 또 다른 컵을 모아오기 위한 길을 떠나는 것일 수도, 컵과는 아예 다른 무언가를 구하기 위해 떠나는 것일 수도 있다. 어느 쪽이든 모든 것을 남겨두고 길을 떠나야 하니 미련이 많을 수밖에 없다. 객지로 이동할 가능성이 크고, 성에 차지 않거나 들인 노력만큼의 본전을 건지지 못하고 그만두어야 하는 상황일 수 있다. 혹은 짧더라도 어딘가로 떠나 휴식을 취하고 싶다는 마음이 강하게 들 수 있다. 짧은 여행은 마음을 다스리는 데 도움이 될 것이다. 이제껏 그가 했던 노력들을 등지고 새로운 길을 가지만 그렇다고 해서 경험에서 얻은 노하우가 사라지는 것은 아니다. 앞으로의 노력도 만만치 않겠지만 절대 무의미하지 않다. 그 점을 기억하고 포기하지 않고 나아간다면 더 큰 미래로 도착할 수 있다.

❓ⓐ 실전 상담에서 응용해보기

※ 최종 카드로 등장했을 경우

• • • • 〉 재물운 〈 • • • •

빌려준 돈을 갚기로 한 사람이 이번에는 약속을 지킬까요?

그렇게 될 가능성은 매우 적어 보입니다. 더 심하게는 연락두절이 되거나 적반하장식의 태도를 취할 수 있습니다. 좋은 쪽으로만 기대를 하고 있다면 다시 상처를 받을 수 있으니 미리 어떤 조처를 해야 되지 않나 걱정이 들기도 합니다. 조금 더 심각하게 생각하셔야 할 것 같습니다. 빠른 시일 내로 돈을 돌려받기란 매우 힘들어 보입니다.

• • • • 〉 애정운 〈 • • • •

오래 만난 애인과 관계가 예전 같지 않아 걱정입니다. 다시 잘 지낼 수 있을까요?

어쩌면 두 분 모두 마음속으로는 오래 전부터 이별을 준비하고 계셨는지도 모르겠습니다. 연애를 하는 중에도 외로움을 느꼈지만 막상 혼자가 되는 것이 두려워 이별을 미루고 계셨다면 이제는 그것을 마주할 때입니다. 지금까지는 노력해왔지만 둘 다 지쳐있기 때문입니다. 잠깐의 휴식기라도 가지는 것이 장기적인 관점에서 보았을 때 두 사람의 관계에 더 이익이 될 수도 있습니다.

• • • • 〉 이동운 〈 • • • •

다음 달에 부서 이동이 있을 것 같습니다. 원하지 않는데 피할 수 있는 방법은 없을까요?

원치 않아도 이동을 피할 수 없으실 것 같습니다. 오히려 이동한 곳에서의 운이 더 좋을 것으로 보입니다. 그러니 미련이 남아도 돌아보지 말고 변화를 받아들이시는 것이 낫습니다. 당신의 인생에서 새로운 길이 열리는 시작을 맞이할지도 모르는 일이니까요.

• • • • 〉 건강운 〈 • • • •

요즘 너무 쉽게 지치고 피곤해집니다. 병원에 가서 정밀검사를 받아보려 합니다.

먼저 건강을 해치는 식습관, 생활 습관에서 벗어나야 합니다. 조금씩이라도 바로 지금부터 긍정적으로 생각하는 버릇을 들이고, 당신을 괴롭히는 것에서 생각의 초점을 이동하려 노력해야 합니다. 빡빡한 스케줄과 일정에 지친 상태라면 일상에 조금의 여유를 주세요. 충분한 휴식만 취해도 마인드가 훨씬 건강해질 수 있습니다.

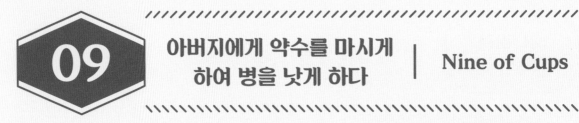

09 아버지에게 약수를 마시게 하여 병을 낫게 하다 | Nine of Cups

불라국에 도착하자 사람들이 구름같이 몰려있었다. 이유를 묻자 오구대왕의 상여 지나가는 것을 보려고 모여 있는 것이라 했다. 아이들을 이끌고 혼신의 힘을 다해 달려간 바리공주가 아버지의 상여 앞을 가로막고 자신의 신분을 밝혔다. 여섯 언니들이 바리공주를 밀쳐내려 했지만 길대부인이 바리공주를 알아보고 상여를 멈추었다. 관 뚜껑을 열어 가져간 뼈살이꽃을 갖다 대자 오구대왕의 흩어져 있던 뼈들이 제자리를 찾았고, 살살이꽃을 갖다 대자 새 살들이 돋아났으며, 피살이꽃으로 몸을 쓰다듬자 차가운 몸에 다시 피가 돌았다. 마지막으로 바리공주가 오구대왕의 입술로 약수를 흘려 넣으니 죽었던 그가 눈을 떴다. 병도 완전히 치유된 모습이었다. 부모의 허락 없이 혼인하고 아들 셋까지 낳았음을 말하였지만 오구대왕과 길대부인은 바리공주를 혼내지 않고 그들 모두를 거두었다.

생각해보기

부활에 대한 믿음은 동서고금을 막론하고 광범위하게 전해져 온다. 죽은 자가 다시 깨어난 사례가 현대에도 영 없지는 않지만 그 옛날에는 더욱 큰 사건이었을 것이다. 그러하기에 사망하게 된 사람은 금방 매장하거나 화장하지 않았으며 삼일 정도의 시간을 두고 초상의례를 진행하면서 경과를 보기도 하였다. 간혹 죽었다가 다시 살아난 사람들의 일화가 동서양에 많은데 이들은 한결같이 자신들이 다녀온 환상적인 세계에 대한 이야기와 더불어 그곳에서 만난 조상, 그리고 아직은 올 때가 아니라며 되돌려 보내진 이야기 등 공통점도 매우 많아 흥미롭기도 하다.

적용

- **재물운** - 자만심을 주의하면 준비한 일이 잘 마무리되고, 만족할 만한 결실을 얻을 수 있다.
- **애정운** - 과시하지 않고 진심에서 우러난 사랑을 해야 한다. 오만하거나 자만할 필요 없다.
- **이동운** - 움직이지 않고 자리에 머무른다. 머무른 자리가 이미 풍요로워 변화를 원치 않는다.
- **건강운** - 앓고 있던 건강 문제가 해결된다. 지나친 방종을 조심하며 건강을 관리하면 좋다.

컵 9 (Nine of Cups)

황금빛 성배들을 전시하듯 줄지어 세워 놓고 의기양양한 표정으로 앉아있는 그림 속 남자는 욕심이 많고, 허영에 가득 찬 사람이다. 근거가 없는 허영은 아니며, 그는 실제로 현재 가진 것이 많고 부유하다. 그가 뽐내는 앉은 자리 뒤쪽의 황금 성배들이 그것을 증명하고 있다. 하지만 자신이 가진 것을 나누는 데는 능숙하지 못해서 연애를 해도 상대가 주는 마음에 만족하지 않으며 애인을 트로피 대하듯 할 수 있고, 사업을 해도 당장은 재물을 모을 수 있으나 남에게 베푸는 마음이 부족한 탓에 훗날의 부귀 영화까지 장담할 수는 없다. 진심 어린 충고도 잘 받아들이지 않기 때문에 타인과의 소통이 잘 되지 않아 문제가 생길 때도 있을 것으로 보인다. 뒤로 늘어선 성배는 열 개가 되기에 딱 하나가 부족하니, 그 마지막 성배를 채우기 위해서는 욕심을 버리고 오히려 자비심을 베풀어야 할 것이다.

Q&A 실전 상담에서 응용해보기

※ 최종 카드로 등장했을 경우

재물운

새로운 사업을 시작하게 되었어요. 잘 꾸려 나갈 수 있을까요?

성공을 거두고 주목을 받을 수 있는 운이 분명 들어와 있습니다. 마음먹은 대로 충분히 사업을 잘 이끌어갈 수 있을 것 같습니다. 자만심에 취하는 것만 주의한다면 주변의 인정도 받으며 큰 문제없이 성공을 거둘 것입니다. 얻은 것이 많다면 주변에 베풀 줄도 알아야 합니다. 나눔에 대한 것이 더 강조되는 상황입니다. 또는 그 사업으로 인해서 다른 사람들에게 고루 혜택을 줄 수도 있겠습니다.

애정운

요즘들어 부쩍 남자친구의 진짜 속마음이 궁금합니다.

두 사람의 관계는 그다지 의심할 여지 없이 풍요롭기도 하지만 극히 일부분이 결여되었다고 느낄 수도 있습니다. 외면적으로는 아주 풍요롭고 행복해 보이는데 가끔 쓸쓸함이 찾아오는 미묘한 느낌입니다. 그 때문에 상담자분께서 소통이 힘들다고 느낄 때가 있으신 것으로 보입니다. 깊은 이야기를 나누는 시간을 통해 서로를 충분히 이해하는 시간을 가지면 더 사이좋은 커플이 될 수 있을 것 같습니다.

이동운

보직이 마음에 들지 않는데 조만간 제 신변에 변화는 없는지요?

한동안은 앉은 자리에서 이동하는 운이 들어와 있지 않습니다. 지금 계신 곳도 조건이 많이 나빠 보이지 않는데 이직을 준비하시는 이유가 궁금합니다. 혹시 구두쇠 같은 성격의 상사가 있어서 일까요? 당장 움직임을 꾀하기보다 가지고 계신 것에 만족하되 자만하지 않는 자세가 필요합니다.

건강운

이번 달에 큰 탈 없이 건강이 좋을지 궁금합니다.

스스로를 사랑하는 것은 좋지만 건강에 대한 과신은 그다지 좋지 않습니다. 지나친 다이어트나 근육을 돋보이게 하는 목표치를 정해놓고 과도하게 심신을 혹사하는 것도 조심하기 바랍니다. 부작용으로 오히려 과식, 심하면 거식증이나 폭식증 등의 섭식장애에 시달리실 가능성도 있습니다. 무엇이든 지나치면 독이 되니 긍정적인 마음가짐을 가지고 매사 임하셔야겠습니다.

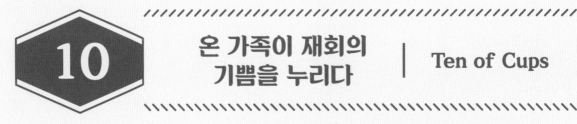

10 온 가족이 재회의 기쁨을 누리다 | Ten of Cups

부모의 허락 없이 혼인하고 아들을 셋이나 낳을 수밖에 없었던 바리공주의 효심에 오구대왕과 길대부인은 지난날을 후회하며 바리공주와 그 가족들을 궁전에 함께 거두었다. 건강과 생명을 되찾은 오구대왕은 바리공주에게 불라국의 절반을 물려주겠다고 선언했다. 하지만 바리공주는 저승에서 돌아오는 동안 보았던 불쌍한 영혼들이 계속 눈에 밟힌다며 제안을 거절하고, 저승에서 억울한 영혼들을 인도하는 신이 되겠다며 떠났다. 비로소 완전한 안정을 찾은 바리공주와 그 가족들의 모습이 앞으로의 밝은 미래를 그리듯 행복해 보인다.

생각해보기

저승의 왕이 되는 바리공주의 대장정은 여기에서 끝이 난다. 공주는 천신만고 끝에 아버지의 병을 낫게 하고 이제는 좀 편히 살아도 될 터인데 마다한다. 그동안에 보았던 저승의 존재들에게도 자비심을 보이던 공주는 드디어 저승의 망자들을 인도하는 여신으로 등극하게 된다. 현대에는 오구굿이라고 하여 망자를 달래는 해원굿에 바리공주가 등장하게 되며 최고의 신으로서 이들의 마음을 어루만져 저승으로 인도하는 자애로운 모습을 보인다.(바리공주는 여러 판본이 있으니 관심있는 분들은 다른 출처에서도 많이 찾아보시길 권한다. 약 90여 편이 전승) 오구굿은 사람이 죽은 직후에 행하는 것을 '진 오구' 그리고 사망하고 일년이 지난 후에 행하는 것을 '마른 오구'라고 한다.

적용

- **재물운** - 투자한 것에서 만족스러운 수확을 얻는다. 원해오던 풍요로운 생활을 할 수 있다.
- **애정운** - 안정적이고 행복한 사랑을 한다. 화목한 가정과 결혼, 아이를 의미하기도 한다.
- **이동운** - 안정적인 상태이므로 이동하려 하지 않는다. 굳이 변화를 원하지 않는 상태이다.
- **건강운** - 건강이 좋지 않다면 회복한다. 꾸준한 관리를 통해 잃었던 건강을 찾을 수 있다.

컵 10 (Ten of Cups)

무지개와 함께 하늘 위에 뜬 열 개의 컵을 배경으로 서 있는 화목한 가족이 보인다. 아이들도 사이좋게 뛰놀고, 부부는 무지개를 보며 지나온 세월을 추억하고 있는 것 같기도 하다. 안정적이고 더 바랄 것 없이 평화로운 유토피아의 모습이다. 특히 가족을 상징하는 카드로, '집안이 화목하면 모든 일이 잘 된다'는 '가화만사성'의 키워드를 가지고 있다. 사랑과 인내로 그동안의 갈등을 극복해냈고, 이제는 화합을 이룬 것처럼 보이는 그림 속 가족은 지금껏 해온 노력이 비로소 결실을 이루었고, 행복한 시간이 다가올 것을 암시한다. 합격, 승진, 임신 등 기다리고 있던 좋은 소식을 받을 수도 있겠다. 완전한 숫자 '10'을 이루었으니 그 안정감 이후 찾아올 수 있는 권태로움과 아쉬움을 경계한다면 행복을 오래도록 누릴 수 있을 것으로 판단된다. 여기에 더해 지나치게 간접적인 태도를 지양하고 현실을 직시하는 태도도 어느 정도 필요할 것으로 사료된다.

Q&A 실전 상담에서 응용해보기

※ 최종 카드로 등장했을 경우

••••〉 재물운 〈••••

유산 상속을 받게 되었는데 형제 간에 분쟁은 없을까요?

일이 잘 풀릴 것 같습니다. 서로 나누어야할 몫을 가지고 다투기보다는 가족들과 즐거운 한때를 보내는 것처럼 보이니 무난하게 해결될 것으로 보입니다. 적절한 분배와 상속 소득이 좋습니다. 과하면 재물을 건사하는 것도 흉하게 되니 무조건 많이 받는 것보다는 균형있는 상속이 행운이라고 봐야 할 것입니다.

••••〉 애정운 〈••••

지금 사귀고 있는 사람과 계속 잘 만날 수 있을지 궁금해요.

현재 두 분의 관계는 아주 원만한 것으로 보입니다. 장기적인 관계로 이어질 전망이 보이며 아주 당장은 아니더라도 결혼, 또는 임신의 징조로 읽을 수도 있기 때문에 상담자님께 새로운 가족 구성원이 생길 수도 있겠네요. 안정적인 시기가 오래 지속되었을 때 찾아올 수 있는 권태감만 조심한다면 계속해서 좋은 사이로 지낼 수 있을 것 같습니다.

••••〉 이동운 〈••••

돌아가신 할머니의 유품을 집에 가져와서 써도 될까요?

네. 그다지 큰 걱정 하지 않아도 될 것 같습니다. 가끔 망자의 물건을 물려받아서 쓰는 것에 주의를 요할 때가 있는 것은 사실입니다. 하지만 이 카드에서는 좋은 기운이 담겨져 있고 생전에 후손과 가족이 화합하는 것을 늘 염원하던 기운이 들어가 있는 것으로 보입니다. 생전에 고인을 추억하면서 아껴 쓰고 관리해도 좋을 것으로 보입니다.

••••〉 건강운 〈••••

최근에 몸 상태가 안 좋아진 것 같아서 고민입니다.

건강이 나빠진 것을 느꼈다면, 혹시 건강을 다시 회복하기 위한 노력을 지금 하고 계신가요? 만약 건강관리를 하고 계시다면 곧 효과가 나타나는 것을 볼 수 있을 것입니다. 만약 시기나 상황이 맞지 않아 관심을 갖지 못했다면 이제부터라도 몸 상태에 더 신경을 쓰셔야 합니다. 겉으로 드러나지 않는 문제가 있을 수 있으니 세심하게 살피도록 합시다.

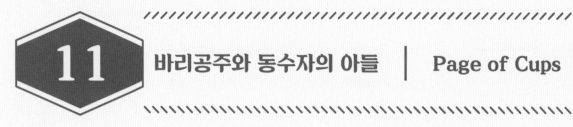

11 바리공주와 동수자의 아들 | Page of Cups

바닷가에서 황금빛 물고기를 잡아서 컵에 담으려는 소년의 얼굴이 마냥 즐겁기만 하다. 장난기 가득한 그의 동심과 함께 미래를 향한 긍정적인 희망이 가득하다. 펼쳐진 넓은 바다는 역시 모든 가능성을 펼쳐 보이는 물의 능력을 상징한다. 이 소년은 바리공주와 동수자의 아들 중의 하나가 성장한 것으로 설정하였다. 또는 동수자의 청년 시절을 떠올려 볼 수도 있다. 또한 황금빛 물고기는 바닷속 용궁의 왕자가 변신한 것일 수도 있으며, 소년의 고귀한 신분을 비유적으로 설명해 주기도 한다.

생각해보기

사춘기 소년의 부푼 꿈은 생기가 가득하고 환희에 가득차 있다. 세상이 온통 그의 것 같은 시기가 누구에게나 존재한다. 환상적이고 감상에 젖는 시간이다. 또한 이때는 질풍노도의 시기이다. 성인이 되기 직전 폭발적으로 자라는 몸과 정신의 변화는 일생동안 가장 강력한 경험이 될 것이다. 그렇기에 누구의 말을 잘 귀담아 듣기보다는 자신에게 온통 집중되어 있는 경향이 크다. 이 시기를 잘 보내면 평생 재산이 되지만, 그 반대인 경우는 대혼란이 야기된다.

적용

- **재물운** - 후견인이나 든든한 배경이 생기기에 그다지 심각한 어려움은 겪지 않는다.
- **애정운** - 미워할 수 없는 사람, 태생적으로 사랑스러운 사람을 상징하며 그러한 연애를 한다.
- **이동운** - 적극적인 의미에서의 이동이 아닌 가벼운 마음으로 하는 여행 정도에서 그친다.
- **건강운** - 지나친 감정 소모로 인한 체력 저하이거나 심리적 요인에서 발동되는 질병이다.

컵의 시종 (Page of Cups)

컵 속의 물고기를 보고 있는 어린 소년이다. 그는 화려한 옷을 입고 자신만만한 자세로 서 있다. 주목 받는 것을 즐기는 마음이 엿보인다. 아직은 어리광을 부리고 사랑받고 싶은 마음이 남아 있는 모습이기도 하다. 서 있는 소년의 뒤로 파도치는 바다는 그의 자유로운 성격, 풍부한 상상력과 감수성을 나타낸다. 아직 어리기 때문에 확고한 가치관이 확립되지 않았고, 덕분에 여러 방면으로 열린 사고방식과 수용하는 태도를 지녔다. 그러므로 상대방의 지식과 정보를 유연하게 자기 것으로 만들 수 있는 사람이다. 감정을 표현하는 것을 주저하지 않고 상대도 솔직하게 드러내 주기를 바라는 점으로 인해 태도가 성숙하지 못하고 매사 징징대는 것처럼 비춰질 수 있지만, 그에게는 악의가 있는 것이 아니고 단지 경험이 부족해 숨길 줄을 모르기 때문이다. 충분한 대화와 교류를 통해 성숙해질 수 있는 사람이니, 곁에 두고 시간이 지나면 멋진 남자로 성장할 것이다.

Q&A 실전 상담에서 응용해보기

※ 최종 카드로 등장했을 경우

···· 재물운 ····

누군가에게서 선물을 받았는데 지나치게 고가입니다. 어떻게 할까요?

너무 부담이 될 정도로 값비싼 선물을 받았다면 생각을 해보아야 할 것입니다. 분에 넘치는 것은 모자람만 못할 때가 많습니다. 만일 상대방의 기분을 상하지 않고 표현하고자 한다면 이쪽에서도 소정의 선물을 준비해서 답례하는 것이 예의겠습니다. 주신 마음을 감사히 받았다고 표현할 수 있으면서도 이쪽의 부담을 해결하는 방법입니다.

···· 애정운 ····

다음 달에 있는 소개팅에서 좋은 사람을 만날 수 있을까요?

좋은 인연의 사람을 만날 수 있을 것 같습니다. 그분은 상담자님보다 연하일 가능성이 높으며, 감수성이 풍부하고 대화가 잘 통하는 사람일 것입니다. 표현에 인색하지 않고 부드러운 심성을 가진 사람이니 관계를 발전시키고 싶은 마음이 든다면 감정을 숨기려 하지 말고 있는 그대로 드러내시면 좋겠습니다.

···· 이동운 ····

하던 일을 그만두고 꿈을 이루고 싶어서 음악에 도전을 하고자 합니다. 괜찮을까요?

새로 시작하고자 하는 의욕도 충분해 보이지만 의욕만으로 끝나지 않도록 행동에 옮기시는 힘이 부족해 보입니다. 정말 이루고자 하는 목표를 정하셨다면 감정기복을 조심하고 의지를 조금 더 다지셔야 할 필요가 있습니다. 이동의 운은 나쁘지 않습니다. 마음만 먹지 말고 구체적인 계획을 세우고 실천해 보시는 것을 권합니다.

···· 건강운 ····

요즘 쉽게 지치고 피로해져서 혹시 병이 생긴 건 아닐까 걱정이 됩니다.

미루지 말고 병원을 한 번 방문해 보세요. 큰 병이 생긴 것일까 두려워하고 계신 것 같은데 생각보다 건강 상태가 괜찮을 수 있습니다. 최근 감정 기복이 심해지고 뭔가 결심을 해도 쉽게 포기하게 되는 증상도 심해지셨다면 스트레스 등으로 인한 일시적인 우울함 때문일 수 있습니다. 금세 회복할 수 있으실 거예요.

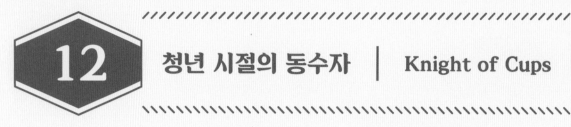

12 청년 시절의 동수자 | Knight of Cups

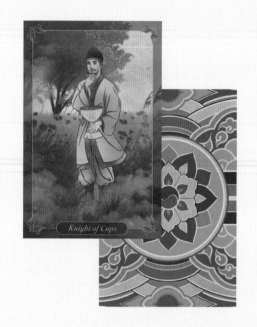

젊은 시절의 동수자, 혹은 동수자와 바리공주 사이에서 난 첫째 아들 정도로 짐작해 볼 수 있다. 몽환적인 꽃밭은 향기로운 바람을 실어나르고 그 가운데 서서 컵을 들고 있는 청년은 무엇을 생각하는지 턱수염을 쓰다듬으며 상상에 잠겨 있다. 이제 곧 다가올 로맨스를 꿈꾸는 것 같기도 하고, 자신의 화려한 미래를 그려보는 것 같기도 하다. 바람은 그의 마음이 시시각각 변하는 것처럼 나무를 흔든다. 그는 자기 자신의 내면에 집중해 있으며 한층 더 감성적이고 세심해지게 된다.

생각해보기

꽃들의 색깔이 매우 매혹적이다. 그것은 젊은이라면 누구나 겪는 사랑의 열병을 비유적으로 설명해 준다. 때로 사람은 불확실한 감정에 목숨을 걸기도 하며 영원한 사랑의 주인공이 되기도 하고 비련의 결말을 맞이하기도 한다. 모든 예술과 문화는 거기에서 탄생했다고 해도 과언이 아니다. 이렇게 열렬한 사랑에 빠지는 감각은 단순히 그 자체만 놓고 본다면 지나치게 소모적이고 쓸모없이 보일 수 있다. 하지만 세상과 인생은 그렇게 이성적이고 합리적인 것으로만 돌아가는 것은 아니다. 감성과 감각과 본성이 이끄는 대로 행할 때 더욱 활력과 에너지로 충만한 것을 느끼는지도 모른다.

적용

- **재물운** - 확실히 이득이 돌아온다고 장담할 수는 없으나 긍정적인 기운이 작용하고 있다.
- **애정운** - 연애다운 연애를 하며 사랑 그 자체에 집중한다. 기억에 남을 정도로 강렬한 사랑.
- **이동운** - 보다 적극적인 이동 혹은 자신의 목적이 분명한 움직임이라고 본다.
- **건강운** - 활력과 생기가 충만하지만 분주한 생활로 인해서 느껴지는 단순 피로감.

컵의 기사 (Knight of Cups)

말 그대로 백마를 탄 왕자와 같은 젊은 남자의 모습이다. 그는 준수한 외모를 갖추었고, 자신의 이상을 뒷받침할 능력도 갖춘 믿을 만한 사람이다. 타인과의 소통에도 능해 어딜 가나 주목받고 눈에 띄는 인기가 많은 남자로, 낭만적인 성격 덕분에 분위기를 맞추는 것에 재주가 있어서 로맨틱하다는 소리도 심심 찮게 들을 것이다. 날개 달린 신발과 투구는 그가 동경하는 꿈과, 그것을 향해 나아가려는 소망을 나타낸다. 의욕이 넘치며 다가올 눈부신 미래를 받아들일 준비도 끝났다. 이제 그는 컵을 들고 굳은 의지로 배경의 험준한 산을 향해 전진하고 있다. 다만 들고 있는 컵이 감정을 상징하고, 감정은 순간적일 뿐 지속되는 것이 어려우니 일회성으로 도전이 마무리되거나 의욕만 앞서서 가진 것들을 오히려 잃지 않도록 주의할 필요기 있다. 꿈을 실현시키기 위해서는 행동이 반드시 필요히다.

Q&A 실전 상담에서 응용해보기

※ 최종 카드로 등장했을 경우

•••• 재물운 ••••

이번에 저의 생일이 돌아오는데 연인이 어떤 선물을 저에게 할까요?

아마도 상대방 연인이 이미 당신이 무엇을 원하는지 알고 있을 것 같습니다. 그래서 미리 준비해 놓고 깜짝 놀랄 이벤트를 마련했을 수도 있습니다. 기대해도 좋겠네요. 그 선물이 비싼 것이 아니더라도 충분히 당신을 감동시킬 만한 것으로 보입니다. 사랑이 충만한 추억이 되겠습니다.

•••• 애정운 ••••

좋아하는 여자가 있는데 그분께 다가가도 될지 망설이고 있습니다.

지금이 바로 타이밍입니다. 상대방도 백마 탄 왕자님이 찾아오기를 기다리고 있는 상황입니다. 로맨틱하게 다가가 데이트 신청을 하고 당신이 그 왕자님이 되어 보는 것이 어떨까요? 마음이 가는 대로 숨김없이 솔직하게 대쉬한다면 긍정적인 반응을 얻을 수 있을 것입니다. 망설이지 마세요.

•••• 이동운 ••••

다니던 곳을 퇴사한 후 새로 구직활동 중입니다. 올해 안에 취직할 수 있을까요?

합격과 새로운 이동의 운이 있습니다. 지금 사는 곳보다 더 먼 곳의 회사에 취직을 하게 될 수도 있겠습니다. 긍정적인 마인드를 가지고 더욱 활발하게 구직활동에 임해봅시다. 행운이 찾아와서 전보다 더 좋은 조건의 회사에 덜컥 합격할 수도 있습니다.

•••• 건강운 ••••

기존 주치의와 다른 의사선생님에게 진료를 받았습니다. 조금 불안합니다.

조금이라도 이상 징조가 있다면 다시 병원에 가서 검진을 받아보세요. 하지만 예상했던 것보다 결과가 긍정적일 가능성이 높습니다. 마음에서 오는 작용이 더 큰 탓이거나 바쁜 생활로 불규칙해진 생활방식 탓에 일시적인 증세일 수도 있습니다. 일단 마음을 편히 가지기 바랍니다.

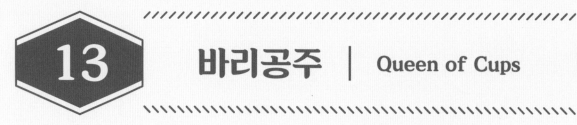

13 바리공주 | Queen of Cups

서천서역 너머 저승까지 약수를 구하러 가는 길, 열두 고개를 넘어 배를 타고 저승에 도착하는 동안 수많은 귀신과 죄인들의 영혼이 바리공주를 막아서며 한탄했다. 바리공주는 진심을 다해 그들의 극락왕생을 기도했고, 오구대왕을 살려내는 임무를 완수한 뒤에도 죽은 자들의 안타까운 모습이 눈에 밟혀 부귀영화를 포기하고 죽은 자들의 영혼을 인도하는 저승의 신이 되는 길을 선택했다. 길베를 길게 늘어뜨리고 방울을 쥔 손으로 영혼들을 위한 기도 명상에 젖어있는 바리공주의 모습이다. 머리에 장식된 화관은 단순한 꽃 장식이 아니라 사람을 살려내는 꽃들이다.

생각해보기

사람을 치유하여 살려내고 영혼을 다스린다는 점에서, 바리공주는 일부 지방에서 과거 의료인의 역할도 겸했던 무속인의 신으로 모셔지기도 한다. 이 점은 현대의 시선으로 본다면 단순히 미신이거나 일부 무지한 사람들의 생각이라고 여겨질 수도 있다. 그러나 고대인들의 개념은 지금의 우리와는 달랐다. 하늘과 땅과 사람을 하나로 생각하는 그들은 몸에 병이 침입을 하면 그 원인을 신령한 존재에게 의지하여 해결하는 것이 더욱 합리적이라고 여겼다. 그 소통이 제대로 이루어진다면 병이 낫는다고 여겼던 것이다. 이것을 단순히 무지하다고만 여길 수 있을까? 세상이 눈부시게 발전하는 지금도 여전히 신께 기도를 드리는 사람들은 많다. 지식으로만 해결되지 않는 것이 있다는 것은 현대에도 마찬가지일지 모른다.

적용

- **재물운** - 지금 소유한 재물을 탄탄하게 잘 활용하고 지켜가는 것이 확장보다는 이롭다.
- **애정운** - 마음 깊은 곳에서 우러나오는 사랑과 더 나아가서는 박애주의적인 사랑.
- **이동운** - 큰 이동은 없으며 한 자리를 제대로 정하기 위한 이동이 될 수 있다.
- **건강운** - 내면으로 향하는 생각과 심리적, 정신적 불안을 해결하기 위한 심한 에너지 소모.

컵의 여왕 (Queen of Cups)

여왕이 호화롭게 장식된 컵을 물끄러미 바라보고 있다. 그녀는 화려한 왕좌에 앉아 있지만 수심이 가득한 얼굴이다. 배경의 바다는 흐르지 않고 멈추어 있고, 이것을 감정의 정체로 해석할 수 있으므로 그녀는 지금 자신의 감정에 취해 상당히 우울한 상태이다. 누군가에게 의지하고 싶은 마음이 들 수 있지만 그에게 이리저리 휘둘려 다니지 않도록 조심해야 한다. 바다와 하나처럼 보이기도 하는 여왕의 옷자락은 그녀의 수용력과 자비로움을 상징한다. 여왕은 온화한 성격을 가졌고, 감성적인 사람이다. 그 때문에 타인의 감정을 지나치게 수용해 쉽게 우울해질 수 있다. 여왕이 든 컵은 타로카드에 등장하는 컵들 중 유일하게 뚜껑이 닫혀있고, 이는 그녀가 수용력은 뛰어나지만 정작 본인의 감정은 드러내지 않고 감추고 있다는 것을 의미하기도 한다. 이런 유의점들만 주의한다면 컵의 여왕은 매력적이고 다정한 성격을 가졌으므로 인기가 많고 주변에 사람도 많다. 하지만 그녀는 군중 속에서 고독과 우울을 느끼기도 하므로 늘 누군가의 돌봄을 필요로 한다.

Q&A 실전 상담에서 응용해보기

※ 최종 카드로 등장했을 경우

〈 재물운 〉

쇼핑몰을 론칭하려 합니다. 준비는 거의 마쳤지만 시작을 앞두고 생각이 많아집니다.

고민도 스트레스도 많아 보입니다. 창조적이고 예술적인 감각에 뛰어난 분이시니 쇼핑몰 사업을 무리 없이 시작하실 수 있을 것 같습니다. 그러나 사업을 시작하신 후에도 주변 사람들과 본인의 감정적, 정서적인 면도 함께 돌아보아야 합니다. 또한 투자나 협업 제안이 들어온다면 믿을 수 있는 사람인지 확실히 하고 결정하시는 것이 좋겠습니다.

〈 애정운 〉

지금 사귀는 남자친구가 저를 어떻게 생각하고 있을까요?

감수성이 풍부하고 공감능력이 뛰어난 매력적인 사람으로 보고 있습니다. 다정하고, 따뜻하고, 수줍음이 많은 소녀처럼 느끼기도 하네요. 본인이 지켜주고자 하는 사람으로 생각하고 있는 것 같기도 합니다. 남자친구분의 속마음만 보았을 때는 두 분의 애정전선에는 큰 문제가 없어 보입니다. 걱정하지 않으셔도 될 것 같습니다.

〈 이동운 〉

가족을 설득해서 이사를 가고 싶습니다. 가능할까요?

안타깝지만 이동을 할 수 있을 것 같지는 않습니다. 상황의 문제라기보다는 본인의 마음이 아직 준비가 충분히 되지 않아 고민을 하고 계신 것 같습니다. 이사를 하기로 확실히 마음을 먹은 거라면 좀 더 결단력 있는 태도와 확실한 행동력이 필요합니다. 앉아서 생각만 하다가는 결국 아무 것도 이룰 수가 없습니다. 가족들을 더 적극적으로 설득하세요.

〈 건강운 〉

건강에 대해 다음 달에 특별히 조심해야 할 부분이 있을까요?

우울증을 조심하셔야 합니다. 스트레스가 심한 상태이니 평소 같으면 의연히 듣고 넘길 수 있는 말을 민감하게 받아들이는 것을 조심하고, 마음의 여유를 찾으려 노력하는 것이 좋겠습니다. 스트레스의 원인이 된 과한 업무 등을 조절하고 휴식을 취하셔야 합니다. 이외에는 신체적으로는 큰 걱정을 하지 않으셔도 좋습니다.

14 동수자 | King of Cups

중년의 왕이 된 동수자가 저승의 꽃밭을 가꾸는 일을 하고 있다. 동수자는 원래 하늘나라에 사는 천인(天人)이었다. 이유는 알 수 없지만 저승에서 약수를 지키는 벌을 받고 있었다. 그가 풀려나는 방법은 단 한 가지, 인간 여자와 결혼을 하여 아이를 셋 낳는 것이었다. 우연히 만난 바리공주의 희생과 도움으로 그는 벌 받기를 끝내고 드디어 약수를 지키는 일을 그만둘 수 있었다. 그리고 본래의 모습으로 돌아가서 바리공주를 도와서 저승의 꽃밭을 가꾸게 되었다. 그가 컵에 담긴 물을 부으며 정성스럽게 꽃을 살피자 마치 대화를 하듯 꽃들에서는 실안개가 피어오른다.

생각해보기

여러 판본이 존재하지만 특히 동수자가 등장하는 바리공주의 일대기에서 그의 역할은 장애물이다. 고생만 하는 바리공주에게 더 고생을 시키고자 작정한 인물이다. 게다가 그는 출신이 하늘나라라고는 하지만 확실치 않고 그에 비해 공주는 확실하고 고귀한 출신이다. 이것은 선녀와 나무꾼 설화에서도 극명하게 드러난다. 아마 바리공주가 맨 먼저 구원한 것은 아버지가 아니라 동수자가 아닐까 한다. 자신의 목적을 가로막는 장애물을 구원해서 어엿한 남편구실을 하게 만드는 것은 거의 살신성인에 가깝다. 동수자에게 있어 바리공주는 은인이자, 아내이자, 함께 가는 동반자이다. 고대 모계 사회가 지속될 수 있었던 것은 여인들의 지혜로움과 인내심 덕분이었을 것이다.(결국 바리공주는 아버지를 비롯한 모든 남자들을 구원했다)

적용

- **재물운** - 자신의 힘으로 이룩한 재물이 아니더라도 결국은 자신이 누리게 되는 행운이 찾아온다.
- **애정운** - 여성에게 사랑받는 남성 혹은 모성애를 자극하는 남성과 사귈 수 있다.
- **이동운** - 큰 이동은 없으며 대체적으로 자신이 처한 공간적 위치를 지키는 편이다.
- **건강운** - 스스로를 재촉하거나 심리적으로 부대끼는 것에서 오는 두통이나 불안감.

컵의 왕 (King of Cups)

파도치는 바다 한가운데 앉은 컵의 왕은 마치 감정의 소용돌이 정중앙에 자리잡고 있는 것처럼 보인다. 그는 사교적인 성격이므로 사람들이 모이는 자리를 즐기고, 파티나 모임 등에서 언제나 중심이 된다. 주최자가 아니더라도 그에 준하는 역할을 하며, 관대하고 여유로운 성격 덕분에 주변에 호의적인 사람들이 끊이지 않는 것으로 보인다. 타인의 말에 공감을 잘하고 대화와 처세술에 능하기 때문에 누군가에게 조언을 해 주기에도 적합한 사람이다. 그러나 본인이 어떤 결정을 내려야 할 때 순간적으로 이성적이지 못하고 감정에 이끌려 우유부단하게 굴 수 있다. 왕의 자리를 끝까지 지키기 위해서는 마음과 생각의 중심을 단단히 잡고 있어야 할 것이다.

Q A 실전 상담에서 응용해보기

※ 최종 카드로 등장했을 경우

···· 재물운 ····

다음 달에 음식점을 오픈합니다. 잘 해나갈 수 있을까요?

금전의 유통이 순조롭고 현재 상황보다 더 여유로워 질 수 있겠습니다. 다만 새로 구입하는 물건이나 물품에 결정을 내려야 하는 일이 생긴다면 합리적인 지출을 하도록 하고 계획적으로 실행하도록 유념합시다. 작은 가게이든 큰 가게이든 내부적으로 살림을 잘 해야지 이윤도 남는 것입니다. 오픈할 때 마음이 한껏 들뜨지 않게 차분하게 진행합시다.

···· 애정운 ····

올해 안에 남자친구가 생길 수 있을까요?

매우 낭만적인 성격의 남자분께서 다가올 것 같습니다. 그분은 성격이 부드럽고 공감능력이 뛰어나 당신과 대화가 잘 통하는 사람입니다. 연상일 가능성이 높고, 작은 잘못은 감싸 안는 포용력도 갖추신 분입니다. 감정적으로 많은 위로를 얻을 수 있는 분이니 만나보시는 것을 추천합니다. 당신께서 주관이 뚜렷하고 이성적인 성격이라면 궁합이 더 잘 맞겠습니다.

···· 이동운 ····

다니는 직장이 저와 맞지 않는 것 같아 고민입니다. 이직해야 할까요?

이직해서 새로운 길을 가실 운이 없진 않지만, 상담자 본인께서 마음의 결정을 확실히 내리지 못하신 것 같습니다. 혼자 고민하고 계신다면 주변의 남자 어른에게 상담을 받아보는 것은 어떨까요? 아버지나 은사님 등 주변에 자상하게 조언을 해 주실 만한 분이 계신 것으로 보입니다. 스스로도 더 성숙하게 생각할 수 있는 계기가 될 것입니다.

···· 건강운 ····

아버지 건강이 안 좋아 보여 검진을 예약하려 합니다. 주의해야 할 점이 있을까요?

전문가의 진단을 받는 것이 물론 더 중요하겠지만, 아버님께는 현재 감정 기복 외에 큰 건강상의 문제는 보이지 않습니다. 평소 술을 즐기셨다면 조금 줄이시고, 감정 기복이 더 커지지 않도록 마음을 다스리는 것이 필요합니다. 아버님께 스트레스의 원인을 정확히 여쭈어보고 원인을 찾는 대화를 나누어 볼 필요가 있겠습니다.

마이너 아르카나의 완드에는 자청비 신화를 대입해 보았다.
글공부를 하러 거무선생을 찾아가던 문도령을 본 자청비는 한눈에 그에게 반했고,
남장을 해 자청도령이라는 이름으로 그와 함께 길을 떠났다.
한 방에서 3년간 동문수학하며 문도령은 자청도령이 여자일 지도 모른다는
의심을 여러 번 하였으나 매번 기지를 발휘한 자청비에게 패배했다.

어느 날 문도령의 아버지이자 하늘나라의 옥황 문곡성에게서 집으로 돌아와
결혼하라는 편지가 도착하고, 자청비는 함께 하산하는 길에 자신이 사실은
여자임을 밝힌다. 글공부를 하러 가는 길 주천강에서 물바가지에
버드나무 잎을 띄워준 그 여인임을 알아본 문도령은 자청비와 그날 밤
바로 부부의 연을 약속하고 하늘로 올라갔다. 그러나 시간이 지나도 소식이 없었고,
하인 정수남이 시름에 잠긴 자청비에게 산 속 연못에서 문도령이 선녀들과
노는 것을 보았다는 거짓말을 한다. 그에 속은 자청비는 정수남과 둘이서 산을 오르고,
그에게 정조를 위협당할 위기에 처하지만 꾀를 내어 청미래 꼬챙이로 정수남을 죽인다.
하지만 일손을 죽였다는 이유로 집에서 쫓겨난다.

남장을 하고 집을 나온 자청비는 서천꽃밭에서 올빼미로 변한 정수남의
영혼을 물리치고 꽃감관의 사위 자리를 얻으며, 서천꽃밭의 꽃들로
죽은 정수남을 되살리지만 집에서 그녀의 재주가 무섭다며 다시 내쳐진다.
떠돌다 주모할미의 수양딸이 되어 베를 짜던 자청비는 문도령이 하늘나라에서
결혼을 앞두고 있음을 알게 된다. 옷감에 자청비가 수놓은 이름을 본 문도령은
화들짝 놀라 그녀를 보러 지상으로 내려오지만 그가 미운 마음에 자청비가 바늘로
손가락을 찌르자 다시 하늘로 올라가 버렸다.

선녀들을 도운 보답으로 하늘로 올라온 자청비는 비로소 문도령과 재회하고,
문곡성과 그 아내가 낸 문제를 해결하고 그와 결혼을 한다.
남편을 맞았음에도 외로울 꽃감관의 딸에게 문도령을 대신 보내
남편 노릇을 하게 하는 등의 대인배다운 모습도 보였다.
하지만 꽃감관의 딸에게 정신이 팔린 문도령은 돌아올 줄을 모르고
이에 자청비는 그를 제자리로 돌아오게 하는 수고를 해야만 했다.
이후 자청비는 서천꽃밭의 꽃을 이용하여 수만의 적을 쓸며 하늘나라에
큰 공을 세우고 그 공을 인정받아 인간 세계의 농업신이 되었다.

완드의 시종은 잔머리가 잘 돌아가는 어설픈 정수남이다.
완드의 기사는 젊은 시절의 문도령이며 여왕은 당연히 자청비이다.
완드의 왕은 중년이 된 문도령이며, 자청비를 도와 세상을 살피는 모습이다.

※ 이들 남자들 역시 이후 보조적 농경신으로 승격된다.

마이너 완드
Minor Wands

—

자청비

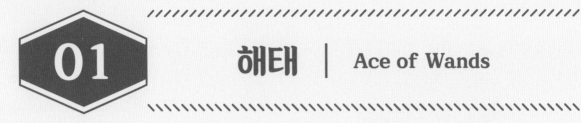

01 해태 | Ace of Wands

해태가 땅 위에 선 완드를 감싸는 듯 지키며 서 있다. 상상 속의 동물 해태는 옳은 것과 그릇된 것을 구분하는 재주가 있어 악한 자를 벌하였으며, 성군을 도와 일했다고 전해진다. 예로부터 정의의 동물이라 여겨졌으므로 오늘날의 대검찰청 앞에서도 해태의 동상을 볼 수 있다. 요령을 부리기보다 성실히 맡은 바에 임하는 강직함과 책임감 있는 모습이 완드의 성격과 일맥상통한다. 푸르른 배경의 산과 들은 앞으로 새로이 나아가려는 의지를 상징한다.

생각해보기

해태는 불을 다스리는 신성한 동물로 알려져 있어 화재를 막는 역할도 함께 수행하였다.

적용

- **재물운** - 좋은 소식과 새로운 시작을 맞이한다. 상속 등 예기치 못한 수입을 얻게 된다.
- **애정운** - 약혼, 결혼 등으로 인생의 새로운 국면을 맞이할 수 있다. 새 연애의 운도 좋다.
- **이동운** - 의지가 있다면 원하는 곳으로 얼마든지 이동이 가능하다. 좋은 결과도 따를 것이다
- **건강운** - 에너지와 열정이 넘치므로 몸과 마음이 모두 건강하다. 꾸준히 관리하면 좋다.

에이스 완드 (Ace of Wands)

구름에서 튀어나온 손이 건네는 완드를 짚으면 어디로든 금방 떠날 수 있을 것 같은 기분이 든다. 그곳이 모든 일의 시작점이자 출발점이 될 것이고, 앞으로 펼쳐질 여정에 좋은 일이 가득할 것이라는 막연한 믿음이 생길 것만 같다. 완드를 쥔 손은 달성하고자 하는 목표를 향한 강한 의지와 계획력을 나타낸다. 이루고자 하는 힘이 강해지고 있으니 시작의 첫발을 충분히 내디딜 수 있을 것이다. 너무 고지식하게 굴지 말고 적당히 융통성을 발휘한다면 더 좋겠다. 누군가의 속마음을 볼 때 이 카드가 나온다면 의지가 되는 사람, 믿을 만한 사람 등의 의미로 해석할 수 있다. 잠깐 만나고 헤어지지 않고 오랫동안 곁을 지키며 관계를 이어가는 사이가 되고 싶은 마음이다. 완드에서 잎이 무성히 돋아나는 생명력 가득한 모습에서 여름이 녹음이 떠오른다. 특히 여름의 운이 좋으니 승진, 합격, 성공의 예정이 있다면 여름에 좋은 소식을 들을 수 있을 가능성이 높다.

Q&A 실전 상담에서 응용해보기

※ 최종 카드로 등장했을 경우

〉 재물운 〈

새로 취직한 회사와 저의 궁합이 잘 맞을지 궁금합니다.

시작하는 좋은 운이 들어와 있으니 잘 적응하실 수 있을 것 같습니다. 완드의 상징대로 새로운 것에 대한 열정과 확고한 의지를 가지고 회사 일에 임하실 것으로 보이니 큰 걱정 하지 않으셔도 될 듯합니다. 좋은 마음가짐으로 열심히 일을 하면 자연히 만족스러운 금전적 보상도 따라올 것입니다.

〉 애정운 〈

오래 만난 연인이 있는데 이 사람과 앞으로도 쭉 좋은 관계를 이어갈 수 있을까요?

믿고 의지할 수 있는 사이로 서로를 생각하고 계시네요. 앞으로도 즐거운 관계를 이어갈 수 있으실 것 같습니다. 무언가 새로운 시작을 의미하기도 하니 청혼을 받으실 수도 있겠습니다. 오래 만나서 안정적이지만 조금 지루해질 수 있었던 관계에 새로운 국면을 맞이해 다시 열정이 타오르는 사이가 될 것입니다.

〉 이동운 〈

사는 곳의 계약이 곧 끝나는데 다른 집을 바로 찾아볼지 연장해서 나중에 이사를 할지 고민 중입니다.

두 가지 선택지를 고민하고 계시지만 사실은 그곳에 머무른다거나 이사를 하는 두 가지 모두 아무런 제약이 없습니다. 어느 곳에 있든지 그 운을 타고 즐거운 시작을 할 수 있으실 것 같습니다. 당장 이사를 하신다 해도 나쁘지 않습니다. 상황을 여러모로 따져 보시고 끌리는 쪽으로 결정하시면 되겠습니다.

〉 건강운 〈

임신을 위해 노력 중인데 쉽지가 않습니다. 그냥 포기해야 할까요?

포기하지 않으셨으면 좋겠습니다. 곧 새 생명이 찾아올 가능성이 보입니다. 건강관리 꾸준히 하시며 마음이 지치지 않도록 배우자분과 서로를 의지하며 기다리면 좋은 소식이 들려올 것 같습니다. 긍정적인 마음을 가지도록 노력해 보세요.

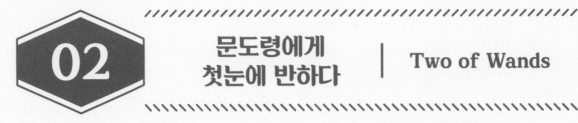

02 문도령에게 첫눈에 반하다 | Two of Wands

자청비가 주천강 여울에서 빨래를 하고 있을 때 거무선생을 찾아가던 옥황 문선왕의 아들 문도령이 그녀를 보았다. 자청비를 보고 반한 문도령이 마실 물을 청하였더니 자청비가 물이 든 바가지에 버들잎을 띄워 주었다. 문도령이 연유를 묻자 자청비는 급하게 물을 마시다 체하면 약도 없으니 일부러 버들잎을 띄웠다고 말했다. 자청비는 그가 마음에 들었기에 자신의 남동생과 함께 길을 떠나라 제안했다. 제사 때 축문을 쓰는 방법을 모른다는 말로 부모님을 설득한 자청비는 남장을 한 채 자신을 자청도령이라 소개하고 문도령과 함께 길을 떠나게 된다.

생각해보기

버들잎을 띄워서 물바가지를 건네주는 설화는 이 외에도 다수 존재한다. 지혜롭고 현명한 여인이 될 자질이 충분하다. 처음 만나자마자 한눈에 반한 이성을 향한 적극적인 구애 행동은 사춘기 소녀만이 가능한 용감한 도전일 것이다. 자청비가 남장을 하고 즐겁게 기다리고 있는 모습이 귀엽기도 하다.

적용

- **재물운** - 수입과 지출 사이 균형을 찾아 현명하게 관리해야 한다. 확장을 고민하고 있다.
- **애정운** - 새로운 연애를 시작할지 말지 고민을 하고 있다. 또는 일상을 지루해하고 있다.
- **이동운** - 일의 확장이나 이동의 전망이 있다. 아직은 계획하고 고민하고 있는 단계이다.
- **건강운** - 질병이나 부상에 대한 두 가지 치료 방법 중 선택해야 하는 상황이 올 수 있다.

완드 2 (Two of Wands)

작은 지구 모형을 들고 있는 남자는 이미 한 손에 자신이 이룬 무언가를 쥐고 있지만 또 다른 도전을 향해 야심을 품고 있다. 성곽 위에 선 채 먼 곳을 보며, 이루어낸 결과에 만족하기보다는 새로 얻어낼 만한 것을 찾고 있는 것처럼 보인다. 지구 모형은 그림 속 남자가 말 그대로 온 세계가 그의 손 안에 있는 듯 원하는 만큼의 지평을 넓힐 수 있는 잠재력을 가진 사람이라는 것을 상징한다. 그는 이미 얻어낸 결과에 안주하지 않고 한 발 더 나아가 더 크고 의미 있는 무언가를 성취하기 위해 기꺼이 모험을 감수할 것이고, 지금은 상황을 탐색하고 있다. 또 그의 상황을 두 가지 일 가운데 선택을 고민하는 것으로도 읽을 수 있다. 어쩌면 두 사람 중 누구의 손을 잡을지 망설이고 있는 상황일지도 모른다. 가진 것을 더 발전시킬지, 다른 일에 뛰어들어 새로운 시작을 할지 고민 중인 상황일 수 있다. 어느 쪽이든 과한 욕심을 조심해야 한다.

Q&A 실전 상담에서 응용해보기

※ 최종 카드로 등장했을 경우

〉 재물운 〈

운영하고 있는 식당이 잘 되어서 이 시점에 지점을 더 내야 할지 고민이 됩니다.

확실히 사업의 확장을 고민하고 계신 카드가 나왔습니다. 이제까지 안전한 선택만을 해 오셨다면 이번 기회에 조금은 대담한 결정을 내려 보는 것도 괜찮을 것으로 보입니다. 생각하시는 것보다 재정적 상황이 안정적일 수 있으며, 너무 큰 위험을 지려 하지만 않는다면 당신의 도전은 좋은 결과를 가져다줄 것입니다.

〉 애정운 〈

오래 만난 애인과 사이가 예전 같지 않아서 마음이 심란합니다.

연인과의 관계에서 무언가 부족함을 느끼고 계신 것 같습니다. 한눈을 팔고 싶은 마음이 들고 계신 것 같기도 하고요. 상대분께서도 분명 그것을 눈치채고 불안한 마음이 들고 계실 것입니다. 연인 사이에 불안함이 존재한다면 관계는 분명 건강하지 못한 방향으로 흘러가게 됩니다. 지루하지만 한편으론 안정적인 지금의 관계를 깨고 싶지 않더라도 솔직한 감정을 이야기하고 새로운 국면을 받아들이도록 하는 것이 낫겠습니다.

〉 이동운 〈

갑작스럽게 해외지사로의 이동 제안을 받았습니다. 어떻게 하는 것이 좋을까요?

갈팡질팡하는 마음이 느껴집니다. 먼 곳으로의 이동운이 들어와 있습니다. 상담자분께서는 신중하지만 안전하고 평범한 것을 추구하는 성격입니다. 만약 이동을 망설이는 이유가 '내가 잘할 수 있을까?' 하는 두려움 때문이라면 과감히 도전을 하셔도 좋을 것 같습니다. 스스로 생각하는 것보다 당신은 더 능력 있는 사람입니다.

〉 건강운 〈

최근 건강 검진을 받았는데 몰랐던 병이 있는 것을 발견했습니다. 완치될 수 있을까요?

치료 약물이나 방법 자체가 두 가지가 존재하고, 그 사이에서 고민하는 모습이 보입니다. 당장에 결정을 내리지 못하는 모습입니다. 본인의 건강에 직결되는 문제이니만큼 마음이 급하더라도 깊이 고민해보시고 신중한 결정을 하시기를 바랍니다.

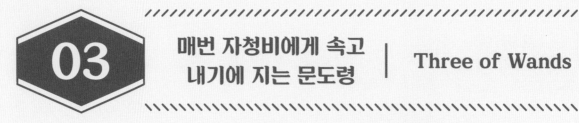

03 매번 자청비에게 속고 내기에 지는 문도령 | Three of Wands

동문수학하다 보니 문도령은 자청도령이 여자일지도 모른다는 생각을 하기 시작했다. 꾀를 낸 자청비는 어느 날 문도령과 자기 자리 사이에 물 대야를 놓고서 은젓가락과 놋젓가락을 걸쳐 놓았다. 이리 하고 잠을 잤을 때 젓가락을 떨어뜨리면 글이 둔하더라는 말을 하자 문도령은 젓가락을 신경 쓰느라 잠을 제대로 못 자고 뒤척였다. 카드에서는 젓가락을 완드로 표현했다. 자청비는 신경 쓰지 않고 잘 자고 일어나 날이 갈수록 실력이 일취월장했다. 골이 난 문도령이 다른 시합을 청했지만 기지를 발휘한 자청비에게 모두 패배하였다.

생각해보기

보름달은 사람의 마음을 미묘하게 흔들어 놓는다. 달빛을 받아 잠든 문도령의 모습을 몰래 훔쳐보며 자신의 마음을 아직 표현하지 못하는 자청비의 표정이 깜찍하다. 아직 곁에 있고 싶기 때문에 여자라는 것을 들키지 않아야 하지만 한편으로는 자연스럽게 문도령이 알아주었으면 하는 마음도 있다. 남장을 할 때 쓰는 두건이 발치에 나뒹굴고 있다. 달빛 아래에 두 남녀 사이에는 작은 경계(물동이)만 있을 뿐이지만 가까이 하기엔 너무나 먼 사랑이다.

적용

- **재물운** - 많은 일을 동시에 진행해 금전적인 상황이 혼란스러울 수 있다. 시야를 넓혀라.
- **애정운** - 좋은 사람을 만나도 결정을 미루느라 연애가 새롭게 발전되지 않고 있다.
- **이동운** - 열린 창밖으로 멀리 보이는 달이 밝다. 새로운 곳으로의 확장과 이동을 할 수 있다.
- **건강운** - 객지에서 부상을 당하거나 병을 얻을 수 있다. 인내를 가지고 회복에 힘써야 한다.

완드 3 (Three of Wands)

절벽 위에서 멀리 바다를 바라보고 있는 남자이다. 배의 출항을 지켜보고 있는 것으로도, 귀항을 기다리고 있는 것으로도 보인다. 뒤돌아 서 있으니 짐작만 할 뿐이다. 그의 화려한 옷차림과 당당한 자세에서 어느 정도 안정적인 삶을 이루었음을 알 수 있다. 가까이 버티고 서 있는 세 개의 완드는 지금까지의 노력으로 그가 이루어낸 결실을 상징하기도 한다. 또는 세 가지 정도의 많은 가능성 가운데 선택을 고민하고 있는 상황이므로 확실한 마음을 먹기 직전의 상태이다. 만반의 결심이 섰으나 어떤 이유로 마지막 결정만을 미루고 있는 상황일 수 있다. 벌인 일을 감당하기 벅찬 모습으로도 읽을 수 있으니 그렇다면 누군가의 도움을 기다리고 있다. 야망이 있고 능력도 있는 사람이기 때문에 초심을 잃지 않는다면 훗날 만족할 수 있는 결과를 분명 만들어낼 수 있을 것이다.

Q&A 실전 상담에서 응용해보기

※ 최종 카드로 등장했을 경우

〉 재물운 〈

사업을 운영하고 있는데 운영이 잘 되어 지사를 확장할지 고민이 됩니다.

현실적으로 가능한 범위 내에서 국내뿐만 아니라 해외로의 확장까지 고려해보시는 것도 좋을 것 같습니다. 해외에 당장 지사를 내기 힘든 상황이라면 외국과 무역이나 교류를 하게 될 가능성도 보입니다. 시야를 넓힌다면 금전적인 이익도 분명 확장될 것으로 보입니다.

〉 애정운 〈

오래 만난 남자친구와 헤어지고 마음이 힘이 듭니다.

재회를 바라고 계시다면 마음을 접는 것이 좋을듯합니다. 짧은 휴가를 내고 여행을 떠나 다른 환경에서 휴식을 취해보시는 것도 좋을 것 같습니다. 멀리 떠난 그곳에서 새로운 사람을 만나 이별의 아픔을 치유할 수 있을 지도 모르니까요. 과거의 사람에게 매여 있다가는 다른 좋은 인연이 다가와도 놓치게 됩니다.

〉 이동운 〈

여러 군데 취업 원서를 낸 상황입니다. 합격 운이 있을까요?

한 군데 이상 합격을 할 수 있으실 것 같아요. 지원한 곳 가운데 해외에서 일해야 하는 곳이 있다면 그 곳의 운이 가장 좋습니다. 상담자분께서는 신념이 있으며 삶의 모험을 즐길 준비가 된 분으로 보입니다. 자신감을 가지고 먼 곳으로의 이동에 도전하신다면 크게 성장하실 수 있을 것 같습니다.

〉 건강운 〈

외국으로 장기 출장을 가게 되었는데 별일 없이 잘 다녀올 수 있겠죠?

혹시라도 모르니 예방 접종과 상비약을 미리 준비하시는 것이 좋겠어요. 충분히 예방한다면 피할 수 있으니 출발하기 전에 너무 겁을 먹고 걱정할 필요까지는 없습니다. 체력에 대해 너무 자만하지 말고 출장지에서도 여전히 기본적인 운동과 체력관리를 병행하면 좋습니다.

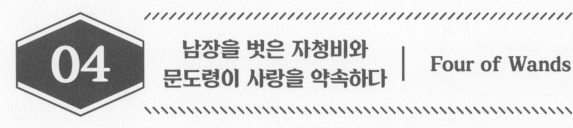

04 남장을 벗은 자청비와 문도령이 사랑을 약속하다 | Four of Wands

삼년이 지나 집에서 편지가 왔으니 돌아가 결혼을 해야겠다는 문도령의 말에 자청비는 자신도 부모님을 뵈러 돌아가야겠다며 그와 함께 길을 떠났다. 주천강 여울에 다다라 문도령은 아래쪽, 자청비는 위쪽에서 각자 씻기 시작했다. 자청비는 버드나무 잎에 삼 년을 한 방을 쓰고도 남녀 구별을 못하는 문도령의 눈치 없음을 탓하는 내용의 편지를 써 띄워 보냈다. 문도령이 허겁지겁 자청비를 찾았고, 두 사람은 결혼을 약속했다. 문도령은 머리빗을 꺾어 증표로 남기고 하늘로 올라갔다.

생각해보기

쏟아지는 폭포의 물줄기처럼 사랑의 감정은 막을 수 없이 흘러가게 된다. 그것은 사람이 좌지우지할 수 있는 것이 아니다. 거의 운명적이다.

적용

- **재물운** - 재정 상태가 양호하며 축하받을 일이 생긴다. 금전에 대한 계획을 잘 세우면 좋다.
- **애정운** - 사랑의 결실을 맺는다. 결혼 운이 있으며, 재회를 소망하는 마음을 나타내기도 한다.
- **이동운** - 잠시 동안 집이나 안정된 곳에 머무르며 휴식을 취한 후에 이동하는 것이 좋다.
- **건강운** - 건강이 불안정하다면 회복할 수 있도록 휴식을 취해야 한다. 임신 가능성이 있다.

완드 4 (Four of Wands)

평온하고 소소한 행복의 순간이다. 꽃으로 장식한 네 개의 완드 너머로 보이는 사람들은 화관을 쓰고 꽃다발을 들고 있다. 결혼식을 진행 중인 것처럼 보이기도 한다. 축제, 결혼, 성공을 나타내며 대단하지 않더라도 작은 축하를 받을 일이 생긴다. 잘 풀리지 않던 일도 지금의 고비를 넘으면 다시 좋은 소식이 돌아올 수 있으며, 옛사랑이 돌아오기를 바라고 있었다면 관계가 회복될 수 있다. 금전적, 직업적으로도 안정적인 궤도에 올랐으며 이전에 투자했던 사업 등이 있다면 소소하게나마 이익을 얻을 수 있다. 가족들의 사이가 더욱 원만해지고 풍요로워지며, 새로운 것을 기대하기보다 현재 가지고 있는 것들 사이에서 기쁨을 찾을 수 있다. 다만 지금의 즐거움과 안정이 영원한 것은 아니니 그 점을 마음에 새기고 순간을 영원으로 착각하지 않는 의연하고 성숙한 태도기 필요히다.

Q&A 실전 상담에서 응용해보기

※ 최종 카드로 등장했을 경우

•••• 재물운 ••••

새로 취업한 회사에 제가 잘 적응할 수 있을까요? 또 돈은 잘 벌 수 있을까요?

근무 환경과 함께 일할 동료들의 성격도 모두 원만해 그곳에서 사람들과 즐겁게 잘 지낼 수 있을 것으로 보입니다. 열심히 일한다면 원하는 만큼의 금전적 보상도 이루어질 것입니다. 건전한 계획에 따라 지출을 하고 충동적인 소비만 조심한다면 크게 걱정할 일 없을 것 같습니다.

•••• 애정운 ••••

사귀는 사람이 저를 어떻게 생각하고 있을까요?

두 분은 아주 안정적인 관계를 꾸려가고 계시네요. 상대분께서 당신을 의지할 수 있는 사람, 믿고 오래 보고 싶은 사람이라 생각하고 있으니, 어쩌면 두 분 의사가 같다면 훗날 결혼까지도 이어질 수 있는 사이입니다. 주변에서 축하를 받을 수 있는 일이 곧 생길 수도 있겠어요.

•••• 이동운 ••••

예전에 일하던 곳으로 다시 이직을 준비하고 싶습니다. 갈 수 있을까요?

그곳과의 연이 아직 완전히 끊어지지는 않은 것으로 보입니다. 하지만 당장은 이동이 힘들고 본인의 커리어 기반을 더 안정적으로 다져야 할 것 같습니다. 지금 일하는 곳도 조건이 나쁘지 않아 보이니 좀 더 머무르며 기반을 단단히 한 다음 충분한 계획을 세우고 다시 이직을 준비하시는 것을 권합니다.

•••• 건강운 ••••

이유 없이 불안하고 조급한 마음이 자주 듭니다. 병원에 가 봐야 할까요?

그저 활력이 부족하고 마음이 불안정한 상태입니다. 최근 스트레스를 크게 받은 일이 있으셨나요? 따로 나와 살고 계신다면 가족의 보살핌을 받으러 집으로 들어가 지내는 것도 좋은 방법이 될 것입니다. 심각한 수준은 아니니 잠시라도 여유를 가지고 휴식을 취하는 것이 필요합니다.

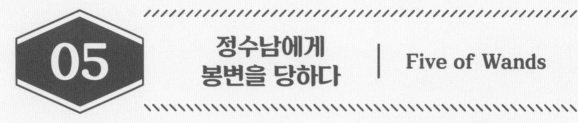

05 정수남에게 봉변을 당하다 | Five of Wands

계절이 바뀌어도 문도령에게는 소식이 없었다. 시름에 잠긴 자청비를 정수남이 음흉한 눈길로 지켜보고 있다. 자청비의 타박을 들은 정수남은 소와 말 각각 아홉 마리와 도끼를 가지고 땔감을 해 오겠다며 깊은 산으로 떠났지만 가진 것을 모두 잃고 초라하게 돌아왔다. 산중의 연못가에서 문도령이 선녀들과 노는 것을 보다가 소와 말을 잃어버렸다는 정수남의 거짓말을 믿은 자청비는 그와 함께 깊은 산중으로 들어갔다. 자청비는 연못에 도달해서야 정수남에게 속은 것을 알게 되었다.

생각해보기

자청비는 제주도 무가 '세경본풀이'의 주인공이다. 이는 농사를 관장하는 신의 내력을 알려주는데 세경신은 자청비 외에도 상세경이 문도령, 하세경이 정수남이다. 이들 셋은 약간의 삼각관계를 형성하는데, 역시 주체적인 역할은 자청비가 하게 된다. 자청비가 좋아한 것은 문도령이지만 그는 떠나고는 돌아올 기약이 없어 그녀의 마음을 심란하게 만들었다. 이제 그녀의 앞을 가로막는 또 한 명의 남자는 정수남이다. 그는 자청비와 한날한시에 태어난 자청비네 집안의 하인이다. 자청비를 속여 숲속으로 데려가면서 온갖 사기를 치고, 자기 욕심 채울 날을 기다렸다. 자청비에게 있어 남자들이란 도무지 못 믿을 존재들이다. 우리네 전통 여신들이 혼자의 힘으로 인생을 개척했다는 것이 여기서도 여지없이 드러난다.

적용

- **재물운** - 경쟁자와의 충돌을 피할 수 없다. 싸워 이겨야 한다. 재정적으로 풍족하지 못하다.
- **애정운** - 연인과의 사이에 갈등이 있다. 다른 이성들이 당신의 관심을 얻기 위해 경쟁한다.
- **이동운** - 주변의 말에 휘둘려 섣불리 움직이지 말아야 한다. 사공이 많으면 배가 산으로 간다.
- **건강운** - 질병과 맞서 싸워야 한다. 신체적과 정신적 양방향으로 건강에 유의해야 한다.

완드 5 (Five of Wands)

저마다 본인 말이 맞다고 주장하며 완드를 들고 힘을 겨루는 사람들의 모습이다. 사공이 많으니 배가 올바른 곳으로 가기 어렵다. 작은 분쟁과 말다툼이 끊이지 않고 구설수에 오를 수 있어서 주변에 현혹되지 말고 자신의 판단을 확고히 해야 한다. 승부를 보고자 하는 의지를 의미하기도 하니 이기고자 하는 투지가 있다면 더더욱 마음을 견고히 해야 할 것이다. 의견을 내는 사람이 많다는 것은 열정이 넘치고 의욕적인 사람도 그만큼 많다는 것을 의미하니 너무 부정적으로만 생각하지는 않아도 좋다. 누군가와, 또는 세상과 맞부딪치기 전에는 누구나 두려운 마음을 품게 된다. 그 두려움을 이겨낼 수 있는 용기는 스스로를 단단히 했을 때 비로소 생겨난다. 이 카드는 그런 용기를 얻기 전 본인의 어지러운 마음과 복잡한 생각을 정리하고 마음가짐을 재정비해야 함을ㅣ타ㅐ기도 한다.

Q&A 실전 상담에서 응용해보기

※ 최종 카드로 등장했을 경우

• • • • 재물운 • • • •

작은 시합을 앞두고 다른 사람과 경쟁해야 하는데 걱정이 됩니다. 잘할 수 있을까요?

작은 갈등과 경쟁 상황이 이미 예견된 것입니다. 충분히 이길 수 있는 운도 보이지만 과정이 쉽지 않을 것 같습니다. 그 상황이 오래 이어지지는 않을 것이니 너무 큰 걱정은 하지 않으셔도 됩니다. 이후 동료들과의 협력과 임무 성취 후 따라올 보상에 더 집중하셔도 좋습니다.

• • • • 애정운 • • • •

요즘 남자친구와 다툼이 잦습니다. 만남을 계속 이어가야 할지 고민이 됩니다.

각자의 입장만 고집하고 있는 것은 아닌지 걱정이 됩니다. 싸움이 잦아지니 신경이 날카로워지는 것은 이해하지만 관계를 이어가고자 하는 의지가 있다면 공격성을 누그러뜨릴 필요가 있습니다. 그리고 조언을 구하는 것도 좋지만 주변의 말에 휘둘리면 안 됩니다. 연인 사이의 문제는 두 사람이 해결해야 합니다.

• • • • 이동운 • • • •

이직을 하고 싶습니다. 올해부터 준비한다면 내년에 가능할까요?

혹시 이직을 결심하신 계기를 여쭤봐도 될까요? 본인의 뚜렷한 주관이 아니라 주변 사람들의 말을 듣고 그에 섣불리 결정하신 것은 아닌지 걱정이 됩니다. 준비를 시작하신다 해도 그 과정에서 또 주변에서 말이 많이 들려올 것 같습니다. 가능성은 충분하니 확고하게 마음을 먹은 거라면 좀 더 의지를 가지고 밀어붙여 쟁취해 내실 필요가 있습니다.

• • • • 건강운 • • • •

할아버지께서 병상에 누워 계신데 금방 회복하실 수 있을까요?

안타깝지만 회복을 위해서는 당분간 더 투병의 시간을 가져야 하실 것으로 보입니다. 충분히 이겨낼 수 있을 것으로도 보이니 지치지 않고 잘 보살펴 드리세요. 오랜 투병이 이어지면 가족들 간에 갈등이나 의견 차이가 생길 수도 있으니 그 점 또한 주의하셔야겠습니다.

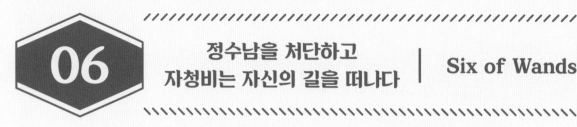

문도령은 돌아오지 않을 것이니 자신과 인연을 맺자는 정수남을 이를 잡아 주겠다는 말로 달랜 자청비는 그를 무릎에 뉘이고는 청미래 덩굴을 꼬아 만든 꼬챙이로 귀를 찔러 죽였다. 정수남의 혼령은 부엉이가 되어 하늘로 날아갔다. 그녀가 집으로 돌아와 자초지종을 설명하자 아버지가 일꾼을 죽였다고 화를 냈고, 그녀는 다시 내쫓기는 신세가 되었다. 자청비는 남장을 하고 쓸쓸히 집을 떠났다. 그녀의 앞에 펼쳐진 텅 빈 들판이 공허한 마음을 나타낸다. 한편으로는 그녀가 가려는 길을 막는 것은 아무것도 없으니 거칠 것이 없다는 암시도 함께한다.

생각해보기

농경사회에서 일을 하는 노비는 중요한 자산이었다. 도움이 안 되는 딸보다는 일을 더 많이 하는 노비가 아버지 입장에서는 더 귀했던 모양이다. 그러나 후일 자청비가 농경신으로 좌정하게 되는 대반전이 존재한다. 자청비 역시 아버지에 지지 않고 마음에 드는 남자인 문도령에게는 적극적으로 대쉬를 하고, 전혀 마음에 들지 않는 정수남은 죽여 버리는 과감함을 보여준다. 자기 인생은 자기가 개척하는 용감한 고대 여인들의 전형이다.

적용

- **재물운** - 보상과 성공을 얻기에 지금 당장은 어려우나 앞으로는 상황이 더 호전될 것이다.
- **애정운** - 서로 신뢰를 굳건히 유지해야 한다. 또는 가까운 미래에 이상형을 만날 수 있다.
- **이동운** - 승진, 스카우트 등 명예로운 이동의 가능성이 있다. 끝까지 열정을 유지해야 한다.
- **건강운** - 병이 곧 회복될 것임을 나타낸다. 미래에 대한 걱정과 두려움으로 고민하기도 한다.

완드 6 (Six of Wands)

말을 타고 행진하는 그의 완드에는 승리를 의미하는 월계관이 걸려있다. 명예롭고 영광스러운 귀환을 하는 기사로 보인다. 힘든 과정이 있었지만 현재의 상황은 매우 좋다. 합격, 승진 등의 좋은 소식이 올 것으로 판단된다. 열정과 에너지가 넘치며, 그의 화려한 차림새와 말의 장식을 보았을 때 그는 씀씀이가 크고 타인의 시선을 의식하는 성격을 가진 것 같기도 하다. 외면만큼 내면을 가꾸는 것의 중요함을 다시 한 번 되새길 필요가 있다. 주변의 인정을 받아 의기양양하며, 자신이 이루어낸 성과를 자랑스러워하는 마음도 가득하다. 그것이 과해져 자아도취가 심해지지 않도록 조심하기만 하면 된다. 성공했을 때 지난 날을 잊지 않고, 어려웠을 때 도움을 주었던 사람들을 기억해야 한다. 그 점만 유의한다면 카드에 그려진 것처럼 금의환향하는 기사와 같이 영광스러운 나날들을 보낼 수 있다.

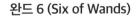

실전 상담에서 응용해보기

※ 최종 카드로 등장했을 경우

····〉재물운〈····

지금 제가 운영 중인 사업이 앞으로 더 커질 수 있을까요?

당신은 사업을 운영할 만한 리더십의 자질을 충분히 갖추신 분이며, 그에 맞는 열정과 추진력을 가지고 계십니다. 지금처럼 자신감 있게 운영해 나가신다면 만족할 만한 결과를 얻으실 수 있을 것 같습니다. 다만 성공과 보상을 얻고 난 다음의 자만심을 조심하셔야 합니다.

····〉애정운〈····

애인이 없는 기간이 꽤 오래되었습니다. 이번에 좋은 사람을 만날 수 있을까요?

자존감이 낮은 상태이신 것 같습니다. 당신은 스스로 멋진 사람이며 충분히 좋은 사람을 만날 자격이 있음을 먼저 알아야 합니다. 조만간 이상형에 가까운, 당신과 여러 면에서 합이 잘 맞을 만한 사람을 만날 수 있습니다. 서로 의지하는 좋은 관계로 발전할 가능성이 충분하니 조금 더 적극적인 태도를 취하거나 기대하셔도 좋을 것 같습니다.

····〉이동운〈····

이직을 하고 싶은데 쉽게 엄두가 나지 않습니다. 당장 준비해도 될까요?

시기가 좋습니다. 자신감을 가지고 그 열정을 끝까지 유지하며 준비하신다면 분명 좋은 결과를 얻어낼 수 있을 것입니다. 뜻밖의 스카우트 제의가 들어와 명예롭게 이동을 하게 될 가능성도 보입니다. 주목을 받고 주변의 부러움을 받는 모습이니 어느 쪽이든 본인께서 스스로를 자랑스러워할 수 있는 계기가 되겠습니다.

····〉건강운〈····

사고를 당하고 재활 때문에 계속 병원에 다니고 있습니다. 완치될 수 있을까요?

회복을 위해 열심히 노력해오셨으니 이제 곧 결실을 볼 수 있을 것입니다. 꾸준히 관리해 주신다면 건강을 되찾으실 수 있습니다. 물론 건강을 회복한 이후에도 계속 신경을 쓰고 관리하셔야 그것을 유지할 수 있음을 항상 생각하셔야 합니다.

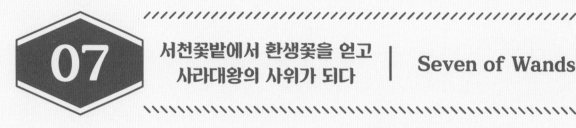

서천꽃밭에서 환생꽃을 얻고 사라대왕의 사위가 되다 | Seven of Wands

길을 떠난 자청비는 서천꽃밭에 도착했다. 꽃감관 사라대왕에게 웬 부엉이가 나타난 뒤로 흉한 기운이 만연해졌음을 들은 자청비는 부엉이가 정수남의 혼령임을 알아챘다. 사람들을 물린 뒤 부엉이에게 자신의 정체를 밝히자 부엉이가 자청비의 품으로 파고들어 죽었다. 자청비의 뒤에 서 있는 일곱 개의 완드는 그녀의 책임감과 의지를 상징한다. 그녀는 보상으로 사라대왕 셋째 딸의 남편 자리와 환생꽃을 얻었다. 나중에 환생꽃으로 정수남을 살려내어 고분고분해진 그와 함께 집으로 돌아갔지만 그녀는 사람을 죽였다 살렸다는 이유로 또 다시 부모에게 쫓겨난다.

생각해보기

자청비가 일찍이 자발적으로 집을 떠난다든가 부모에게 몇 번이나 쫓겨나는 설정은 그녀가 평범한 여식으로 일생을 보내지 않는 위대한 인물이라는 사실에 필수적 요소인지도 모른다. 또한 부활과 환생에 대한 꽃밭의 전설은 많은 다른 설화에도 자주 등장한다. 굿당에서 굿을 할 때 특별히 많은 지화를 올리는 것은 이러한 것을 기념하는 뜻도 있다. 사람의 목숨이나 청춘을 꽃에 비유하는 것도 같은 맥락이다.

적용

- **재물운** - 가진 것을 지켜내기 위해서 어려운 상황을 이겨내야 한다. 힘든 싸움이 될 것이다.
- **애정운** - 어려움이 닥칠 것이니 관계 유지를 위해서 책임감을 가지고 최선을 다해야 한다.
- **이동운** - 움직이기보다 자리를 지키며 가진 것을 잃지 않기 위해 노력하는 것이 낫다.
- **건강운** - 당장은 회복이 어렵고 질병이나 부상을 극복하기 위해서 오랫동안 싸워야 한다.

완드 7 (Seven of Wands)

일을 해결하느라 고군분투하는 남자의 모습이다. 그는 책임감이 강한 성격이지만 주어진 일을 처리하는 것도 벅차 주변을 돌볼 여력은 없으니 일 외에 다른 것들을 세심하게 신경쓰지 못한다. 겉으로는 힘든 마음을 드러내지 않으려 하고 주위의 도움을 받기도 껄끄러워하는 방어적인 면이 있기 때문에 상황을 헤쳐 나가는 것에 어려움이 있을 것으로 보인다. 당분간은 홀로 견뎌내야 할 것이다. 하지만 상대적으로 고지에 서 있기 때문에 치고 올라오는 사람들에 비해 유리한 위치를 점하고 있다. 여유롭지는 않지만 그가 어떻게든 현재의 어려움을 이겨낼 수 있을 것임을 암시한다. 이 카드가 자주 나오는 사람은 집안에서 첫째이거나, 장남이 아니더라도 장남의 역할을 하고 있는 경우가 많으며, 이들에게 이렇게 많은 임무가 주어지는 것은 다르게 해석하면 그만큼 그이 능력이 뛰어나다는 뜻이기도 하다. 그러나 너무 홀로 버티지 말고 어려움은 주변과 조금은 나누어도 좋을 것이다.

Q&A 실전 상담에서 응용해보기

※ 최종 카드로 등장했을 경우

재물운

투자를 하는 곳에서 안정적인 수익을 얻을 수 있을지 걱정됩니다. 괜찮을까요?

더 얻는 것보다도 가진 것을 지키기 위해 싸우셔야 합니다. 상담자님께서는 장기적인 계획에 따라 투자를 실행해야 하는 것을 이미 알고 계십니다. 너무 마음을 조급하게 먹지 마세요. 하지만 성급하게 위축될 필요도 없습니다. 융통성을 가지고 상황을 견뎌내시면 되겠습니다.

애정운

남자친구와 요즘 자주 싸우는데 속마음을 알고 싶어요. 저에게서 마음이 떠난 걸까요?

남자친구분께서 일이 매우 바쁘신 것 같아요. 하지만 그것을 남들에게 티를 내지 않고 혼자 견디려 하고 계세요. 신경이 그쪽으로 쏠린 상태이니 상담자분께 예전처럼 마음을 쓰지 못해 다툼이 잦아진 것 같기도 합니다. 두 분이서 관계를 계속 유지하고 싶다면 솔직한 대화를 나누며 관계를 견고하게 다져나가야 합니다. 힘들 때 곁에 남아있는 사람과의 관계가 오래 가는 법입니다.

이동운

다니는 회사에 업무량이 너무 많아서 이직을 하고 싶습니다.

일이 많아 버거워하시는 모습이 보입니다. 책임감을 가지고 맡은 일을 버텨내고 계신 모습입니다. 당장은 이직을 준비할 여유가 충분하지 않을 것 같습니다. 섣부르게 이동을 준비하시다가 지금 손에 쥐고 계신 것들과 머무르는 자리마저 위태로워질 수가 있으니까요.

건강운

건강검진을 받았는데 결과가 나쁠까봐 계속 신경이 쓰입니다.

모르고 있던 병을 알게 되거나 건강상의 문제점을 알게 될 수 있습니다. 바로 치료에 들어가야 하겠지만 너무 비관적으로 생각하지 마시고 최선을 다해 당장 할 수 있는 방법을 취하시는 것이 좋습니다. 근 시일 내 바로 회복이 가능하다고 말씀드리기는 어렵지만 장기적으로 꾸준히 관리를 해 주셨을 때 충분히 이겨내실 수 있을 것입니다.

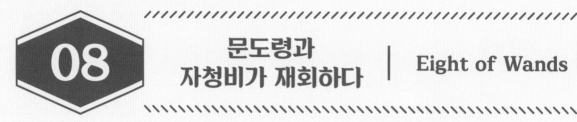

08 문도령과 자청비가 재회하다 | Eight of Wands

정처 없이 떠돌다 주모할미의 수양딸이 되어 베 짜는 일을 돕던 자청비는 하늘나라 문도령의 결혼식에 쓰일 것이라는 비단에 자신의 이름을 수놓았다. 비단에서 자청비의 이름을 본 문도령이 깜짝 놀라 그녀를 만나러 서둘러 지상으로 내려왔다. 자신을 잊고 지낸 문도령이 반가우면서도 미운 마음에 자청비는 창구멍으로 내민 문도령의 손가락을 바늘로 찔렀고, 놀란 문도령은 하늘로 돌아가 버렸다. 후일 선녀들을 도와주고 하늘로 올라간 자청비는 문도령과 재회하고, 옥황상제가 낸 시험을 통과한 뒤 마침내 그와 혼인했다.

생각해보기

하늘에서 내려오는 문도령과 그를 그리워하던 자청비의 재회 장면이다. 하지만 이 기쁨도 잠시, 자청비의 시련은 아직 더 남아있었다.

적용

- **재물운** - 성급한 투자나 결정을 주의한다면 지지부진하던 일을 빠르게 밀어붙일 수 있다.
- **애정운** - 연애가 급진전이 되거나 아니면 급하게 끝나버리거나 둘 중 하나이다.
- **이동운** - 긴급한 이동이 가능하다. 갑자기 예기치 않은 이동을 하게 될 가능성도 있다.
- **건강운** - 부상 또는 질병의 빠른 회복이 가능하다. 또는 빠른 치료가 필요한 상황일 수 있다.

완드 8 (Eight of Wands)

여덟 개의 완드가 화살처럼 빠른 속도로 이동하고 있다. 여태껏 지지부진하던 일이 속전속결로 해결되며 흐릿하던 일의 윤곽이 드러나게 된다. 강한 힘으로 망설임 없이 일을 진행시키고자 하는 의지와 실행력이 충만한 상태이다. 공과 사를 구분할 줄 알며, 사심 없이 상황 그대로 사건만을 판단하여 목표에 집중하려는 모습을 보인다. 좋든 싫든 빠른 시일 내에 결과를 보게 될 것이다. 이 빠른 진행은 이제까지의 난관과 고민이 해결되려는 징조이고, 일의 국면이 완전히 뒤집히는 터닝 포인트의 역할을 톡톡히 할 것으로 보인다. 그 속도에 휩쓸리지 말고 마침표를 찍는 마지막의 순간까지 방심하지 않아야 한다. 체하지 않으려면 정신없는 와중에도 자신만의 페이스로 소화시키는 수고가 반드시 필요하다.

Q&A 실전 상담에서 응용해보기

※ 최종 카드로 등장했을 경우

••••〉 재물운 〈••••

투자를 하기로 결정했는데 앞으로 큰 이익을 볼 수 있을지 궁금합니다.

이는 장기적인 계획에 따른 것은 아닌 것으로 보입니다. 상담자님의 재정상황에도 급한 변화가 예상됩니다. 많은 돈이 들어오고 금세 나갈 수 있습니다. 이 카드에는 성급하지 말라는 경고의 의미도 있기 때문에 위험부담이 크다면 인내심을 가지고 재고하시는 것이 낫겠습니다.

••••〉 애정운 〈••••

만나고 있는 사람이 사귀자고 확실히 말을 하지 않아서 답답합니다.

조만간 지지부진하던 사이에 어떻게든 결판을 짓게 될 것 같습니다. 두 분 모두 망설이는 이유가 무엇인가요? 상대가 확신이 부족해서 결정을 미루고 있을 가능성도 분명 존재하니 답답한 마음이 드신다면 상담자님께서 먼저 적극적으로 다가가 보는 것도 좋을 것으로 보입니다.

••••〉 이동운 〈••••

준비 중인 회사로의 이직에 성공할 수 있을까요? 성공한다면 잘 적응할 수도 있을까요?

이직 후에도 안정적으로 자리잡기까지 시간이 휘몰아치듯 흐를 것 같습니다. 이동이 잦은 직업이신가요? 앉아서 가만히 일하기보다 갑작스런 출장이나 발령 소식의 가능성도 있어 보입니다. 바쁜 일을 하며 지내다 보면 자연스럽게 적응되실 테니 너무 큰 걱정은 하지 않으셔도 될 것입니다.

••••〉 건강운 〈••••

다이어트를 하고 있는데 정해놓은 기간 내에 목표 몸무게를 달성할 수 있을까요?

빠르게 효과를 볼 수 있을 것 같습니다. 예상보다 빠르게 목표 몸무게에 도달하실 수 있을지도 모릅니다. 물론 운동을 통해 건강한 방법으로 다이어트를 진행하셔야 합니다. 부적절한 방법을 이용했거나 무리하게 행하는 다이어트는 오히려 건강을 해칠 수 있다는 사실을 명심하셨으면 좋겠습니다.

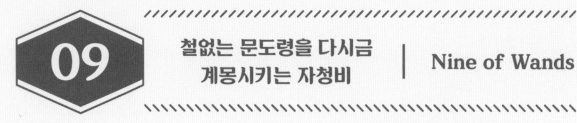

자청비는 문도령과 지내다 서천꽃밭 꽃감관의 셋째 딸과 자신이 혼인했음을 밝히고, 남편(남장을 한 자청비)을 맞이했음에도 외롭게 지내는 그녀가 안타까우니 문도령에게 자신 대신 서천꽃밭으로 가 잠시 동안 사라대왕 딸의 남편 노릇을 하게 시켰다. 대인배다운 모습이 아닐 수 없다. 그러나 문도령이 아름다운 사라대왕 셋째 딸과의 결혼 생활에 빠져 약속한 보름이 지나도 돌아오지 않자 직접 찾아가 그를 끌고 오기도 했다. 자신의 본분을 잊은 문도령의 멱살을 잡고 정신을 차리라고 하는 자청비의 모습이다.

생각해보기

결혼 후에도 여전히 철없는 남편에 대한 자청비의 고민이 느껴진다. 그녀에게는 결혼생활도 애써 노력하고 지켜내야 하는 끝없는 도전의 연속이었다.

적용

- **재물운** - 예상치 못했던 큰 지출로 금전적으로 불안정하다. 일의 성과가 없어 보람도 없다.
- **애정운** - 서로의 역할이 고착되어 고민에 빠져 있다. 대전환의 계기가 필요하다.
- **이동운** - 몸과 마음이 지친 상태라 이동이 불가능하다. 마지막 힘을 짜내 간신히 서 있다.
- **건강운** - 병의 재발 가능성이 있으니 정밀검진이 필요하다. 만성 질환으로 이어질 수 있다.

완드 9 (Nine of Wands)

완드를 움켜쥐고 주위를 경계하여 살피는 남자의 모습이다. 머리에 붕대를 감고 있는 것은 깊은 고민의 흔적이라고 짐작할 수 있다. 그가 완드로 만들어진 울타리에 둘러싸여 있는 것으로 상황을 해석할 경우, 지금 해결해야 하는 과제가 많아서 머리를 싸매고 고민하고 있으며 그 일들에 갇혀 주위를 제대로 둘러보지 못하고 있는 상황으로 읽을 수 있다. 지치고 이제는 쉬고 싶다는 생각도 들지만 지금은 달성해야 하는 목표가 존재하기에 그곳에 다다를 때까지 쉴 수 없다. 압박감과 스트레스가 걱정될 뿐이다. 만약 그가 완드의 울타리 바깥에 서 있는 상황으로 해석할 경우에는 쥔 것도 완전히 가누지 못하는데 더 큰 것이 없나 두리번거리고 있는 주제파악이 되지 않은 상태로 판단할 수 있다. 타인이나 환경의 탓을 하며 자신만이 피해자라고 생각하고 잘못된 행동을 합리화하고 있을 가능성도 있다. 조금 더 머리를 차갑게 하고 스스로와 현실을 냉정하게 판단해야 한다.

Q&A 실전 상담에서 응용해보기

※ 최종 카드로 등장했을 경우

재물운

남편이 운영하는 가게가 상황이 어려워졌는데 접어야 할지 유지해야 할지 고민입니다.

남편분께서는 매달려 계신 그 사업이 이미 가망이 없음을 알고 계신 것 같기도 합니다. 정말 그 일이 그만큼의 가치가 있는 것인지 되짚어보라 조언해 줄 필요가 있습니다. 지금 가지고 계신 것을 다 잃기 전에 유지라도 하고 싶다면 정리하시는 것이 좋을 것 같습니다.

애정운

제가 올해 안에 새로운 연애를 시작할 수 있을까요?

아직 상담자님께서 새로운 사람을 만날 마음의 준비가 완전히 되지 않은 것으로 보입니다. 지난 연애의 아픔을 잊지 못했거나 지난 사람에게 받은 상처가 완전히 치유되지 않은 것 같기도 합니다. 상처는 전염됩니다. 새로운 연애를 원하신다면 과거의 상처를 회복하는 것이 먼저입니다. 과거를 딛고 마음이 안정된 다음에 좋은 사람은 자연스레 다가올 것입니다.

이동운

전공을 고민 중인데 잘 준비할 수 있을까요? 아무리 고민해도 결정이 어렵습니다.

신중하게 깊은 고민 중인 것이 드러나는 카드가 나왔습니다. 하지만 제대로 준비하실 수 있을지 걱정이 됩니다. 현재에서의 상황도 녹록치 않은 것으로 보이는데 무리하게 준비를 진행하셨다가 건강마저 안 좋아질 수 있습니다. 그리고 준비를 진행하신다 하여도 좋은 결과를 장담할 수 없습니다. 당장은 이동을 준비하시기보다 현재를 재정비하고 스스로를 챙기는 시간을 가지는 것이 좋을 것 같습니다.

건강운

예전부터 앓던 병으로 최근까지 계속 병원 생활 중입니다. 나을 수 있을까요?

지금까지 병과 싸우느라 에너지가 거의 고갈이 된 상태로 보입니다. 포기하지 않고 마지막 힘을 짜낸다면 회복의 가능성도 있습니다. 상태가 호전된 후에도 물론 정기적으로 검진을 받고 재발하거나 만성 질환으로 이어지지 않도록 관리하시는 것이 중요합니다.

자청비가 문도령과 정수남에게 세경신으로서 해야 할 역할을 지시한다. 이 두 남자들은 이제 자청비의 명을 따라서 함께 협력하여 농경의 큰 업적을 이루어간다. 한때 자청비에게 전혀 다른 기억을 갖게 한 두 남자이지만 결국 자청비는 자신의 삶과 이들의 삶에서 중심이 되었다. 고인돌 같은 높은 바위 위에 올라가서 지시를 하는 자청비의 모습이 한결 더 지엄하게 느껴진다.

생각해보기

하늘나라에 변란이 일어나자 자청비는 서천꽃밭에서 생명을 죽이는 악심꽃을 가져와 수만의 적을 쓸어버리고 난을 진압했다. 이 공을 인정받아 자청비는 농경신의 지위를 얻어 하늘 옥황 문선왕으로부터 오곡종자와 열두시만국을 얻어 음력 칠월 열나흗날 문도령과 함께 지상으로 내려왔다. 이리하여 자청비 스스로는 중경신(세경신), 문도령은 상경신(상세경), 정수남은 하경신(하세경)이 되어 농사일을 다스렸다. 남에게 의지하지 않고 스스로의 능력으로 농경신의 자리까지 얻어낸 자청비는 독립심 강한 여성의 상징이자 책임감의 화신이라 할 만하다.

적용

- **재물운** - 자신뿐만 아니라 가족의 재정까지 책임지려 애쓰고 있다. 함께 나누는 것이 좋다.
- **애정운** - 연애에 신경쓸 새 없이 몸과 마음이 바쁘다. 마음의 여유를 찾아야 사랑도 한다.
- **이동운** - 짊어지고 있는 것들이 너무나 많아 섣불리 움직일 수 없다. 이동운이 좋지 않다.
- **건강운** - 과한 스트레스와 업무에 대한 부담감으로 병을 얻을 수 있다. 건강을 챙겨야 한다.

완드 10 (Ten of Wands)

한 품에 다 안기 힘든 양의 일을 짊어지고 길을 가는 남자의 모습에서 막중한 책임감과 그에 따른 부담감을 동시에 느낄 수 있다. 그는 많은 일을 떠맡고 있지만 불투명한 미래 때문에 심리적으로 쫓기는 듯 불안정한 상태이다. 버겁게 껴안은 완드 열 개는 순간의 실수로 떨어뜨리기라도 한다면 다시 주워 담는 것조차 힘들어 보인다. 여태까지 간신히 끌고 온 것들 마저 한 순간에 도로아미타불이 될 수 있는 위험을 감수하면서도 무리해서 일을 진행시키고 있는 것이다. 욕심이 많은 것 같기도, 너무 부지런하고 성실해서 문제가 발생한 것 같기도 하다. 만약 무사히 목적지에 도달한다고 해도 건강에 문제가 생기는 등의 후폭풍을 앓을 수 있다. 한계에 달해 있으므로 누군가 도와준다면 좋겠지만 그는 그것을 받아들이는 것마저 쉽지 않을 것 같다. 그는 고생 끝에 낙이 온다는 말만을 믿고 힘겨운 발걸음을 계속해서 옮긴디.

Q&A 실전 상담에서 응용해보기

※ 최종 카드로 등장했을 경우

‹ 재물운 ›

지금 다니고 있는 회사에서 지금처럼 열심히 일하면 성공할 수 있을까요?

너무 많은 일들을 혼자 무작정 떠안고 계신 것 같습니다. 열정이 과해 소화할 수 있는 양보다 더 욕심을 부리고 계시진 않은지 걱정이 됩니다. 더 나아가지 못하고 간신히 버티는 것으로 보여 건강마저 염려될 정도이니 동료들과 업무를 분담하는 것이 낫겠습니다. 너무 빨리 타오른 불은 쉽게 꺼진다고 합니다. 장기적으로 생각하셔야 합니다.

‹ 이동운 ›

다니는 회사를 그만두고 이직을 하고 싶어요. 올해 안에 가능할까요?

이동을 결정하기에는 마무리 지어야 할 일이 아직 많이 남아있습니다. 짊어지고 있는 일들이 어느 정도 해결이 된 후에 움직이는 것이 이롭습니다. 만약 이 상황에서 바로 이직을 하려 해도 쉽지 않을 것이고, 뒷마무리도 깨끗하지 않습니다.

‹ 애정운 ›

만나던 사람이 갑자기 연락을 끊고 잠수를 타버렸어요. 무슨 일일까요?

그분께서 연애에 마음을 쓸 만한 상황이 아닌 것으로 보입니다. 갑자기 더 급박하고 바쁜 일이 생겨 자신의 감정과 상담자분을 돌아볼 만한 여유가 없는 것 같습니다. 스트레스도 심해 보이시고요. 그래도 관계를 이어가고 싶으시다면 마음이 답답하더라도 그분께 숨 돌릴 틈이 조금 생길 때까지 기다려주는 것이 가장 좋은 방법입니다.

‹ 건강운 ›

건강검진을 앞두고 큰 병이 있을까봐 걱정이 됩니다.

스트레스가 과한 상태이신 것 같습니다. 여러 가지를 책임져야 하는 상황이거나 많은 양의 업무를 동시에 진행해야 하는 상황인 것으로 보이기도 합니다. 그로 인한 압박감과 스트레스 때문에 검진에서 건강에 주의하라는 결과를 받으실 수도 있겠습니다. 가장 우선적으로 생각하셔야 할 것은 스스로의 건강입니다. 자신의 건강이 나빠지면 주변 사람을 챙길 수 없음은 물론이고 하는 일에도 분명 지장이 가게 됩니다.

정수남 | Page of Wands

사춘기 소년의 모습을 한 주인공은 정수남이다. 그는 자청비 집안의 하인으로 태어났는데 생김새만 멀쩡할 뿐 행동거지는 형편없었다. 틈만 나면 빈둥거렸고 먹는 일에만 재빨랐다. 맨발의 모습은 정수남의 신분을 말해 주고 정면을 응시한 채 완드를 들고 있는 모습은 자기 생각대로만 일을 벌이고 남의 심정은 아랑곳하지 않는 정수남의 성격을 말해 준다. 호시탐탐 자청비를 노리던 정수남은 언감생심 드디어 기회를 포착한다. 문도령이 떠난 후 그의 소식을 학수고대하던 자청비에게 거짓말을 늘어놓은 것이다.

생각해보기

자청비를 꾀어낸 후 정수남은 그녀를 못살게 굴기 시작한다. 억지로 고사 지내게 하여 고사 음식 혼자 먹기, 말안장에 소라껍질 넣어 자청비는 걸어가게 만들기, 점심으로 싸온 메밀 범벅 사기쳐서 혼자 먹기, 옷 벗고 꼼무니 보이며 물을 마시게 하기 등이다. 이런 수모를 당하고서도 '물에 비친 네 그림자가 바로 문도령이 시녀 거느리고 노는 것'이라는 정수남의 말을 듣고서야 속은 것을 깨닫게 되는 자청비. 아무리 용감하고 당찬 여성도 사랑 앞에서는 이성을 잃고 봉변을 당할 수도 있는 법이다. 그것을 정수남은 잘 이용해 먹었던 것이다.

적용

- **재물운** - 이익과 관련 없이 자기 생각과 자기 방식대로 밀고 나간다. 방법론에서 구태의연하다.
- **애정운** - 상대방의 감정을 고려하지 않는 밀어붙이기식의 연애를 하려는 경향이 있다.
- **이동운** - 계획에 없는 이동이거나 무모한 시간 낭비이다. 목적이 없으니 결과도 부실하다.
- **건강운** - 충동적인 활동으로 인한 체력고갈이 예상된다. 뼈 관련 질환이기도 하다.

완드의 시종 (Page of Wands)

키보다 더 큰 완드를 올려다보며 앞으로의 여정을 준비하고 있는 어린 소년은 열의에 가득 찬 표정을 짓고 있다. 그는 미래를 향한 기대에 차 있는 상태이며 다가올 희망찬 내일을 그리고 있다. 활발하고 밝은 성격을 가졌고, 계획에 따라 일을 진행하기보다는 직관대로 움직이는 편이다. 맡은 일은 최선을 다해 하지만 아직 어리고 미숙한 상태이기 때문에 타인이 보기에 성숙한 면이 부족할 수 있다. 시간을 두고 지켜본다면 믿을 만한 멋진 사람으로 성장할 가능성이 충분하다. 결심이 작심삼일로 그치지 않도록 분산되려는 생각을 한곳으로 모으고 집중해야 한다. 그렇지 않으면 들인 노력에 비해 상당히 부족한 결실밖에 얻지 못한다. 연애를 할 때도 정말 붙잡고 싶은 사람이라면 상대에게 더욱 진중하고 믿음직한 모습을 보여야 제대로 된 어필이 가능할 것이다.

❓ 실전 상담에서 응용해보기

※ 최종 카드로 등장했을 경우

〉 재물운 〈

새로운 사업을 시작하려 다니던 회사를 퇴사했습니다. 일이 잘 풀릴까요?

조금 성급하게 퇴사를 결정한 면도 있는 것 같습니다. 새로운 사업을 곧바로 시작하기에는 조금 더 현 상황에 집중을 해야 하는 시기입니다. 마음만 앞서 당장 뛰어들었다가는 열정만 넘쳐 실수가 발생할 수 있습니다. 현실적으로 생각하며 현재 상황을 직시할 필요가 있습니다.

〉 애정운 〈

좋아하는 여자분이 있는데 저를 어떻게 생각하고 있는지 궁금합니다.

여자분이 연상이신가요? 그렇지 않다 하더라도 남자분께서 조금은 성숙한 면을 어필해보기를 권해드립니다. 상대분의 눈에 당신은 의지와 열정은 있지만 아직 결과로 이어지는 확실한 남자다움을 보여주지 못한 상태로 보입니다. 그녀가 믿고 의지할 만한 남자가 되고 싶다면 말이든 행동이든 그녀에게 확신을 주어야 합니다.

〉 이동운 〈

준비하고 있는 이직에 성공할 수 있을까요? 아직 확신이 들지 않아서 망설이고 있습니다.

좋은 소식을 얻을 수 있을 것 같습니다. 적극적이고 낙관적인 자세는 좋지만, 다만 지나치면 신중함이 부족하게 되니 그 점을 주의해야 합니다. 마음만 앞서 욕심을 부리려는 것은 아닌지 스스로를 점검할 필요가 있습니다. 새로운 시작을 하려는 마음가짐은 아주 좋습니다.

〉 건강운 〈

어머니의 건강검진 결과를 기다리고 있는데 결과가 괜찮게 나올까요?

결과는 큰 걱정 하지 않으셔도 될 것 같습니다. 하지만 앞으로도 계속 건강함을 유지하려면 어머니 스스로 건강관리에 더 큰 관심을 가지고 식습관이나 생활습관 등을 개선해 나가야 합니다. 활력 부족이 건강의 부진으로 이어지지 않도록 긍정적인 마음가짐을 가지는 것도 중요합니다.

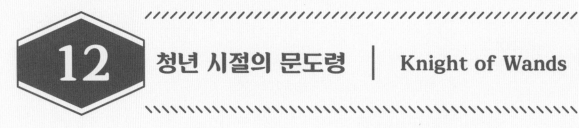

12 청년 시절의 문도령 | Knight of Wands

하늘나라 옥황 문곡성의 아들 문도령은 용모가 매우 뛰어났다고 한다. 냇가에서 그를 만난 자청비가 한눈에 그가 마음에 들어 남장을 하고 함께 글공부를 하러 떠나도록 만들 정도였다. 그는 자신의 활동무대인 하늘을 상징하는 구름 위에서 지팡이를 들고 생각에 잠겨있다. 마음만 먹는다면 어디든 갈 수 있는 자유로운 신분이지만 왠지 자신의 주체성을 찾기보다는 여러 여성들과의 관계에 자기 자신을 소모하고 있다는 인상을 지울 수 없다. 모든 것이 다 주어진 상황이라고 하더라도 운명은 스스로 개척해야 하는 법이다.

생각해보기

하늘나라 최고 존엄의 아들로 부족함 없이 살아왔을 그이지만 삼 년간 자청도령으로 분한 자청비와 같은 방에서 동고동락하면서도 냇가에서 만났던 그녀임을 끝내 알아보지 못할 만큼 아둔하다. 혼인을 약속한 자청비를 잊고 서수왕아기와 약혼을 하거나 사라대왕 셋째 딸에게 푹 빠져 본처에게 돌아가지 않는 실망스러운 모습을 보인다. 그는 완벽한 외모에 비해서 완벽하지 못하고 빈틈이 있는 남성들을 대표한다. 사실 이것은 여성도 마찬가지일 것이다. 뭔가 부족하기에 인간미가 느껴지기도 하지만 자청비에게 어울리지 않는 남자라고 보여진다.

적용

- **재물운** - 주어진 상황이 나쁘지 않다. 본인만 제자리를 잘 지킨다면 재물도 풍부하다.
- **애정운** - 상대방을 배려하지 않는 상황 때문에 오해를 받을 수 있다. 대반전이 있다.
- **이동운** - 자기 스스로는 의미 있는 행동과 이동이라고 여기지만 실상 결과는 실망스럽다.
- **건강운** - 운전이나 놀이기구 등 과격한 운동 시에 조심해야 한다. 낙상 주의.

완드의 기사 (Knight of Wands)

기사가 완드를 움켜쥐고 역동적으로 말을 몰아 앞으로 돌진하고 있다. 그는 말보다 행동이 앞서는 육체 파로, 추진력이 뛰어나고 정의로우며 도전을 두려워하지 않는 대범함을 지니고 있다. 하지만 그와 동시에 상황을 충분히 파악하지 않고 그저 뛰어들려고 하는 무모한 기질 또한 지니고 있다. 성격이 급하고 호기심이 생기면 일단 도전을 하기 때문에 일을 저지르고 나서 수습을 해야 하는 경우가 자주 생긴다. 상황을 침착하게 두고 생각하는 스타일이 아니기 때문에 주의가 필요하지만 정작 본인은 그 또한 자각하지 못하고 있을 수 있다. 연애 상대로 만난다면 처음부터 저돌적으로 당신에게 대쉬를 해올 수 있는 사람이다. 매력적인 그와 오랫동안 사이를 유지하고 싶다면 흥미가 빨리 식는 완드의 기사의 성격을 파악하고 이따금씩 새로운 매력을 보여주는 식으로 두 사람 사이의 텐션이 늘어지지 않도록 관리하는 것이 좋다.

실전 상담에서 응용해보기

※ 최종 카드로 등장했을 경우

재물운

높은 상금이 걸려있는 오디션에 참가하게 되었습니다. 좋은 결과가 나올까요?

멋진 기회에 도전을 하셨습니다. 열정적으로 임한다면 충분히 좋은 결과를 얻을 수 있습니다. 다만 너무 성급하게 일을 진행하지 않았으면 합니다. 차근차근 인내심을 가지고 한 단계씩 과제를 수행하며 할 일을 하다 보면 어느새 최고의 자리에 서 있을지도 모릅니다.

애정운

다음 달에 있을 소개팅에서 좋은 남자를 만날 수 있을까요?

열정적이고 적극적인 성격의 남자분을 만날 수 있을 것 같습니다. 말보다 행동이 앞서는 면이 없지 않지만 자신감 가득하고 자유분방한 매력이 있습니다. 운동선수이거나 건축, 몸을 움직여서 일을 하는 사람일 가능성이 높으며, 관계 발전을 위해서 남자분이 적극적으로 구애를 펼쳐올 수 있습니다. 소개팅에 나가 만나보고 그가 마음에 든다면 너무 철벽을 치지 말고 구애를 받아들여 주세요.

이동운

친구가 이사를 결정하고 하루 만에 집을 계약하려 합니다. 저는 걱정스러운데 괜찮을까요?

성급함이 앞서 조금 무모한 결정을 내리신 것 같습니다. 이동을 결정하기 적절한 시기가 아니었을 수도 있는데 친구분께서 밀어붙인 것은 아닐지 걱정이 됩니다. 아직 완전히 계약을 하기 전이라 하니, 당장 달려들지 말고 조금 더 주위 상황을 둘러보기를 조언해 주세요.

건강운

건강이 염려되어 헬스센터에 등록했습니다. 제가 운동을 잘할 수 있을까요?

에너지와 열정이 있는 상태이니 걱정하지 않으셔도 됩니다. 오히려 활력이 넘쳐 무리하게 운동을 하지 않도록 주의해야 합니다. 또 성급하게 새로 알게 된 식단이나 건강 관리법을 시도하려 하지 말고 충분히 그것을 검토하는 시간을 가져야 합니다. 약이 아닌 독이 될 수도 있습니다. 원래 기본 체력이 좋은 분이시니 지금 상태를 유지하거나 조금만 나아져도 아주 좋을 것 같습니다.

13 자청비 | Queen of Wands

농경신(세경신) 자청비가 무르익은 자신의 영지에 서서 깊은 생각에 잠겨 있다. 들판에는 오곡이 무르익으며 사람들의 풍요로운 삶의 기초가 이곳에서 이루어지고 있음을 보여준다. 자청비는 스스로의 힘으로 모든 시련을 이겨내고 신이 된 위대한 여성이다. 아버지에게서는 인정받지 못했으며 남편에게서는 수없는 배신을 당했다. 심지어 종으로 지내던 정수남은 바로 곁에서 갖은 훼방을 일삼았다. 자청비는 여성도 어엿이 자신의 인생의 주인공이 되어야 한다고 웅변한다. 신으로 추존됨은 당연한 결과이다.

생각해보기

'농자천하지대본(農者天下之大本)' 농사는 천하의 큰 근본이며, 나라를 안정적으로 유지하는 힘이라 했다. 지금은 먹는 걱정이 없는 세상이 된 것 같지만 그래도 여전히 먹고 사는 문제는 첨예한 삶의 모습이 아닐 수 없다. 농경신 자청비는 그저 구름 위에 앉아 있는 선녀같이 아름다운 여성신이 아니라, 고난을 타개하고 현실을 개척하는 강력한 현실주의자인 여성을 상징한다. 자청비의 신화는 전개 과정이 자세하고 극적인 요소가 많아 현재까지 전해지고 있는 제주도 신화 중 가장 뛰어난 작품으로 평가되고 있다.

적용

- **재물운** - 큰 부를 누리거나 그런 기회를 잡게 된다. 재물이 넉넉하고 계약이 이루어진다.
- **애정운** - 여성이 책임지는 사랑이거나 주도권을 잡는 연애를 한다. 너그럽고 능력이 있는 여성.
- **이동운** - 큰 이동은 필요치 않다. 있는 자리에서 모든 것이 해결된다고 본다.
- **건강운** - 많은 스트레스를 혼자 감당하려 하는 것에서 기인한 피로감 혹은 여성 질환이 예상된다.

완드의 여왕 (Queen of Wands)

완드의 여왕은 독립적인 여성이다. 일에 대한 책임감이 투철하며 맡은 바의 일을 충실히 해내는 사람이다. 남들에게 빈틈을 보이거나 약하게 비추어지는 것을 싫어하기에 더더욱 완벽주의자처럼 지내지만 그 때문에 외롭기도 하다. 양손에 완드와 해바라기를 모두 쥐고 있는 모습으로 보아 그녀는 욕심이 많지만 그만큼의 일을 해낼 능력이 있고 결과 또한 반드시 얻어낸다. 해바라기는 무한한 번영을 상징한다. 정직과 의리를 중요시 여겨 먼저 배신하지 않는 인간미도 충분하고, 움직여야겠다는 생각이 들면 망설이지 않고 실행에 옮기는 행동력도 갖추었다. 이 카드는 특히 직장과 가정을 동시에 이끌어나가는 멋진 여성을 상징한다. 현대의 여성상에 가장 잘 어울리는 인물이라 볼 수 있다. 하지만 사랑에도 일처럼 너무 책임감 있게 임해서일까. 연애를 하면 고기를 책임지는 방식의 베푸는 사랑으로 흘러갈 가능성이 그다.

실전 상담에서 응용해보기

※ 최종 카드로 등장했을 경우

재물운

어머니가 새로운 사업을 시작하려 하십니다. 염려가 되는데 괜찮을까요?

어머니께서는 충분히 사업을 이끌어갈 수 있는 분입니다. 능력도 있으시고, 독립적인 성향이 강한 분이십니다. 너무 걱정하지 마시고, 어머니께서 일을 혼자 다 짊어지려 하시는 부분이 있으니 마음의 짐을 조금 덜 수 있도록 곁에서 의지가 되어주시는 것이 좋겠습니다.

애정운

여자친구가 표현이 적고 무덤덤해서 저를 좋아하지 않는 것 같아요.

그분은 독립적이고 남에게 기대는 것을 좋아하지 않아서 힘든 일이 있어도 드러내려 하지 않으시는 성향입니다. 또 마음에 없는 말이나 일을 하지 못하는 분입니다. 상담자님을 좋아하지 않는데 계속 만남을 이어갈 리가 없겠지요. 투정을 부리거나 표현을 하라 다그치지 말고 그녀가 당신에게 마음을 열 수 있도록 넓은 마음으로 보듬고 기다려주세요.

이동운

올해 안에 이직을 목표로 준비를 시작하려 합니다. 결과가 좋을까요? (상담자가 남자)

지금 머무르는 직장의 주변 운이 좋고 사람들도 상담자님을 믿고 따르는 것 같습니다. 이직을 하려는 이유가 무엇인가요? 만약 이 카드가 상담자님 직장의 상사를 나타낸다면 그녀는 유능하고 일처리가 확실한 CEO로 보입니다. 그녀의 도움을 받아 지금 다니시는 직장에서 더 큰 성공을 거둘 수 있을 가능성도 보이니 아직은 이직을 마음속으로 확정짓지 말고 조금 더 기다려 보시는 것이 좋을 것 같습니다.

건강운

다음 주에 건강검진을 예약해 두었습니다. 결과가 괜찮겠죠? (상담자가 여자)

몸과 마음의 에너지도 충분하고 건강상의 큰 문제는 없어 보입니다. 만약 최근에 힘이 없고 무기력하며 밥이 잘 넘어가지 않았다면 병이 생겼다기보다 임신의 가능성이 있으니 주의해서 검사를 받아 보세요. 모성애와 책임감 있는 여성을 상징하는 카드이니 예상치 못하게 당신에게 아이가 찾아온 것일 수 있습니다.

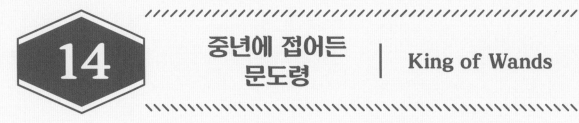

14 중년에 접어든 문도령 | King of Wands

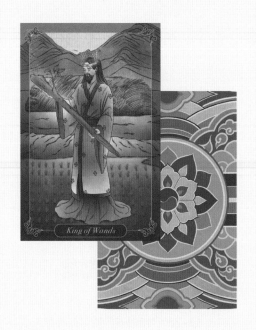

일부는 이미 추수가 되고 있는 넓은 들판을 배경으로 하고, 이제 중년이 된 문도령이 완드를 들고 생각에 잠겨 있다. 그가 지팡이를 들고 있는 것은 여왕(자청비)에게 모든 공을 돌리는 자세이기도 하다. 지금 그가 상경신(상세경)이 된 것은 오로지 자청비의 희생이 있었기에 가능한 것이다. 아무리 옥황의 아들이라고 하더라도 지상에서 농경신의 지위를 얻는 것은 또 다른 문제이기 때문이다. 자청비를 도와서 왕이 된 그가 세상을 살필 수 있게 된 흐뭇한 결말을 유추해 볼 수 있다.

생각해보기

자청비의 남편이자 상경신이 된 문도령은 옥황이자 학자의 신인 문곡성의 아들이었다. 이 문곡성(文曲星)의 역할은 인류 역사에 꼭 필요한 것을 포함하는데 특히 농업에 필수적인 천문학, 역법과 같은 지식을 상징한다. 이는 하늘의 지식을 내려주어 크게 출세를 시키는 별이며 북두칠성의 네 번째 별이다. 큰 인물이 되게끔 정해져 있기는 하지만 더불어서 고난을 야기시키는 기능을 함께 갖고 있기에 굴곡이 큰 역사적 인물이 많다.(남이장군, 강감찬장군 등)

적용

- **재물운** - 상당한 재물과 부가 갖추어지게 되며 이것을 지키는 것에 집중할 필요가 있다.
- **애정운** - 남성의 경우 여성이나 아내를 보좌하고 잘 보살피는 배려형의 연애를 한다.
- **이동운** - 큰 이동은 없으며 자신의 자리를 보전하고 주변을 살피는 정도에서 그치는 것이 좋다.
- **건강운** - 비교적 안정적이며 크게 염려할 정도는 아니다. 가벼운 질환이 있다면 곧 나아진다.

완드의 왕 (King of Wands)

옆으로 비스듬히 자세를 튼 채 앉아 있는 완드의 왕은 성실하고 책임감 있는 사람이다. 자기 자신을 속이는 일을 가장 싫어하며, 두 발을 모두 밖으로 내어놓고 있는 것은 그가 숨기는 것 없이 청렴결백함을 나타낸다. 전통과 규칙을 지키려는 면모가 강해 융통성이 조금 부족하지만 정직하고 부지런하다. 냉철한 카리스마와 압도적인 장악력보다는 꾸준하고 한결같은 부드러운 모습으로 사람의 마음을 움직인다. 하지만 신중한 성격 탓에 결정적인 순간 판단을 미루는 우유부단함을 보이기도 한다. 그 와중에도 본인의 주관대로 결정을 내리려 하기 때문에 타인의 충고를 잘 받아들이지는 않는 편이다. 다른 왕 카드와 비교했을 때 상대적으로 다정다감하고 가정적인 성향을 가지고 있기 때문에 연애를 할 때도 상대에게 주도권을 쥐어주는 경우가 많다. 연인과의 관계에서도 본인 성격대로 한눈팔지 않고 충실하려 최선을 다한다.

Q&A 실전 상담에서 응용해보기

※ 최종 카드로 등장했을 경우

····⟩ 재물운 ⟨····

팀장이 갑자기 퇴사해서 임시 팀장직을 제가 맡았는데 프로젝트를 잘 이끌어갈 수 있을까요?

리더십을 공고히 해나갈 필요가 있습니다. 실행력이 필요할 때는 피하려 하지 마시고 과감하게 결단을 내리고 밀어붙일 수 있어야 합니다. 당신은 팀을 이끌어갈 수 있는 충분한 능력을 가지고 있습니다. 그것을 십분 발휘할 수 있을지 없을지는 본인의 행동과 마음가짐에 달려 있습니다.

····⟩ 애정운 ⟨····

결혼을 약속한 남자가 있는데 한 번씩 답답한 행동을 해요. 믿고 결혼해도 될까요?

당신이 남자친구분을 답답하게 느끼는 것은 그가 단숨에 무언가를 결정하고 밀어붙이는 행동력이 부족해서일 가능성이 보입니다. 그런 경향은 그의 섬세하고 다정한 성향 때문일 것입니다. 결혼을 한다면 가정에 충실하고 가족을 1순위로 둘 분입니다. 가정을 책임지고자 하는 마음도 크고 가족들을 함부로 대할 사람이 아니니 믿어보셔도 좋을 것 같습니다.

····⟩ 이동운 ⟨····

이직을 하고 싶은 마음이 있는데 이직할 수 있는 운이 들어와 있는지 궁금합니다.

아직은 계획만 세우고 있으므로 선뜻 발을 내딛지 않는 모습이 보입니다. 이직을 하고자 하는 열정은 충분히 가지고 계십니다. 조금 더 의지를 다지고 이제는 행동으로 옮겨야 합니다. 생각만 하고 수동적인 자세로 기다리기만 하다가는 아무 것도 이룰 수 없습니다.

····⟩ 건강운 ⟨····

다음 달에 제가 건강상 특별히 조심해야 할 부분이 있을까요?

전반적으로 건강하고 큰 문제가 없지만 특별히 꼽아보자면 과로로 인한 면역력 저하를 조심해야 합니다. 지금 당장 건강하다고 해서 그것만 믿고 과한 운동이나 업무를 무리해서 진행하다 보면 분명 건강에 적신호가 뜰 것입니다. 적절히 휴식 시간을 분배해 몸과 머리가 쉴 수 있는 시간을 주어야 합니다.

최영장군의 일대기를 마이너 아르카나 스워드에 그려냈다.
고려 말, 노국공주의 죽음 이후 공민왕에게서 거의 모든 권력을 얻은 신돈이 득세하고
최영장군은 간신들의 모함을 받아 관직을 삭탈당하고 6년간 귀양을 갔다.
신돈이 숙청되고 공민왕이 시해된 이후 최영장군은 복직되어 어린 우왕을 보필한다.
우왕의 강요 어린 부탁으로 최영장군의 서녀가 우왕과 결혼을 하고,
그는 왕의 장인이 되어 최고 권력의 자리에 올랐다.

그러나 돈과 재물에는 관심이 없고 청렴결백한 장군은 당시 백성들의
속을 썩였던 왜구를 섬멸하며 나라의 호국신이라 불리며
국민들의 전폭적인 지지를 받았다. 그 와중 요동 정벌을 떠났던 이성계가
위화도에서 회군하여 우왕과 그 곁을 지키던 최영장군을 공격한다.
최선을 다해 싸웠지만 대부분의 전력을 요동 정벌에 참전시켰으므로
수적으로 심각한 열세였기에 최영장군은 패배하고 이성계에게 사로잡히고 만다.
이는 고려가 멸망하고 조선이 건국되는 사건이었다.

이후 장군은 안타깝게도 유배를 가게 되고 급기야 처형당하고 만다.
그러나 그의 죽음을 애도하여 온 백성들이 슬퍼하며 눈물을 흘렸고
상점가는 모두 문을 닫았다고 하니 만고의 충신인 최영장군은
죽음으로서 불멸의 영웅이 되었다.

스워드의 시종은 형형한 눈빛의 어린 최영장군이다.
스워드의 기사는 적진을 향해 돌진하는 젊은 장군이며
스워드의 여왕은 영비 최씨의 어머니이자 최영장군의 둘째 부인인 은씨이다.
스워드의 왕은 충신 최영장군의 위엄 있는 모습이며
가장 명예로운 시절의 모습으로 나타내 보았다.

※ 조선은 또 다른 시작이었으므로 스워드에서 최영장군의 삶을
   마지막으로 매듭지은 이성계를 스워드의 기사로 해석할 여지를 두었다.

마이너 스워드
Minor Swords

—

최영장군

01 | 봉황 | Ace of Swords

봉황이 하늘에서 내려와 칼에 깃드는 것은 위대한 영웅의 혼을 암시한다. 봉황은 하늘의 자손으로 하늘과 땅을 연결하는 영적인 존재를 상징하는 신성한 동물이며 환상적인 존재이다. 대지 위에는 최영장군이 수많은 전쟁터를 누비며 국토를 수호하기 위해 치켜들었던 검 한 자루가 꽂혀 있다. 위대한 인물의 숭고한 신념이 깃든 칼에서 강인한 정신력과 행동력, 결단력이 느껴진다. 하늘에서 보낸 최고의 리더, 오너임을 나타내는 것이다. 고려의 만고불변의 충신이자 여러 난신적자들이 횡행하는 가운데서도 오직 나라와 백성을 위해서 왜구와 홍건적을 물리치고 왕에 충성하고자 했던 영웅이다.

생각해보기

한 나라를 지키기 위해서 무력은 필수불가결한 요소인지도 모른다. 평화로 이러한 것을 지켜낼 수 있다면 더할 나위 없겠지만 현실은 그렇지 않다. 많은 국난을 겪으면서 그때그때 우리나라의 역사는 영웅을 탄생시켰다. 칼은 그 정신을 상징한다. 비록 말년에 위화도 회군 후 세력을 장악한 이성계에 의해 비참한 최후를 맞이하였으나 그의 위대한 삶의 궤적은 무속에서 더욱 면면히 살아 숨쉬고 있다.

적용

- **재물운** - 결단을 내려야 하는 타이밍. 결정 후에는 과감한 투자 혹은 반대로 정리가 필요하다.
- **애정운** - 확신을 갖고 주도적으로 밀어붙이는 스타일의 연애를 한다. 리드하는 사랑.
- **이동운** - 분명한 목적을 가진 이동이나 움직임이 이롭다. 자기 과시형의 행동일 수도 있다.
- **건강운** - 건강이나 질환이 급격히 나빠지거나 회복되거나 극적인 변화를 보인다.

에이스 스워드 (Ace of Swords)

커다란 검 위에 씌워진 왕관은 승리를 상징한다. 왕관에 걸린 월계수 잎은 승리를, 올리브 잎과 열매는 평화를 각각 의미한다. 의지를 다지는 과정은 끝이 났고, 새로운 길을 개척하고 쟁취하고자 이제는 직접 움직여야 하는 시점이다. 검은 말과 언변을 나타내기 때문에 중대한 발표나 선언을 하는 기회가 찾아올 수 있고 이성적으로 중요한 결정, 판단을 내려야 하는 기회가 생길 수도 있다. 고민하고 있던 일이 있었다면 적극적인 해결을 위해 무언가를 행동에 옮길 타이밍이다. 누구나 마음속에 검을 하나씩 품고 있다. 그것을 너무나 쉽게 휘둘러 남을 자주 상처 입히는 사람은 양날의 검에 스스로도 함께 상처가 나고 있을 것이며, 평소 묵묵히 때를 기다리며 검을 숨기고 살던 사람은 기회가 다가왔을 때 모든 준비를 마치고 검을 사용해 왕관을 쟁취해낼 것이다.

실전 상담에서 응용해보기

※ 최종 카드로 등장했을 경우

〉 재물운 〈

지금과 같이 회사 생활을 한다면 연말에 인센티브를 받을 수 있을까요?

현재 회사 생활을 충분히 잘하고 계신 것으로 보입니다. 주변 직원들을 잘 챙기며, 다양한 프로젝트를 잘 이끌고 오신 듯합니다. 지금까지 해 오신 대로 유지하신다면 연말 인센티브는 물론, 승진 계획이 있다면 그것도 노려볼 만한 상황으로 보입니다. 조금 더 자신 있는 태도로 임하셔도 좋을 것 같습니다.

〉 애정운 〈

오랜 시간 짝사랑한 사람이 있습니다. 이제는 포기해야 할까요?

당신에게 그분 말고 새로운 사람을 만날 수 있는 인연이 들어와 있습니다. 당신을 이끌어줄 수 있고, 이성적이며 결단력 있는 리더의 역할을 하는 분을 만날 수 있을 것 같습니다. 뒷모습만 보이는 사람보다는 관심과 호감을 보이는 새로운 만남을 선택하는 것이 이로울 것으로 보입니다.

〉 이동운 〈

다음 학기에 전과를 하고 싶습니다. 무리 없이 가능할지 걱정이 많습니다.

충분히 전과가 가능할 것으로 보입니다. 이동 후에도 여러 사람들과 어울리며 즐거운 학교생활을 하실 수 있겠습니다. 전과 준비를 오랜 시간 해 오신 것으로 보이는데, 지금이 바로 이동하기에 가장 적절한 시기라고 이야기할 수 있습니다. 확신을 가지고 이제 움직이는 것이 이롭겠습니다.

〉 건강운 〈

최근 들어 컨디션 난조가 너무 심한 상황입니다. 병원에 가서 검사를 받아야 할까요?

생활습관을 돌아보고, 식습관과 하루 운동량을 살펴보셔야 하겠습니다. 병원에 가보기보다는 지금 자신이 가지고 있는 나쁜 습관들을 돌아보며 끊어내는 것에 집중하는 것이 좋겠습니다. 당장은 병이 아니지만, 이 습관을 지금 고치지 않으면 훗날 병원에 가야할 수 있으니 지금 습관을 고치는 것이 좋겠습니다.

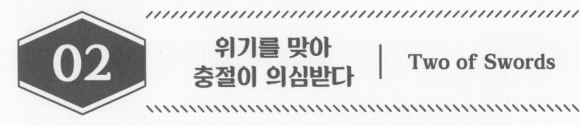

02 위기를 맞아 충절이 의심받다 | Two of Swords

공민왕의 권력을 등에 업은 신돈으로 인해 유능한 신하들이 줄줄이 숙청이 되는 상황 속에 최영장군도 그 위기를 피하지 못하고 파면 당할 상황에 처했다. 바위에 앉아 고민하는 최영장군의 옆에 칼 두 자루가 꽂혀있다. 그는 자신의 할 소임을 잃은 듯한 표정이다. 발치의 까마귀가 장군의 심정을 아는 양 올려다보고 있다. 장군의 뒤쪽으로는 왕이 계신 궁궐이 저만치 멀리 보인다. 가깝게 드나들었던 궁궐이 지금은 너무나 아득하게 느껴지는 심정을 보여준다. 이때 최영장군은 관직을 삭탈당하고 가산을 몰수당한 채 6년간의 귀양길에 오른다.

생각해보기

까마귀는 효성을 상징한다. 조류 중에서 늙은 어미새를 보살피는 유일한 새이다. 군사부일체(임금과 스승과 부모를 하나로 여기어 섬기다)는 효심을 다하듯 임금을 섬긴다는 뜻이다. 그러므로 까마귀는 최영장군의 성정을 비유한다. 다리가 세 개인 검은 까마귀 '삼족오'는 신의 새를 뜻하며 태양신의 사자로 여겨지기도 한다. 시베리아 샤먼들은 굿을 할 때 까마귀의 깃털을 달고 신과 대화를 시도하며, 까마귀는 다른 여러 신화들 속에서도 신성한 신의 뜻을 전하는 새로 등장한다.

적용

- **재물운** - 재정적으로 어렵다. 고민 중이라면 둘 중 어느 것을 선택하든 스트레스를 받는다.
- **애정운** - 선택의 갈림길에 놓여 있다. 현실을 직시하고 어서 결정을 내려야 나아갈 수 있다.
- **이동운** - 앞을 제대로 내다보지 못하는 상황이라 이동의 운이 나쁘니 머무르는 것이 좋다.
- **건강운** - 감정적으로 느끼는 답답함이나 불안함, 압박감이 몸의 건강까지 망가뜨릴 수 있다.

164

유니버셜
웨이트와 비교

스워드 2 (Two of Swords)

양 손에 검을 든 여인이 눈을 가린 채 자리에 꼼짝없이 앉아있다. 그녀가 눈을 가린 것은 한치 앞을 내다 볼 수 없는 답답한 상황을 나타낸 것일 수도 있고, 단순히 본심을 드러내고 싶지 않아서 스스로 가린 것일 수도 있다. 양 갈래로 나뉜 선택지 중 어느 것을 선택해야 좋을지 결정을 내리지 못하고 있는 상태이다. 상황이 긍정적이지 않으므로, 선택을 계속해서 미룬다 해도 추후에 더 나은 결단을 할 것이라 장담할 수 없다. 배경으로 보이는 잔잔한 바다는 그녀가 현재 감정에 휩쓸리지 않고 아주 이성적으로 생각하고 있다는 것을 나타낸다. 하지만 생각을 거듭하며 내면을 깊이 파고들수록 더욱 혼란스러워질 테니 이제는 마음을 정해야 할 때다. 어느 쪽을 선택하더라도 결국은 후회가 남을 것이다. 최대한 감정을 배제하고 히루빨리 결정히는 것이 그나마 시간 낭비를 줄이고 후회를 조금이라도 줄일 수 있는 길이다.

Q&A 실전 상담에서 응용해보기

※ 최종 카드로 등장했을 경우

﹒﹒﹒﹒〉재물운〈﹒﹒﹒﹒

새로운 사업을 시작하려고 합니다. 순조롭게 진행이 될지 궁금합니다.

의욕만 앞서서 현실적인 기초가 많이 부족한 상황일 수 있습니다. 또한 앞날을 예견하기 어렵다는 뜻도 포함된 카드이니 자료 수집과 주변 여건을 판단하면서 시간을 더욱 투자해 봄이 어떨까 합니다. 인적 구성도 다시 한 번 살펴보시고요. 아직은 시기상조입니다.

﹒﹒﹒﹒〉애정운〈﹒﹒﹒﹒

오래 사귀어 온 애인과 최근 권태기에 접어든 것 같습니다. 앞으로 관계가 어떻게 될까요?

헤어질 수도 있는 운이 있지만 당장 결론이 나는 것은 아니며, 두 사람이 서로에 대해 조금 더 현실적으로 생각해 볼 필요가 있는 상황으로 보입니다. 오랜 시간 함께해 왔던 이유를 다시금 상기해 보시는 것이 좋겠습니다.

﹒﹒﹒﹒〉이동운〈﹒﹒﹒﹒

근무하는 회사와 여건이 맞지 않아 힘듭니다. 이직운이 있을까요?

계신 곳에서 마음이 많이 답답하고 힘든 상황이라고 해석됩니다. 당장 객관적인 판단을 내리기 힘든 상황이기 때문에 섣불리 움직였다가는 이직도 힘들어질 수 있습니다. 일단은 있는 자리에 머물면서 시기를 다시 살피는 것이 이롭겠습니다.

﹒﹒﹒﹒〉건강운〈﹒﹒﹒﹒

최근 몸이 점점 더 안 좋아지는 것 같습니다. 큰 병이 있는 것은 아닐까요?

겪고 있는 스트레스나 불안감, 부담감이 상당한 것으로 보입니다. 당장은 병원에 가야하는 큰 병으로 보이지는 않으나, 같은 상황이 지속될 경우 약을 처방받거나 병원을 가야하는 상황이 생길 수 있으니 충분한 휴식을 취하는 것이 중요하겠습니다.

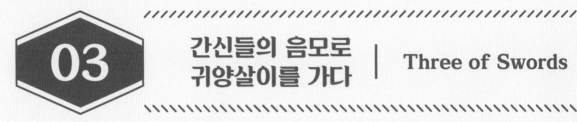

03 간신들의 음모로 귀양살이를 가다 | Three of Swords

저물어 가는 붉은 태양이 산 중턱에 걸려 있다. 뒷짐을 진 채 석양을 바라보는 장군의 모습이 초연하면서도 쓸쓸하다. 6년의 세월은 짧다면 짧고 길다면 긴 시간이다. 나라를 지키기 위해 공을 세운 영웅이 왕에게서 외면을 받고 간신들의 음모에 희생된 마음은 어땠을까. 아무렇게나 바닥에 팽개쳐진 칼들이 마치 버림받은 장군의 심정 같다. 그나마 바위에 박혀 있는 한 자루의 칼은 언제든지 왕의 부름을 받으면 바로 달려갈 수 있는 그의 충절을 보여 준다. 옆에는 강아지만이 장군의 곁을 지키고 있다. 모든 것이 떠나고 휴지기에 접어든 상태이다.

생각해보기

고려 시대에 중죄인은 주로 외딴섬으로 유배를 보냈는데, 유배는 간접 사형이나 다름없었고 뚜렷한 벌 없이 그냥 버리는 경우도 많아서 사실상 죽음만을 기다려야 하는 잔인한 형벌이었다. 고려 시대부터 섬에 사는 사람들을 천시한 것은 그들을 죄를 짓고 유배 온 사람의 후손으로 여기는 경향 때문이었다. 유배된 지역에서는 가택 연금 수준으로 지내야 해서 마음대로 돌아다닐 수도 없었고, 의식주를 본인이 알아서 다 해결해야 했다. 하지만 정쟁으로 인해 유배되었고, 언젠가 다시 사면되어 복권될 가능성이 있는 관리들은 유배지에서 저작에 몰두하거나 훈장 노릇을 하기도 했다고 한다. 이때 나온 명작이 정약용의 '목민심서'와 정약전의 '자산어보' 등이다.

적용

- **재물운** - 심각한 수준의 금전적 손실을 입는다. 그로 인해 분열과 갈등이 발생할 수도 있다.
- **애정운** - 배신과 이별을 나타낸다. 상처 입은 마음을 위로받기 어려운 상황이다.
- **이동운** - 심적으로든 현실적 재정 상황으로든 손실이 크기 때문에 이동할 여건이 되지 않는다.
- **건강운** - 당분간은 회복의 기미가 보이지 않는다. 심장과 순환계의 건강을 주의해야 한다.

스워드 3 (Three of Swords)

먹구름 낀 비 내리는 하늘을 배경으로 심장을 나타내는 하트에 세 자루의 검이 꽂혀 있다. 직관적으로 짐작할 수 있듯이 가슴에 칼이 꽂히는 것과 같은 고통을 겪게 됨을 의미한다. 믿었던 사람, 사랑하는 사람에게 배신을 당하는 충격적인 사건을 암시하기도 하고, 검의 개수가 셋이므로 삼각관계의 치정 문제를 나타내기도 한다. 당장의 이별을 피할 수 있는 방법이 없으며 마음에 입은 상처가 회복되기까지 어느 정도의 시간이 소요될 것으로 보인다. 연인 관계가 아니더라도 SNS 등과 같이 불특정 다수에게 상처를 받았을 때나 친구 사이에서 크게 말다툼을 하고 화해를 하기 전에 등장하기도 하는 카드이다. 검은 꽂힐 때보다 뽑아낼 때의 고통이 더 크다고 한다. 하지만 언젠가 비는 그칠 것이고, 구름이 걷히고 맑은 하늘이 드러나는 날이 올 것이다.

Q&A 실전 상담에서 응용해보기

※ 최종 카드로 등장했을 경우

• • • • 재물운 • • • •

몇 년 전부터 투자를 해 온 사업이 있습니다. 올해에는 성과를 볼 수 있을까요?

성과를 보기에는 어려운 상황이겠습니다. 혹시 투자금을 회수할 수 있다면 그 방법을 찾아보는 것이 차라리 이롭겠습니다. 함께 투자한 사람들과도 분열과 갈등이 있을 수 있으니 투자를 시작할 때 작성하신 문서가 있다면 다시 한 번 살펴보시는 것이 좋겠습니다.

• • • • 애정운 • • • •

남자친구가 요즘 저에게 소홀해진 것 같아요. 이별을 준비해야 할까요?

그런 조짐이 충분한 상황으로 보입니다. 안타깝지만 마음의 준비를 하시는 것이 좋겠습니다. 하지만 이별의 이유는 당신만의 잘못도, 자책할 거리도 아니니 너무 상처받지 않길 바랍니다. 하나의 결말 뒤에는 늘 새로운 시작이 있습니다. 아쉬움과 미련은 멀리 밀어두는 것이 좋겠지요.

• • • • 이동운 • • • •

대학에 입학하면서 독립을 하고 싶은데 부모님께 이야기를 꺼내 봐도 될까요?

경제적인 준비가 충분하지 않고, 부모님을 설득하려 해도 독립을 찬성하지 않을 상황인 것 같습니다. 우선 스스로 금전적 준비를 시작해야 할 것이고, 지금 같이 살며 당신을 뒷받침해 주고 계시는 부모님께도 더 예의를 갖추어야 하겠습니다. 당장의 독립은 어려울 것으로 보이니 시간을 더 두고 차근히 준비를 해 보세요.

• • • • 건강운 • • • •

내년에 건강쪽으로 제가 조심을 해야 할 부분이 있을까요?

심장과 순환계 건강에 신경을 쓰셔야겠습니다. 앉아있는 시간보다는 움직이는 시간을 늘리시고, 한곳에 오래 앉아있던 후에는 스트레칭을 꼭 하도록 하세요. 반신욕이나 족욕으로 혈액 순환이 잘될 수 있게 관리를 하셔야겠습니다. 컨디션 회복이 평소보다 더딜 수도 있겠습니다.

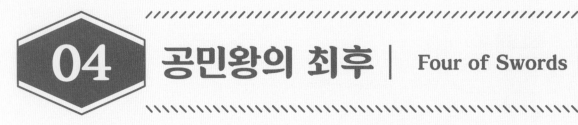

04 공민왕의 최후 | Four of Swords

공민왕의 마지막 모습이다. 벽에는 한때 왕이 군주로서 고려의 독립을 꾀하고, 개혁을 펼쳐 나갔던 업적을 상징하듯 칼들이 걸려있다. 하지만 이제 무기력하게 감은 눈에서 더 이상의 의지를 찾아볼 수 없다. 그는 어려서 원나라의 지배하에 왕자들이 견뎌야 했던 10년간의 볼모 생활을 했으며, 고려의 왕으로 추대된 이후에는 원이 쇠퇴할 것을 알고 본격적으로 반원 정책을 펼쳤다. 유일한 의지처이던 아내 노국공주가 세상을 떠나자 공민왕은 신돈에게 나랏일을 맡기고 점점 피폐해졌고 결국은 신하들에 의해서 시해되는 비극적인 결말을 맞았다.

생각해보기

공민왕의 죽음에 대해서는 아직까지 확실하게 밝혀진 바가 없다. 미소년 집단인 자제위들에 의해 시해되었다고도 하고, 신돈파 신하들에 의해 살해되었다는 설도 있다. 신돈은 노국공주 사후에 정신적으로 시들어가는 공민왕을 대신하여 나라의 근간을 뒤흔든 요승인데, 실상 정통 불교에서는 인정하지 않았던 스님으로 보인다. 공민왕의 죽음으로 인하여 고려는 본격적인 멸망의 수순을 밟게 되며 그것은 이성계(태조)가 조선이라는 새로운 나라를 세우는 계기가 된다.

적용

- **재물운** - 재정, 금전의 스트레스와 걱정이 상당해 지친 상태이다. 주위를 둘러보아야 한다.
- **애정운** - 장기적인 관점에서 서로의 사이에 시간을 가지고 잠시 쉬어가는 것이 좋다.
- **이동운** - 정신적으로 한계에 도달해 쉬고 있기 때문에 당분간은 이동과 변화가 불가능하다.
- **건강운** - 슬럼프를 의미하기도 하며, 휴식이 절실히 필요하다. 회복까지 시간이 걸릴 것이다.

스워드 4 (Four of Swords)

본인의 의지와 상관없이 휴식의 시간을 가져야 하는 상태를 상징한다. 우선은 물러나 스스로의 상태를 재정비해야 한다. 무조건 달려나가고 쉼 없이 에너지를 쓸 수 있는 사람은 없다. 쉴 때는 제대로 쉬는 것이 지지부진하게 이어지는 것보다 오히려 결과가 좋을 때가 많다. 그 시간 동안 목적의식을 다시 다지고 결심을 단단히 할 수 있으니 마음이 급해도 지금의 쉬어감을 부정적으로만 생각하지는 않아도 될 것이다. 스스로를 돌아볼 기회를 잡지 못하고 바쁘게 앞만 보고 살아가는 현대의 사람들에게 가장 필요한 카드 중 하나가 아닌가 하는 생각이 든다. 기사가 누워 있는 아래 가로로 뉘인 검은 당장이라도 사용할 수 있도록 그의 가까이 놓여 있다. 이것은 이번 한 타이밍을 쉬었다가 결심이 선다면 바로 각성해 움직일 수 있음을 나타낸다.

Q&A 실전 상담에서 응용해보기

※ 최종 카드로 등장했을 경우

• • • • 〉 재물운 〈 • • • •

못 받은 월급이 있습니다. 시간이 좀 걸리더라도 언젠가 받을 수 있을까요?

지금 금전적 상황도 좋지 않지만 상담자님의 스트레스가 무척이나 극심한 것으로 보입니다. 급여도 당장 해결이 되지는 않는 모습이 보입니다. 어쩌면 몸과 마음에 상처를 입고 무기력해져 해결을 나중으로 미루게 될 수 있겠습니다. 혼자 앓지 말고 주변 사람들에게 도움을 청해보는 것도 방법이 될 수 있겠습니다.

• • • • 〉 애정운 〈 • • • •

썸을 탄지 1년이 지나가고 있습니다. 우리 사이에 발전이 있을까요?

애매한 관계로 오래 지내다 보니 서로의 소중함이 조금은 흐릿해진 것 같습니다. 두 사람의 관계 발전을 위해서는 약간의 거리감이 필요한 것으로 보이네요. 평소와 같은 빈도의 연락을 기대하는 것은 실망감만 키울 것 같습니다. 거리를 두면서 각자 생각의 정리를 해볼 필요가 있는 상황입니다.

• • • • 〉 이동운 〈 • • • •

새로운 취미를 만들고 싶은데 배우러 멀리까지 다녀야 합니다. 괜찮을까요?

지금 이미 많은 일로 힘들고 바쁘신 상황으로 보이는데 새로운 취미를 장시간 이동까지 하며 배우는 것은 건강에도 무리를 가져올 수 있겠습니다. 또 멀리 나가는 것에 비하여 그 취미 생활에 대한 만족도가 낮을 수 있으니 새로운 취미를 만들기보다는 휴식을 취하면서 스스로를 돌보는 것에 힘쓰시는 것이 좋습니다.

• • • • 〉 건강운 〈 • • • •

연인이 운동선수입니다. 요즘 연락이 잘 안 되는데 혹시 어디 아픈 건 아닐까요?

연인분은 지금 슬럼프에 빠진 상황으로 보입니다. 성과가 잘 나지 않고, 심적으로도 힘든 상황인 것 같습니다. 연락이 잘 되지 않는다고 핀잔을 주기보다는 조금 기다려주시고, 나중에 확인했을 때 힘이 될 수 있게 위로나 응원의 메시지를 보내 두는 것이 좋겠습니다.

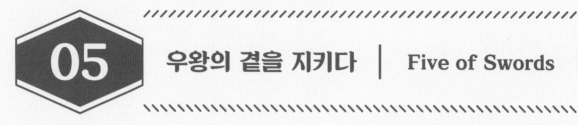

05 우왕의 곁을 지키다 | Five of Swords

공민왕이 죽은 후에 신돈의 시녀와 공민왕 사이에서 태어난 우왕이 즉위하였는데, 그의 나이 10세 경의 일이었다. 졸고 있는 우왕은 어릴 뿐만 아니라 국정에 아무런 관심도 없는 철부지였고, 다른 왕들이 저질렀던 패륜을 능가하는 엽색 행각을 펼쳤다. 하품을 하는 우왕의 뒤에 서서 묵묵하게 충언을 올리는 최영장군의 마음은 전혀 받아들여지지 않는다. 고급 백자에 칼이 여러 자루 꽂혀있다. 걸맞지 않은 지위를 손쉽게 얻은 자의 방탕함을 보여준다. 우왕은 어리석은 왕이었으며 태생과 기질 등에서 왕에 적합하지 않은 인물이었다. 후일 우왕이 최영장군의 서녀를 자신의 비로 삼고 싶다고 했을 때 최영장군은 완강히 거절했지만, 결국 그는 왕의 장인이 되었다.

생각해보기

우왕이 즉위할 때에 주변에선 그가 신돈의 아들이라는 설이 있었다. 그것은 공민왕이 우왕의 어머니를 죽이고 다른 궁인을 어머니로 삼은 것에 기인한다. 그렇지 않다면 굳이 공민왕이 자신의 자식의 어머니(신돈의 시녀)를 강제로 바꾸고 사형시키는 등의 술수가 필요하지 않았을 것이라고 판단한 것 같다. 때로 자격이 없는 사람이 횡재를 누릴 수도 있지만 그것은 대부분 결과적으로 대재앙을 가져온다.

적용

- **재물운** - 쟁취하거나 금전을 얻어내기 위해서 매우 피곤한 투쟁을 해야 할 수 있다.
- **애정운** - 사랑이 아니라 목적이 따로 있는 관계일 수 있다. 낯선 사람과의 만남을 조심하라.
- **이동운** - 이동의 운은 적다. 자리에 머무르며 도전하는 자들에게 반격하고 싸울 준비를 한다.
- **건강운** - 그동안의 경쟁 등으로 인한 압박과 스트레스가 상당했기에 매우 지쳐있다.

스워드 5 (Five of Swords)

싸움에서 승리한 한 남자가 돌아가는 패배자들의 뒷모습을 바라보며 당당히 웃고 있다. 그는 경쟁의 상황을 맞닥뜨렸을 때 수단과 방법을 가리지 않고 달려들어 쟁취해내는 성격의 사람이다. 승부욕이 강하고 교활한 편법 사용을 마다하지 않는다. 올바른 방식으로 정정당당히 경쟁에 임하는 사람의 입장에서 보았을 때 가장 피하고 싶은 상대이자, 힘이 빠지게 만드는 상대이기도 하다. 애정운으로 해석했을 때는 애인이 있는 사람을 빼앗는다는 의미를 가지고 있기도 하다. 또는 반대로 카드 속 검을 버린 채 등을 돌리고 떠나가는 남자들처럼 방심하고 있다가는 가진 것을 지키지 못하고 빼앗길 수 있음을 나타낸다. 하지만 패배했다고 의기소침해지지 말고, 비겁한 술수를 써도 상대할 수 없을 만큼 스스로의 역량을 키워 다시 도전한다면 승신이 있는 싸움이다.

Q&A 실전 상담에서 응용해보기

※ 최종 카드로 등장했을 경우

···· 재물운 ····

억울한 일을 당했습니다. 소송을 해야지만 보상을 받을 수 있을까요?

수단과 방법을 가리지 않고 억울함을 증명하기 위해 많은 공을 들여야 할 것 같습니다. 아무래도 원만한 해결은 조금 힘들어 보이고, 소송까지 가야 하는 상황으로 보입니다. 싸워야만 이 손해를 보상 받으실 수 있습니다.

···· 이동운 ····

다음 달 출장 계획이 나왔는데 저에게 그 임무가 해당되는 것일까요?(지금 업무가 힘들어서 떠나고픈 마음이 강함)

이동운이 부족해 당신이 출장을 가기에는 어려운 상황으로 보입니다. 지금 맡고 계신 일의 비중이 더욱 크고 책임감이 무거운 일로 보이는데요. 아무래도 그로 인한 막중한 책임감과 부담감 때문에 도망치고 싶으신 듯합니다. 그 일의 마무리를 잘하면 경험치가 크게 쌓일 테니 도망을 꾀하지 마시고 맡은 바의 일을 성실히 수행하는 것이 이롭겠습니다.

···· 애정운 ····

회사에서 저를 좋다고 하는 사람이 있습니다. 한 번 믿고 만나 봐도 괜찮을까요?

순수하게 당신을 좋아한다기보다는 다른 목적이 있어 보입니다. 당신에게 무언가 도움을 청하거나, 어떤 일을 부탁해 올 가능성도 있겠습니다. 특히 오랜 시간 함께한 사람이 아니라면 더더욱 경계하시는 것이 낫겠습니다. 섣불리 만나 보지 말고 거리를 두고 일단 지켜보세요.

···· 건강운 ····

앞으로 건강하게 지내기 위해서 제가 특별히 조심해야 할 것이 있을까요?

치열한 삶 속에서 큰 피로감을 느끼고 계신 것으로 보입니다. 지금까지 일에 너무 묶여 계셨다면 이제는 조금 거리를 두고 휴식을 취하는 것이 필요하겠습니다. 당장 병원에 가야 할 정도는 아니지만 지금의 상태가 지속된다면 훗날 건강에 무리가 올 것으로 보입니다. 며칠 동안이라도 휴가를 다녀오시는 것이 좋겠습니다.

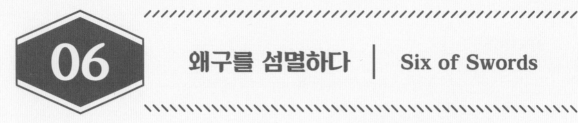

06 왜구를 섬멸하다 | Six of Swords

우왕 2년(1376)에 왜구가 고려를 공격해 왔다. 몇몇 장군들이 나서서 격퇴하고자 했으나 무리였고 결국은 최영장군이 우왕에게 출병을 요구하여 다시 전쟁에 임하게 되었다. 이때 최영장군의 나이는 환갑에 다다라 있었으나 용맹함은 젊은 장수를 능가했다. 장군은 일시에 왜구를 격퇴하였으며 최전선에 앞장선 그 활약상은 눈부셨다. 그림은 바다로 몰려간 왜구들이 서둘러 배를 타고 도망치는 장면을 묘사하고 있다. 이들에게 최영장군은 극히 두려운 존재였을 것이다. 실로 나라를 수호하는 무신이자 최고의 충신이라 할 만하다.

생각해보기

왜구(倭寇)는 특히 고려 말 약 40년간 잦은 침입을 하였고 이는 고려 멸망의 한 요인이 되었다. 홍산대첩은 특히 최영장군이 대승을 거둔 전투로 지금의 충남 부여군 홍산면에서 왜구를 격퇴한 사건이다. 왜구의 세력이 강력해짐에도 고려군이 어떠한 대처 방안을 내놓지 못하자 최영장군이 사태의 심각성을 느끼고 출병 요청을 하였고, 그는 잠도 자지 않고 그대로 전쟁터로 출발했다고 한다. 최영장군은 이 전쟁에서 입술에 화살이 박혔음에도 적을 모두 무찌른 후에야 그 화살을 뽑았다고 전해진다.

적용

- **재물운** - 문제를 회피하고 도망치려 하면 안 된다. 어려웠던 상황이 안정될 기미가 보인다.
- **애정운** - 불화가 있다면 화해의 기미보다는 한 쪽이 포기하는 방향으로 진행된다.
- **이동운** - 답답한 현실에서의 탈출, 고난의 상황을 피하려는 도망 등으로 해석할 수 있다.
- **건강운** - 급성 질환이 찾아올 수 있다. 여행과 휴가를 통해 마음을 안정시킬 필요가 있다.

스워드 6 (Six of Swords)

배를 타고 어디론가 떠나는 사람들의 뒷모습이 쓸쓸해 보인다. 그들의 고개를 숙인 자세와 우중충한 배경으로 미루어 보아 피치 못할 사정으로 쫓기듯 길을 떠났음을 짐작할 수 있다. 강물을 따라 도착한 곳에서 과연 새로운 시작을 할 수 있을지는 더 지켜보아야겠지만 어디든 본래 머무르던 곳보다는 희망적일 것 같다. 머물러 있는 것보다는 어디론가 이동하게 되는 일이 생긴다. 직장에서는 출장이나 좌천과 같은 부서 이동 등을 할 운이 들어오고, 연애에서는 장거리 연애의 가능성이 있다. 학업에서는 객지로 떠나 공부하는 것이 성적 향상이나 합격에 훨씬 도움이 되고, 유학을 떠나는 모습도 상상해 볼 수 있다. 혹은 곤란한 상황이 닥친 현실에서 도망치고 싶은 마음을 나타내기도 한다. 그럴 경우 짧게 가까운 곳이라도 휴가 또는 여행을 다녀오는 것이 큰 도움이 될 것이다.

Q&A 실전 상담에서 응용해보기

※ 최종 카드로 등장했을 경우

····〉재물운〈····

가게를 하고 있는데 요즘 너무 힘들다는 생각이 듭니다. 그만두는 것이 나을까요?

지금 섣부르게 사업을 그만두는 것보다 휴가를 다녀와 기분을 환기시킨 후 재정비를 하는 것이 이롭겠습니다. 이 시간 이후로 상황이 지금보다 점차 나아질 수 있으니 마음을 단단히 먹고 다시 가게를 운영할 준비를 해보는 것이 좋겠습니다.

····〉애정운〈····

여자친구가 확실히 전보다 저에게 소홀해졌습니다. 이미 끝난 관계일까요?

여자친구분께 최근에 도망치고 싶을 만큼 힘든 일이 있으셨던 것으로 보입니다. 그래서 당신과의 관계를 포함한 다른 일들에서도 무기력하고 회피하는 모습을 보였을 수 있겠습니다. 그 시기는 이제 곧 지나갈 것이니 지금의 자리에서 묵묵히 곁을 지켜주면 위기를 발판 삼아 더욱 단단한 관계가 될 수 있을 것입니다.

····〉이동운〈····

집에서 나와서 처음으로 독립을 해보려 합니다. 괜찮을까요?

지금 가족들과의 관계 속 어려움이라든지 다른 힘든 일로 인해 서둘러 다른 집을 구하고 계신 것 같습니다. 마음이 급할수록 제대로 된 집을 찾기 힘드니 마음의 여유를 가지고 천천히, 정말 혼자 자취를 하는 것이 맞을지 고민해 보는 것이 이롭겠습니다.

····〉건강운〈····

만성 피로에 시달리고 있습니다. 이대로 계속 지내도 괜찮을까요?

지금은 그저 피로감에 불과하지만 안정과 휴식이 부족한 상태가 계속된다면 면역력이 약해져서 각종 질병에 노출될 수 있겠습니다. 천천히 발생하는 질병보다는 갑작스레 찾아오는 대상포진과 같은 병이 생길 수 있으니 휴식 시간을 충분히 가지셔야 합니다.

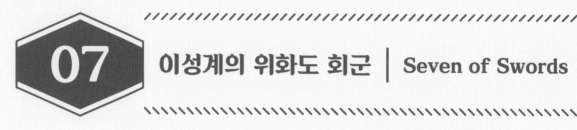

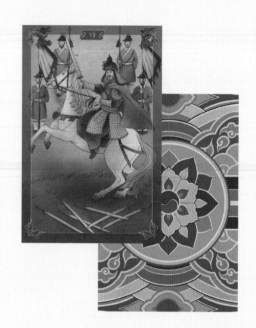

이 그림은 기회를 틈타 고려의 왕조를 정복하고 자신의 새로운 시대를 연 태조 이성계를 표현한 것이다. 그가 빠른 속도로 말 머리를 돌리는 모습은 그 유명한 '위화도 회군'을 나타낸다. 기회를 잡고자 하는 강한 열망과 출중한 행동력, 그리고 뒤로는 그를 뒷받침하는 추종자들이 늘어서 있다. 이성계의 발아래 쏟아진 칼들은 그가 굴복시킨 고려 왕조의 신하들을 상징한다. 그가 무력으로 왕조를 제압한 것도 있지만, 고려 신진 사대부층의 힘이 최영장군보다는 이성계쪽으로 이미 기울어지고 있었다는 점에서 그는 어느 정도 지도층의 지지를 받았던 것으로 보인다.

생각해보기

최영장군은 공민왕 때부터 신임을 받은 국제적인 장군이었던 반면 이성계는 본래 자신의 아버지와 함께 여진족 출신이었고, 투항하여 고려에 합류한 사람이다. 출신은 달랐지만 이성계 역시 30년 넘게 고려에 충성한 군인이었기에 요동 정벌을 위해 최영장군이 이성계에게 5만 군사를 내어준 것은 절대적인 믿음이 없이는 불가능한 일이었다. 하지만 이성계의 생각은 달랐다. 요동 정벌에서 패하고 돌아가느니 아예 시작도 하지 않은 채 말 머리를 돌려서 최영장군을 제거하고 자신이 새로운 왕이 되는 계획을 세웠던 것이다. 최영장군의 매우 비극적인 결말이 예상된다.

적용

- 재물운 - 주변에 동료로 가장한 스파이가 있다. 금전과 정보가 새어나가고 있으니 주의하라.
- 애정운 - 상대를 속이고 이용하려는 마음이 있다. 언제든 폭로될 수 있는 거짓말은 피하라.
- 이동운 - 의도와는 다른 이동을 하거나 뜻밖의 장소나 시간대에 이동한다.
- 건강운 - 평소 건강에 대한 이상 증세와 경고를 잘 살펴보고 적절한 조치를 취해야 한다.

스워드 7 (Seven of Swords)

한 남자가 여러 자루의 검을 들고 뒤를 돌아보며 도망을 치고 있다. 배경으로 보이는 막사 안의 사람들은 아직 그의 존재를 알아채지 못했다. 이 카드는 스파이와 도둑, 교활한 계략을 나타낸다. 정보나 금전 등 중요한 것들이 악의적인 누군가에 의해 어디론가 새고 있으니 주의를 기울여야 한다. 그는 겉으로 보았을 때는 그저 언변이 뛰어나고 지혜로운 사람처럼 보이지만, 이익이 되는 계산에만 머리가 빠르고 겉과 속이 다른 기회주의자이다. 그는 검의 손잡이가 아닌 날을 쥐고 있으며, 누군가 쫓아오는지 확인하기 위해 뒤를 돌아보느라 앞을 제대로 살피지 못하고 있다. 만약 자신이 이 남자와 같은 상황에 처해 있다는 생각이 든다면 우선 다치지 않도록 경계를 거듭해야 하고, 더 나아가 세상에 당신의 잘못이 드러나기 전에 상황을 바로잡고 처신을 올바르게 해야 한다.

Q&A 실전 상담에서 응용해보기

※ 최종 카드로 등장했을 경우

···· 재물운 ····

친구와 동업을 하고 있습니다. 재물운이 어떻게 흐를까요?

동업을 하고 있는 친구분과의 관계를 더 늦기 전에 계약화, 문서화하시는 것이 이롭겠습니다. 당장은 아무런 문제가 수면 위로 떠올라 있지 않다 해도 그가 당신의 노하우나 정보를 하나둘씩 빼돌려 가져가는 상황이 생길 수 있습니다. 중요한 장부나 서류가 있다면 미리 위치 파악을 해두시는 것이 좋겠습니다.

···· 애정운 ····

연인이 있는 사람을 좋아하게 되었습니다. 마음을 주체할 수 없는데 고백을 해도 될까요?

그분이 당신의 고백을 받아 주어도 그 이후가 진짜 문제입니다. 분명 진실이 밝혀지고 퍼져 나갈 것입니다. 그리고 연인이 있는 채로 고백을 받아 준 그를 당신이 완전히 믿고 관계를 이어갈 수 있을지도 확실하지 않아서 걱정이 됩니다. 같은 배신을 당하지 않을까 두려운 마음에 관계가 건강하게 흘러갈 것 같지 않습니다.

···· 이동운 ····

학과 생활에 문제가 생겨 편입을 준비하려 합니다. 생각처럼 해낼 수 있을까요?

현재의 상황에서 불명예스럽게 도망을 치려는 모습이 보여 걱정스럽습니다. 만약 사고를 쳤다거나 큰 잘못을 저질러 놓고 책임을 지지 않고 도주해 버린다 해도 그 진실이 언젠가는 온 천하에 드러나게 되어 있습니다. 경솔하게 이동하려 하지 말고 계획을 중단한 뒤 정정당당하게 사람들과 맞서는 것이 오히려 나은 선택이라 생각됩니다.

···· 건강운 ····

원인을 알 수 없는 손 떨림과 두통이 간헐적으로 지속되고 있습니다.

말씀하신 그대로 원인을 알 수 없지만 큰 병이 아닐 확률이 더 높습니다. 그렇지만 만약을 대비하여 병원에서 전문가의 검진을 받아볼 것을 권합니다. 평소 건강을 위협할 수 있는 행동이나 생활습관 등을 최대한 멀리하고 아예 관여하지 말라는 경고의 의미로 카드가 나온 것일 수도 있으니 계속 주의하시길 바랍니다.

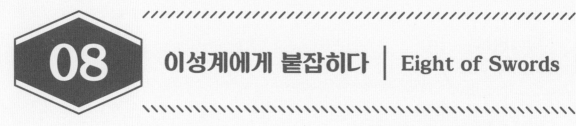

08 이성계에게 붙잡히다 | Eight of Swords

일흔이 넘은 나이로 왕을 위해, 나라를 위해 싸웠지만 새로운 권력을 쥐려고 하는 이성계에게 포위당한 최영장군의 모습이다. 간신 이인임 일파를 숙청할 때에 최영장군은 이성계와 함께 거사를 진행했으며, 이로써 이성계는 최영장군을 통해 화려하게 정치계에 입성했다. 그러나 요동 정벌을 강력히 추진하던 최영장군에게 이성계가 불가능하다고 전면적으로 맞서면서 이들은 충돌하게 된다. 어찌 되었든 요동으로 출병할 당시 최영장군은 함께 전장에 나가고자 하였으나 왕궁이 빌 경우 본인을 지켜줄 사람이 없다는 두려움에 빠진 우왕이 그를 극구 말리는 바람에 고려에 남기로 한다. 이것이 결정적으로 이성계에게 모든 권한을 내어준 꼴이 되고 말았다.

생각해보기

공민왕 때부터의 권신이었던 이인임은 매우 뛰어난 정치인이었는데, 그 역시도 왕이 바뀌면서 초심을 잃고 부정부패의 간신으로 변모했다. 그러나 최후까지도 서로 사적으로는 악감정이 없었던 최영장군에게 이성계는 '왕이 되려는 자'이니 늘 그를 경계하라는 경고를 했다고 전해진다. 이인임은 일반 권문세족과 달리 문무에 모두 뛰어난 자질을 갖고 있었으며 탁월한 정치적 감각이 있었던 인물이다. 위화도 회군 후에 이성계가 야심을 드러내자 최영장군은 그제야 이인임의 말이 옳았다고 탄식했지만, 이미 때는 늦은 후였다.

적용

- **재물운** - 금전이 묶인 상태이며 제약을 받고 있다. 도움을 받거나 돌파구를 찾아야 한다.
- **애정운** - 연애에 불안감과 두려움이 있다. 연인 사이에 위기가 올 수 있으며 답답한 상태다.
- **이동운** - 정신적, 육체적으로 속박되어 한곳에 묶여 있기 때문에 어디론가 움직일 수 없다.
- **건강운** - 심각한 우울증과 정신건강에 유의해야 한다. 트라우마의 재발에 주의해야 한다.

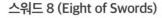
스워드 8 (Eight of Swords)

눈을 가리고 온몸이 묶인 여자가 여러 자루의 검에 둘러싸인 채 서 있다. 매우 답답하고 당장 취할 수 있는 조치가 없는 상황이다. 그녀는 외부적으로도 내부적으로도 고립되어 있으며, 누군가 도움을 주기를 기다리고 있는 것처럼 보인다. 하지만 그림을 자세히 살펴보면 그녀의 두 발은 자유롭고 감시자도 보이지 않는다. 사실은 여자가 자력으로 상황에서 벗어날 수 있음을 뜻한다. 하지만 그것을 깨닫지 못하고 스스로 두 눈을 가리고 몸이 묶인 것처럼 행동하고 있는 것이다. 이 카드를 자주 뽑는 사람은 마음에 여유가 부족하므로 주위를 잘 살피지 못하고 상대가 오해하기 쉬운 말을 많이 할 수 있다. 피해망상에 젖어 있거나 누군가 자신을 통제하고 억압하는 현실에서 벗어날 생각을 하지 못하고 점점 피폐해지고 있을 가능성도 크다. 당장은 충격이 크고 상처를 입더라도 구속당하고 있는 그 상황에서 스스로 탈출할 궁리를 해야 한다.

Q&A 실전 상담에서 응용해보기

※ 최종 카드로 등장했을 경우

····〉 재물운 〈····

사업을 확장하고 싶은데 마음처럼 진행이 되질 않아서 너무나 답답합니다.

금전적으로 묶인 상태, 또는 실제로 누군가에게 금전에 대한 권리가 넘어가 있어서 자유롭지 못하고 갇혀 있는 것과 같은 기분이 드는 것 같습니다. 주변에 도움을 청할만한 지인이 있다면 도움을 구해보는 것도 한 방법입니다. 하지만 그것도 스스로 마음의 건강을 추스른 다음에 해야 할 일입니다.

····〉 애정운 〈····

요즘 들어 남자친구의 집착이 너무 심해요. 어떻게 대처해야 할까요?

속박 때문에 괴로워하고 있는 마음이 잘 느껴집니다. 상대방이 불편할 정도로 집착을 하는 것은 정상적인 연애가 아니라 폭력입니다. 눈이 가려진 상태라 상담자분께서 확실하게 깨닫지 못하신 것 같지만 남자친구가 지금 당신에게 행하는 것은 사랑이 아니라 억압과 통제일 뿐입니다. 말로 해서는 그가 깨닫지 못할 것처럼 느껴진다면 서둘러 관계를 정리할 준비를 하는 편이 좋겠습니다.

····〉 이동운 〈····

어디로든 도망치고 싶습니다. 무엇을 해도 마음이 답답하고 갇힌 기분이 듭니다.

검으로 둘러싸여 어디로도 움직이지 못하고 있는 형국입니다. 무력감과 절망감을 느끼고 있는 심정도 카드에 잘 드러나고 있습니다. 지금 육체적이기보다는 정신적인 제약에 갇혀 있는 것으로 보여집니다. 회피하려 하지말고 상황을 현실적으로 판단하고 대책을 세워야 합니다.

····〉 건강운 〈····

병원을 오래 다니며 치료를 받고 있습니다. 완치될 수 있을까요?(충동장애 우울증 등)

육체적 질병이 아니라 심각한 우울증을 앓고 계시다는 의미의 카드가 나왔습니다. 공포심이나 불안장애 등을 함께 앓고 계실 수도 있겠습니다. 극단적인 선택이 탈출구로 느껴질 수도 있지만 절대 아닙니다. 의지를 가지고 계속해서 통원 치료를 받으신다면 언젠가 더 밝은 세상으로 분명 나아갈 수 있으실 겁니다.

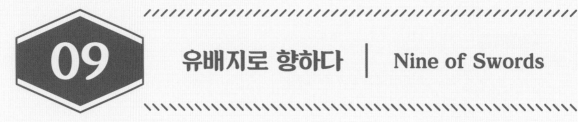

09 유배지로 향하다 | Nine of Swords

이성계가 득세하면서 최영장군은 유배의 길을 떠나게 된다. 믿었던 후배 무장 이성계에게 배신당하여 나라를 구한 영웅에서 죄인으로 전락해 슬픈 노인의 모습으로 호송 수레 안에 갇혀 있다. 길가의 푸르른 나무와 날아다니는 나비가 장군의 신세와 대비되어 인생무상을 말해 주는 것 같다. 평생 혼신을 바쳐 지켜온 길이 이제는 아무런 의미를 갖지 못하게 되었다. 모든 것을 하루아침에 잃어버린 최영장군은 죄가 없었기에 즉결 처형이 되지 않고 당분간 유배지로 보내졌다. 그러나 그에게는 더이상의 희망이 보이지 않는다. 운명의 시간은 이제 마지막을 향해 가고 있는 것이다.

생각해보기

이성계가 정치적인 군인이었다면 최영장군은 순수한 군인이라고 봐야 한다. 그는 왕을 섬기고 나라를 지키는 직분에 충실했으며 한 번도 자신의 사리사욕을 위해서 움직이지 않았다. 너무나 무신다운 행동들로 인하여 간혹 너무 융통성이 없었다는 후대의 평가도 존재하지만 최영장군은 자신의 욕심을 위해 움직인 적이 단 한 번도 없었기에 백성들로부터 수호신으로 섬김을 받았다. 그는 이순신과 더불어 한국 역사상 가장 위대한 장군이었다.

적용

- **재물운** - 재정 상황이 어렵고, 금전적으로 스트레스를 많이 받고 있으며 상황은 더 나빠진다.
- **애정운** - 관계가 행복하지 않으므로 감정적 고통에 괴로워하고 있다. 구설을 조심해야 한다.
- **이동운** - 이동운이 좋지 않으나 강제적으로 움직여야만 한다. 모든 것이 불리한 이동이다.
- **건강운** - 극도의 스트레스로 불면에 시달린다. 우울과 두려움으로 인해 심리적으로 불안정하다.

스워드 9 (Nine of Swords)

깊은 고민으로 잠 못 이루는 밤을 나타낸다. 침대 위에서 손에 얼굴을 묻은 사람의 뒤로 보이는 아홉 개의 검은 그의 고민거리, 불안감, 죄의식을 의미한다. 심적으로 매우 괴로운 상태이며 과거의 일에 사로잡혀 후회하고 있거나 일어나지도 않은 미래의 일을 사서 걱정하느라 정작 현실을 돌아보지 못한다. 사실 후회한다고 이미 흘러간 시간을 되돌릴 수 있는 것도 아니고, 대부분의 걱정은 쓸데없는 잡생각에서부터 비롯된다. 적당한 스트레스는 삶에 좋은 자극제로 작용할 수 있지만 지나친 스트레스는 만병의 근원이 될 뿐이다. 이 카드는 또한 육체적인 건강의 악화를 나타내기도 한다. 어느 쪽이 병들었든 빠른 회복을 위해서는 자기연민에 빠져 문제점을 회피하려 하지 말고 가능한 빨리 상황을 현실적으로 바라보아야 하겠지만 당분간은 무리일 것으로 보인다.

Q&A 실전 상담에서 응용해보기

※ 최종 카드로 등장했을 경우

〉재물운〈

투자 제안을 받았습니다. 긍정적인 대답을 해도 괜찮을까요?

밤잠 설쳐가며 고민을 하셨다 해도 지금이 새로운 도전을 하기엔 시기가 맞지 않다는 것을 이미 알고 계셨는지도 모르겠습니다. 심각한 빚을 지게 될 수도 있습니다. 무리하여 투자를 하더라도 매일 밤 돈 걱정으로 잠을 이루지 못하다가 건강마저 잃게 될 수도 있습니다. 긍정적인 대답은 하지 않는 편이 좋을 것 같습니다.

〉애정운〈

연인과 헤어지게 될 것 같습니다. 사이가 다시 예전처럼 돌아갈 수 있는 방법은 없을까요?

관계에서 현재 두 분 모두 우울함을 느끼고 있는 상태입니다. 대화를 나눌수록 상대와의 관계가 악화되기만 하니 어쩌면 이별을 대비하셔야 하겠습니다. 오해가 생겨도 풀리지 않고 이야기를 나눌수록 더욱 꼬이기만 할 것입니다. 차라리 서로 시간을 갖고 감정의 날이 조금이라도 무뎌진 후에 다시 대화를 나누는 시간을 가져보는 것이 나을 수 있습니다.

〉이동운〈

지금 바로 준비를 시작한다면 내년에는 다른 과로 전과를 할 수 있을까요?

지금은 전과 준비 시작이 불가능할 것으로 보입니다. 현재에는 처하신 상황이 충분히 힘들기에 무언가를 시작할 수 없는 상황입니다. 내년의 운은 지금과 조금 달라져 과를 옮길 수 있는 운이 들어온다고 하더라도 당장 준비를 시작하기까지 예상보다 시간이 오래 걸리고 힘겨울 것 같습니다. 마음을 먼저 추스르고 신중히 결정을 내려 보세요.

〉건강운〈

요즘 잠에 들기까지 시간이 오래 걸리고 자더라도 자주 깹니다. 건강이 괜찮은 걸까요?

과로로 쓰러지기 직전의 상태입니다. 업무 등에서 오는 스트레스와 압박감이 상당해 최근 편두통에도 시달리셨을 것 같습니다. 불면과 잠 못 이루는 밤을 나타내는 카드가 나온 것은 이제 이 불안과 스트레스를 스스로 관리하기 위해 조치를 취해야 함을 뜻합니다. 맡은 일을 사람들과 분담하고 적절한 휴식을 취하셔야 이 시기를 건강하게 지나갈 수 있습니다.

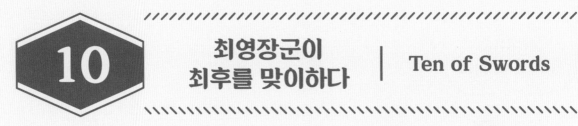

최영장군이 최후를 맞이하다 | Ten of Swords

최영장군은 유배된 지 얼마 지나지 않아 다시금 참혹한 심문을 받고 73세의 나이에 참수형에 처해진 뒤에 시신은 저자거리에 방치되었다. 그는 처형의 순간에도 낯빛이 변하지 않고 태연했다고 전해지며, 자신이 한 번이라도 사사로운 욕심을 품었다면 무덤에 풀이 날 것이요, 그렇지 않다면 풀이 나지 않을 것이라는 말을 유언으로 남겼다. 장군이 세상을 떠나는 날 백성들은 크게 슬퍼하며 남녀노소가 눈물을 흘렸으며 개경의 상인들은 모두 가게 문을 닫았다고 한다. 길가에 누운 장군의 시신이 훼손될까 하여 사람들은 말에서 내려 걸어갔다고 한다. 위태로운 시대의 고려를 지키고자 평생을 바친 최영장군의 비극적인 최후는 무속에서 가장 위대한 장군신으로 추존되기에 이른다.

생각해보기

연려실기술에 실린 이야기에 따르면 실제로 최영장군의 묘에는 풀이 나지 않아 '적분(赤墳)'이라 불렸다고 한다. 최영장군의 묘는 경기도 고양시 덕양구 대자동의 산에 있는데, 시간이 많이 지났고 1976년에 사초(莎草)를 하고 나서는 풀이 잘 자라 지금은 푸른색이다. 이제 최영장군의 혼도 모든 것을 잊고 영면에 들어가신 것 같은 느낌이다.

奮威光國鬢星星 나라를 빛내기에 평생을 바치니
學語街童盡識名 어린 아이까지도 그 이름 알고
一片壯心應不死 한 조각 장한 마음 죽지 않아서
千秋永與太山橫 천년토록 태산과 함께 남으리라
: 변계량의 최영장군 추모 시 [변계량 - 고려 후기의 문신]

적용

• 재물운 - 실패와 파산을 뜻한다. 재정적으로 최악에 다다랐으니 훗날을 도모하는 것이 낫다.
• 애정운 - 이별의 아픔에 절망하고 있는 상태이거나 회복할 수 없이 끝난 관계를 의미한다.
• 이동운 - 모든 상황이 좋지 않아 이동할 수 없다. 자리에서 사태를 지켜보고 추슬러야 한다.
• 건강운 - 정신적, 육체적인 상태가 모두 좋지 않다. 건강의 회복을 위해서는 휴식이 절실하다.

스워드 10 (Ten of Swords)

열 개의 검에 찔린 남자가 바다를 배경으로 쓰러져 있다. 등과 뒷덜미에 온통 검이 꽂힌 것은 그가 뒤에서부터 공격당했음을 의미한다. 듣기 좋은 거짓말에 속아 배신을 당해 칼을 맞은 것 같기도 하고, 폭력적인 언사가 검으로 표현되어 그를 온통 상처 입히고 있는 것 같기도 하다. 이 카드는 일어날 수 없을 정도의 심각한 슬럼프를 맞이한 것을 나타낸다. 남자는 언뜻 체념하고 종말을 받아들인 것처럼 보인다. 하지만 저 멀리 어두운 하늘이 조금씩 개이고 있다. 실패의 원인을 찾고 칠전팔기의 정신으로 새롭게 임한다면 이 다음의 결과는 달라질 수도 있다. 무릎을 털고 일어나 앞으로 나아갈 것인지, 쓰러진 자리에 머물 것인지 결정하는 것은 결국 자신이다. 성숙하게 극복해낸다면 괴로운 현재를 양분삼아 미래에는 같은 실수를 반복하지 않을 수 있을 것이다.

❓ 실전 상담에서 응용해보기

※ 최종 카드로 등장했을 경우

⟨ 재물운 ⟩

경기가 좋지 않아서 운영하는 가게를 유지해야 할지 말지 고민입니다.

막다른 골목에 다다른 것 같은 암담한 심정이 느껴집니다. 무리했다고 할 수 있을 정도로 당신은 지금까지 최선을 다해왔지만 결국은 정리수순을 밟아야 할 것으로 보입니다. 상황이 더 나빠지면 파산까지 다다를 수 있기 때문에 지금 가게를 정리하는 것이 더 나은 선택일 수도 있습니다.

⟨ 애정운 ⟩

오래 만난 연인과 요즘 들어 사이가 좋지 않습니다. 사이를 회복할 수 있을까요?

당장의 헤어짐을 피할 수는 없겠습니다. 새로 시작을 한다 해도 지금은 서로 간에 거리를 두는 것이 낫습니다. 이미 상호 간에 상처를 주고받은 상태이고, 스스로를 회복할 때까지는 서로가 아닌 다른 누군가라도 만나기 어려울 것으로 보입니다. 더 파국으로 치닫기 전에 마무리 짓는 것도 하나의 방법이 되겠습니다.

⟨ 이동운 ⟩

회사를 옮기고 싶습니다. 올해 안에 이직에 성공할 수 있을까요?

지금 다니는 직장의 사람들과의 사이에서 말로 상처받은 기억이 크신 것 같습니다. 하지만 지금은 받은 상처가 다 아물지 않아 이동할 수 없는 상태입니다. 적어도 가을까지는 그 곳에 머무르며 스스로의 상태를 추스르시는 것이 나을 것으로 보입니다. 성급하게 움직이려 하다가 이도 저도 아니게 되어 괜히 중간에서 더 다칠 수 있습니다.

⟨ 건강운 ⟩

자꾸 쉽게 피로해지고 만사 귀찮아집니다. 병원에 가서 정밀 검진을 받아야 할까요?

자각하지 못하고 있더라도 심각한 슬럼프로 지쳐있는 상태입니다. 당장은 다시 일어날 기미가 보이지 않는 암담한 상황입니다. 당장 충분한 휴식을 취하고 건강 회복을 최우선으로 하지 않으면 최악의 상황까지 치달을 수 있습니다. 혼자서 재기하기는 불가능해 보이니 주변의 도움을 거절하지 말고 감사히 받아야 합니다.

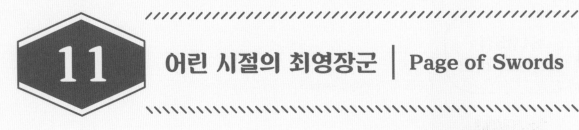

11 어린 시절의 최영장군 | Page of Swords

최영장군은 어려서부터 기골이 장대하고 풍채가 늠름했으며 용력이 출중하여 문신 가문에 태어났으면서도 병서를 읽고 무술을 익히어 무장의 길을 걸었다고 전해진다. 문무를 겸비했다고 봐야 할 것이다. 최영장군은 평소 황금 보기를 돌같이 하라는 아버지 최원직의 유언을 받들어 평생 여색과 재물을 멀리하였다. 노후에도 직접 검을 들고 출정하여 선봉에서 전쟁터를 누빈 그에게도 어린 시절이 있었다. 최영장군의 소년 시절, 봄이 온 듯 새들이 지저귀고 풀밭에는 소박한 꽃들이 피어난다. 위대한 영웅의 본격적인 행보가 시작되기 전의 평온한 풍경이다.

생각해보기

최영장군은 고려 후기의 학자로 집현전태학사(集賢殿太學士)를 지낸 최유청의 5대손이며, 사헌부 간관(司憲府 諫官)을 지낸 최원직의 아들로 태어났다. 최영장군은 관직에 늦게 발을 들인 편이었는데 30대 중반이 되고 나서야 중앙 정계에 진출하였으며, 당시로는 상당히 늦은 나이였다. 고려 연안에 왜구가 출몰하기 시작한 시기와 최영장군이 이름을 날리기 시작한 시기는 정확히 일치한다.

적용

- **재물운** - 아직 재물의 결과를 얻기엔 무리가 있으니 조금 더 과정을 신중히 하는 것이 좋다.
- **애정운** - 애정이 있다 해도 그것을 전달하는 방식에 문제가 있거나 서툴기에 오해를 받는다.
- **이동운** - 자신의 힘을 시험하거나 능력을 확인받기 위해서 움직이거나 이동하게 된다.
- **건강운** - 체력은 강한 편이다. 근력보다 힘에 부치는 활동을 하는 바람에 얻는 질환이다.

스워드의 시종 (Page of Swords)

커다란 검을 휘두르려 들고 있는 어린 소년이다. 그가 가진 힘보다 거대한 검이 버거워 보이기도 한다. 서투르게 휘둘렀다가는 스스로를 다치게 만들 수도 있을 것 같다. 그는 주위를 경계하고 있는 듯 보이지만 사실은 조심성이 부족한 성격으로, 특히 말실수로 인해 곤경에 빠질 가능성이 크기 때문에 조심해야 한다. 무심코 내뱉은 말 한마디가 타인뿐 아니라 본인에게도 날을 세운 검으로 돌아올 수 있음을 알아야 한다. 말을 날카롭게 하는 경향 때문에 인간미가 부족하다는 평을 받을 때가 있고, 주변에 사람이 오래 남아있기 힘들다. 하지만 그것은 그가 인간성이 나쁜 사람이라서 그런 것이라기보다 상처를 받을 바에는 먼저 쳐내는 안 좋은 습관 때문이다. 오히려 진실한 사람 대 사람의 관계에서는 미숙하고 서툴게 구는 모습을 보일 것이다. 그는 타인을 위해서 마음을 베푸는 빙빕을 배울 필요가 있다.

실전 상담에서 응용해보기

※ 최종 카드로 등장했을 경우

재물운

아들이 새로 사업을 준비하고 있습니다. 걱정이 되는데 운영하려는 가게가 잘 될까요?

야망에 비해 현재의 능력이 따라주지 않는 경우이니 당장은 실망하는 일이 생길 수도 있겠습니다. 하지만 포기하지 않고 스스로를 갈고닦는다면 현재보다 미래가 더욱 기대되며 차츰 성장할 수 있을 것으로 보입니다. 말만 앞서지 말고 그것을 실제 행동으로 옮겨야 한다는 조언을 해 주시면 좋겠습니다.

애정운

요즘 연인과 계속해서 다툽니다. 관계를 원만히 이어가려면 어떻게 해야 할까요?

혹시 싸움의 원인이 상담자 본인께 있는 것이 아닌가 하는 생각이 듭니다. 의도하지 않은 말실수 때문에 두 분의 싸움이 종종 일어났던 것으로 보이기 때문입니다. 불필요한 말다툼을 피하기 위해서는 말의 끝이 검의 끝과 같이 날카로울 수 있다는 사실을 항상 명심해야 합니다. 또, 검은 양날이니 본인이 내뱉은 말이 사랑하는 상대뿐만 아니라 스스로를 상처 입힐 수도 있음을 기억해야 합니다.

이동운

제가 생각한 회사로 취업을 할 수 있을까요? 무엇을 특히 조심하면 좋을까요?

시작하려는 의욕이 충만한 상태인 것으로 보입니다. 하지만 너무 도전적인 태도를 지양해서야 합니다. 당분간은 소신을 조금 내려놓고 남들의 조언을 듣고 행동하는 것이 나을 수도 있습니다. 또한 자소서 첨삭 등을 받는 것이 낫겠습니다. 면접을 가신다면 모의 시뮬레이션을 충분히 해보고, 특히 말조심을 해야 하겠습니다. 의도치 않으셨다 해도 오해를 살 수 있습니다.

건강운

두통이 잦은데 하는 일이 잘되지 않아서인지 큰 병인지 헷갈립니다.

수용할 수 있는 한계치를 넘어 너무 많은 것들을 끌어안고 진행하려 하니 일이 잘되지 않고, 두통의 원인은 이 때문인 것으로 보입니다. 산만하고 정신이 불안한 마음이 들겠지만 그에 매여 너무 무리하지 않도록 스스로 조절하셔야 합니다. 실제로 건강이 더 나빠질 수 있습니다. 지금 상태는 그다지 심각하지는 않아 보입니다.

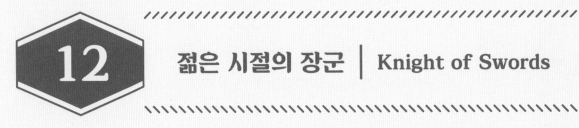

12 젊은 시절의 장군 | Knight of Swords

적진을 향해 거침없이 돌격하는 장군의 모습이다. 이 카드는 특정 인물을 정하지 않고 영웅이 되려는 혈기 왕성한 젊은 장군을 그려 보았다. 따라서 최영장군으로 볼 수도 있고, 혹은 새롭게 떠오르는 이성계로 상상해 볼 수도 있다. 누구나 정해진 순서를 따라서 등용이 되어 출세를 하고 역사의 중심으로 나아갈 수 있는 것은 아니다. 운명적인 요소가 덧붙어야만 가능한 것일지도 모른다. 젊은 장수의 패기는 저돌적이며 멈출 생각이 없다. 그러한 용맹함과 기질이 있었기에 외적의 침입에서 나라를 지키고, 덕분에 백성들의 편안한 삶이 보장되었던 것이다.

생각해보기

고려는 무신정권이라는 역사를 가지고 있다(고려 중기). 어느 나라건 무력 쿠데타가 곁들여져서 정권이 바뀌는 경우가 허다하고, 고려의 경우도 다르지 않았다. 그러나 무신들의 득세가 장기화되어 고려 말까지 이어지는 폐단을 낳았고 왕은 명분뿐인 허수아비가 되기 일쑤였다. 무신들은 권력을 잡는 것에만 급급한 나머지 외적을 물리치는 자신들의 본분에는 소홀했다. 이러한 흐름 속에 최영장군은 진정한 무신의 본보기를 보여 주었다. 물론 고려 말엽이기는 했지만 백성들의 마음속에 호국신으로 자리 잡았을 만큼 그 존재감은 대단한 것이었다.

적용

- **재물운** - 한꺼번에 들어오고 한꺼번에 나가버리는 등 금전의 출입이 활발해진다.
- **애정운** - 우연한 만남이 필연이 되는 등 매우 극적인 연애사건이 생기게 되고 빠져든다.
- **이동운** - 예상보다 여행이 길어지거나 장기 체류의 가능성이 있다. 계획 외의 이동이 예상된다.
- **건강운** - 급체나 갑작스러운 사고로 조금 놀랄 수 있다. 장기적으로 진행될 질환은 아니다.

스워드의 기사 (Knight of Swords)

호전적으로 검을 빼 들고 빠른 속도로 전진하고 있는 기사의 모습에서 그의 행동력과 자신감을 읽을 수 있다. 원하는 것을 손에 쥐기 위해 망설임 없이 뛰어들었지만, 성급한 판단이었다면 아무것도 얻을 수 없다. 좋아하는 여자가 생겼을 때도 열 번 나무를 찍는다는 생각으로 무턱대고 들이대는 경향이 강해서 타이밍이 맞지 않다면 상대가 부담스러워 하는 경우가 많을 것이다. 그는 감정에 휘둘리지 않는 강인한 면이 있지만 급한 성격 탓에 순간순간 이성적이지 못하고 튀어나오듯 공격성과 폭력성이 드러나기도 하므로 마음을 다스리는 법을 익혀야 한다. 스스로도 신중했다면 더 좋은 결과를 얻어낼 수 있음을 알고 있지만 타고난 성향이 급하고 부딪히길 좋아하기 때문에 고치기가 거의 불가능에 가깝다고 봐야 한다. 추신력이 강하므로 마음을 먹고 이동해아 하는 일이 있을 때 이 카드가 나온다면 길하다.

Q&A 실전 상담에서 응용해보기

※ 최종 카드로 등장했을 경우

재물운

업체 간 경쟁에서 이겨서 프로젝트를 따올 수 있을까요?

커다란 변화가 예상되니 기회가 다가올 때 붙잡을 수 있도록 만반의 준비가 되어있어야 합니다. 두려워하지 말고 도전해 보시기를 권합니다. 선두에 서는 것을 꺼리지 말고 대담하게 나서서 프레젠테이션을 이끌어 보세요. 원하는 바를 쟁취해 낼만한 행동력과 설득력을 가진 분이시니 성과가 기대됩니다.

애정운

저에게 대쉬를 하는 사람이 있는데 한 번 데이트를 해볼지 말지 고민입니다.

그분은 용감하고 합리적이며 결정력이 있는 사람입니다. 완벽주의자이지만 모험심이 강하고, 목표를 이루기 위해서는 위험을 감수하는 멋진 모습도 가지고 있습니다. 하지만 성급히 상황을 판단하고 다소 충동적인 면이 있어 부드럽거나 차분한 매력은 조금 부족합니다. 감정적인 소통과 공감을 우선적으로 생각하신다면 이 부분은 내려놓아야 할지도 모릅니다.

이동운

다음 달에 인사이동이 있는데 승진할 수 있을지 궁금합니다.

아주 강한 이동운이 들어와 있습니다. 야망이 있고 목표를 향해 돌진하는 추진력이 있는 성격이신 것으로 보입니다. 일처리도 이성적이며 결단력 있게 진행하니 인정을 받고 승진을 하기에 문제가 없을 것 같습니다. 그러나 급하게 달려나가느라 주변을 제대로 챙기지 못할 가능성이 있으니 그 점을 가장 주의하셔야겠습니다.

건강운

지난주에 건강검진을 받았는데 결과가 괜히 걱정됩니다.

말을 탄 기사가 좋은 소식을 들고 빠르게 달려오는 것처럼 만약 앓고 있던 병이나 부상이 있었다면 빠른 속도로 회복될 기미가 보입니다. 반면 평소 건강에 아무런 문제가 없었다면 여러 가지 급성질환 등을 조심하며 꾸준히 관리를 하셔야 합니다.

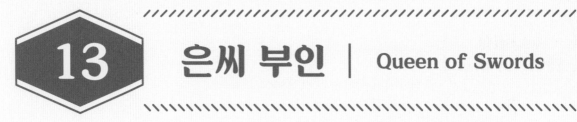

13 은씨 부인 | Queen of Swords

작두 위에 올라서서 태연한 표정으로 정면을 응시하고 있는 여성은 최영장군의 아내였던 은씨 부인을 모델로 하였다. 부인은 우왕의 비가 되는 최영장군의 딸 영비 최씨의 어머니이다. 영비의 나이로 볼 때 최영장군의 첫 번째 부인이 아닌 두 번째 부인 은씨의 소생으로 추측된다. 파란만장한 장군의 아내답지 않게 그녀의 일생은 잘 알려져 있지는 않지만 후에 무속에서 그녀를 여장군으로 모시는 곳도 있다.(황해도 개성의 덕물산에는 조선 초기에 최영장군의 사당이 마련되었는데, 이곳에 최영장군과 함께 부인의 상이 보존되어 있었다고 한다.)

생각해보기

무속의 열두 거리에서 산마누라거리(산신거리)는 산의 마누라가 있다는 뜻이 아니라 산 자체를 마누라(높으신 여성)로 본다는 시각이라고 한다. 특히 마누라는 마마님과 같은 높임말이었으나 가족의 형태로 쓰이기 시작하면서 예의를 갖추는 곳에서는 쓰지 못하게 되었다고 한다. 산마누라는 산신을 뜻하는데, 이는 하늘의 뜻에 따라서 만물을 키워내고 소생시키는 산의 위대한 능력을 여성형으로 표현하는 것 같다. 작은 국토에 비해 산이 매우 많은 우리나라에서는 산신이 백성들에게 친숙한 신령이 될 수밖에 없었을 것이다. 산신이 원래는 여성신이었음을 이 산마누라거리에서 재확인해 볼 수가 있겠다.(남산신, 여산신이 따로 모셔지거나 혼재되는 경우도 있다.)

적용

- **재물운** - 화려한 외견에 속지 말고 겉모습보다 실속을 차린다면 더 좋은 결과가 있을 것이다.
- **애정운** - 여성의 경우는 고독하며 혼자 해결할 일이 생긴다. 연인 간에 작은 오해가 생길 수도.
- **이동운** - 큰 이동은 없다. 작은 번민을 하지만 결국은 움직이지 않고 제자리에 있는 편이 낫다.
- **건강운** - 서서히 체력 소모가 진행이 되어 만성 피로같은 질환이 어느새 자리 잡을 수 있다.

스워드의 여왕 (Queen of Swords)

검의 여왕은 결단력 있고 감정에 휘둘리지 않는 이성적인 여인이다. 사람들을 휘어잡는 카리스마가 있으며, 언변 능력이 뛰어나 남을 가르치는 일이나 통치자에 어울리는 사람이다. 똑 부러지는 일처리 능력을 지녔고 완벽주의적인 성향이 있어서 타인에게도 스스로에게도 작은 실수조차 용납하지 않는다. 하지만 그런 빈틈없는 모습이 인간미 없고 히스테릭하게 비추어지기도 한다. 자기 방어적인 태도 때문에 남들이 그녀에게 다가가기 쉽지 않고, 인간관계도 원만히 흘러가지 않을 때가 많다. 하지만 나비 모양의 왕관에서 드러나듯 그녀의 내면은 오히려 남들보다 부드러울 가능성이 크다. 그것을 표현하지 못할 뿐이다. 검의 여왕의 마음을 사로잡는 방법은 꾸준하게 따뜻한 관심을 표현하는 것이다. 처음에 그녀가 방어적인 모습을 보이고 날카롭게 반응을 하더라도 속에 숨겨진 진짜 모습을 알아준다면 여왕의 날카로운 가시가 순식간에 녹아버릴 것이다.

Q&A 실전 상담에서 응용해보기

※ 최종 카드로 등장했을 경우

·····〉 재물운 〈·····

지인분이 동업을 제안해 왔습니다. 같이 일을 해도 괜찮을까요?

지인분이 여자분이신가요? 믿고 따를 만한 것 같습니다. 그녀는 이성적이고 냉정한 상황판단 능력을 갖춘 분이니 평상시에도 조언과 충고를 새겨들으면 좋을 것입니다. 다만 말을 다정하게 하는 스타일은 아니니 말실수로 인한 오해를 사전에 차단할 수 있도록 상호 간에 평소 대화를 자주 나누고 서로 생각을 어느 정도 파악해 두면 좋겠습니다.

·····〉 애정운 〈·····

최근에 헤어졌던 여자친구를 다시 붙잡고 싶습니다. 방법이 있을까요?

안타깝지만 어려울 것으로 보입니다. 전 여자친구는 마음이 너그럽거나 관대한 성격의 분은 아니시고, 표현이 풍부하지 않은 사람인 것 같습니다. 만약 본래 성격이 그렇지 않다면 최근 겪은 이별의 상처 때문에 성격이 잠시나마 변했다고도 볼 수 있습니다. 정 재회를 원하신다면 지금 상태의 그녀에게는 감정적 호소보다는 잘못을 인정하고 솔직하게 사과하는 태도로 다가가는 것이 낫습니다. 하지만 재결합이 가능할지 그 여부는 장담할 수 없습니다.

·····〉 이동운 〈·····

다른 회사에서 스카우트 제의가 들어왔는데 고민이 됩니다.

현재 지내는 직장에서도 꼼꼼한 일처리 능력으로 인해 유능한 사람으로 인정받고 있으신 것으로 보입니다. 감정에 치우치지 않고 정확한 일처리를 하는 분이니 이직을 한다 해도 큰일이 나지는 않겠지만 지금 다니는 곳에서 더 성과를 내며 입지를 다지고 조금 더 오래 머물러 보시는 것이 낫겠습니다.

·····〉 건강운 〈·····

요즘 무기력해져서 걱정이 됩니다. 병원에 가 봐야 할까요?

평소에 감정을 너무나 억누르고 살아오신 것으로 보여 걱정이 됩니다. 우울함, 스트레스, 슬픔 등의 부정적인 감정을 억누르느라 신체의 건강까지 안 좋아진 것 같습니다. 감정을 직접적으로 표출하는 것이 아직 서투르고 힘이 든다면 운동이나 다른 취미 활동을 통해 부정적인 감정을 먼저 털어내는 방법을 시도해 보세요.

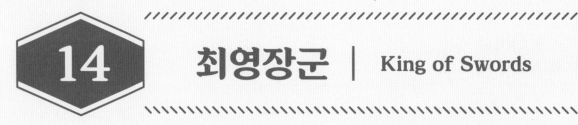

14 최영장군 | King of Swords

노후에 우왕의 장인이 되어 사실상 최영장군은 권력의 정점에 서게 되었다. 그럼에도 아버지의 유언을 잊지 않고 재물을 멀리하여 사치를 부리는 일이 없으니 백성들이 최영장군을 따르는 것은 당연한 일이었다. 신돈의 처형 이후 복귀한 최영장군은 이후로도 수많은 전장을 누비며 승리를 거두었다. 그는 단순한 장군이 아니라 치밀한 전략을 짜는 명장이었다. 그가 있는 곳은 방어가 되고, 그가 없는 전선은 무너진다는 말이 있을 정도였다. 요동 정벌을 반대하는 이성계의 위화도 회군에 맞서 개경에서 전투가 있기 전까지 최영장군이 패배한 싸움은 없었다. 정면을 응시하는 그의 눈빛에 당당함과 기개가 엿보인다.

생각해보기

최영장군의 어깨에 앉아 있는 송골매는 매를 뜻하는 몽골어 '숑호르(Shonkhor, шонхор)'를 고려어로 차용한 것이다. 힘차면서도 유한 동작으로 비행하는 매의 모습은 세속사를 관조하는 정신적 승리를 드러낸다. 송골매가 위엄을 갖추고 앉아 있는 모습이나 넓은 하늘을 고독하게 유유히 나는 모습, 재빠른 동작으로 먹잇감을 낚아채는 모습 등은 장군의 삶의 면면들과 매우 닮은 것을 알 수 있다.

적용

- **재물운** - 걸맞은 이유와 출처가 확실한 금전이어야 모을 수 있다. 횡재와는 인연이 없다.
- **애정운** - 남자다운 카리스마로 여성의 마음을 사로잡을 수 있다. 강한 남성다움의 상징.
- **이동운** - 현재는 큰 이동이 없다. 계획하고 구상하는 단계일 수 있다.
- **건강운** - 평소 생활 습관이 좋다면 작은 질환쯤은 이겨낼 수 있는 강인한 체력이다.

스워드의 왕 (King of Swords)

검의 왕이 권위 있는 자세로 왕좌에 앉아있다. 그는 차갑고 냉철한 사람이며, 여태껏 겪어온 전쟁을 통해 자신의 것을 지켜왔다. 적당히 얼버무리거나 우유부단한 태도를 용납하지 않는 완벽주의자의 면을 가지고 있기도 하다. 커다란 검을 쥐고 자신감 있고 호전적인 표정으로 정면을 응시하는 것에서 그의 엄격한 성격과 정확한 판단력, 실행력을 읽을 수 있다. 정에 얽매이지 않고 너그럽지도 않기 때문에 불필요하다는 판단이 들면 그것이 일이든 사람이든 인정사정없이 검으로 잘라낸다. 감정적인 호소는 검의 왕에게 통하지 않는다. 사실 관계를 명확히 따지고 원인과 결과를 정확히 설명하는 것이 그에게 자비를 구하는 유일하고 가장 좋은 방법이다. 일방적이고 배려가 부족한 연애를 하는 경우가 있으므로 진정 그녀를 위한다면 성실을 숙이고 소금은 나성해질 필요가 있다.

QA 실전 상담에서 응용해보기

※ 최종 카드로 등장했을 경우

····〉 재물운 〈····

새로 등장하는 정보에 주식투자를 해도 될까요? 아직 결정을 고민하고 있습니다.

논리적이고 이성적으로 판단해야 합니다. 투자를 결정하기 전 충분히 그 분야에 대해 정보를 수집하고 습득을 한 뒤에 마음을 정하시는 것이 낫겠습니다. 원래 감정에 휘둘리지 않고 냉정하게 상황을 판단하는 분이니 크게 걱정이 되지는 않습니다.

····〉 애정운 〈····

지난주에 프러포즈를 받았습니다. 남자친구를 믿고 결혼을 해도 괜찮을까요?

충분히 믿고 의지할 만한 분입니다. 사람을 포함해서 자신의 영역 안에 있다 판단하는 것들은 무조건 지켜내는 능력도 있고, 책임감이 강하며, 생각이 깊으신 것으로 보입니다. 이것이 지나치면 독선적이고 권위적인 것처럼 보이기는 하지만 자신의 가족들은 확실히 보호하는 믿음직한 면을 더 봐 주셨으면 좋겠습니다.

····〉 이동운 〈····

다음 달에 장기 해외 출장 업무가 있습니다. 팀을 대표해서 제가 가게 될까요?

움직이지 않고 자리에 앉아 자신의 영역을 지키는 왕의 카드가 나왔습니다. 해외 출장을 가지 않고 국내에서 열심히 맡은 바 일을 해 나가실 것으로 보입니다. 또는 직장 내 이성적이고 냉철한 판단력을 가진 남자 상사가 있다면 그분이 출장을 갈 것으로도 해석됩니다.

····〉 건강운 〈····

오래 병원을 다니며 치료를 받고 있는데 차도가 없어 보여서 다른 조치를 취할지 고민입니다.

믿을 만한 전문가와 상담을 통해 우려되는 부분을 솔직히 털어놓고 대화를 나누어야 합니다. 차도가 없어 보인다고 혼자서 생각하고 판단을 내리지 말고 정 걱정이 된다면 다시 검사를 받아 보는 방법이 낫습니다. 생각보다 효과가 늦게 나타나는 질병인 것도 같습니다.

마이너 아르카나의 펜타클은 웅녀의 이야기로 구성해 보았다.
본디 곰을 토템으로 하며 여신을 모시고,
여성인 웅녀가 제사장과 지배자의 역할을 하던 시대가 있었다.
그곳은 사람들이 웅녀를 따르고 평화로운 신앙의 주체로서 섬기며 살던 곳이었다.
그러던 어느 날, 외지에서 환웅이 신문물과 신하들을 이끌고 찾아왔다.
그들은 웅녀의 나라에서 보지 못한 새로운 문화와 귀중품을 가지고 제안을 해왔다.

처음에 웅녀는 그다지 그들의 제안이 솔깃하지 않았지만
시간이 흐르면서 점차 환웅과 그 일행을 받아들이게 된다.
하지만 뒤늦게 남신들의 세상을 받드는 제단이 지어지고 있다는 것을 알게 된다.
환웅은 처음부터 웅녀의 세상을 차지하고 그들을 내쫓을 심산이었기에
웅녀가 이를 깨달았을 때는 이미 시기가 늦어 그에게 자리를 내주는 수밖에 없었다.
그러나 웅녀는 포기하지 않고 그녀를 따르는 사람들과 함께
새로운 곳에 도착해 그곳에서 맨손으로 다시 생활을 일군다.
척박한 땅을 개간하고 농사짓는 법을 알려주며 그곳의 사람들을 교육시켰고,
마침내 다시 성대하게 여신의 제단을 이루어냈다.
이제 새로운 땅에서 웅녀의 신화와 역사는 보다 더 위대하게 이어져 갈 것이다.

펜타클의 시종은 어린 단군의 모습이다.
단군은 환웅과 웅녀의 아이지만 아버지의 영향을 더 많이 받았다.
펜타클의 기사는 다 자란 단군이 청년이 된 모습이다.
펜타클의 여왕은 웅녀이며 펜타클의 왕은 빈 왕좌로 표현해 보았다.
환웅의 부재이며, 왕좌가 본디 주인인 웅녀에게 돌아갔다는 해석을 할 수 있다.

마이너 펜타클

Minor Pentacles

—

웅녀

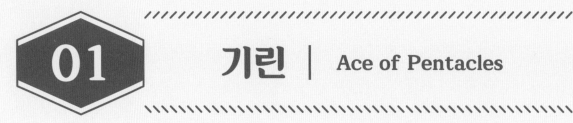

01 기린 | Ace of Pentacles

기린은 전설 속에 존재하는 상상의 동물이며 매우 성스럽게 여겨진다. 이는 덕이 높은 성인이 태어날 때에 그 전조로 나타나기도 하는데, 태어날 그 성인은 세상을 다스리는 위대한 자로서 살아있는 모든 것들을 해하지 않아서 심지어 풀도 밟지 않고 벌레도 밟지 않는다고 하였다. 기린의 울음소리는 천상의 음계와 일치하고, 하늘을 날며, 천리 길을 단숨에 달리고, 수명은 천 년이 넘는다고 한다. 이러한 상징으로 인하여 뛰어난 재능과 지혜를 겸비한 자를 부를 때 '기린아(兒)'라고 불렀다. 기린은 엽전을 수호하듯이 가까이 지키며 서 있다. 이 엽전의 주인은 '웅녀'이며, 그가 어떤 인물인지를 짐작케 한다.

생각해보기

엽전 속에 사계절과 동서남북을 표현해 보았다. 꽃피는 봄(동쪽)과 무더운 태양의 여름(남쪽), 아름답게 단풍이 물드는 가을(서쪽)과 눈이 내리는 겨울(북쪽)이 그 속에 그려졌다. 사계절이 뚜렷한 우리나라의 아름다움과 대자연은 그에 걸맞은 신비한 인물의 역사와 함께 시작된다. 엽전의 동서남북 네 방위는 단순히 우리나라의 영토에만 국한되지 않고 전 세계로 나아가는 드넓은 세계관과 포부를 상징한다.

적용

- **재물운** - 투자를 고민했다면 좋은 기회이다. 금전적으로 풍족하고 부족함 없이 지낼 수 있다.
- **애정운** - 인연이 될 새로운 사람을 만나게 될 것이다. 안정적이고 풍요로운 관계의 시작이다.
- **이동운** - 이동의 운이 좋다. 새롭게 시작한 곳에서도 만족할 만한 결과를 얻을 수 있다.
- **건강운** - 꾸준히 관리해 왔다면 건강의 회복과 개선이 눈에 띄게 드러날 것으로 보인다.

에이스 펜타클 (Ace of Pentacles)

황금빛의 펜타클은 금전과 풍요로움을 상징한다. 목표가 있었다면 성취해 낼 것이고, 노력이 있었다면 그에 상응하는 보상을 얻게 될 것이다. 펜타클은 이제껏 해왔던 다짐(컵), 계획(완드), 실행(스워드)을 잇는 빛나는 결과 그 자체이다. 이제는 만족할 만한 결과로 이제까지의 노력이 헛되지 않았음을 증명하는 때이다. 새로운 기회가 다가오고, 응한다면 잠재력을 발휘할 수 있을 것이다. 그 기회는 예상치 못한 금전적 횡재이거나, 새로운 직업 제안을 받게 되거나, 생각하지 않던 곳에서의 사업 및 투자 기회가 주어지는 등의 형태로 다양할 수 있지만 어느 쪽이든 물질적으로 당신에게 풍요로움을 안겨줄 수 있을 것이다. 이 카드가 나오는 사람은 철저히 능력과 결과 위주로 생각하고 움직이기 때문에 다소 인간미가 부족해 보일 수 있다. 하지만 미래를 향한 의욕적인 태도와 그에 어울리는 능력까지 갖춘 사람이니 모든 방면에서 좋은 시작을 맞이할 수 있을 것으로 예상된다.

QA 실전 상담에서 응용해보기

※ 최종 카드로 등장했을 경우

•••• 재물운 ••••

공모전에 참가하게 되었습니다. 수상하여 상금을 받을 수 있을지 궁금합니다.

공모에 참가한 분야에서 이번 기회에 크게 두각을 나타낼 수 있겠습니다. 수상과 상금은 물론, 그 공모전을 통해서 여러 사람의 이목을 끌고, 그들에게 인정받으며 새로운 기회를 잡을 수 있을 것으로 보입니다. 행운이 찾아올 것 같은 강력한 신호입니다.

•••• 애정운 ••••

서로 호감이 있다는 것을 확인한 사이입니다. 관계의 진전이 있을까요?

결론적으로 관계의 진전 가능성이 너무나도 농후합니다. 두 분 사이는 보다 탄탄한 관계로 진전될 것입니다. 게다가 주도권은 당신에게 있다고 이야기할 수 있는 상황이니 조금 더 능동적이고 진취적으로 상대방에게 확실하게 마음을 표현해 주시는 것이 좋겠습니다.

•••• 이동운 ••••

올해 승진하여 새로운 부서로 이동이 가능할까요?

이동운이 충분히 있는 상황입니다. 이동 후 새롭게 발령받은 부서에서 능력을 인정받는 계기가 생길 수 있으며, 새로운 일임에도 불구하고 안정적으로 사람들을 통솔하며 리더로서의 역할을 하실 수 있겠습니다. 발령받자마자 맡게 되는 프로젝트에서 남들에게 인정받는 일이 생길 수도 있겠습니다.

•••• 건강운 ••••

지금은 완치되었지만, 병이 또 재발할까 무섭습니다. 괜찮을까요?

식습관이나 꾸준한 관리가 되고 있다면 재발을 두려워하지 않으셔도 될 듯합니다. 또 이전에 컨디션이 좋지 않아 힘드셨다면 이 또한 회복이 되겠습니다. 자신에게 맞는 처방과 약을 찾게 된다든지, 혹은 명의를 만나서 적절한 치료를 받을 수 있으니 지금 걱정하시는 사항은 곧 눈에 띄게 개선됩니다.

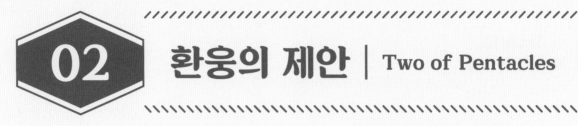

외지에서 들어온 이방인 집단의 수장은 환웅이었다. 그는 당시 웅녀가 다스리던 곳과 다른 형태의 문물을 가지고 도착했다. 웅녀는 곰 가죽으로 만든 왕좌에 앉아서 뭔가 시큰둥한 반응으로 환웅을 올려다본다. 그에 반해 환웅은 웅녀의 환심을 사기 위하여 엽전을 들고 매우 적극적인 자세로 뭔가를 권하고 있다. 뒤에는 환웅이 데리고 온 신하들과 가지고 온 선물들이 가득하다. 그리고 저 멀리에는 웅녀가 모시는 마고신의 신전이 소박하지만 단아하게 조성되어 있는 것이 보인다.

생각해보기

웅녀가 기존에 가지고 있던 엽전이나 환웅이 들고 있는 엽전이나 실은 같은 모양이다. 이것은 사실 겉모습만 그럴싸할 뿐 실속은 그다지 다르지 않다는 은밀한 비유이다. 환웅 역시 제사장의 망토를 걸쳤지만 그 아래는 멋진 비단옷을 입었으며, 선진 문물을 누리고 있을 것만 같은 분위기가 물씬 풍긴다. 그들은 그런 좋은 문물을 누리는 수준이었음에도 불구하고 왜 자신의 고향을 떠나서 웅녀의 나라까지 흘러왔을까? 영토를 넓히기 위한 계책? 혹은 자신의 나라에서 내쫓긴 신세? 신화는 그 모든 것을 전하지 않는다. 다만 그가 천제 환인의 아들이었다는 식으로 얼버무리고 있을 뿐이다. 엄밀히 말해 그는 웅녀의 나라를 넘보는 자에 불과했다.

적용

- **재물운** - 투자나 동업 제안이 들어와 고민하게 된다. 금전의 융통은 걱정없이 원활하다.
- **애정운** - 두 사람 사이에서 갈피를 잡지 못하고 있다. 사귐의 시작을 고민 중일 수도 있다.
- **이동운** - 이직 등의 이동을 결정하기 전에 상황을 현재와 비교하며 최종 결정을 미루고 있다.
- **건강운** - 일과 건강 사이의 균형을 잘 맞추어야 한다. 스트레스를 충분히 해소해야 한다.

펜타클 2 (Two of Pentacles)

두 개의 펜타클을 양 손에 쥐고 균형을 맞추고 있는 남자의 모습이다. 먼 배경의 파도치는 바다 위를 항해하는 배와 같이 그는 능숙하게 양 손의 조화를 유지하고 있다. 분위기를 잘 맞추고 사람의 마음을 요리조리 조절하는 재주가 있어 본인은 손해를 보지 않고 문제 상황을 잘 빠져나간다. 두 가지 사이에서 저울질을 하는 상태, 결정을 고민하고 있는 상태로도 읽을 수 있다. 연애 중이라면 두 사람 사이에서 갈팡질팡하는 양다리의 모습으로 보이기도 한다. 어느 쪽을 선택하든지 손해 보는 것 없이 마무리될 것이니 더더욱 결정이 미뤄지고 있다. 그 사이에 지쳐버리지 않도록 시간과 에너지를 충분히 관리하거나 두 손의 공을 모두 놓치기 전에 빠른 시일 내 마음의 결단을 내려야 한다. 펜타클은 금전을 상징하기도 하므로 금전을 양 손에 쥐었으니 사업적으로는 자금 융통이 순조로울 것이다.

Q&A 실전 상담에서 응용해보기

※ 최종 카드로 등장했을 경우

재물운

퇴직을 하고 싶습니다. 퇴직 후 제 사업을 할 수 있을까요?

사업을 하시게 된다면, 같이 일을 해보자고 하는 동업자나 사업에 투자해 줄 수 있는 사람이 나타날 수 있겠습니다. 금전적으로 무리는 없는 것으로 보입니다. 다만 철저한 계획이나 준비가 조금 미흡한 것으로 보이고, 실제 그 일을 진행하게 되었을 때에 당장 드러나지 않는 빈틈이 있을 수 있으니 철저한 준비가 필요하겠습니다. 또는 두 가지 사업을 놓고 저울질을 하는 상황이 생길 수도 있습니다.

애정운

사랑하는 연인이 있습니다. 그 사람과 올해 결혼을 할 수 있을까요?

결혼은 현실적인 문제이다 보니 두 사람 간의 금전적인 조건이나 여타 환경이 다른 탓에 계획에서 마음이 맞지 않는 부분이 있을 수 있겠습니다. 그런 문제들이 잘 해결이 된다면 결혼까지도 문제가 없겠으나, 그런 부분은 결혼 전에 이야기해 보는 것이 이롭습니다. 문제를 피하지 마시고 되도록 자주, 오랜 시간을 갖고 이야기를 나누어 보시는 것이 좋겠습니다.

이동운

좋은 조건의 이직 제안이 왔습니다. 믿고 이동을 해도 될까요?

조건이나 근무환경을 보다 더 철저하게 고민해 보시고 확인한 후 이동하는 것이 좋겠습니다. 말로만 약속을 하는 상황일 수 있으며 이직 제안을 한 곳이 사실은 나 이외에 다른 곳에도 같은 제안을 해놓고 두 사람을 비교하는 것일 수도 있습니다. 섣부른 이동은 내가 모르는 불리한 상황을 가져올 수 있으니 확인을 꼼꼼하고 철저히 하셔야겠습니다.

건강운

요즘 지속적인 두통에 시달리고 있습니다. 원인이 무엇일까요?

아무래도 업무나 기타 사생활에서 중간에서 조율이나 합의점을 찾는 일이나 사건이 있으셨던 것으로 보입니다. 그런 중간자의 역할에서 온 스트레스가 원인으로 보이고, 일과 생활의 분리가 필요한 시점이라고 생각됩니다. 충분히 분리되었을 때 당신의 두통도 해소가 될 것이며 일의 능률도 올라갈 수 있겠습니다.

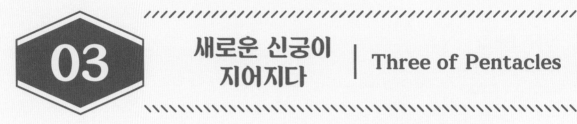

새로운 신궁이 지어지다 | Three of Pentacles

웅녀는 환웅의 제안을 받아들였고, 그들 외래 집단이 가지고 온 기술을 적용한 새로운 건물의 건축에 대해 논의 중이다. 아마도 신궁을 짓고 있는 것 같은데, 환웅은 직각자를 들고 측량을 하는 듯하며, 기술자가 함께 건물의 기초를 올리고 있다. 이 새로운 신궁 건축이 마치 웅녀에게 도움이 될 만한 일인 양 같이 이야기를 나누고 있지만 환웅의 속셈은 따로 있는지도 모른다. 웅녀의 뒷짐을 진 모습에서 왠지 모를 불안감이 엿보인다. 이 새로운 문화에 치중하느라 정작 웅녀의 신전은 조금씩 지붕이 주저앉고 허물어져 가고 있는 것이 보인다.

생각해보기

다른 나라를 잠식하는 방법에는 여러 가지가 있다. 무력을 쓰는 방법도 있고, 신문물과 종교적인 변화를 통해서 기존 체제를 물들이는 방법도 있다. 사실 무력으로 제압하는 방법을 사용하면 빠른 시간 안에 사람들을 복종하게 만드는 것처럼 보이긴 했지만, 기존 토착 문화가 지나치게 강한 경우에는 도리어 정복자들이 기존의 문화에 흡수되는 경우도 많았다. 이러다 보니 문화적, 종교적 방법의 접근은 매우 지능적이고 체계화된 지배 방법이었다. 이후 환웅은 웅녀와의 혼인을 추진하면서 거의 직간접적으로 웅녀의 세계를 그대로 흡수해 버리기에 이른다.

적용

- **재물운** - 동업자와 함께 사업을 진행 중이다. 결실을 보기보다는 기반을 다지는 단계이다.
- **애정운** - 애정으로 보기보다는 다른 일을 핑계로 엮이게 되는 경우가 대부분이다.
- **이동운** - 이동을 하지 않고 목표의 달성을 위해 사람들과 협동해 성실히 일을 하는 시기이다.
- **건강운** - 건강을 꾸준히 관리해 왔다면 결실을 볼 수 있다. 악화되었다면 노력이 필요하다.

펜타클 3 (Three of Pentacles)

세 사람이 모여 이야기를 나누고 있다. 그들은 설계도면을 들고 있는 건축가들과 도구를 든 석공으로 보이며, 대성당의 건축을 마무리하기 위한 대화 중이다. 개인으로는 공사를 진행할 수 없고 그들이 함께 모여 협동을 해야 일이 수월히 흘러갈 수 있다. 그 때문에 이 카드는 협력과 협동을 상징한다. 독자적으로 무언가를 진행할 때보다 누군가와 함께 일했을 때 시너지를 발휘해 결과가 좋을 것이고, 특히 사업에서 동업자 운이 좋다. 본인의 능력과 실력을 충분히 드러낼 수 있는 기회를 만나고 믿고 의지할 수 있는 동료가 생길 가능성이 높으니 직업, 사업적 면에서 아주 좋은 징조이다. 조직생활에서 문제가 있는데 이 카드가 등장한다면 팀원들이 서로 간에 의견을 대화로 나누고 소통을 할 필요가 있음을 나타낸다.

Q&A 실전 상담에서 응용해보기

※ 최종 카드로 등장했을 경우

〉 재물운 〈

동업을 하는 것과 다름없는 사업을 하고 있습니다. 결실이 있을까요?

당장 성과 보기를 기대하기보다는 기초부터 탄탄하게 기반을 잘 닦는다는 생각으로 여유를 가지시는 것이 이롭겠습니다. 동업자들과는 초반에 이익분배에 대해서 정확히 명시해 놓는 것이 좋으니 그 부분도 고려를 하시기 바랍니다. 지금으로선 나쁠 것은 없어 보입니다.

〉 애정운 〈

학창 시절 동창과 사귀게 되었습니다. 우리 잘 만날 수 있을까요?

주변에 얽힌 지인들이 많은 것으로 보입니다. 두 사람 사이를 궁금해하는 친구분들도 많이 생길 것으로 보입니다. 두 사람의 관계 사이에 끼어들고 참견하는 사람들이 생길 수 있으니 서로에게 더욱 집중하고 여럿이서 만나기보다 둘만의 시간을 많이 보내는 것이 낫겠습니다.

〉 이동운 〈

연말에 부서이동이 있는데 원하지 않는 부서로 이동하게 될까 두렵습니다. 괜찮겠죠?

현재 눈에 띄는 이동운이 없습니다. 지금 계신 곳에서 더욱 역량을 발휘하시는 것에 집중하시고 같이 일하는 동료분들과의 소통에 보다 집중하는 것이 이롭겠습니다. 또 이후 들어오는 프로젝트나 일이 잘될 것으로 보이니 너무 걱정하지 않으셔도 되겠습니다.

〉 건강운 〈

지병이 있는 상황입니다. 제가 건강 관리를 잘할 수 있을까요?

지금 누구보다 건강 관리를 잘하고 계신 것으로 보입니다. 크게 악화되지 않을 것이며 유지가 잘 될 것으로 보입니다. 하지만 경계를 늦추지 않는 것이 이롭겠습니다. 운동과 식습관 관리는 꾸준히 해 주시는 것이 좋습니다.

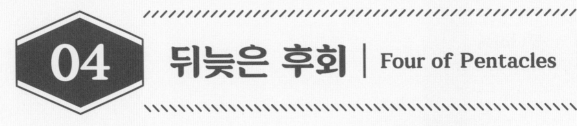

04 뒤늦은 후회 | Four of Pentacles

어느새 정신을 차리고 보니 이미 웅녀의 신전은 허물어졌고, 그 뒤로 환웅을 나타내는 남신을 위한 신궁이 성대하게 건축되었다. 웅녀의 망연자실한 표정에서 뒤늦게 일이 잘못된 것을 깨달았음을 짐작할 수 있다. 재건해 보려 하지만 그녀의 곁에는 아무것도 남아있지 않다. 엽전 네 개만이 책상 위에 놓여있을 뿐이다. 고작 이것을 위해서 마고신의 전당이 무너지는 것을 방치했다는 자책감과 미래에 대한 불안이 그녀를 한탄에 빠트린다. 그러나 벽에서 아직도 미약하게나마 타오르는 횃불이 웅녀의 의지가 완전히 꺾이지 않았음을 암시한다.

생각해보기

단군신화를 살펴보면, 환웅은 호랑이와 곰에게 쑥과 마늘을 주면서 동굴에서 백여 일을 수행할 것을 명령했다. 곰은 삼칠일 만에 여인이 되었고, 신단수 아래에서 아이를 가지기를 발원했다. 환웅이 그것을 받아들여 인간으로 잠시 변하였고 두 사람이 인연을 맺어 단군을 낳음으로써 그가 우리 한민족의 시원이 되었다는 이야기다. 그러나 이것은 정복자의 시각에서 의도적으로 변형시킨 신화일 뿐이다. 여신의 세력이 어떻게 철저하게 남신 세력에게 이용되었고 권위를 빼앗겼는가에 대한 확실한 증거이다. 평화를 사랑하고 이민족을 넓은 아량으로 받아주었던 것이 실수라면 실수였을 것이다. 어머니들의 마음은 잘못을 포용하고 너그럽게 수용하는 것과 같으니, 이것이 바로 지모신의 본체이며 곰 신앙인 것이다.

적용

- **재물운** - 가진 것을 잃는 것에 대한 두려움이 있다. 현실을 되돌아보고 반성할 것이 있다.
- **애정운** - 소유욕이 강하고 표현에 인색하다. 누군가와 만나는 것이 두려운 상태일 수 있다.
- **이동운** - 움직이지 않는다. 이동하고 싶은 마음이 없고 고집스럽게 자리에 머무르고 있다.
- **건강운** - 오래된 심리적 문제에 붙잡혀 있을 수 있다. 긍정적인 마인드가 절대적으로 필요하다.

펜타클 4 (Four of Pentacles)

펜타클을 품에 끌어안고 자리에 고집스럽게 앉아있는 남자의 모습은 그의 강한 소유욕을 나타낸다. 그는 가진 것을 잃는 것이 두려워 어딘가로 선뜻 이동하지 못하고, 위험 부담을 감수하며 무언가에 도전하거나 모험하는 일을 선호하지도 않는다. 안정적인 삶을 최우선으로 추구하기 때문에 삶의 다른 성취나 즐거움을 포기하며 살아왔을 지도 모른다. 물질이나 권력 등에 대한 욕구가 강하고 그것에 사로잡혀 주변을 제대로 살피지 못하는 상황이다. 사업적 면으로 해석했을 때는 새로운 일을 진행하기에 금전의 유동력이 떨어져 돈의 순환이 제대로 되지 않는 상황일 수 있다. 꼭 금전이 아니더라도 본인의 마음을 나누는 것에 인색하고 표현이 부족한 사람으로 해석되기도 한다. 특히 연애를 할 때 연인이 표현을 많이 해주더라도 본인은 표현에 인색해서 상대가 지쳐 나가떨어지는 경우가 많을 것이다.

ⓆⒶ 실전 상담에서 응용해보기

※ 최종 카드로 등장했을 경우

• • • • ⟨ 재물운 ⟩ • • • •

사업을 궤도 위에 올리는 데 많은 시간을 들였습니다. 더 투자해야만 할까요?

사업을 유지하시는 것보다는 잃는 것을 더욱 두려워하고 계신 모습으로 보입니다. 돈은 모래알과 같습니다. 쥐려고 하는 조바심 때문에 평소 같으면 충분히 판단할 수 있는 일도 실수 연발하게 됩니다. 더 이상의 투자는 현재로서는 무리입니다. 현재 상태를 객관적으로 볼 수 있는 정보가 더 필요합니다.

• • • • ⟨ 애정운 ⟩ • • • •

주말에 소개팅을 할 예정입니다. 상대는 어떤 사람일까요?

상대방은 소유욕이 강하고 감정 표현에 인색한 사람일 수 있겠습니다. 속내를 비추는 것이 두려운 것으로 보이기도 하네요. 그가 아직 누군가를 만나는 것을 어색하게 느낄 수 있으니 관계를 이어갈 마음이 있다면 시간을 가지고 천천히 만남을 이어가시는 것이 좋겠습니다.

• • • • ⟨ 이동운 ⟩ • • • •

옆자리 직원과 갈등이 있었습니다. 마주치기 싫은데 그 사람이 그만둘 일은 없겠죠?

그 직원분은 이동할 생각도 없고, 그렇다고 먼저 갈등을 풀 생각도 하지 않고 있는 상황으로 보입니다. 마음의 여유가 많이 부족하신 분으로 보이기도 합니다. 옆자리에서 계속 일을 해야 할 것 같으니 어른스럽게 먼저 화해의 손을 내밀어 보는 것도 방법이겠습니다. 물론 금세 관계가 개선이 되긴 힘들겠지만요.

• • • • ⟨ 건강운 ⟩ • • • •

우울증 조짐이 있습니다. 병원에 가야만 해결이 될까요?

네. 정말 오랜 시간 앓던 마음의 병이 자리를 잡아 트라우마가 된 것으로 보이네요. 하지만 이제는 움직여 환기가 필요한 시점이기도 합니다. 주변 사람들에게 자신의 증세를 적극적으로 알리는 것도 방법입니다. 혼자서 해결이 안될 때는 병원에 가서서 도움을 받도록 합시다.

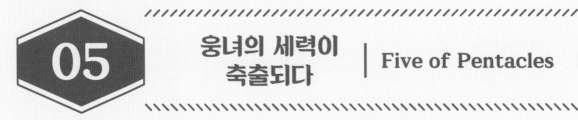

05

웅녀의 세력이 축출되다 | Five of Pentacles

환웅은 자신의 야심대로 지은 새로운 신궁 앞에 새로운 왕좌를 만들고 스스로 왕의 자리에 앉았다. 그리고 그는 더이상 필요가 없어진 웅녀 세력을 축출하기로 했다. 자신을 따르지 않는 웅녀와 그 무리들을 내쫓으려는 계획은 이미 이 땅에 들어올 때부터 갖고 있던 계획이었기 때문이다. 모든 힘을 잃어버린 웅녀는 곰 가죽을 들고 수하들과 함께 먼 길을 떠난다. 그 초라하고도 슬픈 모습과 환웅의 미소가 대조적이다. 또한 환웅의 왕좌에는 엽전이 찬란히 빛나고 있다. 재정적 부와 권력, 그리고 제사장의 모든 권한은 웅녀가 이룩해 놓은 것들 위에서 비로소 가능했건만 모두에게서 잊혀졌다.

생각해보기

한국인들은 천지인을 대통합하는 삼신(三神) 사상을 갖고 있다. 그러나 이 삼신 사상에서 삼성으로 모시는 환인, 환웅, 단군은 모두 남신이라니 아이러니다. 어머니 없이 어떻게 자손을 낳는가? 가족의 단위도 아버지, 어머니, 아이로 이루어지는데 삼성의 자리를 모두 남신이 차지하는 부자연스러움이 극에 달한 상황에도 아무도 이의를 제기하지 않는다. 주입식 교육의 탓일까? 이것은 대자연의 이치에도 부합하지 않는다. 고대의 모든 신화들은 음과 양, 즉 어머니와 아버지의 위대한 결합으로 지구에 생명과 역사가 시작되었다고 입을 모은다. 다만 한민족의 역사만이 오직 남자들을 신관(神觀)으로 고집하는데 그 이유가 있을까? 왜 단군을 낳은 어머니를 굳이 무지몽매한 곰을 교화시켜 인간 여자로 만들어 주었다는 식의 전개를 펼쳐야 했던 것일까? 무엇을 덮기 위해 그렇게 애를 썼어야 했을까?

적용

- **재물운** - 실직, 실업을 나타내며 금전적으로도 손실이 있다. 금전에 대한 경고의 의미도 있다.
- **애정운** - 새로운 인연을 시작하기에 무리가 있다. 비로소 정신을 차려서 상대방을 파악한다.
- **이동운** - 쫓겨나듯 이동하게 된다. 손에 쥔 것 없이 서둘러 떠나야 하는 고달픔이다.
- **건강운** - 뜻하지 않은 질병으로 건강이 악화되고 있으니 문제의 원인을 서둘러 찾아야 한다.

펜타클 5 (Five of Pentacles)

추운 겨울밤, 낡은 옷을 걸치고 초라하게 눈길을 걷는 가난한 사람들의 모습이 보인다. 유리창의 스테인드글라스에서 빛나는 다섯 개의 펜타클이 그들의 표정과 대조되어 더욱 상황을 비참하게 만든다. 이 카드는 처한 상황이 악화되었으나 오갈 곳이 없는 외롭고 쓸쓸한 상태를 나타낸다. 누군가의 도움이 절실하지만 가까운 미래는커녕 당장 몸을 의지할 곳도 보이지 않는다. 가진 것을 잃고 곤란한 상황에 처할 가능성이 있고 특히 겨울에 더욱 힘들어질 수 있으니 조심해야 한다. 의지하던 사람에게서 거절당해 상처를 입을 수도 있다. 당장은 힘들겠지만 여러모로 몸과 마음을 재정비하는 시간이 필요하다. 삶은 끊임없는 고행의 연속이고, 지금이 특별히 조금 더 힘들 뿐이다. 이 시기를 무사히 지나고 나면 일상의 소소한 즐거움들을 더욱 소중히 생각할 수 있게 될 것이다.

Q&A 실전 상담에서 응용해보기

※ 최종 카드로 등장했을 경우

▪▪▪▪ 〉재물운〈 ▪▪▪▪

재테크를 시작해 보려고 합니다. 만족할 만한 성과를 얻을 수 있을까요?

금전적인 손실이 있을 것으로 예상됩니다. 계획이 명확하지 않고, 공부가 덜 된 상태로 섣불리 투자를 시작하시는 것으로 보이며, 시기가 매우 좋지 않습니다. 당장에 돈을 집어넣기보다는 시간과 여유를 가지고 공부를 더 하신 후 시작하시는 것이 이롭겠습니다.

▪▪▪▪ 〉애정운〈 ▪▪▪▪

얼마 전에 연인과 헤어졌는데 사실 저는 아직 마음이 남아있습니다. 재회할 수 있을까요?

두 사람 사이에 큰 벽이 느껴지는 상황입니다. 소통이 원만하게 되지 않았던 것으로 보이고, 재회가 이루어지기는 어렵다고 볼 수 있겠습니다. 전 연인과 다시 만나고 싶은 이유가 혹시 단지 외로움 때문이 아닌지 스스로의 감정을 다시 되돌아보고 마음을 정리하는 것이 좋을 것 같습니다.

▪▪▪▪ 〉이동운〈 ▪▪▪▪

내년에 휴학을 할 수 있을까요? 학교생활에 지쳐서 좀 쉬고 싶어요.

지금으로서는 적절한 판단이라고 생각됩니다. 휴학하고자 하는 이유가 대인관계에서 오는 좌절이라든가 스스로의 능력에 대해 자포자기하는 등 여러 가지 이유가 있을 수 있으나 너무 심각하게 생각하지 않았으면 합니다. 오히려 쉬고 나서 생각을 정리한 후에 다시 재도전할 수 있으리라 판단됩니다. 지금은 쉬는 것을 권해드립니다.

▪▪▪▪ 〉건강운〈 ▪▪▪▪

요즘 부쩍 몸이 안 좋아졌습니다. 병원에 가서 검사를 받아 보아야 할까요?

크게 걱정하지 않았던 건강 문제에 적신호가 켜졌습니다. 그동안 누적된 피로와 스트레스가 원인일 수 있겠습니다. 치료를 미루게 된다면 적절한 시기를 놓칠 수 있으니 더 이상 미루지 말고 병원에 가서 진료를 받아야 합니다.

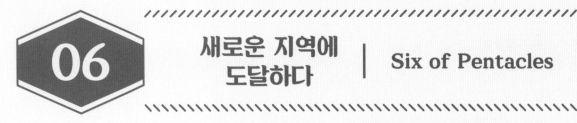

06 | 새로운 지역에 도달하다 | Six of Pentacles

웅녀 일행이 다다른 곳은 바다 건너 외딴 지역이다. 그곳의 주민들은 신기한 사람들을 바라보듯 경외의 눈으로 그들을 환영했다. 초라한 뗏목을 타고 오랜 여행으로 지친 웅녀는 그러나 두 팔을 벌려서 희망의 몸짓을 전한다. 그곳은 문명이 발달되지 않아 사람들이 배움이 없어 고립되고 힘든 삶을 영위하는 곳이었다. 웅녀와 그 일행들은 새로운 터전에서 새로운 희망을 실현하려고 한다. 어쩌면 이곳에서 위대했던 과거의 영광을 다시 한 번 재현할 지도 모를 일이다.

생각해보기

연오랑 세오녀 이야기는 단순히 존재하는 설화가 아니라 실제 일어났던 역사적인 사건을 상징한다. 신라 시대에 연오와 세오 부부가 살았는데 남편 연오가 먼저 바위를 타고 일본 땅으로 건너갔고, 이어 아내인 세오 역시 일본으로 건너가게 되었다. 이때 신라에서는 해와 달이 빛을 잃었고 왕이 급히 일본으로 사자를 보내었으나 부부는 돌아올 생각이 없었다. 대신 세오가 짠 비단을 보내왔으니 그것으로 하늘에 제사를 지내자 다시 빛이 돌아왔다고 한다. 이것은 일본 태양신화의 근간이 바로 이 땅에서 전해졌음을 알려주는 귀한 자료이다. 고대로부터 정복자들의 횡포로 인해 제사장의 역할이 훼손되고 위협받자 타국으로 떠난 이들의 이야기이다.

적용

- **재물운** - 귀인을 만나 금전적 도움을 받아 상황이 나아진다. 또는 베풀어야 함을 의미한다.
- **애정운** - 사이가 좋은 연인이지만 사는 환경 등의 상황에 격차가 있는 관계일 수 있다.
- **이동운** - 다른 이의 도움을 받아 이직이나 이사를 할 수 있다. 이동한 곳에서 환영을 받는다.
- **건강운** - 누군가에게 건강에 대한 조언을 구하거나 도움을 받을 수 있다. 회복될 것이다.

펜타클 6 (Six of Pentacles)

가진 것을 나누어주는 권력자도, 베풂을 받는 사람들도 모두 온화한 표정을 짓고 있다. 권력자는 자비를 베풀며 스스로 마음의 여유를 다지고, 사람들은 그의 선의를 감사히 받아들인다. 이들의 모습은 사는 수준이 다르지만 서로에게 도움이 되는 관계를 의미한다. 굳이 금전이 아니더라도 환경, 생각 등 여러 의미의 격차를 상징하기도 한다. 상황에서 이 카드가 등장한다면 누군가에게 도움을 받거나 줄 수 있는 상황이 올 것임을 암시한다. 자세히 살펴보면 권력자는 저울을 한 손에 들고 있다. 지금은 타인에게 가진 것을 나누고 있지만 이는 남을 돕고 싶다는 순수한 마음에서 비롯된 것이 아니며, 절대 손해를 보지 않겠다는 그의 계산적인 면을 은근히 드러내 준다. 커플 사이에서 이 카드가 등장한다면 나이 차이가 어느 성도 나시만 앞서 언급한 것들과 같은 격차를 제외하면 사이좋은 관계임을 나타낸다.

Q&A 실전 상담에서 응용해보기

※ 최종 카드로 등장했을 경우

···· 재물운 ····

친구에게서 금전적으로 도움을 달라는 전화가 왔는데 응해야 할까요?

자주 지금과 같이 도움을 청했던 분이 아니었다면 여유가 되는 만큼은 손을 내밀어 주시는 것이 좋겠습니다. 당신의 도움이 그에게 새로운 발돋움이 될 수 있는 기회이고, 마음을 베푼 만큼 당신에게 돌아오는 것도 있을 것이니 좋은 마음으로 도움을 주면 이로울 것입니다. 친구분도 매우 기대하고 있는 중이기도 합니다.

···· 애정운 ····

연애를 이제 막 시작했습니다. 이 사람과 오래 만나고 싶은데 그럴 수 있을까요?

당신과 상대는 사이좋은 연인이 될 수 있습니다. 다만 상대방과 완전히 다른 환경과 상황에서 살아온 탓인지 말이 잘 통하지 않는 부분이 있다든가 다른 취향으로 인해서 약간의 적응하는 시간은 필요합니다. 이 부분만 서로 존중하고 원만한 합의점을 찾는다면 너무 걱정하지 않으셔도 될 것으로 보입니다.

···· 이동운 ····

예전에 같이 일하던 팀장님이 자신의 회사를 운영하게 되었는데 저에게 러브콜을 하셨습니다.

그 팀장님께서 지금 누구보다도 당신을 필요로 하고 계신 듯합니다. 흔쾌히 가겠다고 이야기를 한다면 아마 아주 기뻐하실 것 같습니다. 그분이 운영하는 회사의 다른 직원들도 당신과 함께 일할 수 있기를 기다리고 있는 것으로 보입니다. 마음의 준비가 다 되신 후 이동을 한다면 좋은 결과가 따를 것 같습니다.

···· 건강운 ····

무릎 수술을 앞두고 있습니다. 사실은 수술을 하기 싫은데 정말 해야만 할까요?

혹시 병원을 한두 군데만 방문을 해보셨다면 다른 병원들도 수소문해 보시기를 바랍니다. 수술을 하지 않아도 재활만으로 회복이 되는 경우가 있고 다른 시술을 통한 치료를 권하는 병원을 찾거나 정말 신뢰할만한 특별한 의사선생님을 만날 수도 있습니다. 조급하게 결정하지 말고 좀 더 찾아봅시다.

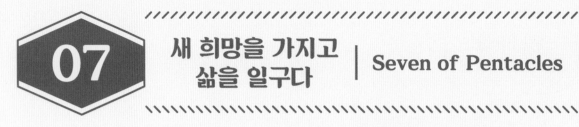

07 새 희망을 가지고 삶을 일구다 | Seven of Pentacles

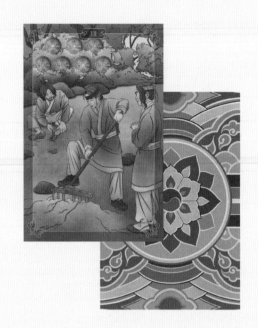

웅녀는 새로이 도착한 그곳에서 사람들과 함께하며 각종 기술과 문화를 가르쳤다. 경작에 대해 전혀 지식이 없는 사람들에게 밭을 가는 법과 농경의 지식을 전파했다. 웅녀는 허름한 옷을 입고 척박한 지역을 개간하며 그곳 사람들의 삶에 직접 기여한 것이다. 종교와 신에 관한 문제는 그 다음이었을지도 모른다. 지금도 배가 고픈 자들에게는 우선 배부르게 먹게 한 후에 신에게 감사하도록 가르치는 것은 여전하다.(추수감사제) 의식주가 고달픈데 신성이니 전통이니 강요한들 알아들을 여유가 없을 것이다. 웅녀와 그 일행들은 몸소 솔선수범하여 그 기초를 다지게 된다.

생각해보기

청동기 시대에 이르러 보리, 밀, 콩 등 다양한 잡곡이 재배되기 시작하였고 벼농사도 보급되었다. 벼의 보급은 엄청난 변화를 가져왔는데, 마을이 커지고 주민들의 결속력이 강화되면서 국가의 기본을 이루는 단위로 발전하였다. 또한 제대로 경작을 하기 위해서는 계절의 변화와 절기에 따른 파종의 지식과 수확, 관개 수로 등 당대 최고의 포괄적 지식들이 모두 동원되어야 했다. 최고의 문화이자 최고의 지식과 기술이었던 셈이다.

적용

- **재물운** - 당장의 성과는 없지만 노력한다면 곧 이익을 본다. 끝까지 경계하고 주의해야 한다.
- **애정운** - 사랑도 노력하고 가꾸지 않는다면 향기로운 꽃을 피울 수가 없다.
- **이동운** - 이동하지 않고 그 자리에 머물러 있다. 이동을 고민 중이라면 머무르는 것이 낫다.
- **건강운** - 나쁜 건강 습관을 고치고 목표를 가지고 꾸준히 관리한다면 건강이 개선된다.

펜타클 7 (Seven of Pentacles)

열심히 일구어 놓은 것들을 물끄러미 바라보는 남자의 표정이 썩 밝지 않다. 수확만을 남겨놓은 듯 열매처럼 매달린 일곱 개의 펜타클이 황금빛으로 빛나지만 그는 깊은 고민에 빠진 것 같다. 기대했던 것만큼의 성과를 얻지 못한 것 같기도 하고, 결과물의 주인은 따로 있는 것으로 보이기도 한다. 어느 쪽이든 그는 성실하게 몸을 사리지 않고 일을 했고, 그 결과가 빛나는 펜타클로 나타나 있다. 그러나 현재에 만족하지 않고 끝날 때까지 계속해서 긴장의 끈을 놓지 않아야 자신의 몫을 무사히 얻어낼 수 있을 것이다. 자칫 방심했다가는 지금까지의 노력이 모두 수포로 돌아가는 비극적인 일이 벌어질지도 모른다. 이 카드는 그렇게 모든 것이 헛수고가 되기 전에 행동하라는 키워드도 담고 있다. 당분간 신중한 성격은 잠시 접어두어도 좋다.

Q&A 실전 상담에서 응용해보기

※ 최종 카드로 등장했을 경우

〉재물운 〈

동업 중인 사람이 있는데 그가 의심스러워 보입니다. 돈을 빼돌리는 걸까요?

하시는 사업은 꾸준한 성실함이 요구되는 일로 보입니다. 당장의 성과는 아니지만, 시간을 투자하시면 훗날 분명 결실이 있을 것으로 보이며, 동업하시는 분과의 관계가 문서로서 명확하지 않다면 중요한 사항들을 전부는 의지하지 않는 방향으로 경계를 하시는 것이 이롭겠습니다. 금전적인 부분은 누락이 일부 예상이 됩니다. 하지만 어느 정도 눈감아 줄 수 있는 부분이 아닌가 싶기도 합니다.(작은 경비 같은 것들)

〉애정운 〈

애인이 권태기가 온 듯합니다. 저는 아직도 그 사람을 많이 사랑하고 있어요, 어떻게 하면 잡을 수 있을까요?

당신은 이미 관계 개선을 위해 많은 노력을 해 온 것으로 보입니다. 새롭게 관계를 쌓아간다고 생각하고 깊은 대화를 나누어 보는 것이 좋겠지요. 아직 상대방이 확고하게 마음의 결정을 내린 상황이 아닌 것으로 판단되니 정말 그 사람을 붙잡고 싶다면 조금 더 적극적인 태도를 보이는 것이 도움이 되겠습니다.

〉이동운 〈

계약 기간이 끝나가고 있습니다. 재계약을 할지 회사를 옮길지 고민하고 있습니다.

계약 기간이 아직 남아 있다면 벌써부터 섣불리 움직일 궁리를 하는 것보다 우선 지금의 회사에서 하고 있는 일에 집중하는 편이 낫습니다. 성급한 이동의 결정은 시기적으로 부적절하며, 지금 몸담은 회사에서 보다 성실한 태도로 일을 하다 보면 더 큰 결과를 얻을 수 있으니 한눈팔지 말고 공을 더 들이는 것이 좋을 것 같습니다.

〉건강운 〈

디스크를 오랫동안 앓았습니다. 재활하면 정말 차도가 있을까요?

장기간 앓아 오신 상황이 보입니다. 하루도 빠지지 않고 재활에 집중하는 마음가짐으로 임하신다면 눈에 띄게 빠른 속도로 회복의 기미가 있을 것으로 예상됩니다. 지금은 힘든 상황일 수 있지만 곧 새로운 기술이나 치료방법 등이 개발되어 한결 효과적인 결과가 있을 것 같습니다.

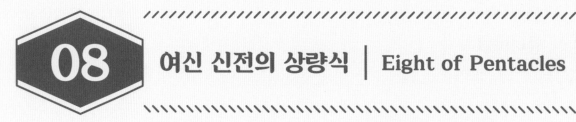

08 여신 신전의 상량식 | Eight of Pentacles

어느 정도 생활이 풍족해지고 사람들이 계몽되기 시작하자 웅녀가 다시 여신의 신전을 축조하였다. 상량식을 하는 장면에서 사람들과 웅녀의 얼굴이 감개무량하다. 노력에 따른 성과가 있으니 참으로 보람된 결과이다. 머나먼 이국땅에서 다시 한 번 웅녀는 자신의 입지를 드높이고 새로운 터전을 일구어냈다. 이에 대한 보답을 여신에게 돌리며 한 번 더 대제사장으로서의 자신의 위치를 바로잡았다.

생각해보기

상량식(上樑式)은 목조 건물의 골재가 거의 완성된 단계에서 대들보 위에 대공을 세운 후에 최상부 부재인 마룻대(상량)를 올리고, 거기에 공사와 관련된 기록과 축원문이 적힌 상량문을 봉안하는 의식이다. 마룻대는 건물의 중심이며 가장 중요한 부분이기에 현대에도 건물을 지을 때는 준공식보다 이 상량식을 더 중요하게 여긴다. 이는 새로이 짓는 건물과 그 안에 앞으로 행운과 행복이 깃들기를 기원하는 상징적 의미가 있다. 건물을 우주로 본다면 그 중심을 올리는 행위인 것이다.

적용

- **재물운** - 보상을 위해 일을 하고 있으며, 계속 노력한다면 후에 만족스럽게 성취할 수 있다.
- **애정운** - 아직 공을 들이는 단계이며 기다리면 새로운 사랑을 시작할 수 있을 것이다.
- **이동운** - 그 자리에 머무르며 성실하게 일에 임하고 있는 단계이다. 변화와 이동운은 약하다.
- **건강운** - 기존 하던 것에서 생활 습관을 크게 바꾸지만 않는다면 심각한 질환은 없다.

펜타클 8 (Eight of Pentacles)

한 남자가 성실하게 여덟 개째의 펜타클을 조각하고 있다. 맞은편의 벽에는 그가 만들어 낸 펜타클들이 장식품처럼 줄지어 걸려 있다. 그는 묵묵히 성실하게 자신의 일을 하는 사람으로, 당장은 보상이 없지만 미래의 수확을 위해 열심히 집중한 상태이다. 자기 자신에 대한 확고한 믿음을 가지고 목표를 위해 공을 들이는 중이며 분명 노력의 성과를 얻을 수 있는 날이 올 것으로 예상된다. 요령껏 꾀를 부리지 않고, 또 중도에 권태감이나 시련이 찾아와도 포기하지 않고 끝까지 잘 마무리한다면 그는 스스로의 만족감과 금전적인 보상은 물론이고 주변 사람들의 인정까지 덤으로 얻을 수 있을 것이다. 한 가지 일에 상당히 몰두해 있기 때문에 주변의 사람들을 잘 챙기지 못하고 특히 가족이나 연인을 서운하게 만들 수 있으니 그 점을 유의해야 한다.

Q&A 실전 상담에서 응용해보기

※ 최종 카드로 등장했을 경우

〉 재물운 〈

능력껏 급여를 받아가는 직장에 입사했습니다. 미래가 있을까요?

지금 당장 눈에 띄는 소득은 없지만 묵묵히 일한다면 당신의 성실함이 빛을 보는 날이 오게 됩니다. 당신은 대기만성형으로, 주변의 말에 휘둘리는 일 없이 꾸준히 일에 매진하는 성격으로 보이십니다. 소신 지켜가며 늘 해오던 방식대로만 직장 생활에 임하시면 문제없을 것입니다. 지구력이 관건입니다.

〉 애정운 〈

좋아하는 남자분과 연락을 주고받고 있습니다. 곧 연인으로 발전할 수 있을까요?

그는 상당히 신중한 성격을 가진 사람인 것 같습니다. 안정을 추구하는 분이기에 섣부른 모험을 하지 않으려는 성향이 강합니다. 서로의 마음이 확실히 통했다고 생각하기 전까지는 관계를 연인으로 규정하지 않으려 할지도 모릅니다. 현재에는 열심히 공을 들이고 있는 모습이 보입니다. 그러니 그 시기를 앞당기기 위해서는 상담자님의 적극적인 감정 표현이 필요할 것으로 보입니다.

〉 이동운 〈

지금은 무역업에 종사하고 있는데 예술 쪽으로 직장을 바꾸고 싶습니다. 괜찮을까요?

이동운이 강하지 않습니다. 변화를 받아들이는 상황이 아니고, 성실하게 그 자리에서 맡은 바 최선을 다하는 모습이 보입니다. 갑작스런 이동을 하지 말고 현재의 직장에 머무르며 할 일을 다하라는 메시지로 읽힙니다. 지금은 힘들어도 시간이 흐른 뒤에 분명 만족스러운 결과로 돌아올 것입니다. 예술을 포기하기 어렵다면 취미로 출발을 해보는 것을 권해드립니다.

〉 건강운 〈

집안 내력인 당뇨병이 제게도 증세가 나타났습니다. 건강을 회복할 수 있을까요?

건강을 회복하기 위해 열심히 애써 온 것이 느껴집니다. 자기 관리도 철저히 하셨으니 이전 만큼은 아니더라도 건강한 기분을 만끽하실 수 있겠습니다. 무리한 활동이나 체력낭비가 없다면 크게 걱정할 것은 없습니다.

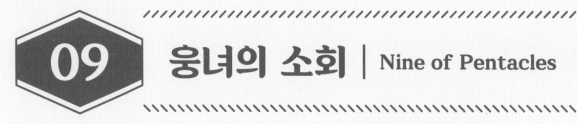

09 웅녀의 소회 | Nine of Pentacles

모두가 돌아간 후에 웅녀가 혼자 생각에 잠겨있다. 그녀는 손에 복숭아나무 가지를 쥐고 있는데 이는 신령을 다스리는 능력, 즉 제사장의 강력한 권능을 상징한다. 갖은 고생 끝에 드디어 잃어버린 신권(神權)을 회복하고 그 전당을 다시 세웠으며 이제 자신은 가장 높은 위치에 올랐다. 자포자기하지 않고 노력한 결과 그녀는 자신의 이상향에 도달했으며 거의 모든 것을 새로 완성시켰다. 많은 고난이 있었어도 꺾이지 않은 이 머나먼 여정은 진정한 제사장의 권위를 증명하는 것이기도 하다.

생각해보기

한때 여신의 시대가 있었다. 지금도 지구를 가이아라는 여신형이나 대지의 여신 또는 어머니신으로 설명하는 신화는 세계 곳곳에 남아있다. 어느 때부터인가 거의 모든 신화의 최고봉이 남성신으로 대체가 되었는데, 그것은 모계 사회에서 부계 사회로 전환되던 시점과 거의 일치한다. 아무리 여신의 시대를 어둠 속에 가리려 해본들 자연의 이치에 따라 어느 정도의 기간이 지나고 나면 다시 여신의 시대가 부활하고, 세계는 다시 모계 중심의 사회로 대전환을 맞이하게 된다.

적용

- 재물운 - 성취감을 느낄만한 높은 곳까지 도달할 수 있다. 물질적으로 풍요롭고 안정적이다.
- 애정운 - 서로 의지하는 믿을만한 관계이다. 또는 인연이 없어도 딱히 결핍을 느끼지 않는다.
- 이동운 - 현재의 자리에서 충분히 풍족하고 스스로 만족스럽기 때문에 이동의 가능성은 낮다.
- 건강운 - 앓던 질병이나 부상을 회복할 수 있다. 행복한 임신의 가능성을 나타내기도 한다.

펜타클 9 (Nine of Pentacles)

황금빛 옷을 입은 여인이 온화한 표정으로 매를 돌보고 있다. 여유로운 자세와 배경의 포도덩굴에 얽힌 아홉 개의 펜타클에서 그녀의 풍요로운 처지를 짐작할 수 있다. 이 여인은 본인의 능력 또한 뛰어난 사람이므로 여러 방면에서 눈에 띄는 재능을 가졌고, 스스로 그에 만족하고 있으므로 자기애도 매우 강하다. 때문에 누군가에게 의지하려는 모습을 보이지 않는다. 연애 상대가 없더라도 외로움을 느끼는 경우가 드물고 혼자서도 충분히 잘 살아갈 수 있는 당찬 성격의 소유자이다. 그녀는 그 와중에도 자기개발을 게을리 하지 않고 끊임없이 스스로를 발전시키며 현재의 안정적인 삶을 충분히 누리고 있다. 특히 금전적인 안정감을 나타내는 카드이기 때문에 어딘가에 투자나 노력을 하고 결과를 기다리고 있다면 만족할 만한 이득을 얻을 수 있을 것이다.

Q&A 실전 상담에서 응용해보기

※ 최종 카드로 등장했을 경우

〉 재물운 〈

사업을 하고 있는데 올해 수익이 작년보다 많을 수 있을지 궁금합니다.

작년보다 훨씬 번창할 것으로 보입니다. 물론 열심히 일하신 보상입니다. 더욱 풍요로워진 수익으로 집이나 땅을 구입해 투자를 할 가능성도 있고, 본인의 사업에 금액을 더 투자해서 확장 등을 생각해 보실 수도 있겠습니다. 당신의 노력으로 일구어낸 성과이니 마음껏 즐기시면 됩니다.

〉 애정운 〈

올해가 가기 전에 남자친구를 만들 수 있을까요? 연말이 다가오니 괜히 외롭네요.

연인을 구하면서도 한편으로는 지금의 자유를 마음껏 즐기고 계신 것 같습니다. 당신은 독립적이고 세련된 분으로, 누구라도 당신의 우아하고 성숙한 모습에 매력을 느낄 것입니다. 주변에 연애를 할 만한 사람이 분명 존재하지만 본인 스스로가 아직 연애의 필요성을 느끼지 못하는 경우로 보입니다. 만약 진정으로 남자친구가 생기기를 원하신다면 가까운 곳에 의외로 당신에게 호감을 품은 인연이 존재하고 있을 지도 모릅니다.

〉 이동운 〈

동료가 이직하겠다는 말을 입에 달고 사는데 이번에 정말 이직을 해서 떠나게 될까요?

동료분은 그저 입버릇이거나 힘들었던 일을 상담자님께 투정부리는 것일 수 있습니다. 그분은 현재 머무르는 자리에 스스로 만족하고 계신 것으로 보이기에 이직이라는 변화를 고집할 이유가 없습니다. 굳이 이 사실을 지적해 어색하게 지내실 필요는 없이 그저 이야기를 들어주시면 되겠습니다.

〉 건강운 〈

올해는 꼭 아이를 갖고 싶습니다. 가능성이 있을까요?

풍요로운 여성을 의미하는 카드가 나왔으니 이는 임신을 뜻하기도 합니다. 미리 축하드립니다. 겨울이 가기 전에 좋은 소식을 전해들을 수 있으실 것 같습니다. 그동안 건강에 더욱 유의하시고 식습관과 생활습관을 미리 가꾸어 두는 것이 좋겠습니다.

10 태평성대 | Ten of Pentacles

힘든 겨울이 지나고 천하에 봄이 돌아오듯이 사람들의 삶에 평화와 안식이 찾아온 모습이다. 사람들은 가족, 마을, 나라를 이루어가며 태평성대를 맞이했다. 고대의 제정일치 시대에는 다툼과 분쟁이 적었고 하늘의 뜻을 이어받은 제사장이자 왕의 통치는 현명하게 백성을 다스렸다. 아마도 현대의 우리가 잊고 있던 지상낙원이 아니었을까 싶다. 어른들은 춤을 추며 환호하고 아이들은 소고를 두드리며 새로운 시대가 열린 것을 축하하는 모습이다.

생각해보기

고대의 제천의식은 나라마다 차이는 있었지만 한 해의 풍작을 감사드리며 하늘에 기원제를 드렸다는 점은 거의 유사하다. 부족이 늘어나고 촌락을 이루면서 국가가 형성되자 이 제천의식은 종합 예술의 형태(춤과 노래)로 진화되었다. 오늘날에도 단오와 추석과 시월상달의 행사 등은 모두 이 제천의식에 기원을 두고 있다.(당나라의 기록에 따르면 동예의 종교 의식 가운데 무천(舞天)이 있었는데 이는 고조선의 풍속이며 10월에 열린다고 하였다.) 남쪽의 삼한에서도 10월에는 농사일이 거의 끝나니 비슷한 제천의식을 행하였다고 한다.

적용

- **재물운** - 견고한 안정과 행복을 상징한다. 가족과 사업을 함께하고 이익을 얻을 수 있다.
- **애정운** - 신뢰할 수 있고 의지할 수 있는 커플이며 권태감을 주의하면 오래가는 관계이다.
- **이동운** - 어딘가에 정착한 사람들의 모습이므로 당분간 변화와 이동의 징조가 없을 것이다.
- **건강운** - 건강에 큰 문제없이 육체와 마음이 모두 안정적이지만 유전 질환을 조심해야 한다.

펜타클 10 (Ten of Pentacles)

화목하고 풍요로운 가족의 모습이다. 화려한 옷을 두른 노인은 뒤로 물러나 평화롭게 앉아있다. 가족들에게 본인의 자산을 물려주고 이제 노후의 여유를 즐기려 하는 모습으로 보이기도 한다. 하지만 아치를 중심으로 젊은이들과 노인의 경계가 나누어져 있는 것은 그 속에서도 각자 다른 생각을 하고 있는 동상이몽의 가능성을 나타낸다. 가족이 아니더라도 연인, 친구, 동업자의 관계에서도 겉으로는 아주 안정적인 상태에 들어선 것처럼 보이지만 그 안에서는 권태를 느끼거나 다른 생각을 하는 중일 수 있으니 주의해야 한다. 결과를 의미하는 펜타클이 열 개로 모였으니 이는 완전한 결과, 온전한 결실 등을 상징한다. 이 안정 속에서 나태와 권태에 젖지 않도록 항상 정신을 똑바로 차리고 매사에 임하면 더 오랫동안 풍요로움을 누릴 수 있을 것이다.

Q&A 실전 상담에서 응용해보기

※ 최종 카드로 등장했을 경우

〉재물운〈

운영하고 있는 사업이 있습니다. 하반기의 전망이 궁금합니다.

큰돈이 오고가고 재정적으로 안정기에 들어서게 됩니다. 금전이 풍요로워졌으나 여전히 과소비를 주의하셔야 합니다. 가족들과 함께 운영하는 가족 기업으로 보이기도 하지만 겨울쯤 예상치 못한 상속 등의 횡재 운이 있음을 뜻하기도 합니다. 갑작스럽게 불어난 재산을 과한 유흥 등 엄한 곳에 무리하게 사용하지 않도록 조심해야 합니다.

〉애정운〈

오래 만난 애인과 계속해서 지금처럼 잘 지낼 수 있을까요?

둘 사이 자잘하던 문제들도 어느 정도 해결이 되고 정말 안정기에 들어선 모습입니다. 가족을 상징하는 카드이니 두 분 사이에서 결혼 이야기가 오갈 수도 있겠습니다. 너무 평화로워서 찾아올지도 모르는 권태감만 조심한다면 굴곡 없이 행복한 연애를 이어가실 수 있을 것 같습니다.

〉이동운〈

투자에 성공해 얻은 수익으로 더 큰 집으로 이사를 가려고 합니다.

가족들의 의견은 충분히 물어보셨는지 궁금합니다. 이제야 안정적으로 자리를 잡은 상태라 여기며 이동을 원하지 않는 모습이 보입니다. 같은 지붕 아래 지내도 대화를 나누지 않으면 머릿속으로 무슨 생각을 하는지 알 수 없는 것이 당연합니다. 독단적으로 이사를 밀어붙이지 말고 가족 구성원들과 충분히 상의를 나눈 뒤 다시 결정을 내리시길 바랍니다.

〉건강운〈

연말이라 건강 검진을 예약했습니다. 크게 걱정할 필요 없겠지요?

혹시 특별히 염려되는 질병이 있으신가요? 가족력을 살펴보고 유전적인 요인을 알아본 뒤 예방을 하는 것이 가장 좋은 방법입니다. 아프다 해도 주변에 당신을 돕고자 하는 많은 가족들과 지인들이 있으니 본인 스스로 마음가짐을 굳게 먹고 이겨낸다면 괜찮을 것으로 보입니다. 지금으로선 크게 염려되는 질병은 보이지 않습니다.

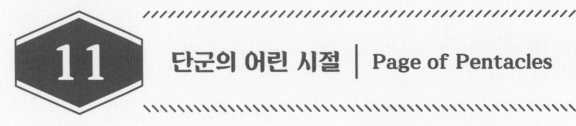

11 단군의 어린 시절 | Page of Pentacles

멀리 환웅의 신궁을 배경으로 꽃밭에 앉아있는 어린이는 단군이다. 그는 아버지 환웅의 유산인 엽전을 가지고 철없이 즐거운 표정으로 놀고 있다. 어머니는 웅녀이지만 실상 그는 환웅의 가치관과 앞으로 물려받을 권력에 대한 수업에 치중하여 교육을 받았을 가능성이 매우 높다. 앞으로의 시대가 말 그대로 단군의 시대가 될 것이기 때문이다. 그는 하늘에서 온 환웅의 아들이었으므로 선택된 자의 자격과 신성함을 동시에 부여받았고 예전 어머니의 시대였던 곰의 신앙을 떠나보내야 하는 운명을 짊어지고 태어났다. 어머니의 영향을 거의 받지 못했던 것은 절대적으로 거의 모든 것을 장악한 남신세력(환웅)의 지배 체제하에 모든 것이 변화했던 탓으로 추측된다.

생각해보기

단군왕검은 고조선의 초대 군주이다. 고조선의 역사는 그에서부터 출발하였다. 학계에서는 단군 신화가 환웅으로 대표되는 청동기 문명을 가진 외래 세력과 곰으로 대표되는 토착 세력의 결합으로 고조선의 건국을 다루었다고 평가하고 있다. 그러나 다수 학자들의 연구에도 불구하고 실제 연대나 영토가 추측에 불과할 뿐 제대로 된 사료가 전해지지 않는 것은 참으로 아쉬운 일이다. 중국의 기록에 의해서만 대략의 정보가 알려지고 있는 실정이다.

적용

- **재물운** - 자기 스스로 활용하기엔 이르지만 큰 뒷배경이 받쳐주고 있으니 재물에 걱정이 없다.
- **애정운** - 소신이 뚜렷하고 연애관이 분명하다. 자신의 취향에 맞는 연인을 만나게 된다.
- **이동운** - 큰 이동은 없다. 딱히 이동하지 않더라도 불편한 것은 없으며 있는 자리를 돌본다.
- **건강운** - 탄탄한 체력이 받쳐주기에 무난한 편이며 몸을 차갑게 하지 않는 것이 좋겠다.

펜타클의 시종 (Page of Pentacles)

어린 소년이 펜타클을 자신의 눈높이까지 들어 올려 바라보고 있다. 아직 경험이 부족하고 미숙한 상태이므로 매사 완벽하게 일을 진행할 순 없겠지만 앞으로의 전망이 더욱 기대되는 사람으로, 탐구심이 강하고 이성적인 판단을 내리기 적합한 성격을 가졌다. 처음부터 너무 완벽하려 하지 말고 지금은 스스로를 갈고닦는 시기로 생각하고 정진한다면 그에게 많은 기회들이 찾아올 것으로 보인다. 꿈이 크고 그것을 이루어내겠다는 긍정적인 마인드를 가졌으며, 헛된 일들에 시간을 낭비하기 싫어하는 신중한 면도 갖추었다. 그러나 신중함이 과해지면 도전 의식이 결여된 겁쟁이가 되거나 시간을 끌다가 타이밍을 놓치는 상황이 발생할 수 있으니 그 점을 유의하면 좋을 것으로 보인다. 좋은 소식을 전해 듣거나 좋은 시작이 찾아올 수 있음을 뜻하기도 한다.

실전 상담에서 응용해보기

※ 최종 카드로 등장했을 경우

재물운

부동산 거래를 앞두고 있습니다. 미래에 더 크게 이익을 볼 수 있을까요?

좋은 기회가 눈앞으로 다가왔으니 놓쳐서는 안 됩니다. 당장의 큰 이익보다는 안정적인 미래를 위해 기초를 쌓는 시기입니다. 거래를 하는 것이 무리하게 대출을 받거나 빚을 지거나 하는 것이 아니라면 상관이 없을 듯 보입니다. 단숨에 큰돈을 만지게 되는 것은 아니지만 씨앗을 미리 파종하는 효과로 보여집니다.

애정운

올해 안에 남자친구가 생길 수 있을까요? 만약 생긴다면 원래 알던 사람일까요?

새롭게 만나게 되는 연하의 남자분과 인연이 있습니다. 그는 지금보다 미래가 더 기대되는 전도유망한 사람으로, 야망이 있고 현실적인 사고를 하는 사람입니다. 만약 상담자님께서 먼저 이분께 호감이 생긴다면 먼저 다가가 보는 것도 괜찮을 것 같습니다. 다가온 기회를 놓치지 말아야 하니까요.

이동운

하던 일을 접고 다른 지역으로 가고자 합니다. 괜찮을까요?

준비를 시작하고자 하는 의욕은 있으나 아직 성급하고 미숙한 결정일 수 있습니다. 혹시 섣부르게 결정을 한 것은 아닌지 다시 고려하는 시간을 가져보는 것이 낫겠습니다. 본인이 진정으로 원하는 것이 무엇인지 다시 한 번 생각을 해 보고 판단을 내리는 것이 후회가 덜 남는 결정이 될 것으로 보입니다.

건강운

최근 들어 계속해서 컨디션 난조에 시달리는데 좋은 해결 방법이 있을까요?

건강을 위해 새로 운동을 시작하거나 식단을 시작하는 것이 좋겠습니다. 거창하지 않은, 성취할 수 있는 단기 목표부터 작게 세우고 근처를 산책한다든가 하는 평범한 운동부터 유지해야 합니다. 건강을 잃기는 쉽지만 되찾기는 수십 배의 시간이 걸린다는 사실을 명심해야 합니다.

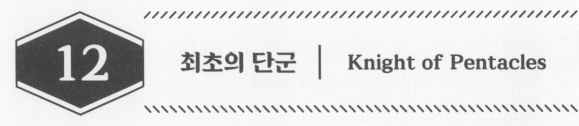

12 | 최초의 단군 | Knight of Pentacles

아버지 환웅의 신궁 난간에 서서 백성들에게 자신의 권위를 알리는 자세를 취하고 있는 젊은 단군의 모습이다. 그의 가슴에는 청동 거울이 빛나고 허리춤에는 청동검이 보인다. 그는 손을 내밀어 왕국을 접수한 엽전을 들어 보이며 자신의 권력을 만천하에 선언한다. 이제 모든 것이 그의 발아래에 놓였다. 그는 국가의 상징이자 신권의 상징이기도 하다. 제정일치 시대는 종교와 정치적 권력자가 하나였으며 그것은 신에게서 부여받은 자리였다. 그래서 백성들은 왕을 신의 대리자로 받들었으며, 그들 스스로는 신에게서 선택받은 민족이라는 자부심을 가지게 되었다.

생각해보기

세계 각지의 여러 건국 신화들은 천신과 관련된 것이 대부분이다. 좀 더 강력한 문명을 가진 민족이 자신의 세력을 확장할 때 이 신앙이 함께 전파되면서 자연스럽게 토착민들에게 스며든 이유도 있지만 저마다 나름의 개성과 이야기를 갖고 있으며, 어떤 점들은 신기할 정도로 매우 유사하다. 예를 들면 중앙아시아, 동북아시아 유목 민족들에게 존재하던 천신(天神)이라는 단어는 그 나라 말로 '탱그리(Tangri, Tengri)'라고 하는데 한문으로 의역하면 '단군'이 된다. 무속인을 '당골네'라고 하는 우리말에 그 흔적이 남아 있을 만큼 오랜 역사를 갖는 단어라고 보는 시각도 있다.

적용

- **재물운** - 무난하게 금전의 흐름이 좋아지며 걱정했던 경제적인 문제도 원만히 해결된다.
- **애정운** - 자신만만한 연애를 하게 되며 상대방에게 강하게 매력을 어필하게 된다.
- **이동운** - 큰 움직임은 없지만 어떤 특별한 목적을 가진 이동은 긍정적으로 받아들여도 좋다.
- **건강운** - 활력이 떨어지지 않게 조절하고 약간의 운동을 생활 속에서 실천하는 것이 이롭다.

펜타클의 기사 (Knight of Pentacles)

자리에 멈추어 서 먼 곳을 바라보는 펜타클의 기사는 다른 기사들과 달리 무턱대고 돌진하지 않는 신중한 성격을 가졌다. 현실적으로 상황을 판단하는 능력이 있으므로 이 일이 앞으로 어떤 결과를 가져올지 앞서 생각하고 나서 계획을 세운 다음 행동으로 옮긴다. 그렇기에 실수하는 경우가 적고 착실하게 앞으로 나아가는 유형의 사람이다. 감정에 따라 움직이기보다는 이성적으로 결정을 내려 냉정하다는 인상을 주기도 한다. 하지만 냉정보단 합리적이라는 말이 더 알맞다. 시간 낭비를 싫어하고 사전에 합의되지 않은 사항이 갑자기 추가되는 것과 같은 돌발 상황을 싫어한다. 연애를 할 때도 비슷해서 마음을 여는 데 오랜 시간이 걸리고, 이후에도 상대가 능력 이상의 과도한 것을 요구한다면 가차 없이 관계를 정리한다. 한 번 뒤돌아서면 다시 곁을 내어 주지도 않는다. 다시 만나고 싶은 진 남자친구가 펜타클의 기사와 같은 타입이라면 재회가 아주 힘들 것이다.

Q&A 실전 상담에서 응용해보기

※ 최종 카드로 등장했을 경우

···· 재물운 ····

적금이 만기되었는데 이 돈으로 다른 곳에 바로 투자를 할지 고민입니다.

좋은 기회입니다. 투자를 하시면 당장에 큰 성과를 얻지 못하더라도 시간이 지나면 분명히 이득을 보게 됩니다. 중요한 점은 바로 결과를 보려고 하지는 말아야 한다는 사실입니다. 단기보다는 장기적인 금전적 목표를 세우고 임한다면 마음도 조금 더 편할 것 같습니다.

···· 애정운 ····

관심을 표현해 오는 남자가 있는데 바람둥이는 아닐지 의심이 됩니다.

이 남자분께서는 그동안 당신이 모르는 사이에 주변에서 당신을 지켜봐 왔을 수 있습니다. 몇 번 마주치고 상담자님이 괜찮은 사람이라 판단을 내린 뒤 호감을 표시하는 신중한 성격의 사람이기 때문입니다. 바람둥이처럼 가볍게 여기저기 찔러보고 다니는 스타일이 아니니 그런 이유로 그와의 만남을 주저하고 있으시다면 한 번 용기 내보시는 것이 좋겠습니다.

···· 이동운 ····

먼 곳으로 여행을 떠나려 합니다. 무리없이 다녀올 수 있을까요?

이제껏 신중하게 고민을 해 오신 모습이 보입니다. 마음의 결정을 내리셨다면 단호하게 행동에 옮길 때입니다. 안정적인 것을 좋아하는 성향은 이해가 되지만 신중함이 과해지면 겁이 많아지고 게을러질 수 있습니다. 또한 이번 여행으로는 얻는 것이 있을 듯 보입니다. 굳이 금전이 아니더라도 말이지요.

···· 건강운 ····

가벼운 사고를 당해 병원에 입원하게 되었습니다. 금방 나을 수 있겠죠?

좋은 소식을 들고 말을 타고 오는 기사처럼 상담자님의 건강에도 긍정적인 소식이 들려올 것 같습니다. 지금의 상황을 회복하고 나면 이전보다 더 강한 마음가짐을 가질 수도 있을 것으로 보입니다. 충분한 휴식과 적당한 운동을 하면 빨리 회복될 수 있을 것입니다.

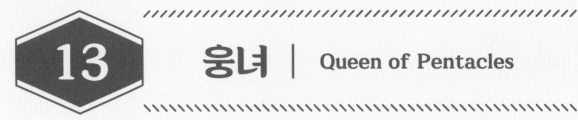

13 웅녀 | Queen of Pentacles

자신의 영토를 떠나서 새로운 곳에서 스스로의 입지를 다시 세운 웅녀의 장대한 여정이 이제 완성되었다. 다시 곰 가죽을 씌운 왕좌에 앉아서 엽전을 들고 있는 표정이 당당하고 더욱 자랑스러워 보인다. 모계 사회는 부계 사회로의 전환을 맞이하면서 모시던 여신 신앙도 위기를 맞았다. 그녀는 여제 사장이자 왕이라는 절대 지도자의 자리를 내려놓고, 시대의 변화를 적극적으로 수용하면서도 강한 의지로 고난을 이겨 내었다. 이것은 이 땅을 살아오며 희생한 많은 여성들의 역사와도 일치한다. 다수의 전설과 신화 속에서 남성의 도움 없이 홀로 자식을 키우고 살아낸 여신들은 웅녀의 정신을 계승한 이름 없는 여인들의 삶, 그 자체였던 것이다.

생각해보기

마고신으로부터 시작된 여신의 계보는 유명한 지리산 성모, 가야산 성모, 선도산 성모, 제주의 설문대할망 설화 등 이루 셀 수 없이 많다. 한반도는 남성의 도움 없이 스스로 일어선 여인들의 위대한 희생 위에 이룩되었던 것이고, 그 사연은 설화 속에서 근근이 살아남아 오늘에 이르고 있다. 이 한어머니(할머니) 신앙은 우리나라 불교에도 새겨져 있으니 바로 관세음보살이다. 관세음보살은 매우 여성화된 외관을 가지고 있으며 이는 전 세계에 유례가 없는 관세음 성지가 한반도에 널리 퍼져있다는 미스터리를 해결해 주는 열쇠이다.

적용

- **재물운** - 자신의 노력으로 인해 얻게 되는 경제적 풍요는 당연히 누리게 된다. 재정 상태가 좋아진다.
- **애정운** - 사랑에 대한 확신을 갖고 서로가 조화로운 연애를 한다. 이상적인 만남이다.
- **이동운** - 큰 이동은 없으며 추가적인 변화는 필요치 않다. 있는 곳에서도 충분히 만족한다.
- **건강운** - 마음의 평정이 신체의 건강을 좌우한다. 심신의 조화를 꾀한다면 건강은 보장된다.

펜타클의 여왕 (Queen of Pentacles)

황금빛 펜타클을 품에 안은 여왕은 풍요롭지만 어딘가 고민이 있는 얼굴이다. 많이 가졌지만 무엇인가 부족하다 생각하고 있는 것처럼 보이기도 한다. 그녀는 물질적으로 늘 풍요로운 삶을 살아왔기 때문에 시간에 쫓기듯 서두를 필요가 없었고, 그로 인해 아주 느긋하고 우아한 성품을 지녔다. 고상한 취미를 즐기며 자기 관리에도 어느 정도의 비용을 기꺼이 지불하고 있을 가능성이 크다. 다만 남들보다 열 걸음 앞서 생각하기 때문에, 섣부른 걱정거리로 스스로를 괴롭히고 있는 상황이다. 금전 감각이 좋고 돈을 불리는 재주가 좋아서 투자를 하는 족족 큰 이익을 얻는 미다스의 손을 가졌다고 볼 수 있다. 펜타클의 여왕은 누군가를 감싸 안고 관용을 베풀 만큼의 여유가 있는 사람이지만 감정에 호소하는 식의 요구는 그녀에게 통하지 않는다.

Q&A 실전 상담에서 응용해보기

※ 최종 카드로 등장했을 경우

재물운

운영하는 가게를 확장하고 싶은데 돈이 부족해서 고민을 하고 있습니다.

주변에 금전적으로 도움을 주실 만한 여자분이 계신 것 같습니다. 그녀는 부유한 환경의 사람이며 사업을 운영하는 일에도 능해서 그분으로부터 금전적 도움뿐만 아니라 사업적 조언 또한 받으실 수 있을 것 같습니다. 도움을 청할 일이 생긴다면 감정적으로 다가가지 말고 원인과 결과를 따져 논리정연하게 설명하는 편이 잘 통할 것입니다.

애정운

남자친구가 저를 어떻게 생각하고 있을까요? 궁금합니다.

두 분은 안정적인 연애의 단계에 접어든 것 같습니다. 남자친구분께서 상담자님을 믿고 의지할 수 있는 사람으로 생각하고 계십니다. 다만 남자친구분 눈에 상담자님은 무리한 책임감을 안고 있는 것으로 비춰질 수도 있습니다. 고민이 생기면 연인과 나누고 함께 해결책을 고민해 보시기를 권합니다.

이동운

다가오는 하반기에 이동을 할 수 있는 운이 있을까요?

당분간은 이동하는 모습이 보이지 않습니다. 상담자님께서 깊은 고민을 하느라 마음의 결정을 내리지 못한 것 같은 상황입니다. 확신이 없다면 섣불리 움직이는 것을 권하지 않습니다. 다만 주저하는 이유가 안정적인 삶을 추구하느라 도전이 망설여지기 때문이라면 자리에서 일어나서야 합니다. 답은 본인이 이미 알고 있습니다.

건강운

몸 상태가 안 좋은 것 같아서 건강 검진을 받았는데 결과가 너무나 걱정이 됩니다.

너무 앞서나간 걱정을 하고 계신 것일 수 있습니다. 걱정하는 것보다 건강 상태가 좋을 것입니다. 이제 스스로의 건강에서 염려되는 부분이 무엇인지 깨달았으니 가장 기본적인 것부터 개선해 나가며 건강 관리를 시작하시면 되겠습니다. 식습관을 고치고 충분한 휴식과 운동 시간을 가져야 합니다.

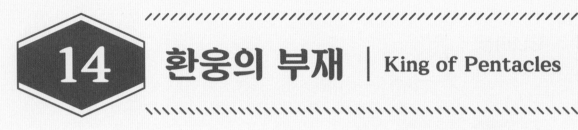

14 환웅의 부재 | King of Pentacles

환웅은 그 아버지 환인에게서 천부인(천부삼인(天符三印))을 받았다. 환웅에게 내린 세 가지 물건은 검과 거울과 방울이며 단군 신화에서 등장하는 신물(神物)이다. 천제 환인이 아들인 천왕 환웅에게 인간 세상을 다스리는 데 사용하도록 준 세 가지 물건은 고대 사회에서 지배 계층의 권위를 상징하는 것이며, 신성한 숫자 3과도 연결된다. 이는 절대자가 부여받아야 하는 하늘로부터의 능력을 구체화한 것으로 그것을 가진 자는 천신의 후손이라는 증거가 되었다. 그림에서는 환웅이 자리를 비운 채 곰 가죽 의자에 엽전이 남겨져 있고 바닥에 천부인을 늘어놓은 형태로 표현하였다. 왕좌는 본디 웅녀의 것이었으므로 원래의 주인에게 돌아갔다는 것으로 볼 수 있다.

생각해보기

일본에는 이와 유사한 삼종 신기가 있다. 검과 거울과 구슬(곡옥)로 이루어진 것이다. 방울 대신 구슬이 들어가 있지만 매우 닮은 구조이다. 한반도에서 일본으로 그 전통이 전해졌을 가능성이 매우 높지만 현재로서는 기록된 문서가 남아있지 않아서 자세한 것은 전해지지 않는다. 한반도에서 건너간 우수한 인재들이 일본을 건국하였고 현재의 천왕가(家)도 고대 한반도에서 이주한 민족의 후손이라는 설이 있다. 그들은 우리나라 말로 제사를 지내며 지금도 자신의 신을 기리고 있다. 정작 원조 격인 우리나라에서는 우리들의 신화를 어떤 자세로 대하고 있는지 생각해 볼 일이다.

적용

• **재물운** - 금전과 재물이 뒤따른다. 손해 볼 일은 거의 없고 경제적인 확장이 이루어진다.

• **애정운** - 지속적인 애정을 기대할 수 있고 둘 사이를 잘 이끌어 가는 책임감을 느끼게 된다.

• **이동운** - 그다지 변동은 없고 있는 자리에서 주변을 잘 돌보는 것만 해도 벅차다.

• **건강운** - 체질이나 가족력으로 인한 질병을 제외하고 갑작스러운 사고나 질환은 없다.

유니버셜
웨이트와 비교

펜타클의 왕 (King of Pentacles)

펜타클의 왕이 거만한 표정과 자세로 왕좌에 앉아있다. 황금빛 왕관과 옷의 포도덩굴 무늬에서 그의 왕국의 번영을 추측할 수 있다. 왕좌의 황소 머리 조각이나 과시를 하는듯한 태도는 왕이 가진 것이 많으며 그것을 숨기지 않고 당당히 내보이고 있다는 것을 드러낸다. 하지만 그의 옷과 왕좌의 색이 어두운 점에서 완전히 모든 것을 보여주지는 않는 왕의 닫힌 마음을 읽을 수 있다. 어쩌면 그의 부의 출처는 어둠의 세계와 연관되어 있을지도 모른다. 그는 부유하고 능력과 카리스마를 갖추었으며 소유욕이 강하다. 가진 것을 이용해 원하는 것은 무엇이든 손에 쥐는 타입이고, 감성적인 면은 찾아보기 힘들다. 기회가 다가오면 절대 놓치지 않고 붙잡으며 사람을 부리는 것에도 능하기에 태생부터 지배자의 성향을 타고난 사람으로 보인다. 자신의 패를 모두 드러내지 않는 철두철미한 면도 가지고 있기에 인간미가 부족하다.

Q&A 실전 상담에서 응용해보기

※ 최종 카드로 등장했을 경우

재물운

지인에게 돈을 빌려야 하는 상황입니다. 저를 도와줄까요?

그분은 이미 손에 쥐고 있는 것이 많기 때문에 모험을 즐기지 않으실 것으로 보입니다. 단순히 빌려달라고 하기보다는 금전적으로 투자를 해 주기를 요청해 보는 것이 나을 것 같습니다. 가능성이 있다 판단하고 나면 흔쾌히 후원자가 되어줄 만한 사람입니다. 만일 그게 싫고 단순히 빌리려고 한다면 상황 설명을 매우 자세히 해야만 할 것입니다.

애정운

남자친구가 표현이 부족해서 불만입니다. 진짜 저를 좋아하기는 할까요?

표현이 풍부하지는 않지만 성실하고 믿음직스러운 성격을 가진 분으로 보입니다. 본인의 일에 충실해 만족스러운 결과를 얻어내는 사람이며, 냉정함이 과해 한 번씩 인간미가 부족해 보일지라도 카리스마 있고 말보다 행동으로 보이는 스타일의 본인인데 자꾸 애정을 말로 설명해 달라 조르면 도망쳐 버릴 수가 있으니 주의하셔야 합니다.

이동운

새로운 회사에 출근하게 되었습니다. 이곳이 저와 잘 맞을지 궁금합니다.

그곳에서 사업 수완이 좋고 권위가 높은 상사를 만날 가능성이 있습니다. 그는 회사의 CEO일 것으로 보이고, 권위적이고 보수적이지만 그만큼 책임감이 강하고 리더십이 있습니다. 그는 감정에 호소하는 것보다 상황을 이성적이고 논리정연하게 판단하는 것을 좋아합니다. 제대로 적응을 할 수 있을 때까지 만이라도 그의 눈 밖에 나는 행동은 피하는 것이 낫겠습니다.

건강운

최근 잠을 깊이 잘 수 없어 힘이 듭니다. 다른 원인이 있을까요?

자신의 침실이나 잠드는 곳의 환경을 조금 돌아봐야 합니다. 수면에 방해되는 요소가 의외로 간단한데서 발견될 수도 있습니다. 건강에 대한 지나친 불안이 오히려 건강을 해치는 원인이 되기도 합니다. 낮에 충분한 운동과 활동을 해서 밤이 되면 약간의 피로감을 느끼는 것도 도움이 됩니다.

부록

Appendix

—

일진 보는 법

주제

01. 완드 6

오늘은 눈앞에 어떤 결과를 얻기를 바라기에는 이른 시기입니다. 그러나 시간이 지나면 상황이 나아져 해결이 될 만한 문제이니 피하지 말고 당장 주어진 일에 열심히 임하시면 되겠습니다. 불확실한 미래를 걱정하기보다는 지금 할 수 있는 일에 집중하는 편이 낫습니다.

주제

02. 펜타클 2

하루 종일 확실한 결정을 내리지 못하고 두 가지 사이에서 무언가를 재고 계신 것 같습니다. 마음의 판단을 단숨에 내지 못하는 이유는 양 쪽 모두 나쁘지 않아서일 것으로 보입니다. 하지만 망설이기만 하다가는 둘 다 놓쳐버릴 수 있으니 어서 마음을 정하시는 것이 좋겠습니다.

주제

03. 어린 시절의 최영장군(스워드의 시종)

무엇인가를 시작하려는 의욕은 보이지만 능력에 비해 큰 검을 휘두르려 하는 것은 아닌가 생각해 볼 필요가 있습니다. 성급함을 주의하고 마음을 차분히 먹도록 노력해야 합니다. 그리고 의도치 않게 구설에 오를 가능성이 보이니 말을 하기 전 몇 번 더 생각해 보셔야겠습니다.

주제

04. 감은장아기(심판)

뿌린 대로 거두는 하루가 되겠습니다. 그동안 해온 노력에 대한 심판을 받을 수 있는 날입니다. 놀랄 만한 결과가 나올 수도 있겠습니다. 이미 내려진 판결을 이제 와서 바꿀 수는 없는 노릇이니 원하지 않는 방향의 결론이 나오더라도 겸허히 받아들여야 할 것입니다.

05. 컵 3

주제

헤어진지 오래된 사람의 소식을 듣거나 여러 사람들과 한껏 들뜬 기분으로 시간을 보낼 수도 있습니다. 가볍게 이야기를 나누고 술과 음식을 동반하는 모임입니다. 건강을 해치지 않는 선에서 유흥을 적당히 조절한다면 또다른 경험과 추억을 쌓아갈 수 있습니다.

06. 컵 8

주제

오늘 하루가 정말 길고 고단하게 느껴질 것으로 보입니다. 직장을 옮기는 날일 수도 있고, 연인과의 관계가 마음처럼 흘러가지 않을 수도 있겠습니다. 저녁에는 지친 하루를 보낸 스스로를 위로할 수 있는 작은 이벤트를 가져보는 것은 어떠신지요?

07. 청년 시절의 문도령(완드의 기사)

주제

바쁜 하루가 될 것 같습니다. 몸에 기운도 넘쳐나니 여기저기 움직일 수 있습니다. 그동안 하지 못하고 미뤄왔던 일들도 오늘은 가뿐히 할 수 있을 것으로 보입니다. 너무 과격하게 움직이지 말고 적당한 선에서, 상대방을 배려하며 말하고 행동한다면 오늘을 알차게 보낼 수 있을 것입니다.

08. 펜타클 9

주제

지금 어떤 계획을 준비하고 계셨다면 이제는 실행을 할 때입니다. 이 카드는 당신이 그 계획을 행했을 때 다가올 결과를 나타내며, 탄탄히 준비해 온 만큼 만족할 만한 성과를 얻을 수 있을 것으로 보입니다. 시기를 놓치기 전에 오늘 바로 시작하도록 하세요.

223

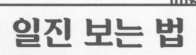

주제

09. 완드 2

사업의 확장이나 이동을 고민하고 계신 모습입니다. 또는 새로운 누군가와의 만남을 망설이고 계신 것 같기도 합니다. 아직은 계획하고 신중히 따져보는 단계이므로 결정을 하기에는 이른 것으로 보입니다. 오늘 하루 깊게 생각해 보고 후회 없는 선택을 하시기 바랍니다.

주제

10. 초립동(바보)

오늘은 무작정 어떤 일을 시작하고자 하는 생각이 들 수도 있을 것 같습니다. 그러나 준비가 완전히 마무리되지 않았다는 사실을 스스로 이미 알고 계신지도 모르겠습니다. 훗날 호랑이에게 물려가는 것과 같은 봉변을 당하지 않으려면 정신을 똑바로 차리고 주변을 살펴 다가올 일에 미리 대비를 해야 합니다.

일진 보는 법 : 투 카드 리딩

주제　**결과**

01. 대신할머니(절제), 지하장군(정의)

오늘은 온종일 고민에 빠진 하루가 될 것 같네요. 무엇을 그렇게 망설이고 계신가요? 결정만 내린다면 당장 날아갈 준비가 되어 있지만 아직도 갈팡질팡하고 있는 모습입니다. 다행히도 결과 카드를 살펴보면 오늘 안에 확실한 결론을 내실 것으로 보입니다. 이성적으로 감정에 휩쓸리지 않고 고민하던 사안의 경중을 잘 판단하실 것 같습니다.

02. 스워드 6, 마고신(세계)

주제 / 결과

어디론가 이동하고 계신 모습입니다. 이사나 이직 또는 여행 등으로 생각해 볼 수 있겠습니다. 하지만 본인의 강한 의지에 의해서 움직인 것이 아닌 모양입니다. 쓸쓸하게 밀려나는 느낌도 들지만 결과 카드에서 읽을 수 있듯이 지금의 이동을 말미암아 또 다른 세상에서 새로운 시작을 하실 수 있습니다. 현재의 상황을 너무 부정적으로만 생각하지 말고 전환점으로 삼으신다면 좋겠습니다.

03. 초립동(바보), 단군의 어린 시절(펜타클의 시종)

주제 / 결과

새로 무엇인가 시작하시는 날인가 봐요. 아주 긍정적인 마음가짐으로 앞으로 나아가려 하고 계십니다. 사실은 확실한 대책 없이 조금은 무모한 도전일 수도 있겠습니다. 하지만 결과 카드를 보니 하루의 마무리가 될 때쯤 결실에 대한 확고한 의지가 생긴 모습입니다. 현재보다 미래에 가능성을 두고 앞으로 열심히 일하실 것으로 보이네요. 새로운 시작을 응원하겠습니다.

04. 사해용왕부인(별), 완드 3

주제 / 결과

마음을 확실히 정하지 못하고 망설이고 계신가요? 주변의 시선을 지나치게 의식하느라 길을 잃은 듯 행동하고 계신 것 같습니다. 결과 카드와 함께 보니 어쩌면 스스로 감당하기 어려울 만큼 많은 일을 한 번에 벌여놓고 계신 것으로도 보입니다. 확실한 결단의 암시가 보이지 않으니 오늘 안에는 어떤 결정을 내리기는 힘들 것으로 예상됩니다. 복잡한 마음을 잘 추스르고 이성적으로 딱 잘라 생각하셔야 합니다. 어차피 일어나야 하는 일은 순리대로 벌어지게 됩니다.

05. 최초의 단군(펜타클의 기사), 창부대신(달)

주제 / 결과

신중하게 나아갈 방향을 결정하는 모습입니다. 새로운 목표를 향해 나아갈 마음을 먹었고 계획도 세웠으며, 출발하기 전 마지막 점검을 하는 모습으로도 보입니다. 섣부르게 움직이지 않는 것을 보니 꼼꼼하신 분이며, 목표에 대한 확고한 신념 또한 있으십니다. 하지만 결과 카드의 더 문을 보니 오늘 하루 마음먹은 대로 잘 흘러갈 것 같지 않습니다. 무언가 아직 어둠 속에 숨겨져 있으니 때를 더 기다려야 합니다. 어쩌면 너무 많은 생각이 출발을 망설이게 만든 것일 수도 있겠습니다.

주제 **결과**

06. 별상부인(여교황), 펜타클 6

이 여자분은 리더십이 있으며 선생님 같이 상대를 끌어줄 수 있는 분입니다. 연상일 가능성이 높고 성숙한 면이 있어 평소 남자친구분의 버팀목이 되어주실 것 같습니다. 그 때문에 여자분 입장에서 남자분이 가끔 어린아이처럼 느껴질 때가 있을 것입니다. 한쪽이 다른 쪽을 계속 보살피는 방식으로는 건강한 관계의 형성과 유지가 어렵습니다. 오늘 대화의 시간을 통해 서로를 이해하려는 노력을 하면 좋을 것으로 보입니다. 한 발짝 물러서서 상대를 살펴보시면 두 분 사이 의견 차이는 점차 좁혀질 것입니다.

주제 **결과**

07. 감흥신령(마법사), 컵 7

현실을 있는 그대로 바라보는 지혜가 필요한 때인 것 같습니다. 혹시 허황된 꿈만 좇아 일을 계획한 뒤 진행하려는 것이 아닌지 오늘 확인을 해볼 필요가 있습니다. 당신의 눈을 가리려는 달콤한 유혹이 즐비하니 자칫하면 속아 넘어가게 될 수도 있습니다. 더욱더 철저하게 사전 조사를 해 보시고, 정말 시작해도 괜찮은 것인지 다시 한 번 확실히 한 뒤 진행하는 것이 좋겠습니다. 재주가 많고 여러 방면의 능력이 뛰어나신 분이니 현실 감각만 조금 더 길러주시면 앞으로도 더할 나위 없겠습니다.

주제 **결과**

08. 펜타클 3, 자청비(완드의 여왕)

당신은 어느 모임이나 프로젝트에서 리더의 자리를 맡고 계신 것 같습니다. 자리의 무게감 때문에 외로운 기분이 들 때도 있지만 맡은 일들은 책임감 있게 잘 진행해 오신 것으로 보입니다. 리더십도 좋아 사람들이 잘 따르고, 효율적인 일처리 능력이 있는 분이시니 스스로를 믿고 평소와 같이 일을 하시면 동료분들도 열심히 따라 줄 것입니다. 오늘은 결실을 보기 전 아직은 그 기반을 다지는 단계로, 지금처럼만 진행된다면 원하는 결과를 곧 성취할 수 있습니다.

주제 **결과**

09. 스워드 6, 완드 8

갑작스런 해외 출장을 앞두고 계신가요? 그 때문에 근심이 많으신 것 같습니다. 아무래도 외지에서 일을 하면 익숙한 곳에 있을 때와 다른 점이 많을 테니 걱정이 되시나 봅니다. 그러나 크게 염려하지 않으셔도 될 것 같습니다. 이동한 곳에서 오히려 빠른 속도로 일이 잘 진행될 것으로 보입니다. 막막하던 것들이 순식간에 차도를 보일 것이니 마음의 짐을 조금 내려놓아도 좋을 듯합니다.

10. 감은장아기(심판), 완드 6

그동안 수면 아래 머무르던 문제점들이 드러나는 날이 되겠습니다. 대수롭지 않게 생각하고 넘겼던 일들이 이제 와서 트러블을 일으키는 상황을 맞게 될 수도 있습니다. 연인 사이에 그때그때 풀지 않고 쌓아둔 오해나 상대의 마음을 지레짐작하고 본인 마음대로 했던 행동들이 오늘 사소한 것을 계기로 싸움으로 번지게 될 가능성이 있습니다. 그러나 이별로 이어지지 않고 관계를 더욱 굳건히 만드는 계기로 작용할 수 있으니 평소 마음에 걸리는 일이 있었다면 다가가 먼저 사과하는 것이 좋겠습니다.

일진 보는 법 : 쓰리 카드 리딩

01. 에이스 펜타클, 산마도령과 애기씨(태양), 완드 4

무언가를 시작하려는 강한 의지가 보입니다. 또다른 사업을 시작하려는 것일 수도 있고, 새로운 직장에 첫 출근을 하는 날일 수도 있겠습니다. 좋은 시작의 운과 강한 의욕이 함께하니 길한 조짐입니다. 결과 카드로도 자라나는 생명력의 산마도령과 애기씨 카드가 등장했습니다. 주변에서도 당신을 축하해 주고, 스스로도 어린아이처럼 아주 즐거워하는 모습입니다. 하지만 시작의 기쁨에 지나치게 들뜨지 말고 조금은 성숙한 마음가짐이 필요할 수도 있겠습니다. 키워드로 등장한 완드 4는 안정적으로 그곳에서 지내고자 하는 당신의 의지를 나타내고 있습니다. 주변 사람들과의 관계도 원만히 잘 흘러나갈 것으로 보이니 앞으로도 오늘처럼만 잘 해나가면 되겠습니다.

02. 가야산 성모(여제), 부군님과 부인(연인), 컵 10

전반적으로 아주 풍요롭고 행복한 하루가 될 것으로 보입니다. 주변 사람에게 사랑받기도 하고 더해서 스스로의 매력을 마음껏 드러낼 수 있는 날이 될 것 같습니다. 데이트가 있는 날이신가요? 로맨틱한 무드에서 행복한 데이트를 하실 수 있을 것으로 보입니다. 남자친구와의 사이가 더더욱 돈독해질 것 같습니다. 키워드로 가족을 상징하는 컵 10 카드가 등장했으니 어쩌면 프러포즈를 받으실 수도 있겠습니다. 전체적인 흐름을 보았을 때 여자분의 대답도 긍정적일 것 같습니다.

| 주제 | 결과 | 키워드 |

03. 스워드 2, 바리공주(컵의 여왕), 컵 5

오늘 두 가지 중 힘든 결정을 내려야 합니다. 마음이 양 갈래로 나누어져 어려운 고민 중이신 것으로 보입니다. 눈앞을 가린 듯 막막하고 마음도 괴로울 수 있지만 현실을 직시하고 결단을 내리셔야 합니다. 둘 중 어느 것을 선택해도 아쉬움이 남기에 계속 우울한 마음이 들 것으로 예상이 됩니다. 결국 확장보다는 유지를, 이동보다는 머무름을 선택하신 것 같습니다. 과거를 돌아보며 미련을 가진다 해도 이미 내린 결정을 번복할 수는 없습니다. 과거에 마음이 붙잡혀 있다가는 현재를 제대로 돌아보지 못하고, 다가오는 좋은 기회들마저 놓쳐버릴 수 있습니다. 오늘까지만 우울하고 마음을 재정비하셨으면 좋겠습니다. 기회는 당신을 기다려주지 않습니다.

| 주제 | 결과 | 키워드 |

04. 펜타클 7, 스워드 9, 청년 시절의 문도령(완드의 기사)

지금껏 일궈온 것들의 결실을 보기 직전의 상황입니다. 끝까지 마음을 놓지 말고 상황을 이성적으로 주시해야만 일한 것을 남의 손에 넘기지 않을 수 있다는 생각 때문에 하루 종일 심각하게 고민하고 계신 것 같습니다. 결국 밤잠을 설치거나 어딘가에 갇힌 듯 마음이 답답해하는 모습도 보입니다. 스스로를 압박하는 스트레스가 심하면 주변 상황에 더 신경을 쓰기 힘들어지고 자연스럽게 현실적인 상황판단이 어려워질 것입니다. 걱정을 조금 덜어낼 필요가 있겠습니다. 키워드로 생각을 멈추고 일단은 돌진해보라는 의미의 카드가 나왔습니다. 아무래도 생각이 너무 많으신 분이니 이제는 행동으로 옮기라는 뜻에서 완드의 기사 카드가 나온 것으로 보입니다.

| 주제 | 결과 | 키워드 |

05. 에이스 완드, 청년 시절의 동수자(컵의 기사), 감흥신령(마법사)

오늘은 일복이 많은 날입니다. 중요한 미팅이나 프레젠테이션이 계획되어 있다면 성공적으로 마무리할 수 있을 것이고, 계약을 해야 하는 상황이라면 무리 없이 성사가 됩니다. 주변의 인정을 받고 스스로도 자신감에 가득차 더욱 시너지효과를 낼 수 있겠습니다. 오늘을 계기로 좋은 소식을 전해들을 수 있을 것 같습니다. 어쩌면 원하던 곳에서의 스카우트 제의나 승진의 기회가 찾아올 지도 모르겠습니다. 재주가 많은 분이니 끈기를 가지고 그곳에서 더욱 정진한다면 본인이 가진 재능을 백 퍼센트 이상으로 발휘할 수 있을 것으로 보입니다. 축하드립니다.

06. 삼신할머니(매달린 남자), 직녀(행운의 수레바퀴), 펜타클 4

이제껏 매달려 있던 일을 이제 마무리 짓고 싶다는 생각이 들 수도 있겠습니다. 그다지 큰 성과가 없었고, 계속 제자리 걸음만 하는 기분이 드는 날들을 보내오신 것 같습니다. 그 것은 누군가를 깊이 사랑하는데 보상 같은 달콤함이 돌아오지 않은 것일 수도, 금전적 투자를 계속 했는데 눈에 띄는 성과를 보지 못한 상황일 수도 있겠습니다. 안타깝지만 오늘 하루도 바라는 극적인 변화 없이 평소처럼 흘러가게 될 것입니다. 그러나 지금처럼 꾸준히 임하면 머지않은 미래에는 기대해 볼 만합니다. 키워드 카드는 주변과 소통을 하고 욕심을 조금은 내려놓으라고 조언하고 있습니다. 당장 손에 쥔 것을 놓지 않으려 전전긍긍하다가 훗날 더 큰 것을 잃게 될 수도 있습니다.

07. 아귀(악마), 성수대신(탑), 저승의 여대왕(죽음)

안 좋은 소문에 휘말릴 수도 있을 것 같습니다. 또는 모르는 사이 당신은 이미 그 소문의 주인공이 되어있을지도 모릅니다. 혹시 당신이 개인적인 원한이나 단순히 사리사욕을 채우기 위해서 남의 말을 지어내고 있는 중이라면 당장 멈추어야 합니다. 결과적으로 무언가 충돌이 일어날 것입니다. 큰 싸움이 일어나거나 믿었던 사람이 등을 돌리는 경험을 하게 될 수도 있겠습니다. 어느 쪽이든 당신에게 큰 상처가 될 것입니다. 피해를 최소한으로 만들고 싶다면 청산이 필요한 지지부진한 관계를 깨끗이 정리하고 아예 새롭게 시작하는 편이 낫습니다. 그리고 오늘이 지난 후에도 당분간은 사람들이 모이는 장소를 피하고 감정과 생각을 비워두는 것이 좋겠습니다.

08. 스워드 5, 에이스 컵, 산마도령과 애기씨(태양)

하루 종일 마음이 힘들고 피곤할 것으로 예상됩니다. 계획하고 있던 일이 있으셨다면 그 길을 가는 데 많은 실력자들을 상대해야 할 것 같습니다. 당신이 경쟁자들 사이에서 빛이 나려면 어중간한 노력만 해서는 안 됩니다. 그러므로 그들과의 경쟁에서 오는 압박감과 스트레스 때문에 오늘 내내 마음이 무거우실 것 같습니다. 다행히도 결과는 아주 긍정적입니다. 좋은 운이 따르니 승리의 기쁨을 마음껏 누릴 수 있겠습니다. 주변에서도 인정을 받을 수 있고 오늘을 발판 삼아 다른 일을 시작하더라도 술술 잘 풀릴 겁니다. 도와주는 귀인이 가까이에 있는데 몰라보고 있는 것은 아닐까요? 주변을 잘 살펴보도록 합시다.

주제	결과	키워드

09. 펜타클 7, 스워드 10, 스워드 7

아직 확실한 결과가 나오지 않았으니 만족감을 느끼는 것은 시기상조입니다. 지금 당신이 주축이 되어 진행 중인 일이 마무리가 되어감에 따라 '이 정도면 된 것 같은데?'와 같은 생각이 들 수도 있습니다. 그러나 그 안일한 생각이 화를 부르고 만 것 같습니다. 오늘 큰 사건이 생길 것으로 보입니다. 그 일 때문에 온몸에 칼이 꽂힌 듯 괴롭고 어딘가로 움직일 수도 없는 상황에 처하게 되는 모습입니다. 이미 무너진 것을 수습하려 하지 말고 몸과 마음을 재정비해 훗날을 도모하는 것이 차라리 낫겠습니다. 가까운 곳에 동료인 체하는 스파이가 있어 정보나 금전을 빼돌리고 있을 가능성도 보이니 주변을 너무 믿어서도 안 됩니다. 아무쪼록 금방 회복하고 일어날 수 있는 힘을 얻을 수 있기를 바랍니다.

주제	결과	키워드

10. 완드 3, 창부대신(달), 지하장군(정의)

깊은 밤이 될 때까지 고민을 하는 모습입니다. 너무 많은 일을 동시에 진행하고 있지는 않으신가요? 달이 하늘 높이 떠오르는 한밤중이 되어서도 확실한 마음의 결정을 내리지 못한 모습입니다. 혹은 밤이 되면 마음이 미묘하게 흔들려 냉철함을 잃은 선택을 하게 될 수 있으니 주의하라는 의미로 보이기도 합니다. 여러 모로 이성적으로 생각하고 잘 따져본 후 최대한 후회가 적을 것 같은 쪽을 선택해야 할 것입니다. 그러나 오늘 하루 동안은 혼란스러운 머릿속을 깨끗이 정리할 수 없을 것 같습니다. 오늘이 지난다고 해서 흔들리는 마음을 단숨에 고정할 수 있는 뾰족한 수가 떠오를지도 아직까지는 알 수 없습니다.

아침	점심

저녁	결과

01. 산신들의 바둑내기(힘), 자청비(완드의 여왕), 완드 2, 펜타클 3

오전 중에 무언가 참고 기다려야만 하는 일이 생길 수 있습니다. 당장 앞이 보이지 않는 것 같은 답답함이 있겠지만 점심의 운을 보니 마음을 다잡고 다시 본분에 임하시는 모습이 보입니다. 일적으로 권위 있는 자리에 계시거나 사업을 운영하는 오너이신 것 같기도 합니다. 어쩌면 오전의 인내하는 일이 부하 직원의 실수, 또는 사업상의 문제였을 수도 있겠습니다. 저녁에는 무언가 결정을 고민하고 있습니다. 사업의 확장으로도 해석할 수 있습니다. 앞으로의 일을 제대로 잘 해내고자 하는 마음가짐으로, 미래를 내다보며 생각에 잠겨 있습니다. 키워드를 보니 협동을 의미하는 펜타클 3입니다. 자애로운 마음으로 함께 일하는 사람들을 용서하고 다시 협력해 열심히 일한다면 본인의 능력을 확실히 발휘할 수 있는 하루가 되겠습니다.

02. 스워드 3, 완드 9, 삼신할머니(매달린 남자), 스워드 4

아침 / 점심 / 저녁 / 결과

안타깝지만 오전부터 마음에 깊은 상처를 입는 일이 생기실 것으로 보입니다. 믿고 있던 사람으로부터 배신을 당하거나, 연인의 이별 통보일 가능성이 있습니다. 그 사건으로 인해 점심까지 머리를 싸매고 고민을 하게 됩니다. 심적 고통이 깊지만 직장 일에는 지장을 줄 수 없으니 마음이 더욱 힘든 상황으로 보이기도 합니다. 울타리 안에 갇힌 것처럼 답답하고 누군가에게 도움을 청하고 싶지만 마땅한 상대가 없을 것입니다. 믿었던 지인도 오늘따라 의지가 안 되는군요. 저녁이 되면 그에 대한 생각이 더욱 깊어집니다. 머리로는 상대의 배신을 받아들였다 하여도 마음이 아직끼지 받아들이지 못하고 있는 모습입니다. 그 문제에 매달려 자꾸만 곱씹게 되고, 마음을 정리하기가 힘든 것으로 느껴집니다. 결과적으로는 직장의 업무 등 외부적인 요인으로도, 아침의 사건으로 인한 심리적 요인으로도 당분간 휴식이 필요할 것 같습니다. 몸도 마음도 푹 쉬며 스스로 회복할 시간을 꼭 가지도록 하세요.

03. 컵 7, 도깨비(전차), 스워드 7, 컵 8

아침 / 점심 / 저녁 / 결과

아침부터 무엇에 홀린 듯한 기분으로 일을 시작하게 되실 것 같습니다. 구체적인 계획이나 대책을 세워두지 않고 막연한 기분에 따라 일을 진행하시는 모습이 보입니다. 머릿속에서 구상만 하고 있던 사업 계획이나 투자 계획 등을 갑작스럽게 추진하고 싶은 기분이 들 수 있겠습니다. 점심에는 즉흥적이었던 아침의 계획을 실제로 밀어붙이게 됩니다. 앞뒤 제대로 재지 않고 돌진하고 있습니다. 주위를 확실히 살피지 않고 스스로의 목표에만 온 정신이 집중이 된 상태이니 주변의 염려하는 말도 잘 들리지 않겠습니다. 그래서 불순한 의도를 가지고 접근하는 누군가를 알아채지 못한 것 같습니다. 저녁 즈음 주변의 누군가 당신의 일을 방해합니다. 정보를 빼돌려 달아날 수도, 함께 일하기로 한 사람을 꼬드겨 빼앗아 갈 수도 있습니다. 이 일이 결정적인 계기가 되어 당신은 결국 마음을 한 수 접거나 2퍼센트 부족한 진행만이 가능하게 됩니다. 마음을 크게 다치지 않으셨으면 좋겠습니다.

04. 아귀(악마), 컵 9, 별상대감(교황), 펜타클 6

아침 / 점심 / 저녁 / 결과

당신이 만일 사업체나 가게를 운영하고 계신 분이라면 오전에는 원래 얻던 것보다 큰 금전적 이익을 얻으실 수 있는 운이 온 것 같은 착각이 듭니다. 그래서 조금 더 세속적인 욕심을 부리게 되는 모습이 보입니다. 점심에는 벌어들인 이익으로 인해 의기양양하고, 가진 것을 뽐내고 싶은 마음이 듭니다. 나쁜 것은 아니지만 지나친 허영심으로 이어지지 않도록 주의가 필요할 수 있습니다. 다행히도 그 마음이 과해지기 전에 저녁에 누군가의 조언을 받게 됩니다. 권위 있으신 남자분으로 보입니다. 아버지나, 조언을 줄 수 있을 만한 은사님, 선배님으로 보입니다. 그분과 이야기를 나누고 마음이 바뀌셨는지 베풀고자 하는 마음을 먹은 것 같습니다. 금전적 여유가 있는 사람이 펜타클 6 카드를 뽑는다면 주변에 가진 것을 나누어 덕을 쌓고 더 큰 사람이 되어 이득을 얻으라는 조언의 의미로 읽을 수 있습니다. 부디 행동으로 이어져 쌓아두기만 하는 것보다 큰 행복을 얻으시길 바랍니다.

일진 보는 법 : 포 카드 리딩

아침 **점심**
저녁 **결과**

05. 스워드 10, 지하장군(정의), 에이스 스워드, 별상부인(여교황)

최근까지 신체적 슬럼프를 겪었거나 심리적으로 큰 상처를 받았을 가능성이 있습니다. 그 영향이 오늘의 아침까지 이어지고 있습니다. 또는 아침에 누군가의 폭력적인 언사로 받은 극심한 상처가 오전 전체의 컨디션으로 이어질 수도 있겠습니다. 하지만 점심이 되면 마음을 다잡는 모습이 보입니다. 냉정하게 현실을 직시하고 합리적인 판단을 내려 일어서는 모습이 보입니다. 이렇게 처져있을 때가 아니라는 생각이 든 모양입니다. 무엇인가 실행하려는 의지는 저녁에 더 확실하게 드러납니다. 마음을 먹은 것에서 그치지 않고 실제로 행동으로 옮기는 모습입니다. 결과적으로 과거의 트라우마를 딛고 더욱 냉철하고 이성적으로 상황에 대처하는 자세를 취하고 있으며, 앞으로 나아가려는 결단력과 의지가 확고하니 내일은 오늘보다 분명 더 나은 날이 될 것입니다.

아침 **점심**
저녁 **결과**

06. 펜타클 5, 컵 3, 펜타클 10, 중년에 접어든 문도령(완드의 왕)

이제껏 준비해 온 프로젝트나 시험의 결과를 기다리는 중이신 것으로 예상됩니다. 기다림의 시간이 길었는지 과도한 스트레스와 피로함이 몸을 지배해 오전 내내 우울하고 무기력해 보입니다. 그러나 너무 혼자 힘들어하지 않으셨으면 좋겠습니다. 주변에 분명 당신과 고민을 나누고 다시 의욕을 북돋아줄 만한 좋은 사람들이 있습니다. 그들의 위로와 지지로 하여금 점심에는 다시 기운을 차리고, 저녁이 되기 전 기다리던 소식을 받을 수 있을 것 같습니다. 저녁 시간에는 그것을 축하하는 회식자리 등이 생길 것으로 보이기도 합니다. 아침나절의 우울함은 싹 다 잊어버릴 수 있을 만큼 다 함께 즐겁게 기쁨을 만끽하고 있습니다. 스트레스를 싹 다 비워내고 홀가분한 내일을 맞이하실 수 있겠습니다. 앞으로는 지금의 확고한 의지와 계획대로 당신의 능력을 확실하게 인정받는 일만 남았습니다. 마음고생 끝에 얻게 된 오늘의 영광을 오래도록 지켜낼 수 있기를 바랍니다.

아침 **점심**
저녁 **결과**

07. 대신할머니(절제), 옥황상제(황제), 완드 5, 완드 10

당신의 오늘 오전은 특별한 이벤트 없이 평소처럼 흘러갈 것으로 보입니다. 기분도 평상시와 크게 다르지 않아 보이며, 감정의 기복 없이 평범한 일상을 보낼 수 있습니다. 점심즈음 상사가 갑작스레 당신의 부서에 업무를 지시할 수도 있을 것 같습니다. 중간 직책이 아닌 회사의 대표급인 분으로 보이며 그는 요령이 통하지 않는 보수적인 스타일입니다. 주변에서 서로에게 책임을 미루거나 일을 진행하는 와중에 발생하는 의견 차이로 인한 자잘한 다툼이 저녁까지 끊이지 않고 일어나 당신을 피곤하게 만들 것입니다. 결과적으로 상황을 지켜보던 당신이 모든 것을 떠안고 나머지 사람들을 이끌게 될 것 같습니다. 만약 이전에 맡았던 업무들이 아직 마무리되지 않아서 부담스럽다면 주변과 의논해 융통성 있게 일을 나누는 것이 낫습니다. 그럼에도 성격상 혼자 책임지는 것이 낫다면 마음가짐을 긍정적으로 해 이 기회를 능력을 인정받는 기회로 삼는 것이 좋겠습니다.

08. 펜타클 8, 별상대감(교황), 컵 2, 마고신(세계)

당신은 성실하신 분으로 보이며, 오늘 오전에도 언제나처럼 한곳에서 꾸준하고 성실하게 일을 하고 있을 것으로 보입니다. 열심히 일한 당신에게 보상처럼 뜻밖의 귀인이 찾아왔습니다. 그는 어느 정도 높은 사회적 위치에 있어 남들에게 지시를 내리는 것에 익숙하고 언변이 뛰어난 분입니다. 어쩌면 외국에서 온 바이어나 거래처 소속 직원일 수도 있겠습니다. 그분과 당신은 이번 일을 같이 하면서 좋은 인연이 될 것 같습니다. 그러니 그를 놓치지 않도록 예의 바르고 착실한 좋은 이미지를 유지하시고, 본인의 능력이 따라주는 한 열심히 업무에 임하시는 것이 좋겠습니다. 만약 당신이 그분을 도와 오늘 일이 잘 마무리가 된다면 훗날 지금 있는 곳보다 더 큰 범위에서 능력을 인정받을 기회가 생길 것입니다. 그러니 그가 당신을 기억할 수 있도록 최선을 다해 주세요.

09. 단군의 어린 시절(펜타클의 시종), 젊은 시절의 장군(스워드의 기사), 부군님과 부인(연인), 스워드 4

활기찬 에너지와 함께 하루가 시작될 것으로 보입니다. 몸도 가볍고 컨디션도 좋아 열정적으로 업무에 집중하여 일하실 수 있습니다. 비유하자면 혼자서도 두세 명의 몫까지 처리하고도 남을 정도일 것입니다. 다만 속도가 붙는다 하여 너무 성급하게 일처리를 한다면 후회하는 일이 생길 수 있으니 주의해야 합니다. 점심 때 마음을 조금 가라앉힐 필요가 있을 것 같습니다. 저녁에는 가장 가깝고 편한 사람과 좋은 감정으로 즐거운 시간을 보낼 수 있을 것으로 예상됩니다. 결과적으로 아침부터 하루 종일 모든 곳에 열정적으로 기운을 쏟으셨으니 내일을 위해 혼자만의 충전 시간이 필요해집니다. 밤에는 푹 쉬면서 적당한 휴식을 취해 에너지를 재충전하면 좋을 것입니다. 그게 아니면 조금 감상적으로 될 소지도 보입니다. 체력을 효율적으로 분배해 이용할 필요가 있습니다. 오늘 아침부터 컨디션이 따라준다고 하여 하루에 올인 한다면 다가오는 내일은 체력적으로 힘들어질 수 있음을 알아야 합니다.

10. 컵 5, 스워드 3, 스워드 9, 완드 4

안 좋은 꿈을 꾸신 것 같습니다. 혹은 아직까지 마음에 걸리는 과거의 일이 있으신 것으로 보입니다. 그것이 미련이라는 사실을 당신도 알고 있지만, 이성적으로 생각하기에는 아직 그 상처에서 벗어나지 못하고 계신 모습입니다. 점심까지 혼자 깊은 생각에 빠져 과거를 곱씹고 있고, 저녁이 되어도 여전히 그 자리에 머물러 계십니다. 오히려 고민이 깊어져 쉽게 잠들 수 없을 것 같기도 합니다. 결과의 완드 4 카드는 사실은 누군가에게 다 털어놓고 위로받고 싶다는 속마음을 나타내는 것으로 해석됩니다. 가족을 찾아가 안정감을 느끼거나 오랜만에 친구들을 만나서 소속감을 느끼며 기분을 전환하고 싶다는 생각이 들 수도 있겠습니다. 하지만 아직 생각에 그칠 뿐 오늘 실제로 행동에 옮길 것 같지는 않습니다. 때로는 아픈 마음을 내보이고 솔직하게 이야기를 하기만 해도 상처 치유에 큰 도움이 될 수 있다는 사실을 기억하셨으면 좋겠습니다.

일진 보는 법 : 파이브 카드 리딩

아침 / 점심 / 저녁 / 결과 / 키워드

01.

스워드 5, 완드 8, 옥황상제(황제), 펜타클 4, 완드 5

아침부터 원하는 것을 쟁취하기 위해 경쟁을 피할 수 없는 상황이 옵니다. 남의 것을 얻어낼 생각이 없으시다면 본인이 가진 것을 지켜내야 하는 입장일 수도 있습니다. 이어지는 점심의 카드를 보면 정신없이 휘몰아치는 모습이 보입니다. 아직 오전의 경쟁이 마무리되지 않은 것으로도 보입니다. 빠른 진행과 속도를 나타내는 카드이니 오늘 안에는 마무리가 지어지겠습니다. 저녁의 카드는 옥황황제입니다. 최고 권위를 가진 지배자인 옥황상제는 당신이 경쟁에서 승리했음을 나타냅니다. 당신의 이성적이고 결단력 강한 성격을 의미하기도 합니다. 오늘의 일을 겪은 후의 허무함과 본인의 영역, 본인이 가진 것들을 잃지 않고 더욱 단단히 지키려는 마음가짐이 펜타클 4 카드에서 읽힙니다. 잃는 것에 대한 두려움을 너무 키우지는 않으셨으면 하는 바람입니다. 키워드는 작은 구설을 상징하는 완드 5 카드가 등장했습니다. 오늘의 경쟁 상황으로 인해 주변에서 들려오는 말이 많을 수 있겠습니다. 본인의 중심을 단단히 잡고 남들의 말에 휘둘리지 않는 자세를 유지하셨으면 좋겠습니다.

아침 / 점심 / 저녁 / 결과 / 키워드

02.

컵 4, 환웅의 부재(펜타클의 왕), 펜타클 8, 에이스 완드, 정수남(완드의 시종)

아침부터 조금은 게으름을 피우고 싶은 마음이 들 수 있습니다. 누군가 제안을 해도 심드렁하고 내키지 않아 매사 재미가 없고 따분하게 느껴질 것입니다. 활력에 넘치고 즐거운 제안은 아니기 때문입니다. 하지만 점심 때 강력한 지위와 카리스마를 가진 누군가 당신에게 영향을 줄 것으로 보입니다. 아마도 직장의 상사, 아버지, 선생님 등으로 예상이 됩니다. 어쩌면 날카로운 지적을 받을 수도 있겠습니다. 그 영향으로 저녁까지 열심히 일을 하고 있습니다. 펜타클 8 카드는 묵묵히 본인의 임무를 수행하는 사람으로, 성실하고 믿음직한 사람입니다. 결과 카드의 에이스 완드를 통해 점심 때의 지적 또는 꾸짖음이 당신에게 긍정적인 영향을 주었다는 것을 알 수 있습니다. 스스로에 대한 의지와 미래에 대한 계획을 다시 한 번 다지는 모습입니다. 키워드는 새로운 여정에 대한 준비를 하는 어린 소년이지만, 또다시 자기 식대로만 밀고 나가려는 태도를 주의하라는 경고입니다. 그 점만 주의하면 아침의 해이해진 마음가짐을 새로이 하고 새 출발을 하는 뜻깊은 하루가 되겠습니다.

03.

웅녀(펜타클의 여왕), 동수자(컵의 왕), 에이스 컵, 컵 2, 직녀(행운의 수레바퀴)

오전을 나타내는 펜타클의 여왕은 매사 자신만만하고 당당한 여성입니다. 그녀는 풍족한 생활을 하고 있으며 자신의 권위를 다질 줄 아는 능력있는 사람입니다. 점심이 되어 등장한 컵의 왕은 여유로운 태도의 남자입니다. 감정이 풍요롭고 표현이 풍부하며 사람들과 소통하는 것을 좋아하는 사교적인 성격입니다. 점심 때 두 사람이 만났다면 컵의 왕의 여유로운 성격과 매너에 이성적이고 냉정한 펜타클의 여왕이 이끌릴 수 있습니다. 저녁이 되면 무언가 두 사람 사이에 새로운 시작이 가능할 것 같습니다. 감정의 시작을 상징하는 에이스 컵과 결과의 컵 2 카드를 함께 보면 확실히 오늘 두 사람은 서로의 마음을 확인하고 연인이 될 것으로 보입니다. 키워드의 직녀 카드는 둘 사이의 인연이 쉽게 끊어지지 않을 것을 나타냅니다. 오늘만이 아니라 앞으로 쭉 좋은 관계를 만들어 나갈 운명적인 사이입니다. 만약 연인의 관계로 만난 것이 아니라도 좋은 사업 파트너 등 서로가 서로에게 새로운 시작의 길한 동반자가 될 수 있습니다.

04.

완드 10, 완드 7, 저승의 여대왕(죽음), 글문도사(은둔자), 컵 6

무슨 일이 그리 많으신지 걱정이 됩니다. 아침부터 아주 많은 일거리를 껴안고 열심히 일을 하고 있습니다. 카드 속 완드는 직장의 업무 등을 의미하기도 하지만 누군가의 고민거리로 해석될 수도 있습니다. 감당하기 어려울 정도의 고민을 끌어안고 시작한 하루의 점심까지도 간신히 버텨내는 형국입니다. 책임감이 강하신 성격을 가지신 것으로 보입니다. 남에게 기대려 하지 않고 계속 홀로 문제를 해결하려 고군분투하실 것으로 예상됩니다. 그러나 저녁이 되면 쓰러지게 됩니다. 과로나 스트레스로 인해 신체적 건강까지 해칠 수 있으니 조심해야 합니다. 그러나 저승의 여대왕 카드는 완결 후의 또 다른 시작을 의미하기도 하니 아직 완전히 포기하기는 이릅니다. 결과 카드로 등장한 글문도사는 어딘가에 틀어박혀 혼자만의 시간을 가지고 싶은 마음을 나타냅니다. 문제가 외부의 바쁜 업무 상황이든 내부의 고민거리이든 이제는 지쳐서 다 포기하고 싶어질 수도 있습니다. 키워드의 컵 6 카드는 누군가에게 보살핌을 받고 싶은 마음을 드러냅니다. 가족이나 가까운 친구 등에게서 감정적인 위로를 받는 것이 큰 도움이 될 것 같습니다. 혼자서 외롭게 감당한다고 모두가 알아주지 않습니다. 주변과 소통하며 스스로의 짐을 덜어내 보세요.

아침　점심　저녁

결과　키워드

05.

펜타클 10, 바리공주와 동수자의 아들(컵의 시종), 은씨 부인(스워드의 여왕), 완드 4, 펜타클 9

오전에는 편안한 가족을 나타내는 카드가 나왔습니다. 안정적이고, 의지가 되는 가족들과 편안한 시간을 보내는 주말 오전을 의미하는 것 같기도 합니다. 점심에는 컵의 시종 카드가 나왔습니다. 만약 남동생이 있으시다면 그를 나타내는 것으로, 감수성이 풍부하고 애정 표현이 많은 어린 남자입니다. 미워할 수 없는 매력을 가진 사람이지만 기분파라 계획력과 끈기가 부족한 편입니다. 멀리 있던 남동생과 당신까지 가족들이 다 같이 오랜만에 모여 시간을 보내는 상황으로도 보입니다. 저녁에는 상황이 조금 달라집니다. 신경이 곤두서 보이는 권위 있는 여성입니다. 어머니로 읽을 수 있을 것 같습니다. 감정에 이끌리지 않고 냉정하게 결정을 내리는 스워드의 여왕이 등장한 것으로 보아 사람들 사이에 말다툼이나 분쟁이 생길 수 있습니다. 다행히도 결과 자리에 다시 축하와 행복을 나타내는 완드 4 카드가 나왔습니다. 키워드의 풍족하고 여유로운 여성의 모습과 함께 읽어 보았을 때 다툼이 원만하게 마무리 되었고, 신경이 날카로워졌던 스워드의 여왕이 본래의 안정적인 모습으로 돌아감을 예상할 수 있습니다.

아침　점심　저녁

결과　키워드

06.

최영장군(스워드의 왕), 완드 3, 펜타클 3, 에이스 스워드, 컵 7

아침을 나타내는 자리에 등장한 스워드의 왕은 오전부터 자신의 자리에서 위엄을 드러내고 있습니다. 사업을 운영하고 누군가를 지휘하는 위치에 계신 분 같기도 합니다. 오전에 정확한 결정을 내려야 하는 일이나 누군가를 강력한 카리스마로 설득해야 하는 회의 등의 상황이 있을지도 모르겠습니다. 점심에는 마음이 조금 복잡해진 것으로 보입니다. 이미 벌여놓은 일들의 향후 방향을 고민하거나 사업의 확장을 고민하고 계실 수도 있겠습니다. 도와줄 수 있는 이가 주변에 있다면 혼자 고민하기보다 도움을 청해보는 것이 낫겠습니다. 저녁에는 직장에서 사람들과 협력해 열심히 일을 하는 모습입니다. 협력자를 구하신 것 같아 다행입니다. 새로운 사업의 계획이나 확장을 도모하고 있는 모양인지 결과 카드로 행동력, 확고한 실행을 의미하는 에이스 스워드가 나왔습니다. 확실히 무언가 정확히 결정을 내리고 사람들과 함께 행동을 해야 하는 날인가 봅니다. 키워드의 카드인 7개의 컵은 환상을 나타냅니다. 현실을 이성적으로 판단하고 너무 허황된 이상을 좇는 것은 지양해야 한다는 경고의 의미로 읽을 수 있습니다.

07.

대신할머니(절제), 사해용왕부인(별), 옥황상제(황제), 바리공주와 동수자의 아들(컵의 시종), 도깨비(전차)

오전부터 점심까지 계속해서 무엇인가를 고민하며 마음을 확실히 정하지 못하고 계십니다. 과거에 맞닥뜨렸던 어떤 문제를 아직 해결해 나가는 과정으로도 생각해 볼 수 있습니다. 점심에는 자신을 믿는 긍정적인 마음가짐도 어느 정도 생긴 것으로 보입니다. 어쩌면 물이 흘러가는 대로 그저 순리를 따라야 함을 이제는 받아들이게 된 것으로도 보입니다. 그리고 저녁이 되면 확실히 본인의 의지를 다져 둘 중 한 가지를 선택하게 되실 것으로 보입니다. 아버지나 주변 어른의 도움, 또는 조언을 통해 깨달음을 얻을 수도 있겠습니다. 결과 카드의 컵의 시종은 새롭게 시작하려는 긍정적인 의지와 의욕으로 해석할 수 있습니다. 새로운 시작과 이동의 운이 들어와 있으니 부디 마음을 먹는 것으로 끝나지 않고 실제로 발을 움직이는 날이 되기를 바랍니다. 키워드의 도깨비 카드 또한 지금은 밀어붙일 때라고 조언을 해주고 있습니다. 우유부단한 태도를 청산하고 부디 당신의 결정을 행동으로 연결시켜 보시길 바랍니다.

08.

웅녀(펜타클의 여왕), 컵 9, 에이스 스워드, 스워드 9, 청년 시절의 동수자(컵의 기사)

부족함 없는 생활을 하고 계신 분으로 보입니다. 지금 머무르는 자리도 풍요롭고, 물질적인 아쉬움도 없습니다. 다만 점심의 카드를 보면 풍요로움에 취해 자만한 태도를 취할 수 있으니 주의해야 합니다. 어쩌면 어떤 일에 대한 결정을 앞두고 조금은 고집을 부리고 계신 것 같기도 합니다. 당신은 권위 있는 위치의 사람인 것으로 보이기 때문에, 당신의 말 한마디로 인해 모든 일이 지연되고 있는 상황일 수 있습니다. 남의 시선을 의식하거나 쓸데없는 자존심을 내려놓고 현실을 보아야하는데 점심에는 그런 의식이 부족하게 느껴집니다. 저녁이 되면 비로소 마음의 결정을 내리고 일을 실행하려고 마음을 먹지만, 이미 타이밍을 놓쳐 버린 것으로 보입니다. 그 때문에 마음이 힘들고 자책에 빠질 수도 있겠습니다. 그러나 아직 완전한 포기를 하지는 않으셨으면 합니다. 키워드 카드로 등장한 컵의 기사는 긍정적인 기운, 좋은 소식을 암시합니다. 오늘의 아픔을 반면교사로 삼아서 다가올 미래의 기회를 놓치지 않으면 되겠습니다.

일진 보는 법 : 파이브 카드 리딩

아침 점심 저녁

결과 키워드

09.
가야산 성모(여제), 컵 6, 스워드 2, 도깨비(전차), 에이스 펜타클

하루의 시작이 왠지 기분이 좋을 것으로 보입니다. 아침부터 일도 잘 풀리고 오늘따라 입은 옷차림도 마음에 들어 만족스러울 것입니다. 그리고 점심 때 예상치 못했던 곳에서 과거의 인연과 재회할 수 있을 것 같습니다. 순수하게 마음을 나누었던 과거의 연인으로, 첫사랑일 가능성이 높고 상대 또한 당신과 다시 만나게 된 것을 반가워할 것으로 해석됩니다. 어쩌면 그가 먼저 다시 시작하는 것은 어떠냐는 뉘앙스를 담은 질문을 넌지시 던져 올지도 모릅니다. 그러나 당신의 마음은 저녁의 카드와 같이 두 갈래의 길에서 방황하게 됩니다. 이대로 일회성의 만남으로 그와의 관계를 마무리 짓고 과거의 아름다웠던 추억을 그대로 남겨두는 것과 마음이 이끄는 대로 다시 그의 손을 잡는 것 사이에서 고민을 하고 있습니다. 하지만 그 고민은 길게 이어지지 않을 것으로 보입니다. 결과의 도깨비 카드는 무작정 앞으로 달려나가는 조금은 무모한 의미를 가졌으므로, 당신도 뒷일은 나중에 생각하기로 하고 다시 한 번 그를 믿어보기로 결정하게 되실 것 같습니다. 다행히도 두 사람의 새로운 시작은 운이 나쁘지 않습니다. 이번에는 안정적으로 오랫동안 관계를 잘 다져 가기를 바랍니다.(애정이 아니라 사업이나 다른 것으로도 응용해 봅시다.)

아침 점심 저녁

결과 키워드

10.
완드 9, 은씨 부인(스워드의 여왕), 사해용왕부인(별), 바리 공주(컵의 여왕), 에이스 완드

아침부터 해결해야 하는 문제가 감당하기 어려울 만큼 많아서 쳐내기 버겁고 힘들어 보입니다. 시간이 부족한데 처리해야 하는 양은 정해져 있고, 일찍부터 정신없이 쫓겨다니는 듯한 기분이 드실 것 같습니다. 점심의 스워드의 여왕은 당신은 본래 유능하고 일처리가 칼같이 딱딱 끊어지는 사람이라는 사실을 보여줍니다. 오전의 상황도 어느 정도 정리가 되었고, 마음을 다잡은 채 당신의 본래 능력을 발휘해 차례차례 이성적으로 문제를 해결해 나갈 것으로 예상됩니다. 저녁이 되면 하루 종일 열심히 노력한 끝에 자연스럽게 어려움이 해결됩니다. 결과의 컵의 여왕의 모습이 점심의 카드와 대조되어 당신의 온화해진 기분을 나타내 줍니다. 당신이 리더가 되어 팀을 이끌고 일을 대부분 마무리 지은 것으로 보이지만 그 공을 함께 고생한 동료들과 나누어 더욱 돈독해지는 아주 좋은 마무리를 할 수 있을 것 같습니다. 키워드의 에이스 완드는 기쁜 소식, 새로운 의지와 열정을 의미합니다. 오늘의 고생은 헛되지 않고 만족스러운 결과로 다시 찾아올 것입니다.

부록
Appendix

—

대인관계 상담 : 10문항

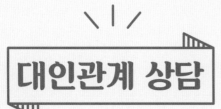

대인관계 상담 : 10문항

01.

제일 친한 친구와 최근 크게 싸워서 마음이 힘듭니다.
화해하고 싶은데 지금 연락을 취해도 될지 판단이 어렵습니다.
다시 예전처럼 지낼 수 있을까요? 언제쯤 다시 연락하는 게 좋을까요?

친구 (여자)

나 (여자)

갈등 당시 상황 / 현재 상태 / 앞으로의 행동
친구의 표면적인 태도
친구의 속마음

두 사람의 합

갈등 당시 상황 / 현재 상태 / 앞으로의 행동
나의 표면적인 태도
나의 속마음

이번 달 / 다음 달 / 다다음 달
3개월간의 관계 흐름

01. Answer

두 사람 모두 정말 갈등을 일으키고 싶어서 싸운 게 아니라, 오히려 이 관계를 오래 유지하기 위한 주장을 펼치다가 의도치 않게 다툼이 생겼을 것으로 보입니다. 원래도 궁합이 잘 맞는 사이는 아니지만 두 사람 모두 서로를 소중히 생각하시는 마음은 확실합니다. 친구분은 자신의 감정을 표현하고 싶으셨지만 그런 친구의 의견에 당신은 친구분이 자신과 오래 잘 지내려면 어떤 태도를 개선하고 어떻게 노력해야 하는지를 지적하는 대화가 오고가는 모습이네요. 친구분께서는 자신의 마음이 한 번 크게 거절당했다고 느낀 이후로 마음이 편치 않아 자꾸 어디론가 숨고 싶으시네요. 그런 친구분의 모습에 내담자분 입장에서는 큰 마음 먹고 자신의 의견을 솔직히 말한 것이 후회되시겠습니다. 대화가 되지 않고 그저 의미 없는 감정 소모, 부질없는 갈등만 일어난 상황을 보고 낙담한 채 언제쯤 연락할지, 예전처럼 지낼 수 없다면 이 관계를 접어야 하는지 이제는 확실히 결정하고 싶으신 것으로 보입니다.

다행스럽게도 시간의 흐름에 따라 두 사람 사이에 화해의 기류가 생기네요. 이번 달에는 친구분께서 먼저 자신의 요구에 맞춰달라고 주장하시겠지만, 내담자께서 친구분의 섬세한 감정선을 좀 더 알아봐 주시고 이 사람이 어떤 마음이었을지 헤아려주신다면 친구분도 분명 그에 부응하여 화해하고 싶은 의지를 확실히 보여주실 겁니다. 다다음 달에는 친구 관계가 원상복귀될 것이며, 비 온 뒤의 땅이 더 단단하게 굳는다는 말처럼 지금의 다툼이 우정을 다지는 계기가 되어 오히려 전보다 더 돈독해진 사이로 지내게 됩니다.

친구의 표면적인 태도

갈등 당시 상황 (친구 입장)	현재 입장 (표면적인 반응)	앞으로의 행동 (겉모습)
Death 저승의 여대왕	The Hermit 글문도사	The Moon 창부대신

친구의 속마음

갈등 당시 상황 (속마음)	현재 입장 (속마음)	앞으로의 행동 (속마음)
Queen of Cups 바리공주	Three of Swords 간신들의 음모로 귀양살이를 가다	Temperance 대신할머니

두 사람의 합

Queen of Swords 은씨 부인

나의 표면적인 태도

갈등 당시 상황 (내 입장)	현재 입장 (표면적인 반응)	앞으로의 행동 (겉모습)
Nine of Wands 철없는 문도령을 다시금 계몽시키는 자청비	Ten of Swords 최영장군이 최후를 맞이하다	The High Priestess 별상부인

나의 속마음

갈등 당시 상황 (속마음)	현재 입장 (속마음)	앞으로의 행동 (속마음)
Ten of Wands 세경신으로 등극하다	Justice 지하장군	Two of Cups 아기 바리공주가 버려지다

친구 (여자)　　**나** (여자)

3개월간의 관계 흐름

이번 달	다음 달	다다음 달
Five of Cups 동수자에게 붙들리다	Ace of Cups 거북	The Sun 산마도령과 애기씨

02.

이사를 할 때가 되었는데 집값도 아낄 겸해서
제일 친한 친구와 함께 살 집을 찾아보는 중입니다. 오래 친하게 지냈지만,
같이 살아본 적은 없어서 괜히 걱정도 되고 고민이 됩니다.
이 친구랑 같이 살아도 괜찮을까요?

02. Answer

두 분 모두 살림을 꾸리는 일을 가볍게 생각하실 분은 아니라고 나옵니다. 내담자께서는 생활력도 있으시고 살뜰하게 살림하는 법을 잘 알고 계신 분이며, 친구분께서는 그에 비해 다소 서툴지만 기쁜 마음에 갖고 있던 목돈도 가져와서 좋은 환경에서 잘 지내보려 노력하실 겁니다. 준비 과정까지는 순탄하지만, 함께 사실 때 한 가지 걱정되는 점이 있다면 친구분께서 새집을 구할 때 내담자보다 돈을 더 많이 투자한 만큼 집안일을 거부하는 모습이 보입니다. 즉 친구분이 소홀하신 만큼 대부분의 집안일을 내담자께서 하실 확률이 높으며, 이런 상황이 지속된다면 동거 생활이 갈등의 원인이 되지 않을까 염려됩니다. 내담자께서는 그래도 아끼는 친구이고, 원래도 집안일을 잘하는 분이기에 도맡아 집안을 돌보시겠지만, 친구분께서 계속 고집을 피우시면 결국 다시 혼자 사시는 방향을 선택하실 것으로 예상됩니다. 이 선택은 내담자분의 고민 후 필요해서 내린 선택이며 친구를 내칠 생각은 전혀 없었지만, 친구분 입장에서는 마치 절연하겠다고 통보받은 것처럼 큰 사건으로 다가오겠습니다. 두 분의 친구로서의 궁합은 상당히 좋으니, 지금 이대로의 관계를 계속 유지하실 수 있도록 함께 사시는 선택은 미뤄두시길 추천합니다.

대인관계 상담 : 10문항

03.

몇 달 전부터 친구와 만나자고 날짜를 잡아도
자꾸 약속을 깨서 못 만나는 중입니다. 그 친구는 왜
저와의 약속을 계속 미루는 걸까요? 제가 뭘 잘못한 걸까요?

03. Answer

두 사람의 관계에 있어서 초반에 더 많이 노력한 사람은 오히려 친구분으로 보이네요. 친구분은 사려 깊게 내 사람을 챙기는 스타일이며, 아마 내담자분과 처음 친구가 되기로 했을 때의 그 마음은 누구보다도 확실하고 열정이 넘치셨을 겁니다. 그에 반해 내담자분은 한 발 뒤로 뺀 채 이 친구와 오래 지낼 사이인지, 내가 아니라 다른 친구와 너무 가깝게 지내는 건 아닌지 고민하느라 친구분의 진심을 충분히 알아주기 어려우셨을 겁니다. 그동안 표현이 서툴더라도 솔직한 마음이었던 친구분을 너무 재고 있었던 건 아닌지 점검해 볼 필요가 있습니다.

아마 그런 내담자분의 모습을 보고 친구분은 '내가 들인 이 노력이 다 헛수고가 될까?', '나만 진심인걸까?'라며 많이 불안해하고 계신 것으로 보입니다. 하지만 친구분에게는 내담자께서 아직 소중한 친구이기에 차마 이 관계의 종지부를 찍을 수도 없고, 그렇다고 마음이 편하진 않은 사이가 되어버린 것 같습니다. 친구분 스스로 통제할 수 없을 만큼 커진 걱정들로 인해 생각들이 끊임없이 이어지는 상태입니다. 이에 따라 정작 만나서 확인하고 싶으면서도 그 순간이 두려워 자꾸 약속을 피하고 미루는 것도 있겠습니다. 친구분은 한 번 불안한 생각이 들면 멈추기 어려운 분으로 보이므로, 지금처럼 먼저 손을 내밀고 꾸준히 살갑게 다가가시는 걸 추천해 드립니다. 인내심을 갖고 친구분에게 이 관계를 포기하거나 그냥 흐지부지 끝낼 생각이 없다는 메시지를 확실히 전달해주시기 바랍니다. 그렇게만 한다면 두 분 사이의 관계는 차차 안정적인 흐름을 찾을 것으로 보입니다.

3개월간의 흐름으로 볼 때는 버티고 버티다가 한 번 크게 다시 싸우게 되는데 이것이 오히려 전화위복이 되어 묵은 감정을 일소에 해소하는 전환점이 되기도 하겠습니다. 두 사람의 합(결과)에서 그것을 예상해 봅니다.

친구 (남자)

겉으로 보이는 태도

지금까지의 관계 (겉모습)	현재 입장 (표면적인 반응)	앞으로의 태도 (겉모습)
Ace of Wands 해태	The Devil 아귀	King of Cups 동수자

친구의 속마음

지금까지의 관계 (속마음)	현재 입장 (속마음)	앞으로의 태도 (속마음)
The High Priestess 별상부인	The Hanged Man 삼신할머니	Eight of Swords 이성계에게 붙잡히다

두 사람의 합
Queen of Pentacles 웅녀

나 (남자)

겉으로 보이는 태도

지금까지의 관계 (겉모습)	현재 입장 (표면적인 반응)	앞으로의 태도 (겉모습)
Two of Pentacles 환웅의 제안	Knight of Cups 청년 시절의 동수자	Queen of Swords 은씨 부인

나의 속마음

지금까지의 관계 (속마음)	현재 입장 (속마음)	앞으로의 태도 (속마음)
Five of Wands 정수남에게 봉변을 당하다	Page of Cups 바리공주와 동수자의 아들	King of Wands 중년에 접어든 문도령

3개월간의 관계 흐름

이번 달	다음 달	다다음 달
Seven of Wands 서천꽃밭에서 환생꽃을 얻고 사라대왕의 사위가 되다	Five of Pentacles 웅녀의 세력이 축출되다	Ten of Swords 최영장군이 최후를 맞이하다

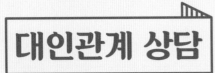

대인관계 상담 : 10문항

04.

친구 중에 무뚝뚝하고 감정 표현이 별로 없는 친구가 있습니다.
이 친구를 볼 때마다 무슨 마음인지 헤아리기 어렵습니다.
혹시라도 친구와 멀어지게 되면 어떡하죠?

친구분은 원래 감정과는 거리가 먼 분이신 것 같습니다. 속마음을 쉽게 털어놓지 않는 성격이며, 관계에 있어서 표현보다는 행동으로 책임지는 방법이 더 익숙한 분이십니다. 독립적이고 감정에 잘 영향 받지 않는 성격 덕분에 맡은 일은 책임지고 끝까지 해내지만 무뚝뚝하다, 혹은 냉정하다는 이야기를 자주 들을 것으로 예상됩니다.

그런 친구분의 모습과 달리 당신은 타인의 감정에 공감하는 방식으로 애정을 표현하는 스타일이며, 무엇보다도 마음을 통한 교류를 굉장히 중요시하는 분입니다. 두 분이 각각 의연함과 섬세함을 가진 분들이라 단점이 드러나도 상호 보완이 잘 되는 사이라고 할 수 있겠습니다. 그동안 두 분의 관계 역시 당신은 마음을 헤아려주며 내실을 다지는 역할을, 친구분은 대외적으로 같이 해결할 문제들을 조금 더 도맡는 쪽으로 이루어졌던 것 같습니다.

다만 당신은 감정을 이해받고 공감하는 경험에 있어서 친구분께 오랫동안 갈증을 느꼈을 것으로 보입니다. 그래서 현재 침울해하고 계신 당신의 모습을 보고 친구분께서도 이젠 조금 더 감수성을 갖춘 채 이야기를 나누는 등 당신에게 맞춰주려고 노력하시려는 모습이 카드에서 드러납니다. 아마 당신을 배려해주는 친구분을 보면 지금처럼 걱정하거나 서운한 감정은 더 이상 느끼지 않을 것입니다. 당신 역시 말하지 않아도 헤아리는 법, 친구를 신뢰하며 관계의 내실을 다지는 법을 배우며 친구분을 훨씬 더 깊게 이해할 수 있게 됩니다. 두 분 모두 이번 기회에 서로가 가진 취약점을 보완하는 시기를 갖게 될 것으로 예상됩니다.

친구분은 원래 갖고 태어난 성격과 정반대의 방향이어도 당신을 위해 기꺼이 노력할 테니 두 사람의 사이가 멀어질까봐 불안해하지 않으셔도 됩니다.

이번달은 소강상태로 갈 것으로 보이며 다음 달이 되어서는 매우 극적으로 회복될 기미가 보입니다. 그리고 3개월째에는 서로의 마음을 확인하게 되어서 더욱더 우정이 공고히 되겠습니다.

05.

요즘 친구가 저에게 계속 똑같은 연애 고민만 늘어놓습니다.
저는 이 친구 고민에 대해 더 이상 해줄 말도 없고,
저도 대화보다는 똑같은 질문만 하는 친구가 이젠 부담스러워졌습니다.
제가 어떻게 대처해야 할까요?

05.
Answer

친구분은 정말 연애가 하고 싶어서 그러신 건 아닙니다. 현재 이분은 겉으로 보기엔 쾌활하게 행동하시지만, 오히려 속으로는 자신의 모든 것을 받아주지 않는 사람들과의 관계가 두려워 위축된 상태이며 그걸 애써 회피하고 계신 것 같습니다. 어쩌면 친구분께서는 친한 사람에게 어떤 주제든 자신의 속마음을 털어놓고 싶어서, 그리고 자신의 감정을 모두 알아주고 받아줄 사람을 원하며 만족스러운 상상을 해볼 수 있는 주제가 연애라서 더 깊게 빠지신 건 아닐지 생각해 봐야겠습니다. 내담자분은 상당히 감성적이고 섬세하다가도 한 번 감정의 기복이 올라오면 그 굴곡이 가파른 분이시므로 내가 그것들을 다 헤아려주기엔 다소 무리가 있었을 것으로 보입니다.

내담자분은 그런 친구분을 참 소중히 여기고 절친한 사이로 지내고 싶으시지만, 고민 상담을 해주는 동안 감정적으로 힘들었던 점에 대해서 같이 의논하지 않고 혼자 타협해버리고, 적당히 결론을 내리고 치우고 싶으신 상황이네요. 하지만 친구분은 오히려 그런 모습을 보고 확실하게 답을 해달라, 혹은 자신의 고민에 좀 더 성의 있는 답변을 해달라며 갑작스럽게 내담자님을 몰아붙이는 경우도 생기겠습니다. 어쩌면 자신의 연애뿐만 아니라 둘 사이의 관계에 대해서도 내담자분께서 적극적으로 주장하시고 참여하시길 바라는 건 아닐지 참고하시길 바랍니다. 이 관계에서는 특히 내담자분의 역할이 중요합니다. 친구분에게 솔직하게 어떤 점은 힘들었고, 어떤 점은 내가 책임질 것이며, 어떤 부분은 너의 도움이 필요한지 확실히 말씀드리는 시간이 필요하겠습니다. 그런 방법으로 이 관계의 안정성을 같이 다져나가는 모습을 보여주면 친구분도 무의식적으로 불안해졌던 마음을 잠재우고, 더 이상 계속 똑같은 고민을 상담해달라 요구하시지 않을 것으로 보입니다.

두 사람 모두 '연애 고민'이라는 눈에 띄는 키워드 속에 숨은 이슈들을 놓치기 쉬운 상황입니다. 다행스럽게도 이번 달에는 관계를 위해 서로 노력하는 모습이 보이네요. 시간이 지날수록 친구분도 연애 얘기는 자제하시고 내담자분도 그런 친구분을 더 편하게, 더 섬세하게 헤아려주시면서 둘 사이의 우정도 점차 안정기를 찾아갈 것으로 예상합니다.

06.

시어머니와 잘 지낸다고 생각했는데
자꾸 제게 일을 시키기만 하시고 칭찬이나 격려의 말씀은
따로 해주지 않으십니다. 제가 아직 마음에 안 차시는 걸까요?
관계가 더 좋아지려면 제가 어떻게 해야 할까요?

06. Answer

며느리분은 결혼 전에 행복한 가정을 꾸리겠다는 마음이 매우 크셨던 것 같습니다. 지금까지 고생했던 만큼 앞으로의 결혼 생활은 행복하길, 풍요롭길 바라셨네요. 하지만 막상 결혼 이후에 닥친 현실에서는 시어머니와의 관계에서 상처받고, 밉보이지 않으려고 시어머니께서 부탁하신 일들을 바로바로 처리하는 데에 급급한 모습이 보여서 안타깝습니다.

시어머니께서는 남편분이 결혼하실 때 마음의 준비가 충분히 안 된 상태이셨던 걸로 보입니다. 집안의 경사인 만큼 들뜨면서도 걱정되고 불안하신 마음을 충분히 해소하지 않은 상태에서 며느리분을 만나게 되니 그 마음을 가라앉히기 위해 며느리분의 사람 됨됨이와 역량을 직접 확인하는 방법을 자주 이용하신 것 같습니다.

다행히도 잘 해내시는 며느리분의 모습을 보고 점차 안심하고 안정되시는 상황이며, 어머님이 며느리분을 미워해서 일을 많이 시키신 게 아니므로 내가 밉보일까봐 걱정하지 않으셔도 됩니다. 앞으로 시어머니는 체력적으로나 심리적으로 매우 위축될 상황이 보이며 이는 아마도 며느리의 태도에 대한 것이 아니라 어머니 본인에 대한 고민인 것으로 판단됩니다.

오히려 며느리분께서 지금 어머님의 반응 하나에도 너무 불안해하고 긴장된 상태는 아닌지, 사실 어머님으로서는 미워서 한 행동이 아닌데 스스로 그렇게 느낀 나머지 자신을 과하게 채찍질하는 건 아닌지 살펴봐야 합니다. 인정받기 위해서는 뭐든 다 열심히 잘해야 한다는 생각은 어머님 때문이 아니라 원래 내 안에 있던 생각일 수 있기 때문입니다.

어머님을 시어머니로서 존중하며 안심시켜드리고 믿음을 주시고, 지금처럼만 열심히 노력하신다면 두 분 모두 서운하거나 불안할 일 없이 건강한 관계를 유지할 수 있을 것으로 보입니다. 긴장감을 꼭 쥐고 맡은 일은 열심히 하는 성격이 며느리분에겐 추진력이 되었기도 합니다. 또한 시어머니께 많은 칭찬을 해드리고 요새 유행하는 옷차림 등의 즐거운 화젯거리를 곁들인다면 더 화기애애하겠습니다. 이번 달에도 뭔가 시어머니의 의중을 파악하지 못해서 동분서주할 수 있으나 시간이 흐르면서 매우 개선되고 나아지는 카드들이 많이 나왔습니다. 결론적으로 매우 긍정적이니 걱정은 내려놓으셔도 됩니다.

| 결혼 전의 모습 (겉모습) — The Moon 창부대신 | 현재 역할 (겉모습) — The Magician 감흥신령 | 앞으로 일어날 일 (겉모습) — Nine of Swords 유배지로 향하다 |
| 시어머니의 태도 |
| 결혼 전의 모습 (속마음) — Two of Swords 위기를 맞아 충절이 의심받다 | 현재 역할 (속마음) — Temperance 대신할머니 | 앞으로 일어날 일 (속마음) — King of Swords 최영장군 |
| 시어머니의 속마음 |

시어머니

두 사람의 합 — Ace of Swords 봉황

| 결혼 전의 모습 (겉모습) — Six of Cups 천태산 마고할미를 만나다 | 현재 역할 (겉모습) — Eight of Swords 이성계에게 붙잡히다 | 앞으로 일어날 일 (겉모습) — Seven of Pentacles 새 희망을 가지고 삶을 일구다 |
| 나의 태도 |
| 결혼 전의 모습 (속마음) — Ten of Pentacles 태평성대 | 현재 역할 (속마음) — Eight of Wands 문도령과 자청비가 재회하다 | 앞으로 일어날 일 (속마음) — Knight of Cups 청년 시절의 동수자 |
| 나의 속마음 |

나 (며느리)

| 이번 달 — Seven of Cups 약수가 샘솟는 동굴을 발견하다 | 다음 달 — The Lovers 부군님과 부인 | 다다음 달 — The Hanged Man 삼신할머니 |
| 3개월간의 관계 흐름 |

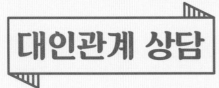

대인관계 상담 : 10문항

07.

독립하고 싶습니다. 아직 구체적인 계획을 세우지는 않았고
생각만 전달했는데도 벌써 엄마가 심하게 반대하셔서
더 이상 말을 꺼내 보기도 어려워진 상황입니다.
어떻게 해야 엄마를 설득할 수 있을까요?

252

07.
Answer

어머님의 입장에서 당신은 나이가 들어도 철부지 같고 여전히 보살펴줘야 하는 자식으로 보입니다. 활발하게 돌아다니며 하고 싶은 건 다 해보는 모습이 어린아이와도 같게 느껴지시나 봅니다. 그런 당신께서 독립하여 혼자 산다는 건 당신의 호기심과 의욕을 자극하는 수많은 항목 중 하나인 게 아닐까요? 독립하면 혼자서도 잘 살 거라는 이유 모를 자신감도 갖고 계시네요. 그런 당신을 보며 어머님은 어쩌면 품 안에 있는 아이가 아직 준비되지 않은 채 떠나겠다고 보채듯 느끼신 것 같습니다. 아직도 다 자란 자식을 어린아이처럼 느끼고, 슬하에서 계속 보호하며 사시는 게 너무 익숙하신 어머님은 당신이 어머님의 영역에서 벗어나려고 하는 시도 자체가 걱정스러우신 나머지 독립이라는 말만 들어도 크게 반대하신 것으로 보입니다.

어머님께서 당신의 독립을 받아들이시는 데에는 적어도 두 달 정도는 시간이 걸릴 것으로 보이며, 비록 첫 독립이니 당연히 서툴지만 자기 주도적으로 독립을 준비하고 살뜰하게 자신의 생활을 기꾸어 나가는 모습을 보여드린다면 어머님도 비로소 당신의 독립을 인정하시게 될 겁니다. 특히 자식이 걱정스러운 마음 하나만 해결되신다면 오히려 당신의 독립을 누구보다 응원하고 지원하시며, 언제든 반갑게 찾아올 딸을 위해 기꺼이 안식처를 내어주실 분으로 보입니다. 어머님 역시 자식으로부터의 심리적 독립이 필요하다는 점을 인정하고, 받아들이실 수 있도록 충분한 시간과 노력을 들이시길 바랍니다.

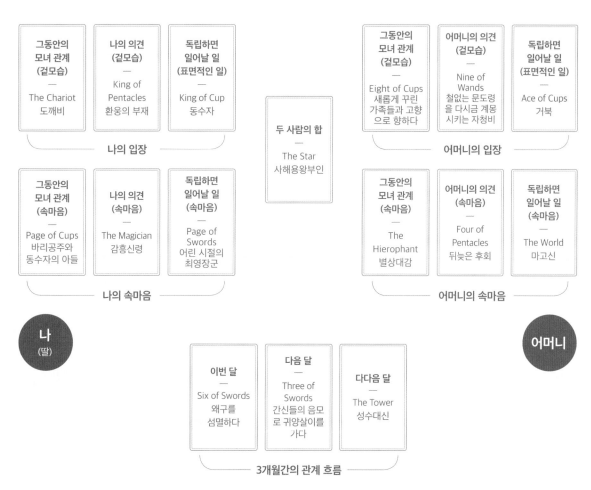

그동안의 모녀 관계 (겉모습)
—
The Chariot
도깨비

나의 의견 (겉모습)
—
King of Pentacles
환웅의 부재

독립하면 일어날 일 (표면적인 일)
—
King of Cup
동수자

나의 입장

두 사람의 합
—
The Star
사해용왕부인

그동안의 모녀 관계 (겉모습)
—
Eight of Cups
새롭게 꾸린 가족들과 고향으로 향하다

어머니의 의견 (겉모습)
—
Nine of Wands
철없는 문도령을 다시금 계몽시키는 자청비

독립하면 일어날 일 (표면적인 일)
—
Ace of Cups
거북

어머니의 입장

그동안의 모녀 관계 (속마음)
—
Page of Cups
바리공주와 동수자의 아들

나의 의견 (속마음)
—
The Magician
감흥신령

독립하면 일어날 일 (속마음)
—
Page of Swords
어린 시절의 최영장군

나의 속마음

그동안의 모녀 관계 (속마음)
—
The Hierophant
별상대감

어머니의 의견 (속마음)
—
Four of Pentacles
뒤늦은 후회

독립하면 일어날 일 (속마음)
—
The World
마고신

어머니의 속마음

나
(딸)

어머니

이번 달
—
Six of Swords
왜구를 섬멸하다

다음 달
—
Three of Swords
간신들의 음모로 귀양살이를 가다

다다음 달
—
The Tower
성수대신

3개월간의 관계 흐름

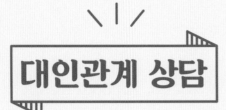
08.

동생하고 크고 작은 일로 의견이 안 맞아서 자주 부딪칩니다.
평생 같은 밥 먹고 같은 집에서 살았는데 왜 이렇게 서로 안 맞는 걸까요?
하나 있는 동생이라 잘 지내보고 싶은데 방법이 없을까요?

08. Answer

어릴 땐 동생분께서 내담자분을 많이 좋아하고 따라다녔던 것으로 보입니다. 내담자께서 가는 곳은 같이 따라가고 행동도 똑같이 따라하는 등 귀여운 행동을 하며 내담자분만 보면 방실방실 웃었을 모습이 눈에 선하네요. 하지만 그런 동생분께 당신은 무뚝뚝하게 그저 할 일에 집중하며, 동생이 무언가 잘못하면 바로 엄하게 꾸중하는 형제/자매가 아니었을까 싶습니다. 동생분은 그런 내담자분의 모습에 쉽게 상처를 받은 채 지금까지 마음에 담아두고 계시다가 나이가 든 후 하나하나에도 반대하고 시비가 붙는 형태로 나타났을 겁니다. 동생분은 일부러 하나하나 꼬투리 잡고 싸움을 걸고 싶어서 그런 건 아니지만 어릴 때부터 느낀 서운함을 어떻게 잘 표현할지 몰라서 이런 방식을 쓰시는 걸로 보입니다. 이 과정에서 내담자분도, 동생분도 여러모로 힘드셨으리라 짐작해 봅니다. 내담자분은 그런 동생을 연장자로서 잘 보듬어주려고 해도 자꾸 부딪히니 매우 답답하시고, 내 마음을 몰라주는 것 같아 속상한 마음이 들었을 겁니다.

이번달 내에 동생분과 진솔한 대화를 나누고 좀 더 부드러운 태도로 안아주시고, 서운했을 일들을 위로해 주신다면 두 분의 관계가 빠르게 회복될 것으로 보입니다. 동생분도 가족으로서 당신을 많이 사랑하기 때문에 이런 방식으로라도 서운하다는 티를 내셨던 건 아닐까요? 볼멘 소리를 하더라도 동생분의 입장에서 속상했던 얘기를 다 털어놓게 해야 다시 어린 시절처럼 잘 지낼 수 있을 것으로 보입니다. 이대로 놔두면 오히려 오랫동안 서운했던 동생분의 마음이 걷잡을 수 없이 커져 대화가 어려운 상태가 될 수 있습니다.

이번 달에도 크게 중요하지 않은 일로 우연하게 또 싸우게 되는데 막상 원인을 생각해보면 별게 없습니다. 그러니 다음 달에는 허무하고 실망감을 감출 수 없는 나날이 이어집니다. 둘 중의 누구 한 사람은 어느 정도 포기하고 받아주는 것도 생각해야합니다. 3개월째는 서로 다시 사이가 좋아지니 너무 걱정 안 해도 될 것 같습니다.

09.

오빠가 대학원에 들어간 뒤로 갑작스럽게 슬럼프가 찾아왔습니다.
그렇게 좋아하고 열중하던 전공 공부도 손을 놓고 빈둥거리기만 하고 있어요.
엄마 아빠가 왜 그러냐 물어봐도 '그냥 쉬고 싶다'고만 하는데
오빠의 진짜 속마음은 어떨까요?

오빠는 참 오랫동안 힘들어도 꿈을 잃지 않기 위해 무척이나 노력하신 것 같네요. 정말 그 학문을 즐거워하지 않았다면 대학원이라는 관문에 오를 생각조차 하지 않았겠지요? 다만 적성에 맞는 것도 중요하지만 오빠분께서는 이 분야를 전공했을 때 현실적으로 어떤 상황이 따르는 지는 제대로 살펴보지 않으신 채 그냥 대학원에 진학만 하면 모든 게 해결될 거라는 기대도 하셨을 겁니다. 자신의 예상보다 훨씬 어려운 과제들이 펼쳐진 상황이니, 오빠분은 점점 어떤 활동이든 짧은 시간에 성취감을 느끼는 일들에 몰두하기 너무 쉽습니다.

이 문제에 대해 해결하지 않으면 이후에도 계속될 대학원 생활에서도 현 상태에 대해 고민하다가 억지로 공부하고, 4역4역 학기를 이어가는 패턴이 장기적으로 나타나겠습니다.

혹시 부모님께서 오빠분이 이 대학원에 들어가도록 과한 압력을 행사하시진 않았나요? 열심히 하고 있던 오빠를 부모님께서 너무 엄하고 무거운 태도로 대하진 않으셨나 생각해 볼 필요가 있습니다. 부모님께선 오빠가 돌연 학업에 소홀해진 모습을 보인 이후에야 무슨 연유로 그랬는지 헤아려보시려고 하네요. 하지만 이해하려고 해도 오빠의 모습이 마음에 들지 않아 오히려 최대한 빨리 학업에 열중하도록 재촉하실 가능성이 큽니다.

오빠분은 보기보다 감정이 중요한 분이시니 이런 방법으로 접근하시면 그 자리를 피하거나 대답하지 않고 숨어버리는 등의 역효과가 일어날 수 있습니다. 부모님께서는 좀 더 인내심을 갖고 오빠분의 마음을 부드럽게 읽어주시면 좋겠습니다. 이후에는 오빠분께서 기복을 되찾고 마음을 다잡는 일만 남았으며, 그 뒤에는 충분히 학업에 집중하실 수 있을 것으로 보입니다.

10.

아버지의 건강이 많이 안 좋으십니다.
아무래도 스트레스를 받기 쉬운 상황이라 그런지
요즘 제가 조금이라도 일에 미진하면 곧바로 화를 내십니다.
제 마음을 전해드려도 이해 못 하신 채 그저 화만 내시니
저에게도 마음의 상처가 되고 있습니다.
아버지도 저도 편해지려면 어떻게 말씀드려야 좋을까요?

과거　현재　미래

두 사람의 합

겉으로 보이는 태도

과거　현재　미래

겉으로 보이는 태도

아버지의 속마음

나의 속마음

아버지

나
(아들)

이번 달　다음 달　다다음 달

3개월간의 관계 흐름

아버님께서는 단순히 건강이 걱정되는 걸 넘어서 죽음에 대한 고민, 그 이후에 남겨질 가족들을 어떻게 먹여 살릴지 고민하고 계신 건 아닐까요? 원래는 그렇게 감정적으로 대응하시는 분이 아니시지만, 아버지께서 돌아가신다면 남아있는 가족들이 걱정되고 불안한 마음이 수면 위로 올라온 것으로 보이네요. 당신은 아버님뿐만 아니라 어머니도 공경하며, 묵묵히 가족을 위한 사랑으로 열심히 노력하시는 자식으로 보입니다. 그런 하늘 같은 아버님이 이렇게 불안해하며 계속 화를 내시는 모습에 당신 역시 겉으로는 최대한 열심히 노력하며 성과를 만들어내고 있지만, 속으로는 고된 일과 아버님께 이해받지 못하는 상황 속에서 큰 공허함을 느끼셨습니다. 어쩌면 아버님의 예민한 감정을 대신 떠안아 책임지고 계신 건 아닌지 걱정됩니다. 이대로 놔둔 채 계속 버티기만 한다면 당신이 지금까지 참아온 감정들이 한 번 크게 터질 수 있겠습니다. 어쩌면 당신과 아버님이 다투는 도중 모진 말을 주고받아 두 사람의 사이가 급격하게 냉담해질 가능성도 큽니다.

우선 당신은 먼저 아버님을 안심시켜드려야 합니다. 당신이 지금까지 이뤄놓은 성과와 재정 상태, 향후 수익 창출 계획 등을 말씀드리고 이제 어엿한 성인이 되어 가족들에 대한 책임을 맡을 수 있다고 위로를 해드리도록 합시다.

아버님도 이젠 과도한 책임감을 내려놓으셔야 하며, 그러기 위해서는 두 분 모두 함께 맞춰나가는 노력이 필요합니다. 부모-자식 간의 문제이자, 아버님의 오래된 신념과 연결된 문제인 만큼 장기적인 노력과 의논이 필요하다는 점을 유의하시고 잘 해결해 나가시기를 바랍니다. 시간의 흐름으로 보아도 긍정적인 카드가 많이 나왔습니다.

부록
Appendix

—

연애 상담 : 10문항

01.

제가 실수한 일이 있는데 그 이후로 남자친구가
저를 대하는 태도가 변한 것 같아요. 저도 자꾸만 눈치를 보면서
행동을 하게 되는데 어떻게 하는 것이 좋을까요?
저는 계속 잘 지내고 싶거든요.

남자분은 둘의 만남이 우연히 비롯된 것이라고도 여기고 그럼에도 인연의 실타래가 있어서 이어졌다는 생각도 하고 있습니다. 세상의 모든 만남이 우연히 비롯되긴 하죠! 그런데 이렇게 연인으로 발전할 줄은 처음에 몰랐던 듯합니다. 지금으로서는 자신과 연인이 아주 잘 어울리는 한쌍이라고 여기고 있으며 서로 대등한 관계에서 사랑하고 있다고 여기고는 있습니다. 두 분은 주변에서도 시선을 집중하는 매우 매력적인 커플이 분명해 보이는 군요. 그런데 다가오는 미래 카드에서는 남자분이 뭔가 한눈을 판다든가 원래의 이미지에서 조금 벗어난 행동을 할 가능성이 높아 보입니다. 다른 취미가 생겼거나 친구들과 어울려 돌아다니는 걸까요? 어쩌면 원인은 본인이 한 말실수가 아닐 수도 있습니다. 게다가 여친은 원래 알아서 잘하는 사람이라고 여전히 생각하고 있습니다.

여자분의 상태를 보면 처음 시작부터 매우 운명적인 만남이라고도 여겼고 또한 자신이 뭔가를 다 떠맡게 되고 힘겹더라도 이 사람을 놓치기 싫다고 여겼던 것 같습니다. 그러나 지금 현재 상황은 그 힘겨움이 좀 더 증가되었고 심신이 매우 피곤해진 듯 보입니다. 미래카드에 먼 길을 떠나는 모습으로 보아서 이 만남이 막을 내리지 않을지 매우 걱정하는 게 느껴집니다. 하지만 마음 깊은 곳에서는 얼마든지 만회할 기회가 있으리라고 생각하는 희망도 보입니다. 이 두려운 마음은 두 사람의 결과(합)카드에서 여실히 보여지는데 이 상황은 갑자기 우발적으로 어떤 실수를 다시 저질러서 별것도 아닌 이유로 헤어지게 될 우려를 나타냅니다. 이달, 다음 달, 그리고 그 다음 달에도 큰 어려움과 걱정거리는 보이지 않습니다. 다만 자신이 이분과의 만남을 유지하는데 심적 신체적으로 시달리고 있는 듯 보이는 그 중요원인을 파악하는 게 우선이겠습니다.

02.

오랫동안 친구였다가 최근 호감을 가지고
연락하고 지내는 사람이 있는데 그가 저에게
연애감정이 있는 게 맞는지 확신이 서질 않습니다.
제가 먼저 사귀자고 말을 해도 될까요?

264

남자분은 처음에는 이 만남이 연인으로 발전할 줄 전혀 몰랐거나 그럴 가능성은 없다고 생각했던 것 같습니다. 그리고 약간의 신호를 보냈지만 이쪽에서 면박을 주었다든지 해서 자신의 마음을 숨긴 채로 지금까지 왔을 수 있습니다.

현재는 너무 사이가 좋으며 친구이면서도 더 가까운 사이로 발전할 가능성이 매우 높습니다. 마음을 털어놓고 더 밀접한 사이가 되고 싶은데 언제쯤 그런 표현을 할 수 있을지 시기를 보는 것 같기도 합니다. 가까운 미래에 남자분은 농담 속에 섞어서 반 장난하듯이 또 자기 마음을 전달할 것입니다. 그때를 놓치지 않았으면 좋겠네요.

여자분은 이분과 오랜 친구지간이었기도 했고 다른 일로 상심한 시간(혹은 다른 애인)이 길었던 듯 보입니다. 지금은 한결 마음이 편안해졌고 열린 시각으로 세상을 보고 있으며 연애에 대해서도 어느 정도의 이성관, 남성관이 확립된 상태이며 확실히 이분과 잘해보고자 하는 마음이 크시네요. 미래카드에 각각 연인됨을 상징하는 카드들이 많이 나오며 특히 펜타클의 왕과 여왕이 나란히 나옴으로써 매우 확실시됩니다.

결과(합)카드에서는 매우 빠르게 진전이 있을 것으로 예상되며 3개월째에 서로의 마음을 확실히 알게되는 즐거운 사건(?)이 생길 것으로 보입니다.

03.

사귄 지 일주일 된 커플입니다.
여자친구가 우울증을 겪고 있다는 사실은 예전부터
알고 있었는데 이제 사귀게 되었으니 제가 어떻게 해야
여자친구를 좀 낫게 해줄 수 있을지 고민이 됩니다.

남자분께서도 어느 정도는 여자분의 우울함을 알고 계시기 때문에 그녀를 보살피고 잘 돌보아 주려는 마음이 있으십니다. 그녀를 지키려는 마음과 그럴 능력을 충분히 가지고 계신 분이기도 하군요. 보다 더 유머러스하게 즐거운 분위기를 만들어주고 이벤트나 깜짝쇼를 준비해서 그녀의 기분을 풀어줄 계획도 보입니다. 그러나 그 기저에는 남자다움을 잃을 정도는 아니어서 무게감은 충분해 보입니다.

확실히 여자친구분께서는 힘들어하시는 모습이 보입니다. 사귀기 전에도, 두 분이 만남을 결정하신 후에도 남들에게 털어놓지 못하고 우울함에 갇혀 고립되거나 혼자 트라우마에서 헤어나오지 못하고 계신 것 같습니다. 정신적인 부분은 이제 신체적으로도 매우 피곤함을 몰고 옵니다. 하지만 자신이 힘겨운 상황에서도 듬직한 남자분을 믿고 계시는 것은 확실합니다. 결과적으로 이 문제는 단시일에 끝나지 않으며 지속적으로 이어질 예정이고 남자분의 지구력과 인내심이 관건이 될 것입니다. 특히 다음 달에 위기가 최대치에 이르게 되어 여자분이 자신의 감정을 추스르지 못하거나 해서 헤어지자는 말이 나올 수도 있습니다. 그러나 그 다음 달에는 다시 관계가 회복되니 당분간은 이러한 상승 하강 곡선이 반복될 것으로 보입니다. 조급해하지 말고 조금은 가벼운 여행이나 행사를 마련해서 다녀오는 것은 어떨까요?

04.

여자친구 부모님께서 저와 여자친구의 결혼을 반대하십니다.
진지하게 교제한 기간도 꽤 되고, 사는 수준도 비슷하고,
직장에서 만난 사람이라 서로의 조건도 차이가 거의 없습니다.
대체 이유가 무엇일까요?

과거	현재	미래

여자친구 부모님 겉으로 드러나는 모습

두 사람의 합

과거	현재	미래

남자 겉으로 드러나는 모습

여자친구 부모님 속마음

남자 속마음

여자친구 부모님

이번 달	다음 달	다다음 달

3개월간의 관계 흐름

남자 (내담자)

여자친구의 부모님은 두 분의 교제가 이렇게 오래 지속될 것이라고는 생각지 못했던 것 같고 자신의 딸이 뭔가 홀려서 제대로 된 판단을 못하는 건 아닌가 할 정도로 당혹스러웠던 듯합니다. 또한 딸에게 거는 기대는 엄청났던 것으로 보여집니다. 막상 당신을 대하고 보니 아직은 덜 미덥고 듬직하지 않아보이는데다 진지해보이지 않은 일면을 발견하였던 것인지 더욱 난색을 표하게 되었습니다. 이것은 여러 가지 조건과 이미지 등을 고려한 총체적인 것이라고 볼 수가 있지요. 게다가 지금은 옆에서 두 분이 아무리 설득하려해도 들으려하지 않으실 것 같습니다. 자신의 딸이 모든 짐을 짊어져야 한다고도 여기십니다.

반면 당신은 자신만만하고 특별한 개성의 소유자이며 아무하고나 사랑에 빠지지 않는 스타일이었는데 이 여자분과 참으로 진지한 사랑을 시작했던 것으로 보입니다. 그런데 시간이 지날수록 자신감을 잃어가고 결혼을 반대하는 이 부분을 어떻게 극복해야 하는 것인지 갈팡질팡하고 있습니다. 마음속으로는 행복하게 해줄 자신이 가득한데 도무지 표현이 안됩니다. 게다가 앞으로는 더욱 상대 부모님에게 오해받을만한 일이 벌어집니다. 아마도 이분들 사이에 중재자가 절실해 보입니다.

그럼에도 두 분의 관계는 아직 돈독하고 다음 달에는 더욱 결혼에 대한 결의를 다지며 자신들의 꿈을 꾸기에 바쁩니다. 다만 석달째에 접어들어서는 매우 안좋은 상황이 연출되는데 아마 작은 다툼이 생길 것으로 판단됩니다. 총체적 결과카드로 미루어 보건대 신뢰와 용기를 갖고 꾸준히 자신의 이미지를 개선해 나가야 할 것으로 보여집니다.

05.

남자친구가 돈에 대한 이야기를 잘 안 합니다.
결혼을 염두에 두고 만나고 있는데 계속 이런 태도가
이어질까 봐 조금 걱정이 됩니다. 제 생각을 어떻게 전달해야 할까요?

남자분의 사랑은 진실되고 깊습니다. 본인과의 결혼은 이미 결정해 둔 것 같습니다. 그러나 그때부터도 경제적인 사정은 그다지 넉넉하지 않았던 것 같습니다. 아마 오래전부터 이 부분에 대해서 걱정하지 않으셨을까 안타까워지는군요. 지금은 더욱 그러한 상황으로 접어들었고 본인이 이러한 부분을 책임지지 못할 것에 대해서 그저 흘러가는 대로 둘 작정으로도 보입니다. 가까운 미래에는 더욱 무능하게 비추어질까 봐 근심이 깊어집니다.

여자분의 경우에는 금전감각도 탁월하고 본인이 모든 것을 계획하에 지내왔습니다. 고민하는 남자친구의 사정을 눈치채고 어려움을 함께 이겨나가며 스스로 그에 대해서 서포트하려는 생각도 갖고 있습니다.

여자분께서는 그의 성실함을 높게 사기 때문에 배신할 염려는 하지 않고, 휴식과 편안함을 제공하고 싶은 것으로 보입니다. 당신이 먼저 남자친구에게 혼자 짊어지지 않아도 된다는 사실을 알려야 합니다. 두 사람이 서로를 도와 함께 행복한 결혼 생활을 만들어 가기 위해서는 무거운 고민을 나누어야 한다고 말해 주어야 합니다. 그리고 그동안 고생해 온 남자친구분을 위로하고 감싸주시면 좋겠습니다. 그는 책임감이 강한 사람이고, 그것에 눌려 살아오는 상황에 익숙해져 있을 뿐 속으로 다른 생각을 품고 있는 것이 아니니 걱정 말고 대화를 시도해 보세요. 앞으로의 일은 여자분이 리드하게 되면 무난하게 해결될 전망이며 남자분도 마음을 가볍게 하여 응할 것으로 보여집니다.

과거 (겉모습) — The Lovers 부군님과 부인	현재 (겉모습) — The Hermit 글문도사	미래 (겉모습) — Page of Wands 정수남

남자 겉으로 드러나는 모습

두 사람의 합 — Ten of Wands 세경신으로 등극하다

과거 (겉모습) — Eight of Pentacles 여신 신전 상량식	현재 (겉모습) — Six of Swords 왜구를 섬멸하다	미래 (겉모습) — The High Priestess 별상부인

여자 겉으로 드러나는 모습

과거 (속마음) — Page of Pentacles 단군의 어린 시절	현재 (속마음) — The Star 사해용왕부인	미래 (속마음) — Four of Swords 공민왕의 최후

남자 속마음

과거 (속마음) — Queen of Pentacles 웅녀	현재 (속마음) — Three of Cups 출생의 비밀을 알게 되다	미래 (속마음) — The Sun 산마도령과 애기씨

여자 속마음

남자

여자 (내담자)

이번 달 — Seven of Wands 서천꽃밭에서 환생꽃을 얻고 사라대왕의 사위가 되다	다음 달 — Knight of Wands 청년 시절의 문도령	다다음 달 — Queen of Swords 은씨 부인

3개월간의 관계 흐름

06.

결혼을 앞두고 있습니다. 그런데 요즘 사소한 일에도
자꾸 짜증을 내는 여자친구의 마음을 잘 모르겠습니다. 이유가 뭘까요?
막상 결혼을 준비하다 보니 제가 마음에 차지 않는 걸까요?

06.
Answer

남자분은 처음 결혼을 준비하면서 매우 희망차고 자신감에 넘쳐있었던 것으로 보여집니다. 나름은 능력있고 충분히 추진할 수 있는 배경도 갖추었습니다. 배우자가 될 분에 대한 확신도 물론 강하시구요. 그러나 현재상황은 매우 답답하고 많은 스트레스를 받고 있네요. 모든 것을 그만둘까라는 생각까지 하시는 것 같아요. 하지만 곧 마음을 가다듬고 다시 자신의 자리로 돌아와서 진행을 하실 것으로 보입니다.

여자분은 결혼을 준비하면서 자신의 의견이 잘 수용되지 않고 있다고 느껴왔습니다. 여자분의 카드를 보면 마음속 깊이 갖고 있는 성공과 금전에 대한 약간의 과시욕이 이제 바야흐로 수면위로 올라오는 것을 볼 수 있습니다. 그녀는 주변 친구들과 자신을 비교하고 있을지도 모르고, 일생에 한 번뿐인 결혼식을 매우 거창하게 하고픈 마음일 수 있습니다. 그러나 거기에 좌절감을 느끼고도 있습니다.

하지만 결국에 두 분은 서로 절충해서 자신들의 분수에 맞는 웨딩을 준비하시게 될 것 같습니다. 물론 남자분이 하자는 대로 결국은 이루어질 것입니다. 다만 3개월째에 신경이 다시 곤두서는 것이 문제인데 무난하게 대화로 해결하시길 바랍니다. 결혼이란 양보할 줄 아는 것을 배우는 인생의 첫 번째 단계이기 때문입니다.

273

07.

동창회에 갔다가 10년 만에 다시 본 고등학교
여자 친구를 좋아하게 되었습니다. 그 친구와 연애를 하려면
어떻게 해야 할까요? 오랜만에 만났는데 갑자기
적극적으로 다가가면 부담스러워 하지 않을까요?

오랜만에 만난 것에 비해 두 분의 만남은 여운이 길고 서로에게 인상 깊었던 것으로 보여집니다. 남자분께서는 이 여운을 잊지 않으려 빠르게 만남을 주선하려고 하실 수 있지만, 상대방은 시간이 조금 필요한 것으로 보여집니다. 여성분께서도 시간이 지나, 어른이 된 모습이 새롭게 와닿았고, 호기심을 충분히 자극한 것으로 보여지나, 시간이 필요하겠습니다. 동창이라는 관계의 장점은 친숙하고 익숙하게 빨리 다가갈 수 있지만, 단점은 주변의 지인이 너무 많이 겹친다는 것일 수 있겠지요. 여자분께서는 주변의 시선, 사람들의 말에 많이 신경쓰는 것으로 보입니다. 여자분이 안정감을 느끼고, 받아들이실 수 있도록 천천히 다가가는 것이 관계 발전에는 이롭겠습니다,

남자분께서는 유의하셔야 될 부분이 데이트 신청을 하셔서 만남을 가지실 때 말을 조금 조심히 해주시고, 술에 취해 경거망동한 행동을 한다던가, 감정의 속도를 앞서나가지 말고 상대에게 부담을 주지 않도록 유의하셔야겠습니다.

여성분께서는 굉장히 예민하시고, 섬세하신 분으로 보여집니다. 다만 확신이 생기시면 누구보다 먼저 행동하실 분이니 여성분의 마음이 열리실 때까지 기다리시는 것이 관건이겠습니다. 이번 달은 남자분이 먼저 대쉬하고 표현하는 것이 필요하고 다음 달에는 여자분이 마음을 여는 기회가 될 것입니다. 그리고 세 번째 달에 접어들어서는 두 분이 서로의 마음을 알고 조화롭게 사귀기 시작하는 균형잡힌 커플이 될 것 같습니다.

08.

한참 전에 헤어진 남자친구가 요즘 들어
자꾸 다시 연락을 해 옵니다. 다른 목적이 있는 것인지
정말 제게 마음이 남아서 이렇게 행동하는 것인지 혼란스럽습니다.

당신의 전 남자친구는 감정 표현이 자유롭고 사랑을 주고받는 것도 좋아하는 성향이지만 약간은 제멋대로인 아이 같은 면이 남아있는 분입니다. 어떻게 보면 순수하지만 또 어떻게 보면 철이 없겠지요. 지금은 마치 예전에 아무 일도 없었던 것처럼 태연히 연락은 해오지만 마음속 깊이 거절당할 수도 있다는 예상도 하고는 있군요. 하지만 곧 여자분이 마음을 열고 자신을 받아주리라 기대하고 다시 사랑을 꽃피우고 싶어합니다. 뜨거운 사랑은 아니더라도 매우 그리워하고 익숙한 사랑입니다.

예전 그 시절에도 여자분이 이끌어주고 인내하던 사랑을 했던 것 같습니다. 지금 다시 나타나서 마음을 흔들어놓는 이분을 미워하면서도 강한 매력으로 다시 이끌리고 있는 것도 사실입니다. 한편으로는 또 헤어지는 것이 아닌가 의심하는 마음도 갖고 계십니다. 결론은 두 분은 이렇게 다시 이어지고 갈등하면서도 인연이 계속 더 이어진다고 봅니다.

가까운 미래에 여자분이 여전히 책임을 지고 이 관계를 힘겹게 이끌어가는 게 보입니다. 하지만 한쪽이 계속해서 힘드는 사랑은 건강하다고 보기는 어렵습니다. 그다지 권할만하지는 않지만 당사자들의 문제이기도 하고, 남자분의 매력이 상당하기에 또 그 매력에 여자분이 한번 더 속아준다는 느낌입니다. 예전의 헤어지게 된 이유는 여전히 개선되지 않았다고 봅니다. 그렇기에 더욱 지리멸렬하게 느껴질 수도 있지만 그렇다고 해서 쉽사리 헤어지게 되지도 않습니다.

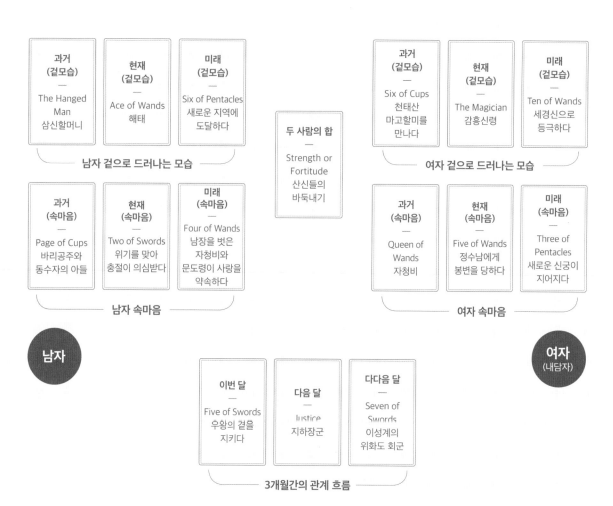

09.

권태기가 와서 사이가 예전 같지 않습니다.
아직 입 밖으로 꺼내진 않았지만 계속 이대로라면
저는 이별을 생각 중입니다. 그쪽에서도 저와 같은 생각을 하고 있을까요?
정말 헤어지는 것밖에 방법이 없는 걸까요?

09.
Answer

최근까지 두 분의 관계가 심각해져 온 것을 카드에서도 확인해 볼 수가 있습니다. 남자분은 매우 우울한 심정을 어디에서도 위로받지 못했다고 나옵니다. 여자분을 바라보는 시선에서는 위로받고 싶었다는 것을 알 수 있지만 여자분에게 지기 싫어하는 성격인지 나약함을 보이기 싫었던건지 약간의 복합적인 부분이 지속되었던 것으로 보입니다. 그러다보니 감정의 골은 더 깊어져만 가는군요. 그래도 남자분의 내면에는 예전처럼 다시 잘 지내보려는 희망이 전혀 없지는 않습니다.

여자분의 경우에는 남자분이 조금 분위기를 띄워주고 즐겁게 해주면 마음을 풀 텐데 그런 기대와 다른 것에 점점 지쳐갔던 것으로 보이고, 지금도 미련은 매우 많이 남아있으며 마음 속에는 풀지 못한 감정이 많이 쌓여있습니다. 남자분이 바라보는 시선만큼 강하지는 못한 분인 듯합니다. 그러기에 본인이 선뜻 다가가서 어떤 긍정적인 변화의 제스처를 쓰는 것도 무리인 듯 보여집니다. 어느 한쪽이 숙이고 들어가는 것에 대해서 서로가 싫어하고 그럴 생각이 없어 보입니다.

계속되는 저울질과 줄다리기가 팽팽하게 이어질 것입니다. 이 달은 그나마 서로의 눈치를 보느라 그럭저럭 지나가겠으나 다음 달은 극도로 신경이 예민하게 됩니다. 아마 헤어질 위기도 보입니다. 하지만 서로 조금 쉬는 시간을 갖는다면 그 다음 달은 그나마 다시 안정권에 접어들게 됩니다. 단기간 안에 완전히 헤어지는 것은 아직은 멀어 보입니다.

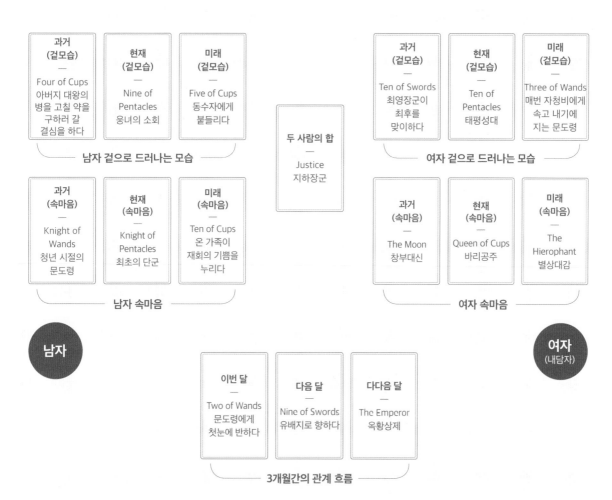

279

연애 상담 : 10문항

10.

좋아하는 사람이 있습니다. 그런데 항상 너무 바빠 보이기만 해서
다가갈 기회가 잘 생기질 않습니다. 언젠가는 그 남자분과
좋은 관계가 될 수 있을까요? 잘 되려면 제가 어떻게 해야 할까요?

10. Answer

남자분은 주어진 일을 과도하게 하는 경향이 짙고 성공에 대한 열망이나 성취욕이 상당해 보입니다. 하지만 마음 깊은 곳에는 쉬고 싶은 마음도 있고 나약한 심정을 숨기고 있습니다. 그럼에도 계속 바쁘게 살아가는 것에는 크게 변화는 없겠으며 그의 이상형은 매우 능력있고 리더십 있는 여성으로 보겠습니다. 그 여성이 자신과 어느 정도 레벨이 맞는다면 어설픈 연애이지만 시작할 생각이 다분합니다.

여자분은 늘 멀리서 지켜보기만 하고 언젠가 자연스럽게 계기가 생길 것이란 희망을 안고 계셨습니다. 남자분을 동경하는 마음이 꽤 큽니다. 그리고 그의 주변에 여성도 많을 것처럼 보이기도 하고 자신이 이 남자분과 사귀기 위해선 많은 장애물을 걷어내야 하는 건 아닌지 미리부터 걱정이 꽤 많습니다. 하지만 이제 곧 행동에 나서게 됩니다. 만일 업무적으로 연관이 있거나 그분을 자주 대하는 위치에 있다면 점심시간 이후에 커피 한 잔이라도 권해보시면 어떨까 합니다. 부담없는 작은 호의를 보이십시오. 그렇지 않으면 영영 이 관계는 진전이 없습니다. 총체적인 결과는 여전히 눈치작전만 계속할 뿐이기 때문에 실행이 필요하다고 나왔으니 여성분의 적극적인 행동력이 관건이겠습니다. 이번 달에 본인을 적극적으로 어필하더라도 다음 달에는 긴가민가하는 상황이 올 것이며 그 다음 달에는 왠지 도전을 포기하려는 모습도 보입니다. 지속적으로 자신감을 갖고 도전하시기 바랍니다. 어쩌면 남자분과 작은 업무적인 연결고리라도 있다면 그것을 활용하는 것도 좋을 것입니다.

과거 (겉모습) — The Devil 아귀	현재 (겉모습) — Knight of Pentacles 최초의 단군	미래 (겉모습) — Eight of Pentacles 여신 신전의 상량식

남자 겉으로 드러나는 모습

과거 (속마음) — Four of Cups 아버지 대왕의 병을 고칠 약을 구하러 갈 결심을 하다	현재 (속마음) — Ten of Wands 세경신으로 등극하다	미래 (속마음) — Page of Swords 어린 시절의 최영장군

남자 속마음

두 사람의 합 — Temperance 대신할머니

과거 (겉모습) — The Star 사해용왕부인	현재 (겉모습) — The Magician 감흥신령	미래 (겉모습) — Queen of Swords 은씨 부인

여자 겉으로 드러나는 모습

과거 (속마음) — The Sun 산마도령과 애기씨	현재 (속마음) — Nine of Wands 철없는 문도령을 다시금 계몽시키는 자청비	미래 (속마음) — Strength or Fortitude 산신들의 바둑내기

여자 속마음

남자

여자 (내담자)

이번 달 — The Empress 가야산 성모	다음 달 — Two of Pentacles 환웅의 제안	다다음 달 — Five of Pentacles 웅녀의 세력이 축출되다

3개월간의 관계 흐름

부록
Appendix

—

풍수 상담 : 10문항

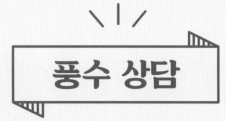
01.

이사하게 된 집에서 안방보다는 침실로 작은방을 골랐는데
어떤 기운을 받을 수 있을까요?

01. Answer

이곳에서 짧게 지내다 나가지 않고 잘살고 싶은 마음이 보입니다. 이번 집에서 안정적인 기반을 마련할 수 있길, 이곳이 나와 인연 있는 곳이길 바라는 분이네요. 은근히 여러 가지 조건을 염두에 두는 분인 듯합니다. 또한 이로 인한 영향도 잘 받는 분이니 웬만하면 본인과 기운이 잘 받는 곳을 선택하려고 하시는군요!

작은방은 사이즈는 아담하지만 나름대로 갖출 것은 다 갖추고 있는 형태입니다. 해가 들어오는 시간이라든지 외부에서 들어오는 소음도 어느 정도 차단이 되는지라 집 가운데 가장 마음에 드는 방이 되겠습니다. 하지만 계속 여기서 주무시게 되면 안정감보다는 생각할 시간이 더 많아져서 깊은 잠을 주무시는데는 그다지 효과가 없어 보입니다. 침실보다는 서재나 취미공간으로 사용하는 것이 더 나아보입니다. 아무래도 잠은 금방 잠들고 푹 주무시는 것이 건강에 좋으니까요.

당분간 몇 달은 그다지 큰 변화 없이 주무실 수 있겠지만 더 지속이 되면 마음에 변화가 일어나서 방을 다시 바꾸고 싶어지겠습니다.

02.

사거리 코너에 있는 가게에 음식점을 하려합니다.
뭔가 제대로 하고 싶은데 이 장소가 괜찮을까요?
인테리어를 어떤 식으로 할까요?

보통 코너에 있는 가게는 원래 유동 인구가 많고 사람들이 많이 오갈 수 있는 상소이시만, 특이하게도 당신의 가게는 유입 인구가 불규칙한 것으로 보입니다. 혹시 그 앞을 가로막고 있는 건물이나 간판 같은 것이 있을까요? 그것부터 해결을 해야할 것으로 보입니다. 1층이지만 1층이 아니고 몇 개의 계단으로 이루어진 곳일까요? 사람들이 입구에서 망설이는 게 보입니다. 그러나 막상 가게 안으로 들어가면 들뜨게 되고 이것저것 먹고 싶어지면서 기분이 좋아집니다. 문을 열고 안으로 들어오게까지 하는 것이 관건입니다. 또한 마무리 서비스도 매우 중요한데 직원들의 손님 배웅이라든지 응대가 조금더 섬세하고 부드러워야 할 것 같습니다.

당신께서는 예전에도 비슷한 일을 시작해보려다 좌절하신 적이 있을까요? 가게를 오픈하게 되기까지 매우 심적 스트레스를 받고 계신 듯합니다. 하지만 오픈을 하게 되면 용감하게 전진하는 분입니다. 그리고 성실하게 돈을 모을 작정이십니다.

한쪽 면을 통유리로 인테리어하는 것도 좋지만 그와 함께 가게 내부도 지나가던 사람들의 이목을 끌만큼 눈에 띄는 디자인을 계획해보시는 걸 권해드립니다. 다양한 방법으로 한눈에 봐도 구매 의사가 생길 만큼 어필하는 작업이 꼭 필요합니다. 시각적인 요소를 이용해 디자인하고, 손님들이나 사람들이 SNS에 업로드하며 즐길 수 있는 공간, 참여형 포토존을 설치하시는 등 특별함이 돋보이는 인테리어를 착실히 진행하신다면 공사가 끝난 이후 바로 매출을 보실 수 있습니다. 또한 인테리어에 대해서 이러쿵저러쿵 너무 많은 아이디어가 나와서 배가 산으로 갈 수 있으니 주인인 당신이 결론을 내려주셔야겠지요. 이달에는 오픈 준비에 총력을 기울여주시면 시간이 흐르면서 점차 안정적으로 나아집니다.

03.

언덕에 위치한 카페 주인입니다. 낮부터 초저녁까지만 운영하는데
매출이 크지 않습니다. 장소의 영향 때문인가요?
아무래도 지금 위치가 별로인 것 같아 이전하려 하는데 어떤가요?

03. Answer

처음 오픈을 했을 때는 그래도 소문이 나서 이 사람 저 사람 드나들고 흥겨웠던 것 같습니다. 그런데 지금은 손님이 올 때와 안올 때 차이가 너무 커서 평균적인 수입을 잡기가 어려워 보이는군요. 다가오는 시일 내에 어떤 결론을 내려야 할 것 같습니다. 원래 이 터는 다루기가 쉽지 않아서 뚝심을 가지고 지켜야 하는 곳이기도 합니다. 그리고 심야에 오히려 유리한 장소이기도 합니다. 이 상태에서 영업시간을 더 늘려보기도 하시겠지만 결과적으로 큰 변화는 없어 보입니다.

본인은 처음부터 매우 큰 금전적 기대를 가지고 출발을 하신 것 같고 지금은 매우 지치고 낙담을 하고 계십니다. 거의 절반 이상은 포기를 할 생각이신 듯하군요. 원래 이 자리는 카페보다는 조금더 흥겨운 업종이 맞았을지도 모릅니다. 결과적으로 한두달은 조금 또 매출이 일어나는 것처럼 보이다가 세달째 접어들게 되면서는 또 잠잠해지므로 결국에는 정리의 수순을 밟게 되실 것으로 보입니다.

04.

집에 있으면 삭막하고 뭔가 답답합니다. 어떤 문제가 있을까요?

큰 틀에서 보자면 감성적이고 다정다감하며 정서적인 조화를 우선으로 하는 당신과 집의 기운이 맞지 않는데서 비롯되었다고 봅니다. 집이 지어진지 오래되어서 수선할 곳이 많다 든가 낡은 탓일 가능성도 보이고 집안에만 들어오면 쉬지 못하고 이것저것 계속 움직여서 일거리만 가득한 상황입니다. 마음이 안정이 되지 않으니 뭐라도 손에 일감을 쥐고 있어야 안심이 되는 것 같습니다. 점점 기력이 약해지고 있는 게 사실이기 때문에 어떤 조처가 필 요합니다. 당신에게 집은 편히 쉬는 공간보다는 집안일을 너무 많이 하거나 추가로 외부에 서 일거리를 집으로 갖고 오기도 하는 등, 제 2의 직장이었던 것으로 보여집니다.

이번 달부터 들어오는 운세를 살펴보면 무기력증, 극심한 피로로 인해 활동이 저조해질 수 있으며 다음 달에는 그런 상태에서 몸에 무리가 가는 업무나 과로 등을 조심하셔야겠습니 다. 일거리를 보고 외면하는 성격이 못되니 그것 또한 한몫을 합니다. 환경에 급격한 변화 를 주지 않는한 이런 상황은 계속됩니다. 생활의 패턴을 과감히 바꾸던지, 형편이 허락된다 면 이사를 가는 것을 권해드립니다. 3개월째에는 어떤 큰 결심을 하실 것입니다.

풍수 상담 : 10문항

05.

강이 보이는 도로변에 가게를 하려 합니다. 자리를 잘 잡을 수 있을까요?

05. Answer

한동안 자리 선정과 업종에 대해서 많이 고민은 하셨지만 박상 결성을 내리고 나서는 일사천리로 진행됩니다. 너무 급격하게 일을 벌이게 되므로 서두른다는 느낌이 들기도 합니다. 그러나 시기적으로는 그다지 나쁘지 않아 보이며 몇 달의 고생 후에는 본격적으로 장사를 해 갈 것으로 보입니다.

강가에 접해 있는 곳은 수력이 상당히 센 곳이므로 본인의 사주 오행과 물이 잘 맞는지도 참고로 하면 더욱 좋을 것 같습니다. 사주에 물이 귀한 사람들이 이렇게 근처에 물을 끼고 있는 곳에 장사를 하면 매우 번창하는 경우가 많습니다. 또한 이 상권은 드디어 임자를 제대로 만난 것 같다는 생각이 들만큼 찰떡궁합을 자랑하게 됩니다. 가게와 주인이 일심동체가 된다고 보여집니다.

주변에 사는 사람들이나 지나가던 행인들도 한 번씩은 다 들러보고 좋아해주는 인기있는 가게가 될 것 같습니다. 지속적으로 유지해 간다면 명소가 되겠습니다. 지금부터 몇 달간은 오픈하기 위해 준비하느라 매우 체력적 소진이 크고 이것저것 허가사항을 알아보러 다니는 등의 시행착오가 있지만 그다지 심각한 것은 아닙니다.

06.

마당에 있는 작은 나무를 베고 잔디를 깔려고 하는데 어떨까요?

겉으로 드러난 성질	속에 감춰진 성질	특이점

마당의 나무

과거의 상태	현재 상태	미래의 상태

내담자 (남자)

이번 달	다음 달	다다음 달

3개월간의 풍수 흐름

총체적인 결과

굳이 베야 할 이유가 있을까요? 당신의 작은 나무는 마당에서 작지만 중요한 역할을 해 왔습니다. 이 나무는 단순히 나무로 보이지 않고 마당을 지나가는 수맥과 깊은 연관이 있는 나무로 보입니다. 나무가 마당의 중심에 서 있어서 수맥이 집 아래로 침범하지 않도록 관리하고 오랫동안 그 집에 흐르는 기운을 넓은 범위에서 안정케 해주는 역할을 해왔습니다. 당신이 이 나무를 베려는 이유에는 특별한 목적이 없는 것으로 보입니다. 그저 한가운데에 떡하니 있는 나무가 거슬려서일 수도 있지만, 어쩌면 다른 문제로 답답하고 무기력함을 느끼던 차에 변화를 주고자 하신 것 같습니다.

이 나무가 가진 역할이나 의미를 알지 못한 채 나무를 베게 되면 오히려 이 집의 풍수가 무너질 수 있으며, 결국 당신에게 부정적인 결과를 초래할 것입니다. 차라리 나무를 베는 것보다는 나무와 어우러지도록 마당을 꾸며보는 것은 어떨까요? 그러면 여러 가지로 기분 전환도 되고 생활도 더욱 쾌적해질 수 있겠습니다. 그동안 나무가 이 집에서 얼마나 큰 역할을 해왔는지 헤아려주세요. 크기는 작아도 그 집에 존재할 이유가 분명한 나무로 보이니 나무에 대한 추억과 감사함을 느껴보시면 더욱 좋겠습니다.

겉으로 드러난 성질	속에 감춰진 성질	특이점
Ace of Cups 거북	King of Cups 동수자	Three of Cups 출생의 비밀을 알게 되다

마당의 나무

과거의 상태	현재 상태	미래의 상태
Five of Cups 동수자에게 붙들리다	Two of Swords 위기를 맞아 충절이 의심받다	Eight of Pentacles 여신 신전의 상량식

내담자 (남자)

이번 달	다음 달	다다음 달
The Star 사해용왕부인	The Tower 성수대신	Death 저승의 여대왕

3개월간의 관계 흐름

총체적인 결과
Page of Cups 바리공주와 동수자의 아들

07.

주택 뒷마당을 개조해서 월세방을 만들려하는데 어떨까요?

현재 뒷마당의 역할은 모임의 장소였거나 심상을 하는 등의 역할을 하던 공간으로 보입니다. 눈에 띄게 큰 역할을 해오던 공간은 아니지만, 식구들이 소소하게 추억을 쌓았던 장소였네요. 그런 뒷마당을 당신은 이미 월세방으로 바꾸겠다고 확고한 결정을 내린 것으로 보입니다. 살림에 보탬이 되도록 정기적으로 꾸준히 들어오는 수입원이 필요하다고 느끼셨으며, 그러려면 당장 뭐라도 해야 한다는 마음에서 나오는 실천력 역시 강하게 느껴지네요. 이 집 자체는 굉장히 따뜻하고 사람이 편하게 살 수 있는 공간이지만, 뒷마당에 새로 생길 월세방에서 지내는 건 또 다른 문제인 것 같습니다. 새로 들어올 세입자 입장에는 이 월세방에 있으면 어딘가 갇혀있는 기분을 느끼며, 그로 인해 답답해서 얼른 나가고 싶다는 느낌을 받을 수 있겠습니다. 그래서 잘 지내다 돌연 방을 빼겠다는 세입자가 생길 것으로 예상됩니다. 고집대로 방을 만들겠다면 사람이 편안함을 느낄 수 있는 포인트들을 꼼꼼하게 챙기시는 게 좋겠습니다. 허술하게 만들어서는 안 된다는 말씀이지요.

공사를 진행하는 과정을 틈틈이, 꾸준히 확인하시고 세입자가 내 집처럼 여기고 살기 위해 자식의 집을 고르는 마음으로 세심하게 신경쓰셔야 하는 부분이 많아 보입니다. 결과는 계획대로 진행을 해나가실 것으로 보입니다.

풍수 상담 : 10문항

08.

보고 온 신축 오피스텔로 이사가려 합니다. 저와 잘 맞을까요?

오피스텔
- 겉으로 드러난 성질
- 속에 감춰진 성질
- 특이점

내담자 (여자)
- 과거의 상태
- 현재 상태
- 미래의 상태

3개월간의 풍수 흐름
- 이번 달
- 다음 달
- 다다음 달

총체적인 결과

당신은 가족이나 함께 지내는 동거인들과의 불화가 있었거나 이젠 혼자 독립적으로 살고 싶다는 마음에 이사를 결심한 것으로 보입니다. 그런 당신에게 지금 알아보신 오피스텔의 환경은 상당히 구미가 당기고, 드디어 내가 보란듯이 잘살 수 있는 공간으로 느껴질 겁니다. 이제 나만의 공간에서 드디어 제대로 꿈을 펼쳐보고 싶으신 것 같아요. 하지만 최종적인 결심을 아직 하지 못하고 조금 망설이고 있는 것으로 보입니다.

사실 그 오피스텔은 풍수적으로 따졌을 때는 사람이 편안하게 쉴 수 있는 곳은 아닙니다. 온화한 기운을 가진 곳으로는 보기 힘듭니다. 체력이 다운되고 안정감을 느낄 수 없게 된다고 보여집니다. 혹시 사무실과 겸용으로 그곳을 쓰려고 하시는 중일까요? 집안에서도 업무를 진행하는 프리랜서, 재택근무, 혹은 유동적으로 스케줄에 맞게 장소를 정할 수 있는 사업을 하실 가능성이 있다면 일터와 집이 구분이 되지 않는데서 오는 이유이기도 합니다. 너무 급한 마음에 단 한 곳만을 염두에 두는 것이라면 시간을 갖고 다른 집도 둘러보는 것이 좋겠습니다. 아무리 사무실과 병행한다고 하여도 쉴 때는 생기가 충전될 수 있는 공간이 무엇보다 중요합니다. 다음 달 정도가 되면 마음에 맞고 꼭 필요한 집을 찾을 수 있을 것 같습니다.

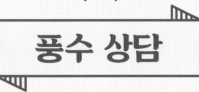

09.

작은 토지 위에 주택을 소유하고 있는데
집을 부순 후에 재건축해서 모텔을 지으려 합니다. 잘 될까요?

우선 있는 곳의 기운을 보자면 토지와 집은 나름의 역할을 지금껏 잘 수행해 왔다고 볼 수 있고 아직도 집으로서의 역할은 다분히 해낼만하다고 여겨집니다. 특이하게도 터에 손을 대는 것을 싫어하고 후회하는 카드가 나와있는데 별다른 이유가 있을까 여쭤보고 싶군요. 어쩌면 집을 부수고 기반을 다지기 위해서 땅을 파냈을 때 매우 단단한 지반이 발견되어 지하로 더 파내려 갈 수 없는 상황일지도 모릅니다. 손을 대고 나서 후회할 수 있다는 뜻입니다.

이 집과 터를 어떻게 할 것인가를 두고 오랫동안 이런 계획 저런 계획을 많이 생각해두셨을 것 같습니다. 그리고 이제는 결론에 도달해서 더 미루지 않고 새 건물을 지어야겠다고 마음을 단단히 먹으신 것 같습니다. 다음 달 정도에는 실행에 옮기실 것 같군요. 그러나 결과 카드를 보건대 여러 가지 종합적인 판단과 조화가 매우 중요하니 사전에 전문가를 초빙한다든가해서 토지의 특이점을 알아보실 것을 권합니다. 그리고 세금과 변동에 따른 기타 비용이 생각보다 너무 높게 나와서 당황할 수도 있으니 이 점도 미리 알아두셔야 합니다.

또한 건물의 설계와 이런저런 부분에 대해서는 처음의 의도와 달리 다른 방향으로 흘러갈 수도 있으니 자기가 생각하는 중심을 잘 잡아야 하겠습니다.

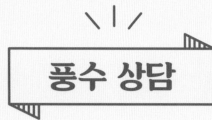

풍수 상담 : 10문항

10.

창문을 열면 지하철이 지나다니는 곳에서 세들어 살고 있습니다.
아직은 괜찮은데 앞으로 사는데 특별한 일이 없는지,
저에게 괜찮은지 궁금합니다.

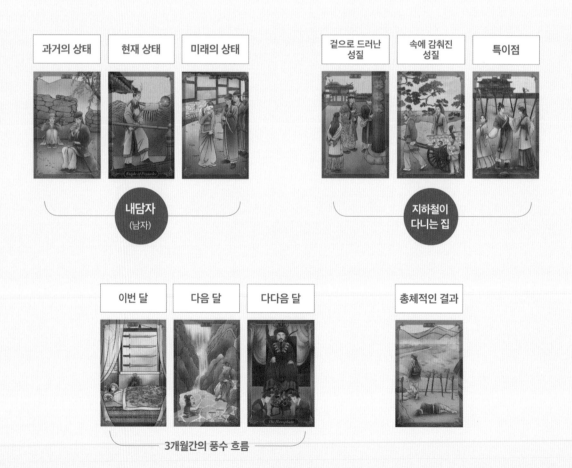

10. Answer

평소 지하철이 운행될 동안은 대부분 일터에서 보내시므로 설령 시하철 철노가 집 바로 앞에 위치해도 당장 생활의 불편함을 느끼진 않았던 것으로 보입니다. 소음이 있는 편이지만 별로 대수롭지 않게 지내셨던 것 같습니다. 그러나 지금까지 무탈하게 지내온 이면에 앞으로는 문제가 생기기도 하는데 우울감이라고 할지 신경을 쓸 일이 생겨서 상당히 힘들어하시는 카드가 나왔습니다.

또한 이 집은 직장인들이 선호하는 곳인 것으로 추측되고, 이제 막 사회인으로서 첫발을 내딛는 젊은이들이 많이 모여 사는 지역인 것으로 보여집니다. 그만큼 들어오고 나가는 변동도 많고 부산스러운 동네 같습니다. 그러므로 안정감을 주지는 못할 것으로 보입니다. 특히 집주인과의 문제라고 할지 층간소음이라고 할지, 가까이 있는 사람들과의 소통으로 인한 고충이 대두될 것으로 보입니다. 그래서 이사를 심각히 고려할 정도가 됩니다. 즉 지하철로 인한 문제로 보여지진 않는다는 점입니다.

이 달에는 스트레스가 극심하고 그것은 다음 달까지 이어집니다. 그리고 세 번째 달이 되면 심각하게 이동에 대해서 검토하게 됩니다. 여러 가지 계약적인 문제를 따져보고 내 수중에 있는 금전과 적합한 새로운 집을 찾아나서게 될 것입니다. 다행히 경제적인 문제는 큰 고민거리가 되지 않아 보입니다.

| 과거의 상태 — Two of Wands 문도령에게 첫눈에 반하다 | 현재 상태 — Knight of Pentacles 최초의 단군 | 미래의 상태 — Four of Cups 아버지 대왕의 병을 고칠 약을 구하러 갈 결심을 하다 | | 겉으로 드러난 성질 — Three of Pentacles 새로운 신궁이 지어지다 | 속에 감춰진 성질 — Eight of Cups 새롭게 꾸린 가족들과 고향으로 향하다 | 특이점 — Nine of Wands 철없는 문도령을 다시금 계몽시키는 자청비 |

내담자 (남자)   **지하철이 다니는 집**

| 이번 달 — Four of Swords 공민왕의 최후 | 다음 달 — Five of Cups 동수자에게 붙들리다 | 다다음 달 — The Hierophant 별상대감 | 총체적인 결과 — Six of Wands 정수남을 처단하고 자청비는 자신의 길을 떠나다 |

3개월간의 관계 흐름

부록
Appendix

—

직업 관련 상담 : 10문항

직업 관련 상담 : 10문항

01.

이달 말에 오랜 친구와 함께 식당을 창업하기로 했습니다.
사실은 이전에 이 친구와 한번 사업을 시작하려 계획을 했다가
직전에 상황이 맞지 않아 흐지부지되었던 적이 있습니다.
이번에는 정말 잘해보고 싶은데 무난히 잘 운영해갈 수 있을까요?

친구(남자) 겉으로 드러나는 모습

두 사람의 합

내담자(남자) 겉으로 드러나는 모습

친구(남자) 속마음

내담자(남자) 속마음

친구(남자)

내담자(남자)

이번 달　다음 달　다다음 달

3개월간의 관계 흐름

내담자분께서 과거에 상황이 따라주지 않아 맞이해야 했던 실패 때문에 상실감과 좌절감이 무척이나 크셨던 것으로 보입니다. 이상과 현실의 차이, 동업할 친구와의 입장 차이로 인해 난관을 겪었을 수 있습니다. 하지만 이번에는 그때와는 조금 다를 것으로 예상이 됩니다. 친구분께서는 현재 자신감으로 똘똘 뭉쳐 일을 시작하려는 모습입니다. 잘 해낼 거고, 잘 할 수 있다고 굳게 다짐을 하고 계시며 두 분의 재결합을 매우 좋게 생각하고 계시기도 합니다. 친구분이 이 초심을 유지할 수 있게 잘 지탱해 주시는 것도 중요하겠습니다. 사업을 시작하기에 시기적으로 적절하고, 행동력과 추진력도 따라줄 것으로 보입니다. 내담자분이 세우신 계획으로 앞장서 친구를 잘 이끌어 주시는 것이 이로우며, 각자의 역할 분배를 확실히 하셔서 훗날 혹시 문제가 발생했을 때 내담자분 혼자 책임지는 일이 없도록 하는 것도 필요합니다. 친구분은 지구력이 조금 결핍되어 보이며 일찍 지치는 경향이 없지 않습니다. 이 모습을 보게 된다면 또 괜히 시작을 했다는 걱정에 휩싸일 수도 있습니다. 그러나 결국은 이끌어가시게 될 것으로 보입니다.

이번 달 사업을 시작할 수 있는 이동수와 결단력을 나타내는 카드들이 나왔습니다. 결정을 하셔도 좋을 것입니다. 다음 달에는 더욱 확실하게 규칙을 잡아가셔야 하는 모습입니다. 초반부터 확실하게 기강을 잡으며 규칙을 확실하게 하시는 것이 이롭겠습니다. 다다음 달에는 사업이 어느 정도 자리를 잡고, 방향성이 잡힐 것으로 보입니다. 그때는 사업에 도움을 줄 수 있는 귀인이 들어오는 운이 있으니 참고하시는 것이 좋겠습니다.

02.

다니던 회사를 퇴사하고 남편과 작은 사업을 시작하려 합니다.
남편의 반응이 영 미적지근해서 같이 잘 꾸려나갈 수 있을지 걱정이 됩니다.
사실은 내키지 않는데 제 성화에 못 이겨 어쩔 수 없이 같이 하려는 걸까요?

내담자께서 오래 마음에 품어 왔고, 정말 하고 싶은 분야의 사업인 것 같습니다. 상황이 여의치 않았을 때에도 많은 고민들을 하셨던 것으로 보입니다. 이제는 때가 된 것을 직감하고 추진하려고 하시는 모습이네요. 혹시나 서두르는 것은 아닌가, 시기가 적절한 것인지 고민하시는 모습이 엿보이기도 합니다. 남편분께서 이전에는 완강하게 사업을 반대하셨던 것으로 보입니다. 원래 다니던 회사에 적응을 잘하고 계셨기도 하고, 사업을 운영할 만한 사람은 따로 정해져있다고 생각하셨을 수도 있겠습니다. 하지만 지금은 내담자분의 확고한 마음에 대해 진중하게 고민하고 받아들이고 있는 모습입니다. 내키지 않는다기보다 해보지 않은 일이라서 망설이는 것입니다.

남편분은 내담자분을 많이 믿고 의지하고 있으며, 내담자분이 생활력이 강한 분이라는 것도 알고 있습니다. 마음을 준비하는 마무리 단계이신 것으로 생각됩니다. 결국은 남편분의 동의를 얻어서 진행을 하기는 해도 아내의 역할이 가장 중요한 것으로 나왔습니다. 더 많은 부분을 책임지실 것 같아 보입니다.

이번 달은 사업의 기반을 구상하고 의지를 다지는 한 달을 보내실 것입니다. 싸우지 않고 두 분의 의견을 잘 맞춰보시는 것이 중요하겠습니다. 다음 달의 카드는 본격적으로 사업이 시작됨을 나타냅니다. 성실함과 꾸준함을 유지하는 것이 관건이겠습니다. 다다음 달에는 두 분의 고민이 부쩍 늘어난 것으로 보입니다. 아무래도 처음 사업을 운영하다 보니 부딪히는 일도 생길 수 있겠지만, 서로 양보하고 배려하며 도와 나간다면 안정적으로 극복하실 수 있을 것입니다.

과거(겉모습)
—
Three of Wands
매번 자청비에게 속고 내기에 지는 문도령

현재(겉모습)
—
Queen of Wands
자청비

미래(겉모습)
—
Eight of Wands
문도령과 자청비가 재회하다

내담자(아내) 겉으로 드러나는 모습

두 사람의 합
—
Temperance
대신할머니

과거(겉모습)
—
Judgement
감은장아기

현재(겉모습)
—
Nine of Wands
철없는 문도령을 다시금 계몽시키는 자청비

미래(겉모습)
—
Ten of Wands
세경신으로 등극하다

남편 겉으로 드러나는 모습

과거(속마음)
—
Seven of Cups
약수가 샘솟는 동굴을 발견하다

현재(속마음)
—
Wheel of Fortune
직녀

미래(속마음)
—
The Magician
감흥신령

내담자(아내) 속마음

과거(속마음)
—
Knight of Cups
청년 시절의 동수자

현재(속마음)
—
King of Wands
중년에 접어든 문도령

미래(속마음)
—
Eight of Pentacles
여신 신전의 상량식

남편 속마음

내담자
(아내)

남편

이번 달
—
Three of Pentacles
새로운 신궁이 지어지다

다음 달
—
Ace of Cups
거북

다다음 달
—
Two of Wands
문도령에게 첫눈에 반하다

3개월간의 관계 흐름

03.

다니고 있는 회사의 상사분이 저를 어떻게 생각하고 있을까요?
제가 회사에 도움이 될 수 있을까요?
계속 사고만 치고 있는 것 같아서 마음이 무겁습니다.

03. Answer

상사분 역시 과거에 업무가 잘 안 되었던 경험을 겪으신 것으로 보입니다. 다만 지금은 책임지는 역할을 맡았다 보니 아무래도 꾸지람이나 조언을 충분히 해야 하는 입장입니다. 그런 첨언이 필요하기 때문에 하실 뿐 내담자분의 고충을 이해 못하시는 상황은 아닙니다. 상사분은 이 상황을 조금 피곤하게 느끼고 계시지만 누구나 그 자리에 서면 실수할 수도 있고 모든 것을 잘할 수만은 없다는 것을 너무 잘 알고 계십니다. 다만 다른 건 몰라도 같은 실수를 두 번 하는 것은 용납 못하는 분입니다. 아랫사람들이 저지른 것을 결국은 내가 다 떠안게 된다는 생각이 엿보입니다.

급한 마음에 같은 실수를 하지 않도록 너무 욕심내지 말고 차근히 나아가면 좋겠습니다. 내담자분은 남의 시선, 남이 하는 이야기에 굉장히 신경을 많이 쓰는 타입이다 보니 남의 페이스에 휘말리는 경우가 종종 생기게 됩니다. 그래도 현재 주어진 업무를 열심히 하려고 노력을 많이 쏟아붓고 있는 건 확실해 보입니다. 그러다보니 열정이 지나쳐서 또 실수를 하게 될 것 같습니다. 조금 신중하게 천천히 업무를 진행하도록 하면 나아지겠습니다.

또한 주변에 내담자분을 도울 수 있는 사람이 있으니, 한 번에 큰일을 해내려는 등 너무 과한 욕심은 부리지 말고 순서대로 하나씩 숙지해서 좋은 결과를 얻으셨으면 좋겠습니다. 가급적이면 혼자 판단하지 말고 동료와 상사분에게 물어가며 업무를 진행하시는 것이 이롭겠습니다. 이번 달은 이전처럼 실수가 계속 발생할 수 있는 시기이며, 본인이 잘못한 점에 대해서는 인정을 하셔야 할 것입니다. 그러므로 주변의 사수분들, 윗사람, 혹은 선배님들의 조언을 잘 참고하신다면 다다음 달에는 좀 더 발전된 모습으로 능숙하게 업무를 진행하실 것으로 보입니다.

과거(겉모습)	현재(겉모습)	미래(겉모습)
Ten of Swords 최영장군이 최후를 맞이하다	Five of Swords 우왕의 곁을 지키다	Seven of Pentacles 새 희망을 가지고 삶을 일구다

상사(남자) 겉으로 드러나는 모습

두 사람의 합
—
Six of Wands
정수남을 처단하고 자청비는 자신의 길을 떠나다

과거(겉모습)	현재(겉모습)	미래(겉모습)
Three of Swords 간신들의 음모로 귀양살이를 가다	The Star 사해용왕부인	Justice 지하장군

내담자(여자) 겉으로 드러나는 모습

과거(속마음)	현재(속마음)	미래(속마음)
Page of Swords 어린 시절의 최영장군	Four of Pentacles 뒤늦은 후회	The Emperor 옥황상제

상사(남자) 속마음

과거(속마음)	현재(속마음)	미래(속마음)
Five of Wands 정수남에게 봉변을 당하다	Page of Wands 정수남	Queen of Swords 은씨 부인

내담자(여자) 속마음

 상사(남자)

내담자(여자)

이번 달	다음 달	다다음 달
Wheel of Fortune 직녀	The Hierophant 별상대감	Page of Pentacles 단군의 어린 시절

3개월간의 관계 흐름

04.

제가 오랫동안 막내였던 팀에 다음 주에 2년 만에
새로운 신입사원이 들어오게 되었습니다. 그 친구가 바쁜 일을
덜어줄 수 있을지 기대 반, 그 친구와 제가 잘 지낼 수 있을지
걱정 반으로 마음이 싱숭생숭합니다.

312

새로 직원이 들어오기 전까지 내담자분이 팀 내에서 감당하고 책임지던 것이 많았고, 업무 처리에 있어서도 난관에 부딪치고 계셨던 것으로 보입니다. 일손이 하나 더 생긴다는 생각에 의욕적인 마음이 앞서는 듯합니다. 하지만 신입사원이 들어온다고 해도 업무를 가르치고 자리를 잘 잡도록 도움을 주는 일 모두 내담자분이 맡게 됩니다. 교육을 시키고 자잘한 업무 지시를 줘야하므로 내담자분의 일거리가 바로 줄어들지는 않을 것으로 보입니다. 기대와는 달리 해야 하는 업무의 양이 오히려 늘어 속상하실 수도 있지만 신입사원분이 내담자분의 교육을 잘 받아들이고 금세 적응하는 모습도 보입니다. 그는 호기심이 많고 매우 명랑한 성격으로 보입니다. 일시적으로 덜렁대기도 하지만 봐줄만한 실수입니다.

그는 취직이 되기까지 힘든 상황을 많이 겪어 온 것으로 보입니다. 좋은 기회를 잡고 입사를 했고, 일을 하고자 하는 대단한 의욕을 가지고 있습니다. 현장에는 처음 뛰어든 것이니 초반에 과하게 욕심을 부릴 수도 있지만, 습득력이 빠르고 일머리가 좋은 분이기 때문에 내담자분에게 도움이 될 직원으로 빠르게 성장할 수 있겠습니다. 신입사원은 내담자분을 믿고 의지하며 잘 따르려 하실 것이며 두 분의 직장 동료로서의 합도 좋습니다. 이번 달에는 성과를 얻기보다는 도달하기 위한 과정으로 생각하시고 차근히 업무를 가르치는 것이 좋으며, 다음 달부터는 본격적으로 같이 의논하고 의견을 나누며 일을 할 수 있으실 것입니다. 다다음 달에는 신입사원분이 본격적으로 자신의 역할을 하면서 많은 도움이 되실 것으로 예상됩니다. 인내를 가지고 잘 이끌어 주세요.

과거(겉모습) — Temperance 대신할머니	현재(겉모습) — The Sun 산마도령과 애기씨	미래(겉모습) — Page of Wands 정수남

신입사원(남자) 겉으로 드러나는 모습

두 사람의 합
Two of Wands
문도령에게
첫눈에 반하다

과거(겉모습) — Eight of Swords 이성계에게 붙잡히다	현재(겉모습) — Two of Pentacles 환웅의 제안	미래(겉모습) — Strength or Fortitude 산신들의 바둑내기

내담자(남자) 겉으로 드러나는 모습

과거(속마음) — Five of Pentacles 웅녀의 세력이 축출되다	현재(속마음) — Three of Cups 출생의 비밀을 알게 되다	미래(속마음) — The Magician 감흥신령

신입사원(남자) 속마음

과거(속마음) — The Tower 성수대신	현재(속마음) — Seven of Pentacles 새 희망을 가지고 삶을 일구다	미래(속마음) — Six of Cups 천태산 마고할미를 만나다

내담자(남자) 속마음

신입사원 (남자)

내담자 (남자)

이번 달 — Seven of Wands 서천꽃밭에서 환생꽃을 얻고 사라대왕의 사위가 되다	다음 달 — Knight of Pentacles 최초의 단군	다다음 달 — Three of Pentacles 새로운 신궁이 지어지다

3개월간의 관계 흐름

05.

옆자리의 직장동료와 사사건건 부딪치는 일이 생깁니다.
그분이 평소에 말을 너무 함부로 한다고 느껴져요. 제가 너무 예민한 걸까요?
앞으로 계속 같이 일을 해야 할 텐데 어떻하면 좋을까요?

내담자분의 동료분은 성격이 매우 급한 사람입니다. 그러므로 속전속결로 일처리가 되기를 원하는 반면 내담자분은 신중하고, 하나의 결정을 내리기까지 고민을 많이 하시는 분으로 보입니다. 그 부분이 서로 맞지 않아서 충돌이 생기는 것 같습니다. 이 동료분이 악의가 있어서 나쁜 말을 쏟아내는 것 같지는 않습니다. 그는 평소의 말습관이라고 할지 감정표현을 절제하지 못하는 성격 때문에 말을 신중하게 하지 못하는 것입니다. 자신도 그것이 문제가 됨을 인지하고 있는 상황이지만 자존심이 센 편이라 그 사실에 수긍하여 사과를 받는 것은 기대하기 힘들 것입니다.

내담자분은 그에게 휘둘리지 말고 하고자 하는 일들을 성실하게 잘해 나가면 되겠습니다, 그가 하는 말을 담아두지 말고 그러려니 하며 넘어가는 편이 좋습니다. 이번 달은 말로써 상처를 주고받는 일이 또 생길 수 있는 달이기 때문에 웬만하면 둘이서 하는 대화는 피하고 서로 언행에 주의하는 것이 이롭겠습니다. 하지만 다음 달부터는 두 분의 관계가 개선될 것으로 보입니다. 두 분의 공동의 상사, 내지는 윗사람의 개입이 있든지 아니면 다른 실력자와 협업을 하게 되므로 자잘한 감정은 접어두게 될 수도 있습니다. 업무의 성과도 적절히 나오고 일에서도 손발이 착착 맞게 될 것 같으니 이번 달을 잘 넘기도록 합시다. 다다음 달에는 두 분이 합을 맞춰 일을 할 수 있는 운도 보이므로 너무 염려하지 않으셔도 좋습니다. 결과에 있어서는 또 다급한 카드가 나왔는데 이는 소통의 부재로 볼 수가 있으며 어떨 때는 덜한 것 같았다가 어떨 때는 심해지는 등의 종잡을 수 없다는 뜻으로도 해석합니다. 그리고 두 분은 태생 자체가 서로 잘 맞지 않는 분들입니다. 억지로 맞추려고 하는데서 더 스트레스를 받을 수 있습니다. 포기할 것은 일부 포기를 해야겠지요.

06.

아버지께서 제가 지금 다니는 직장을 그만두고
본인 사업을 물려받기를 원하십니다. 제가 그 일을 잘할 수 있을까요?

과거	현재	미래

아버지 겉으로 드러나는 모습

아버지 속마음

아버지

두 사람의 합

과거	현재	미래

내담자(아들) 겉으로 드러나는 모습

내담자(아들) 속마음

내담자(아들)

이번 달	다음 달	다다음 달

3개월간의 관계 흐름

아버지께서 이제까지 가정을 위해 많은 것들을 책임지며 이 사업을 이끌어 오신 것으로 보입니다. 하지만 지금은 연세가 많이 드셔서 이제는 뒷받침을 해줄 수 있는 오른팔이 필요한 상황이고, 아드님을 굉장히 믿고 의지하고 싶어 하십니다. 그래야지 많은 것들을 물려줄 수 있고 한시름 덜 수 있으리라 기대하고 있는 중이시죠.

아드님의 상황을 봤을 때 하고 싶은 일이 따로 있었지만 그 일의 성과가 크지 않으셨던 것 같습니다. 한편으로는 복이 많은 분이라 여러 군데에 자신이 활약할 일거리가 있었던 것으로 보입니다. 하지만 이제 아버지의 사업을 물려받아야 할 것으로 보이긴 하는데 아무래도 가족사업이다 보니 더 막중한 책임감이 필요할 것이고, 많은 것을 포기해야 하는 상황들이 올 수 있습니다. 이에 대해서 매우 깊은 고민에 잠겨있고, 제대로 잘 해내지 못하면 어떻게 될지 두려운 마음도 한켠에 자리하고 있습니다.

하지만 돌아오는 성과도 분명 있을 것이고, 내담자분께서는 사업을 더욱 안정적으로 자리잡게 할 만한 충분한 자질이 있으십니다. 아버지께서 이제는 은퇴를 하고 싶은 마음도 점점 더 드실 것으로 보입니다. 그래서 이번 달에 아무래도 사업을 물려주는 일을 더 빠르게 추진하려 하시는 것입니다. 다다음 달에는 아버지께서 더욱 더 휴식이 필요한 상황이 올 것으로 보입니다. 또한 본인의 업무량도 늘어날 것이고 배워야 하는 것들도 막막하게 느껴질 수 있을 겁니다. 이 시간이 오기 전까지 철저히 준비를 해서 안정적으로 사업을 물려받으셨으면 좋겠습니다. 생각 외로 매우 강인한 마음 자세와 체력이 필수입니다.

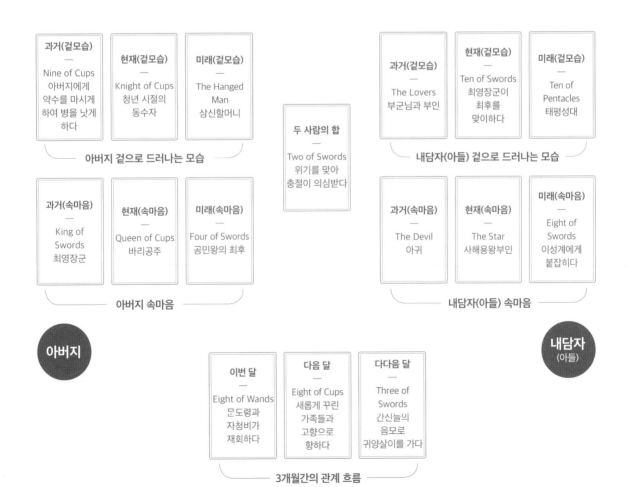

07.

혼자서 사업을 시작할 여유는 없어서 동업을 하려고 하는데,
생각하고 있는 사람과 일을 해도 괜찮을까요?
구체적인 계획은 전달하지 않고 말만 해 둔 상태입니다.

과거	현재	미래

내담자(남자) 겉으로 드러나는 모습

내담자(남자) 속마음

두 사람의 합

과거	현재	미래

동업자(남자) 겉으로 드러나는 모습

동업자(남자) 속마음

내담자
(남자)

이번 달	다음 달	다다음 달

3개월간의 관계 흐름

동업자
(남자)

두 분은 서로가 서로에게 필요합니다. 내담자분께서는 사업 수완 구조를 짜는 것에 재능이 있으시고, 동업자분은 앞서 나서고 행동하는 실행력을 갖추고 계십니다. 사업의 전략을 짜는 일은 내담자분이, 행동으로 옮기는 것은 동업자분이 하는 방식으로 역할 분담을 하는 것이 좋겠습니다. 덧붙여 나중에 성공하게 되면 사업의 지분을 나누는 것이 손해보는 일이라는 생각이 들 수 있을 것으로 보이네요.

사업 파트너로서 두 분의 합이 매우 좋기 때문에 그것을 확장된 미래를 위한 투자로 생각하고 받아들이면 좋을 것입니다. 동업자분은 사업을 시작하고 싶은 마음을 계속 가지고 있었지만 그의 주위에 도움을 주고자 했던 사람들이 없었던 것으로 보입니다. 그래서 계속 혼자 일을 감당하며 해오신 것으로도 느껴집니다. 어쩌면 사업의 구체적인 아이디어나 전략이 부족해서 혼자서 시작하기에는 역부족이라고 느끼는 부분도 분명히 있었을 것입니다. 그러니 내담자분과 동업자분도 함께 일하면서 각자의 잇속을 계산하지 말고, 이왕 같이 일하게 된다면 한번 해보자는 큰 포부로 함께하시는 것이 이롭겠습니다.

이번 달에는 역할 또는 이익 분배 등 계산으로 인해 두 분 사이에 대립이 있을 수 있지만 그것은 협의점을 찾는 과정에서 당연히 필요한 상황으로 보입니다. 사업을 시작하게 되면 다음 달이 시기가 괜찮고, 다다음 달부터 사업의 탄탄한 기반이 쌓일 것입니다. 서로에게 힘이 되어주며 일을 추진하신다면 좋은 결과가 있으실 것입니다.

과거(겉모습)
—
The World
마고신

현재(겉모습)
—
Page of
Pentacles
단군의
어린 시절

미래(겉모습)
—
Three of Wands
매번 자청비에게
속고 내기에 지는
문도령

내담자(남자) 겉으로 드러나는 모습

과거(속마음)
—
Strength or
Fortitude
산신들의
바둑내기

현재(속마음)
—
Nine of Cups
아버지에게
약수를 마시게
하여 병을 낫게
하다

미래(속마음)
—
The Fool
초립동

내담자(남자) 속마음

두 사람의 합
—
Two of Cups
아기
바리공주가
버려지다

과거(겉모습)
—
The Hermit
글문도사

현재(겉모습)
—
Page of
Swords
어린 시절의
최영장군

미래(겉모습)
—
Queen of Cups
바리공주

동업자(남자) 겉으로 드러나는 모습

과거(속마음)
—
Ace of
Pentacles
기린

현재(속마음)
—
King of
Swords
최영장군

미래(속마음)
—
Four of Wands
남장을 벗은
자청비와
문도령이 사랑을
약속하다

동업자(남자) 속마음

내담자
(남자)

동업자
(남자)

이번 달
—
Six of Swords
왜구를
섬멸하다

다음 달
—
The Empress
가야산 성모

다다음 달
—
Three of
Pentacles
새로운 신궁이
지어지다

3개월간의 관계 흐름

08.

직장 상사분이 저를 싫어하는 것 같은데 이유가 뭘까요?
제가 모르는 사이 뭔가 큰 실수를 한 걸까요?

상사분께서 개인적인 감정으로 내담자분이 거슬리거나 싫은 것이 아니라, 업무 처리에 있어서 보완해 주어야 하는 부분이 많기 때문에 예민해진 상황이라고 보입니다. 내담자분의 상사분은 원래 책임감이 강하고 예민한 완벽주의자이기 때문에 부하 직원들이 업무를 끝내도 꼭 직접 재확인을 해야 하는 사람이라서 더더욱 자잘한 마찰이 생겨왔을 가능성이 높아 보입니다. 더욱이 상사분이 여자분이라면 지금 일에 대한 압박이 심해서 휴식을 취해야 하는 상황으로 보이고, 그 때문에 업무를 시작한지 얼마 안 된 내담자분의 입장에서는 '내가 잘못해서 심기가 불편하신가?'라는 생각을 가지실 수도 있습니다.

상사분이 현재 내담자분으로 인해 기분이 나쁘다고 보기는 어렵지만 그분의 성격에 맞도록 업무 처리에 훨씬 더 꼼꼼하게 임해서 최대한 실수를 줄여나가야 하는 상황은 맞습니다. 내담자분은 원래 일복이 많은 사람이며, 일을 많이 해야 하는 운을 타고 났습니다. 업무가 쏟아지는 상황에서 어느 누구도 모든 일을 완벽하게 할 순 없습니다. 다만 자신이 할 수 있는 일과 없는 일을 명확히 구분해서 상사에게 제때 보고를 하는 것이 이로우며, 그렇게 전달해드리면 충분히 이해를 받을 수 있을 것입니다.

두 사람뿐만 아니라 같은 팀에 계신 동료분들도 모두 바빠지는 시기가 찾아왔으므로 이번 달은 전쟁처럼 다급하고 속도감 있게 업무를 하는 시간을 보낼 것이라는 생각이 듭니다. 다음 달부터 일처리에 있어서 제대로 된 성과도 나오고, 점차 업무 능력도 늘어나면서 어색했던 관계도 회복이 될 수 있을 것입니다. 상사분이 내담자분을 꺼린다고 생각하지 마시고 가르침을 주신 것에 대해 감사를 전하며 부드럽게 마음을 표현하는 것이 좋겠습니다. 그렇게 한다면 두 사람의 관계가 더욱 탄탄히 지속될 것으로 예상됩니다.

09.

회사를 운영하고 있습니다. 부하 직원 중 한 명을 승진시켜서
중간 관리직 자리에 두고 싶은데 그렇게 진행해도 괜찮을까요?
오랫동안 같이 일을 한 사람이라 믿어보고 싶습니다.

내담자분은 신중하면서도 추진력과 행동력이 굉장히 뛰어난 것으로 보입니다. 이전에 이 사업에 닥친 위기마저도 기회로 승화시켜서 사업체를 더욱 탄탄하게 성장시킨 분이시며, 이 부하 직원 또한 그것을 알고 굉장히 열심히 노력하고 있습니다. 직원분은 가지고 있는 능력이나 재능은 굉장히 많은 친구인데 딱 하나 미흡한 점이 있다면 행동력과 결단력 부분입니다. 재주를 다양하게 펼치는 데에는 강점을 보이지만 사람이 많이 참여하거나 규모가 큰 업무를 맡기기에는 부족한 감이 있고, 아직 업무에 완전히 능숙하지 않은 상황이라 중간 관리자 직책으로서 큰 책임을 져야 하는 업무는 어려워할 것으로 보입니다. 지금은 업무에 능숙해지고 점점 더 많은 범위를 책임져보는 연습이 필요한 상황이니, 당장은 중간 관리직이나 팀 내 리더의 역할은 힘들지 않을까 생각이 듭니다. 내담자분의 말에는 충성심을 가지고 잘 따르겠으나, 다른 직원들을 통솔하고 리드하고, 말 그대로 내담자분이 없을 때 대신해서 '리더'의 역할을 하는 중간 관리인 자리는 이분에게 힘들어 보입니다. 내담자분이 부하 직원에게 중간 관리자 자리를 제안하면 분명 하겠다고는 답변할 것입니다. 하지만 그 일을 하고 싶은 것과 잘 해내는 것과는 별개의 문제겠지요. 직책에 대해 통보하기 전에 혼자 고민을 좀 더 해보시고 필요한 교육을 몇 가지 더 진행하는 과정을 거친 다음에서야 직원분을 그 직책에 배치해도 늦지 않을 것으로 보입니다.

과거(겉모습) — Knight of Wands 청년 시절의 문도령	현재(겉모습) — Eight of Cups 새롭게 꾸린 가족들과 고향으로 향하다	미래(겉모습) — King of Pentacles 환웅의 부재

내담자(남자) 겉으로 드러나는 모습

과거(속마음) — Death 저승의 여대왕	현재(속마음) — Knight of Pentacles 최초의 단군	미래(속마음) — Knight of Swords 젊은 시절의 장군

내담자(남자) 속마음

두 사람의 합 — Justice 지하장군

과거(겉모습) — Ten of Cups 온 가족이 재회의 기쁨을 누리다	현재(겉모습) — Five of Pentacles 웅녀의 세력이 축출되다	미래(겉모습) — The Hierophant 별상대감

부하직원(남자) 겉으로 드러나는 모습

과거(속마음) — Seven of Pentacles 새 희망을 가지고 삶을 일구다	현재(속마음) — Nine of Pentacles 웅녀의 소회	미래(속마음) — The Moon 창부대신

부하직원(남자) 속마음

내담자 (남자)

부하직원 (남자)

이번 달 — Three of Cups 출생의 비밀을 알게 되다	다음 달 — Page of Cups 바리공주와 동수자의 아들	다다음 달 — King of Wands 중년에 접어든 문도령

3개월간의 관계 흐름

10.

제가 사업을 새로 시작하려고 하는데
오래된 친한 친구가 자꾸만 말립니다. 그 친구는
이 분야에 대해 잘 모르는데 왜 자꾸 이러는지 잘 모르겠습니다.

과거　　　현재　　　미래

두 사람의 합

내담자(남자) 겉으로 드러나는 모습

과거　　　현재　　　미래

친구(남자) 겉으로 드러나는 모습

내담자(남자) 속마음

친구(남자) 속마음

내담자
(남자)

이번 달　　다음 달　　다다음 달

3개월간의 관계 흐름

친구
(남자)

친구분께서는 사업을 시작하겠다는 내담자분의 결정이 조금은 즉흥적이었을 수 있다고 생각하고 계십니다. 내담자분께서 일을 못해서 반대하는 것이 아니라, 원래 사업에 대해 부정적인 시선을 갖고 계시기 때문에 누가 되었든 사업을 한다고 말하면 다 말리는 건 아닐까 짐작해 봅니다. 이러한 행동에는 악의가 있거나 괜히 한 번 따지고 싶어서 그런 의도는 전혀 없으며, 오히려 혹여나 내담자분이 사업을 실패했을 때 겪게 될 상실감이나 불안, 혼란스러움을 많이 고려하고 걱정하시는 것으로 보입니다. 친구분께서는 원래 한 페이스대로 꾸준히 성실하게 노력하시는 스타일이며, 어떤 면에서는 우유부단하여 시원하게 선택을 하지 못하는 성격을 갖고 계십니다. 반대로 내담자분은 자신이 생각한 방향대로 곧장 직진하고 실천하는 분이니 어쩌면 이번 일도 그런 성향의 차이에서 생긴 마찰이 아닌가 하는 생각이 듭니다. 친구분은 절대 나쁜 마음을 먹었거나 내담자분의 사정에 참견하고 싶어서 계획을 말리는 것이 아닙니다. 내담자분의 의지대로 사업을 시작하게 되면 초반에는 성과가 있겠지만 다다음 달이 되었을 때에는 결과가 다소 부진할 수 있습니다. 본격적으로 시작하기 전에 사업 계획에 빈틈이 없는지 다시 한 번 꼼꼼히 체크하시고 같이 일하는 직원의 서류와 관련 문서도 재확인해 보는 편이 이롭겠습니다.

부록
Appendix

—

무속인을 위한 심층 상담 : 10문항

무속인을 위한 심층 상담 : 10문항

01.

산신제를 지내려고 하는데 본향과 현 거주지의 산신께 각각 올리려고 합니다. 두 군데에서 잘 기도드리고 올 수 있을지 궁금하고 특별히 조심하거나 준비해야 할 것들을 알고 싶습니다.

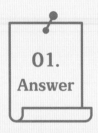

무업을 하는 분들은 늘 산신기도를 게을리 하지 않아야 한다. 자신의 기운이 소진되는 것을 막고 재충전할 수도 있으며 자신 신당의 신령님들 또한 함께 성장하는 것을 느낄 수 있는 매우 좋은 기회이다. 또한 어르신을 찾아뵙는다는 예의 차원에서도 필요한 부분이다.

본향 산신

내가 태어난 고향의 산신기도의 목적은 매우 절박한데서 비롯되었다. 오랫동안 찾아뵙지 못했다든지 매우 소홀했던 부분이 엿보인다. 그래서 궁지에 몰려서 그나마 부랴부랴 기도에 나서는 것으로 보여진다. 이렇게 되기 전에 미리미리 찾아 뵙고 기도를 드렸다면 더 좋았을 부분이다.(Five of Cups - 동수자에게 붙들리다) 이 기도에 대해서는 근본적으로 잘 인지하고 있는 상황이긴 하고 매우 깊이 본향산신과 연결되어 있음을 알 수 있다.(The Hanged Man - 삼신할머니 특히 삼신을 떠올려 볼 때에는 거의 모든 힘이 본향산신에서 나온다는 것을 잘 알 수 있다) 더욱이 본향산신은 모든 것을 다 원만하게 해결해주시고 풍요로움을 보장하는 분으로 볼 수 있으며(Ten of Pentacles - 태평성대) 받으시고자 하는 제물은 크게 두 가지 정도 잘 돋보이는 것으로 준비해도 되며(Two of Wands - 문도령에게 첫눈에 반하다) 그저 우물물을 마시는 것을 바라보기만 해도 좋은 자청비의 심정처럼 제물의 높고 낮음은 크게 개의치 않으시는 듯도 하며 산기도를 다녀온 나의 상태는 부족한 부분이 다 메꾸어지니 큰 시름이 덜어지는 매우 좋은 상황으로 보여진다.(King of Pentacles - 환웅의 부재) 기도 후에는 여제 카드로 미루어볼 때 더욱 원만하고 자리가 잡혀서 안정되게 되니 더 바랄 것이 없다고 본다.(The Empress - 가야산 성모)

내 거주지 주변의 산신

이곳을 돌아볼 때에는 그 목적 또한 매우 힘겨운 현실을 개선하기 위한 것으로 보여지고(Nine of Swords - 유배지로 향하다) 한동안 손님이 없었거나 앞이 막힌 것 같은 느낌 때문이었던 것으로, 특히 산신의 주체 자리에 등장한 카드는 매우 오랫동안의 막막한 상태를 드러낸다.(Strength or Fortitude - 산신들의 바둑내기는 쉽게 끝나지 않는다.) 거주지 주변의 산신은 현재 본인이 소홀히 하여 제대로 기도를 드리러 오지 않는 부분에 대해서 환영받기보다는 심각한 평가를 내릴 것으로 보여지며(Justice - 지하장군) 받으시고자 하시는 제물과 마음가짐은 매우 경건하고 특징적이고 꽤 공을 들인 것으로 구비하여야만 할 것이다.(Queen of Wands - 자청비는 특히 농경의 여신이고 풍요를 상징하므로 제대로 제물을 진설할 것을 요구하시는 것으로 해석) 그나마 산기도 후의 상태는 매우 좋으며 다시금 제대로 활동을 할 수 있는 기회가 주어진다.(The Lovers - 부군님과 부인) 기도 후에는 좀더 본인의 나태함을 반성하고 이렇게라도 갈증이 해소되는 것에 감사드려야 할 것으로 보여진다.(Four of Wands - 남장을 벗은 자청비와 문도령이 사랑을 약속하다)

기도 후의 총체적인 결과와 기도 다녀올 시의 주의점에는 각각 교황과 여교황이 나왔다. 이분들은 별상대감(대신)과 별상부인이신데 두 분은 서로 커플이시기도 해서 본향 산신과 거주지의 산신이 합의를 잘 받으신, 매우 대길한 카드로 보아도 무방할 것이다. 그러나 특히 이분들의 특징이 다른 여타 산신보다 부정한 것을 극도로 싫어하시므로 무속인 본인과 대동하는 사람들 모두에게 청정함이 엄격하게 요구된다. 그것만 잘 지킨다면 산신기도의 공덕은 매우 좋다고 보여진다.

산신기도의 목적	산신의 특징과 성향	산기도 이후 나의 상태		산신기도의 목적	산신의 특징과 성향	산기도 이후 나의 상태

산신기도의 주체 (나 혹은 손님)	받으시고자 하는 제물이나 마음가짐	기도 후에 일어나는 일들		산신기도의 주체 (나 혹은 손님)	받으시고자 하는 제물이나 마음가짐	기도 후에 일어나는 일들

본향

기도 후 총체적인 결과	기도 다녀올 시 주의점

**거주지
산신**

산신기도의 목적 — Five of Cups 동수자에게 붙들리다	산신의 특징과 성향 — Ten of Pentacles 태평성대	산기도 이후 나의 상태 — King of Pentacles 환웅의 부재		산신기도의 목적 — Nine of Swords 유배지로 향하다	산신의 특징과 성향 — Justice 지하장군	산기도 이후 나의 상태 — The Lovers 부군님과 부인
산신기도의 주체 (나 혹은 손님) — The Hanged Man 삼신할머니	**받으시고자 하는 제물이나 마음가짐** — Two of Wands 문도령에게 첫눈에 반하다	**기도 후에 일어나는 일들** — The Empress 가야산 성모		**산신기도의 주체 (나 혹은 손님)** — Strength or Fortitude 산신들의 바둑내기	**받으시고자 하는 제물이나 마음가짐** — Queen of Wands 자청비	**기도 후에 일어나는 일들** — Four of Wands 남장을 벗은 자청비와 문도령이 사랑을 약속하다

본향

기도 후 총체적인 결과 — The Hierophant 별상대감	기도 다녀올 시 주의점 — The High Priestess 별상부인

**거주지
산신**

02.

**단골손님을 맞이하여 조상을 천도하는 의식을 행하기로 했습니다.
이번 기도가 무탈하게 잘 끝날지 궁금하고
이 조상이 어떤 것을 구체적으로 원하고 있는지
또한 치성이나 굿을 진행할 시에 특별히 주의할 점이 있을까요?**

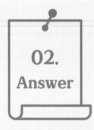

**02.
Answer**

사람마다 생긴 모양이 다르고, 같은 사람이 단 한 명도 없듯이 영가도 같은 분이 없다. 따라서 각 집마다 사연이 다른 것이.정상이다. 그렇기에 매우 세심하게 풀어가야 하는 것이 정상이다. 의식을 진행하기 전에 반드시 조상 영가의 상태를 살펴보며 준비를 해야할 것이다.

과거에 기도드렸던 경험이 있는 것으로 보여지며(The World - 마고신) 격식을 차린 큰 기도나 굿을 진행했을 가능성을 알 수 있다. 만일 그런 적이 없다면 이 조상은 생전에 꽤나 많은 학식과 도를 닦은 분으로 보이며 비범한 일면이 있다는 것을 예측해 본다. 또한 과거에 해결되거나 또는 악화된 부분을 보건대 전혀 뜻밖의 카드가 나왔는데(The Chariot - 도깨비) 이는 전혀 조상의 뜻을 헤아리지 못하고 후손들이 엉뚱한 짓을 했다는 것을 짐작하게 한다. 현재 조상 영가의 상태는 그나마 안정되어 있어 다행으로 보이고(Ace of Pentacles - 기린) 풀리지 않는 소망을 보건대 역시 같은 의미의 카드가 나옴으로써(Ace of Wands - 해태) 한결같은 성향의 소유자이며, 시시한 것은 멀리하고 격조가 높고 고매한 것을 즐겨하시는 분임을 대번 알 수 있다. 이는 기도를 드리게 되더라도 그런 격식을 찾아야 한다는 것이다. 기도 후의 변화에는(King of Cups - 동수자, 저승의 꽃밭을 잘 가꾸는 모습) 천도가 잘 되어 매우 흡족한 결과가 될 것임을 충분히 헤아려 보겠다. 기도 후의 주의점에서는 매우 조심해야 하는 부분이 나왔는데(Ten of Swords - 최영장군이 최후를 맞이하다) 이는 하나가 완전히 끝나고 소멸되는 상징도 함께하므로 기도 후에도 며칠간은 근신하면서 조용히 지낼 것을 권해본다. 그렇다면 큰 탈은 없을 것이다.

손님과 돌아가신 조상영가와는 밀접한 관계가 있었음을 추측한다.(Three of Pentacles - 새로운 신궁이 지어지다) 살아생전이든 돌아가셔서이든 물심양면 서로 긴밀하게 연결되어 있었으며 말 못하는 손님의 고민에는(Seven of Swords - 이성계의 위화도 회군) 약간의 비밀이 숨겨져 있는 것 같다. 이 카드는 배신이나 반목 등의 여러 가지 의미가 담긴 것이기 때문이다. 따라서 돌아가실 상황에서 뭔가 가족 내에 사건이 있었을 것으로 짐작해 본다. 기도의 뢰를 하게 된 손님의 현상태는 작두를 탈 만큼 간절한 심정이며(Queen of Swords - 은씨 부인) 매우 절박하고, 더 이상은 피할 곳이 없는 극명한 상황을 표현하고 있다. 그러나 그 아래 손님의 본심에는(Knight of Pentacles - 최초의 단군) 금전적인 것이나 현실적인 갈망이 강력한 것을 엿보게 된다. 이 기도를 드리고 난 후 더 나아져야만 하는 자신의 욕심 등이 표현된 것일 수도 있다. 기도 후에는 기대하던 대로 좋은 상황이 펼쳐질 것이며(Ace of Swords - 봉황) 고민거리가 일소에 해결될 것이다. 나(무속인)와의 관계에 있어서는(The Hermit - 글문도사) 이로써 내가 해야할 역할은 일단락되었다고도 볼 수 있고 은둔자의 성향상 밖으로 나대기 싫어하니 교류가 조금은 뜸해질 것도 추측할 수 있겠다.

이번 기도의 최종적인 결과를 보자면 조금은 더 지속적으로 손님에게 방침을 일러주고 경거망동하지 않을 것을 일깨워 주어야 한다.(Nine of Wands - 철없는 문도령을 다시금 계몽시키는 자청비) 기도를 진행할 시의 주의할 점은 수준이 한참 모자라는 누군가가 찾아온다던가 기도터를 소란하게 한다던가 덤벙거리는 통에 제물을 잊고 누락시킨다던지 예상치 못한 돌발사태가 일어날 수 있으니 주의를 요한다.(The Fool - 초립동)

과거 기도 이력	현재 영가 상태	기도 후 변화		생전 조상영가와 관계	현재 기도 의뢰 하는 상태	기도 후 변화

과거에 해결/ 악화된 부분	현재 풀리지 않거나 힘든 부분	기도 후 주의점		말 못하는 고민	본심/속마음	나와의 관계

조상

기도의 총체적 결과	기도 진행 시 주의할 점

손님

과거 기도 이력 — The World 마고신	현재 영가 상태 — Ace of Pentacles 기린	기도 후 변화 — King of Cups 동수자	생전 조상영가와 관계 — Three of Pentacles 새로운 신궁이 지어지다	현재 기도 의뢰 하는 상태 — Queen of Swords 은씨 부인	기도 후 변화 — Ace of Swords 봉황

과거에 해결/ 악화된 부분 — The Chariot 도깨비	현재 풀리지 않거나 힘든 부분 — Ace of Wands 해태	기도 후 주의점 — Ten of Swords 최영장군이 최후를 맞이하다	말 못하는 고민 — Seven of Swords 이성계의 위화도 회군	본심/속마음 — Knight of Pentacles 최초의 단군	나와의 관계 — The Hermit 글문도사

조상

기도의 총체적 결과 — Nine of Wands 철없는 문도령을 다시금 계몽 시키는 자청비	기도 진행 시 주의할 점 — The Fool 초립동

손님

03.

신내림 굿을 진행하고 나서 제대로 신령님들이 좌정하셨는지,
신당에 올린 기물이 다 적당한지 등을 알고 싶습니다.

**03.
Answer**

첫살림이 중요하다. 사람 간의 만남도 첫단추를 잘 꿰어야 하고 첫인상을 잘 보여야 이후에도 관계에서 좋은 점수를 딴다. 이것은 신령님들을 자신들의 신당에 모시는 애동제자의 경우에는 매우 중요하고 가슴 떨리는 일이다.

신굿은 비교적 잘 되었고 평균점은 된다고 보겠다.(Nine of Pentacles - 옹녀의 소회) 합의를 받으시고 좌정하신 신령님 카드를 뽑았는데 전반은 매우 특징이 흐린 카드들이 나오다가 세 번째에서 병을 낫게하는 약사신령님을 추정할 수 있고(Nine of Cups - 아버지에게 약수를 마시게 하여 병을 낫게 하다) 그 다음으로는 작두에 올라서는 여왕을 맞이할 수 있었으며(Queen of Swords - 은씨 부인) 그 다음으로는 어린 장군이 들어섰다.(Page of Swords - 어린 시절의 최영장군) 굿의 초반에 풀어내기가 조금 힘겨웠던 듯하고 장시간에 걸쳐서 고된 시간이 흐른 후에 신령님들이 하나둘 들어오시기 시작한 것으로 보인다. 그러나 주장하는 신령님이 보다 더 강력하게 좌정하지 않아보여서 조금 아쉬운데 이는 미진한 부분이 무엇인가를 확인하는 카드에서 더욱 재확인된다.(Knight of Pentacles - 최초의 단군) 아직 어른스럽지 못한, 즉 어르신들이 제대로 좌정하기에는 조금 더 정성을 기울여야 할 것으로 보인다. 개선할 부분에서는 아직도 자신의 신변정리가 덜 끝나 보이니 과감하게 정리를 할 것은 해야겠으며(Six of Wands - 정수남을 처단하고 자청비는 자신의 길을 떠나다) 이후로 벌어질 일들은 매우 희망적이어서 신령님들이 온전히 제대로 좌정하시게 되는 것으로 보여진다.(Eight of Wands - 문도령과 자청비가 재회하다) 오랜 가뭄 끝에 단비가 내리는 형상이다.

합의 받으신 신령님 A	합의 받으신 신령님 B	합의 받으신 신령님 C	합의 받으신 신령님 D	합의 받으신 신령님 E

미진한 부분	개선할 부분	앞으로 일어날 일

신굿의 결과

※ 합의 받으신 신령님으로 굿 당시의 분들을 모두 생각하며 뽑아도 된다.

합의 받으신 신령님 A — Four of Pentacles 뒤늦은 후회	합의 받으신 신령님 B — Three of Wands 매번 자청비에게 속고 내기에 지는 문도령	합의 받으신 신령님 C — Nine of Cups 아버지에게 약수를 마시게 하여 병을 낫게 하다	합의 받으신 신령님 D — Queen of Swords 은씨 부인	합의 받으신 신령님 E — Page of Swords 어린 시절의 최영장군

미진한 부분 — Knight of Pentacles 최초의 단군	개선할 부분 — Six of Wands 정수남을 처단하고 자청비 는 자신의 길을 떠나다	앞으로 일어날 일 — Eight of Wands 문도령과 자청비가 재회하다	신굿의 결과 — Nine of Pentacles 웅녀의 소회

04.

할머님께서 평생 불교 신자로 살아오셨는데,
어머니가 할머니 장례식을 멋대로 교회식으로 지냈습니다.
할머니께서는 한평생 교회에는 가보신 적이 없다는데,
장례식 이후에 돌아가신 할머니께선 현재 어떤 상황이신지 궁금합니다.
또한 기도(천도) 등을 따로 진행하면 그 결과가 어떠할까요?

04. Answer

집안 가족마다 종교가 다른 것은 이제 흔히 볼 수 있는 풍경이다. 하지만 아직도 자신만의 고정관념에 매여서 남에게 그것을 강요하는 사례를 종종 볼 수가 있다. 게다가 돌아가실 때 망자의 뜻을 받들지 않고 살아있는 사람들 위주로 일을 진행하는 안타까운 경우가 비일비재하다.

할머니는 자신의 자리에서 떠밀리듯이 나가게 된 상태로 인지하고 계시고 몹시 절망하고 우울한 상태일 것으로 보인다. 더군다나 평생 이룩한 것을 하나도 가지고 가지 못하는 심정은 더 비할 바가 없을 것 같다. 자신의 죽음에 대해서 제대로 받아들이고 있지 못하다.(Five of Pentacles - 웅녀의 세력이 축출되다) 또한 기독교식 장례식이 할머니께 끼친 영향 또한 심각하게 손상된 현재 상태를 짐작해 볼 수 있는데 자신이 갑자기 죄인이 되었거나 너무나 낯설고 무서운 상황에 꼼짝달싹도 못하게 된 것을 보여준다.(Eight of Swords - 이성계에게 붙잡히다) 현재 역시도 다 무너진 집을 상징하는 카드가 나온 것으로 보아서 할머니를 위로해드리는 기도나 치성을 급히 진행해야 함을 엿볼 수 있다.(The Tower - 성수대신) 기도, 천도제 필요 여부에는 강력한 마법에 걸린 사람의 왜곡된 상태를 긴급으로 수습해야하는 절실한 요청으로 보여지고 여기에 할머니의 초조함을 알아볼 수가 있겠다.(Judgement - 감은장아기)

어머니의 입장을 보자면 뭔가 서투르고 섬세하지 못하며 급하게 무언가를 진행해버리는 스타일임을 알 수 있다. 그리고 이 문제에 대해 처음엔 크게 심각성을 깨닫지 못한 것 같기도 하다.(Page of Wands - 정수남) 할머니의 생전의 종교가 불교였다는 것을 알면서도 자기가 믿는 기독교식 장례식을 치른 이유에 대해서는 그 편이 온가족의 화합과 행복에 더 편하고 합리적인 이유라고 여긴 듯하다. 게다가 많은 가족이 기독교를 믿고 있지 않았나 하는 추측도 해본다. 그렇기에 정작 할머니 본인의 종교는 무시된 것일 수도 있다.(Ten of Cups - 온 가족이 재회의 기쁨을 누리다) 이에 천도의식을 진행하고 나면 어떻게 되는가를 보니 어머니가 가장 좋은 기운을 받는 것으로 보여진다. 집안 내의 권위가 더 강화되고 가족들 간에 체면이 서게 된다. 가족들 모두 일심동체의 분위기도 만들어진다.(Ten of Wands - 세경신으로 등극하다)

천도의식 후에 총체적인 결과는 물 흘러가듯이 순리대로 이루어져가는 안정된 모습을 확인할 수 있으니 매듭졌던 것은 모두 술술 풀어져가고 막혔던 것은 해결된다. 돌아가신 할머니와 가족들에게 이러한 느낌은 고스란히 전달될 것이다.(The Star - 사해용왕부인) 주의할 점에 있어서는 조급하고 생각 없이 실행만 하려는 점을 견제해야 할 것이다. 단순한 논리로만 생각하지 말고 아무리 가족이라고 하더라도 개개의 특성을 인정하고 배려하려는 마음이 매우 중요하다고 보겠다. 또한 천도의식은 매우 빠르게 진행하라는 이중적인 의미도 품고 있다.(Knight of Swords - 젊은 시절의 장군)

현재 할머니의 상태	장례식이 할머니께 끼친 영향		어머니의 입장	어머니가 기독교 식으로 지낸 이유	천도기도가 끝난 후 어머니가 받는 영향

현재 풀리지 않거나 문제가 일어난 점	기도/천도제 필요 여부		천도기도 후 총체적인 결과	주의할 점

현재 할머니의 상태 — Five of Pentacles 웅녀의 세력이 축출되다	장례식이 할머니께 끼친 영향 — Eight of Swords 이성계에게 붙잡히다		어머니의 입장 — Page of Wands 정수남	어머니가 기독교식으로 지낸 이유 — Ten of Cups 온 가족이 재회의 기쁨을 누리다	천도기도가 끝난 후 어머니가 받는 영향 — Ten of Wands 세경신으로 등극하다

현재 풀리지 않거나 문제가 일어난 점 — The Tower 성수대신	기도/천도제 필요 여부 — Judgement 감은장아기		천도기도 후 총체적인 결과 — The Star 사해용왕부인	주의할 점 — Knight of Swords 젊은 시절의 장군

05.

요새 꿈에 자꾸 신령님인 척하는 귀신이나 허주들이 나오고 있습니다.
아직 애동제자라 어떻게 해야 할지 잘 모르겠습니다.
제가 보완해야 할 점은 어떤 게 있을까요?

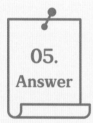

05. Answer

무업을 하는 사람들은 자신들의 꿈에 대해서 민감할 수밖에 없다. 꿈의 세계와 현실 세계가 이어져 있기 때문이다. 이 둘은 다르지 않고 하나의 거대한 세계를 형성하며 여러 가지 정보를 주고 받는다.

아무리 신령님들이 알려준다 해도 본인이 알아챌 능력이 부족하거나 나태해서 들으려 하지 않는다는 점을 유의해야 한다.(Five of Swords - 우왕의 곁을 지키다) 신령님들께선 제자리에 묵묵히 계시는 중이다. 이 부분은 걱정을 하지 않아도 된다. 나의 기도에 무엇이 부족한가를 보니 아직 어른이 되지 못한 소년이 나왔다. 장래에는 성장해서 큰 역할을 하겠으나 지금으로선 역량이 태부족이다. 시늉만 하는 중인 것이다.(Page of Swords - 어린 시절의 최영장군) 허주가 꿈에 자꾸 등장하는 이유를 알아보니 좌절과 회한을 상징하는 카드가 나온다.(Four of Pentacles - 뒤늦은 후회) 신의 길을 가는 사람으로서도 힘들긴 하겠지만 예전에 일반인 생활을 할 때의 습관이나 묵은 감정을 청산하지 못하고 있는 것인지 다각도로 짚어볼 만하다. 허주를 퇴치하기 위한 외부적인 방도에는 제대로 된 사실을 알려줄 스승을 찾거나 자신의 뿌리, 신령님들의 내력에 대해 더 정확하게 알아야 할 것이 요구된다.(Three of Cups - 출생의 비밀을 알게 되다)

허주를 퇴치하기 위한 내부적인 방도, 내 스스로 헤쳐나가야 할 다짐으로는 보다 더 마음을 굳게 먹고 실행에 옮겨야 함을 강조한다.(Four of Cups - 아버지 대왕의 병을 고칠 약을 구하러 갈 결심을 하다)

적절한 비방은 있는지가 궁금한데 이 부분에서 알 수 있는 것은 이미 스스로 자질을 갖추고 있으면서도 실행에 옮기고 있지 않은 아쉬움을 볼 수 있다.(Knight of Wands - 청년 시절의 문도령은 구름 위에서 사색에 잠겨있을 뿐이다. 그가 능력을 발휘하는 것은 식은죽 먹기인데 도무지 실행할 생각이 없어 보인다) 이후에 적절한 비방, 기도 등을 한 후의 변화에서는 조금 더 인내심을 요하는 카드가 나왔다. 극적인 변화를 너무 기대하지 말고 매일 꾸준히 정진하는 것이 필요하다.(Strength or Fortitude - 산신들의 바둑내기)

총체적인 결과로는 진일보하기 위해서 조금 전열을 가다듬고 있는 상태로 보여지며 이 상황을 극복하고 나면 한결 더 성숙한 상태가 될 것을 알 수 있다.(Knight of Cups - 청년 시절의 동수자) 그럼에도 이후로 조심할 점으로는 이러한 현상이 주기적으로, 혹은 갑자기 다시 일어날 수 있으니 쉽사리 나태해져서는 안될 것을 암시한다.(Two of Wands - 문도령에게 첫눈에 반하다)

현재 신령님들 상태	나의 기도에 부족한 점	허주 꿈의 의미		총체적인 결과	이후로 조심할 점

허주를 퇴치하기 위한 외부적인 방도	허주를 퇴치하기 위한 내부적인 방도	적절한 비방은 있는지	비방/기도 등을 한 후의 변화

현재 신령님들 상태 — Five of Swords 우왕의 곁을 지키다	나의 기도에 부족한 점 — Page of Swords 어린 시절의 최영장군	허주 꿈의 의미 — Four of Pentacles 뒤늦은 후회	총체적인 결과 — Knight of Cups 청년 시절의 동수자	이후로 조심할 점 — Two of Wands 문도령에게 첫눈에 반하다

허주를 퇴치하기 위한 외부적인 방도 — Three of Cups 출생의 비밀을 알게 되다	허주를 퇴치하기 위한 내부적인 방도 — Four of Cups 아버지 대왕의 병을 고칠 약을 구하러 갈 결심을 하다	적절한 비방은 있는지 — Knight of Wands 청년 시절의 문도령	비방/기도 등을 한 후의 변화 — Strength or Fortitude 산신들의 바둑내기

06.

며칠 전 한 손님이 다녀간 뒤로 점사가 잘 안 나옵니다. 왜 그런 걸까요?

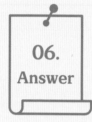

**06.
Answer**

늘 손님이 북적이던 게 갑자기 뚝 끊어지는 경우는 그 누구라도 경험하는 것이다. 특히 살아있는 사람을 손님으로 받지만 그분과 더불어 돌아가신 영가들이 오는 경우도 비일비재하기 때문에 이런 부분은 무업을 하시는 분들이 꼭 체크해야 할 부분이다.

손님의 기운은 매우 막강하게 느껴지며 무속인이 아니라고 하더라도 자기 주장이 명확하고 실천력도 대단한 분이다. 이분 자체의 기운일 수도 있다.(King of Swords - 최영장군) 그러나 이분에게 실리어 온 조상 영가들 상태를 들여다보자니 이 또한 만만치 않음을 알 수 있다. 이 카드는 실제 점사를 보는 조상을 상징하는데 거의 신내림이 가능할 정도의 상황인 것으로 추측해본다.(Temperance - 대신할머니) 그러므로 내가 그 손님에게 영향을 받은 이유를 짐작해 보건데 이분들의 사연과 내력을 풀어주어야 하는 것이 소임인데 그저 간단한 상담만 하고 돌려보냈기에 이분 조상 영가들이 내 신당에 그 기운을 아직 머무르게 하는 것이 아닌가 생각한다.(Queen of Cups - 바리공주) 즉 해결되어야 하는 부분이 전혀 해결되지 못했기 때문이다. 우리는 간단한 상담과 잡담만 늘어놓았던 것일 수도 있다. 손님에게서 내가 발견하지 못한 점을 들여다 보았을 때도 마찬가지이다. 이 영가님들은 자신들의 활동무대를 펼쳐보지 못한 상황에 묶여 있고 그 답답함을 알려달라고 손님의 발길을 이곳에 인도한 것이다.(Three of Swords - 간신들의 음모로 귀양살이를 가다)

여기에 무속인 본인의 상황을 보자. 다행히 신당의 신령님들께선 잘 좌정하고 계시는 것으로 보이며 평소보다 더욱 확고부동하게 자신의 위치를 잘 점하고 계신다.(Queen of Pentacles - 웅녀) 그런데 나에게 부족한 점이 무엇이길래 이렇게 되었을까 하고 살펴보니 감흥과 활기와 자신감을 잃어버린 것을 확인할 수 있다. 너무 요식행위만 하고 있었다거나 타성에 젖어서 점사를 본다거나, 어느 손님에게나 늘 입버릇처럼 하는 식으로 상담을 진행했다는 것이다.(The Moon - 창부대신, 흥과 기백이 모자라다는 증거) 좀 더 자유분방하면서도 자신감있게 그분께 처방을 권했어야 하지 않나 하는 아쉬움이 남는다. 해결 방법은 역시 기도와 치성으로 그분의 조상들이 일부는 천도가 꼭 되어야함을 알 수 있다.(Death - 저승의 여대왕) 이제 손님이 나를 바라보는 시선은 어떤가 보자면 재방문의 의사가 있으며 그래도 뭔가 믿을만한 점이 있다고 판단하신 듯하다. 내가 먼저 안부를 묻는다가 다시 찾아오실 것을 권해도 좋겠다.(King of Wands - 중년에 접어든 문도령)

이렇게 진행이 되었을 때 치성을 드리게 되면 어떤 효과를 기대할 수 있을까 하면 단 한 번의 기도로 큰 효과를 보기는 어려우나 당장 심각한 것은 달랠 수 있어 보이며 줄어들었던 손님도 차츰 늘어날 것으로 보인다.(Page of Cups - 바리공주와 동수자의 아들) 주의할 점에 있어서는 기도할 것을 강하게 권유하다가 오히려 부작용이 날까 의심이 되는 상황도 있겠다. 손님과는 장기적인 유대를 갖고 그분들의 조상을 풀어내기 위해 매우 깊은 신뢰가 우선적으로 형성되어야 함이 전제이다.(Two of Swords - 위기를 맞아 충절이 의심받다)

| 손님의 상태 | 손님의 조상 영가들 상황 | 내가 그 손님에게 영향을 받은 이유 | 손님에게서 내가 발견하지 못한 점 |

손님 카드

| 해결 방법대로 한 이후의 결과 | 주의할 점 |

| 현재 신령님들의 상황 | 나에게 부족한 점 | 해결 방법 | 손님이 나를 바라보는 시선 |

무속인 본인 카드

| 손님의 상태 | 손님의 조상 영가들 상황 | 내가 그 손님에게 영향을 받은 이유 | 손님에게서 내가 발견하지 못한 점 |

손님 카드

손님의 상태
—
King of Swords
최영장군

손님의 조상 영가들 상황
—
Temperance
대신할머니

내가 그 손님에게 영향을 받은 이유
—
Queen of Cups
바리공주

손님에게서 내가 발견하지 못한 점
—
Three of Swords
간신들의 음모로 귀양살이를 가다

해결 방법대로 한 이후의 결과
—
Page of Cups
바리공주와 동수자의 아들

주의할 점
—
Two of Swords
위기를 맞아 충절이 의심받다

현재 신령님들의 상황
—
Queen of Pentacles
웅녀

나에게 부족한 점
—
The Moon
창부대신

해결 방법
—
Death
저승의 여대왕

손님이 나를 바라보는 시선
—
King of Wands
중년에 접어든 문도령

무속인 본인 카드

07.

며칠 전 저를 만나고 싶다던 한 분이 자신은 무불통신
제자라고 하시고 신령님 A, B, C님을 모신다고 하셨습니다.
그런데 아무리 봐도 제대로 된 신명을 모신 분 같지 않습니다.
이분과 계속 알고 지내야 할까요?

07. Answer

살아가다 보면 이런저런 특색의 신제자들을 만나게 된다. 이곳도 사람이 사는 세상이니 당연한 일이다. 하지만 일반인들이 아니기에 무엇보다 자신이 모시고 있는 신령님 또는 자신의 색깔과 다른 사람을 구별해야함은 매우 필수적인 일이다.

그분의 성격은 그다지 좋은 편이 아닌 것으로 추측한다. 무슨 저의가 있기도 하고, 설사 아니더라도 원래 타고난 태생 자체가 남을 배려하는 사람은 아닌 것으로 보여진다.(Five of Wands - 정수남에게 봉변을 당하다) 또한 스스로 주장하는 무불통신도 근거가 없어 보이는데 자신을 제외한 다른 사람의 방법이나 이론은 모두 배척하고 인정하지 않으려는 경향이 매우 강하니 무조건적 독불장군의 스타일을 유추해볼 수 있다.(Six of Swords - 왜구를 섬멸하다) 이런 분은 자기를 지지해주지 않는 사람들을 모조리 적으로 만드는 형이다. 그분이 모시고 있는 신령님들의 좌정 상태를 보니 이미 시들어서 제대로 활동할 기력이 없는 조상과(Four of Swords - 공민왕의 최후) 남에게 드나들면서 어떤 이로운 것이 없는지 기회를 틈타는 조상과(Two of Pentacles - 환웅의 제안) 또한 거품을 잔뜩 일으켜서 마치 뭔가 대단한 것이 있는양 허세가 가득한 내면을 볼 수 있다.(Seven of Cups- 약수가 샘솟는 동굴을 발견하다) 이분은 어쩌면 처음엔 그렇지 않고 여러 능력 좋으신 신

령님을 모시고 있었을 수도 있는데 무슨 이유에서인지 다 떠나고 아무짝에도 쓸모없는 조상만 잔뜩 앉아있는 형상이다.

이분이 나를 만나고 싶어하는 이유는 매우 불길한 카드가 나왔으며 이것은 거의 대부분 내 쪽에서는 하나도 이득이 될 것이 없다는 것을 알려준다. 다만 달콤한 제안을 하나씩 툭툭 던져가면서 상대방의 반응을 보는 것이기에 여기에 휘말려들어가서는 절대 안 되겠다.(The Devil - 아귀) 그 사람이 나에게 끼치는 영향 또한 두 말할 나위도 없이 내가 가진 것을 좀 나누어 받겠다는 것으로 확인된다. 그것은 물질적인 것만을 딱히 이야기하는 것은 아니다. 신령들의 세계에는 눈에 보이지 않는 더 큰 것이 존재하기 때문이다.(Six of Cups - 천태산 마고할미를 만나다)

이분과 인연을 정리하게 된다면 나타날 결과는 매우 고무적이다. 이번 사건을 통해서 뭔가를 다시 배우게 되며 다시금 스스로 도약하는 계기가 될 것이고, 한층 성장한다.(The Emperor - 옥황상제) 계속 인연이 닿으면 어떤 일이 생길까 알아보니 다른 왕의 꽃밭을 관리해주는 사위가 되는 것처럼 임시로 매인 몸이 된다고 볼 수 있다.(Seven of Wands - 서천꽃밭에서 환생꽃을 얻고 사라대왕의 사위가 되다) 좋은 것처럼 보이는 기운은 짧고 나머지 긴 시간을 의무감에 시달리게 됨을 짐작해 보겠다.

그분의 성격	그분의 신제자 생활

나를 만나고 싶어한 이유	그 사람이 나에게 끼치는 영향

그분이 모시고 있는 신령님들의 좌정 상태

연을 끊으면 생기는 총체적인 결과	계속 인연이 닿으면 생기는 결과

그분의 성격 — Five of Wands 정수남에게 봉변을 당하다	그분의 신제자 생활 — Six of Swords 왜구를 섬멸하다

나를 만나고 싶어한 이유 — The Devil 아귀	그 사람이 나에게 끼치는 영향 — Six of Cups 천태산 마고할미를 만나다

Four of Swords 공민왕의 최후	Two of Pentacles 환웅의 제안	Seven of Cups 약수가 샘솟는 동굴을 발견하다

그분이 모시고 있는 신령님들의 좌정 상태

연을 끊으면 생기는 총체적인 결과 — The Emperor 옥황상제	계속 인연이 닿으면 생기는 결과 — Seven of Wands 서천꽃밭에서 환생꽃을 얻고 사라대왕의 사위가 되다

08.

신내림 굿을 앞둔 예비 제자입니다.
며칠 전 꿈에서 갓을 쓴 할아버지가 근심 어린 표정으로
제게 부채를 주시는 꿈을 꿨습니다. 이 꿈은 어떻게 해석해야 할까요?

**08.
Answer**

무속인들에게 꿈은 현실만큼이나 대단히 중요한 의미다. 그냥 흘려버릴 수 있는 꿈이 몇 개 되지 않을 만큼 많은 꿈을 꾸며 거의 대부분은 손님과 신당과 자신에 대한 것이다. 그렇기에 올바른 해석이 필요하고 겸허한 자세로 리딩함이 좋겠다.

꿈에 나온 할아버지가 어떤 존재이신가 궁금해하셨는데 오래전부터 내 삶에 깊이 관여되신 분이며 모든 고난에 함께 동참하셨고 이제는 새로운 살림을 꾸릴만큼 직접적으로 관여하시는 분으로 볼 수 있다.(Eight of Cups - 새롭게 꾸린 가족들과 고향으로 향하다) 꿈속에 받은 부채에 대해서는 아무래도 신성한 신의 물건이기에 어떤 조화를 가져다 줄 것인지 궁금하다. 카드에서 나온 의미는 매우 크고 위대한 능력을 상징한다. 여러 신들의 합의를 이끌어내며 굿의 초반부를 열어주는 상징적인 신령이 함께하실 것을 알 수 있다. 따라서 신내림 굿이 원활하게 진행될 것임을 예견한다.(The Magician - 감흥신령) 아마 내림굿 걱정은 그다지 안 해도 된다는 식으로 위로를 주시는 것 같다. 그러나 할아버지의 표정이 근심어렸던 이유는 내림굿 이후에 이제 열어가야 할 삶이 매우 고단할 것이니 힘들 내라는 위로인 듯 보인다. 다가올 고생을 미리 알고 위안을 주시려는 것 같다.(Seven of Pentacles - 새 희망을 가지고 삶을 일구다)

예비 무속인 본인의 상황

현재 나의 상황은 이 운명을 받아들이고 매우 담담히 무업을 계승하고자 마음먹은 상태이며 큰 변화는 없다.(Wheel of Fortune - 직녀) 이 꿈을 꾸고 난 후에 별다른 변화가 있는가 살펴본다면 더욱 긍정적인 카드가 나와서 다행스럽고 안심이 된다.(The Sun - 산마도령과 애기씨) 여러 신령님들께서 용기를 주시고 합의하실 것 같아서 푸근하다. 신령님들이 신굿에 들어가기 전에 어떤 메시지를 주시려는가 보니 기존에 살던 곳과 부모를 떠나서 모든 역사를 새롭게 써나갈 것을 다짐하라고 하시는 것 같다.(Two of Cups - 아기 바리공주가 버려지다)

신내림 후의 총제적 결과 또한 너무 만족스럽다. 굿은 제대로 진행이 될 것이며 들어오시려는 신령님은 거의 다 좌정을 하시고 깨끗하게 마무리가 된다고 보여진다.(Ace of Cups - 거북) 혹여라도 조심할 점이 없나 하고 살펴보니 제단과 제물을 차리는 데에 조금더 만전을 기해야 할 것으로 보인다. 여러 사람이 참여하는 신굿이고 내가 주인공이므로 소홀한 부분이 없는지 미리미리 찾아서 준비해야하겠다.(Eight of Pentacles - 여신 신전의 상량식)

꿈에 나온 할아버지는 어떤 존재?	할아버지가 주신 부채의 의미	근심 어린 표정이셨던 이유

신내림 후의 총제적 결과	유의할 점

현재 나의 상황	그 꿈 이후 나에게 생길 변화	신령님들이 나에게 전하시고 싶은 메시지

꿈에 나온 할아버지는 어떤 존재? — Eight of Cups 새롭게 꾸린 가족들과 고향으로 향하다	할아버지가 주신 부채의 의미 — The Magician 감흥신령	근심 어린 표정이셨던 이유 — Seven of Pentacles 새 희망을 가지고 삶을 일구다
현재 나의 상황 — Wheel of Fortune 직녀	그 꿈 이후 나에게 생길 변화 — The Sun 산마도령괴 애기씨	신령님들이 나에게 전하시고 싶은 메시지 — Two of Cups 이기 바리공주가 버려지다

신내림 후의 총제적 결과 — Ace of Cups 거북	유의할 점 — Eight of Pentacles 여신 신전의 상량식

09.

신선생님께서 의뢰 받으신 진오귀굿을 도와드리러 갔습니다.
당일 굿을 진행하는데 신선생님께 망자(돌아가신 이)가
제대로 실리지 않은 것 같았습니다. 어떻게 된 일일까요?

**09.
Answer**

오구굿은 사망하고 나서 바로 진행하는 것이 있고 시간이 흐른 후에 진행하는 것이 있다. 어느 쪽이든 망자가 못다 한 말과 심정을 전달하고 해원하는 것이 목적이다. 그러므로 망자를 몸에 실어서 말을 전달하는 것은 매우 중요한 순간인 것이다. 어떤 분들은 살아생전의 목소리와 말 습관까지 그대로 흉내내는 경우도 있다고 한다.

신선생님의 상황을 우선적으로 본다면 굿은 무리없이 절차대로 제대로 진행하고자 대단히 노력하셨음을 알 수 있고 다른 때와 다름 없다고 보여진다.(The Magician - 감흥신령) 그런데 왜 이런 일이 생겼는가 해서 망자의 상태를 보니 매우 심각한 카드가 나왔다.(Eight of Swords - 이성계에게 붙잡히다) 이는 돌아가실 때 상황이나 그 직전까지의 사연이 범상치 않음을 알 수 있고 편안한 죽음을 맞이하지 못했거나 비정상적인 상태임을 알려준다. 사고였건 자살이건 여러 가지의 불행한 사태를 다각도로 추측해본다. 굿을 요청한 집안에서 이 비밀을 제대로 털어놓지 않았을 가능성도 배제할 수 없다. 아마 굿을 진행하면 알아서 다 나오겠지... 라는 심정으로 기다리고 있었을 수도 있다. 망자가 원하는 것이 무엇인가를 보니 더 안타까운 노릇이다.(Six of Pentacles - 새로운 지역에 도달하다) 망자는 자신의 죽음을 다행히 인지하고 있고 어서 이곳을 떠나고 싶어한다. 그나마 이 세상에 미련이 없는 축에 속한다는 것을 알 수 있다. 왜 청배(신령이나 조상을 부르는 것)에 응하지 않았나를 보니 자신이 묶인 것을 제대로 풀어

줄만한 실력의 소유자가 진행해야 한다는 결론이 나왔다.(Queen of Cups - 바리공주) 이는 굿을 멋지게 연출하는 그저 행사 전문가가 아닌 심정적으로 바리공주처럼 영가들을 불쌍히 여기고 천도할 능력을 갖춘 진정한 분이 왔으면 하는 바람이었던 것으로 보여진다. 신선생님은 그저 굿의 재차 의식을 형식적으로만 진행한 것은 아니었나 하는 안타까움이 든다.

오구굿을 의뢰한 집안의 상태는 매우 심각하며 떠나보낼 분은 확실히 보내드리고 남은 사람들은 자신들의 삶을 새 출발 하기를 기다리고 있다.(The Tower - 성수대신) 그러니 이 오구굿이 제대로 되지 않았기에 다시 논의해야 할 문제가 기다리고 있다.(Page of Pentacles - 단군의 어린 시절) 즉 오구굿이 어린이 수준으로밖에 해결이 안되었다는 것이다. 목마름에 조금 입을 축이긴 했으나 완전 해갈은 아직 요원하다.

이 상태로 그냥 두면 앞으로 벌어질 일은 어떤 것이 있는가 보니 집 안팎으로 이해할 수 없는 문제가 생기고 해결할 수 없는 크고작은 사건들이 연타로 일어날 예정이다.(Judgement - 감은장아기) 유의할 점은 역시 경제적인 문제에서 불거질 것으로 예상된다. 아마 집안의 유산상속이라든지 금전문제로 가족들이 불화하거나 큰 돈이 새어나가는 등 파국이 짐작된다.(Ace of Pentacles - 기린) 재차 큰 굿을 다시 진행하지 않더라도 성심성의껏 망자를 달래서 잘 인도할 수 있는 인연을 만나야 할 상황이다. 그럴싸한 굿을 아무리 진행해도 그 주인공인 망자가 응하지 않는다면 무용지물이다.

신선생님의 상태	망자의 상태	망자가 원하는 것	청배에 응하지 않은 이유

오구굿을 의뢰한 집안의 상태	풀리지 않은 문제점		앞으로 벌어질 일	유의할 점

신선생님의 상태 — The Magician 감흥신령	망자의 상태 — Eight of Swords 이성계에게 붙잡히다	망자가 원하는 것 — Six of Pentacles 새로운 지역에 도달하다	청배에 응하지 않은 이유 — Queen of Cups 바리공주

오구굿을 의뢰한 집안의 상태 — The Tower 성수대신	풀리지 않은 문제점 — Page of Pentacles 단군의 어린 시절		앞으로 벌어질 일 — Judgement 감은장아기	유의할 점 — Ace of Pentacles 기린

10.

집안 대대로 무당이었던 신도가 신병을 심하게 앓아 일상생활이 어려운 상황입니다. 어떻게 이끌어줘야 할까요?

10. Answer

무업은 대대로 전승된다고 보는 경향이 짙다. 하지만 꼭 그런 것만도 아니다. 현대는 영적인 사람들이 더욱 늘어나고 있는 추세인데 집안에 이러한 내력이 있다면 매우 가능성 높은 것은 사실이다. 어떠한 분인가를 면밀히 살펴야 할 것이다.

신도는 최근 과거까지도 신병과 유사한 증세를 계속 겪고 있었다든지 아니면 일부 신력을 이미 행사하는 상태에까지 이르렀을 것으로 보고 있다.(Seven of Wands - 서천꽃밭에서 환생꽃을 얻고 사라대왕의 사위가 되다, 여기에서 이미 신통력을 발휘하고 있다) 또한 지금 신도는 매우 심신이 쇠약해져 있으며 더이상 피할 곳도, 대처 방안도 없는 상황으로 보인다. 여기에는 경제적인 것과 인간관계 등 모든 것이 포괄적으로 설명될 수 있다.(Ten of Swords - 최영장군이 최후를 맞이하다) 이분 스스로도 어느 정도 자신의 운명을 직감하고 있으며 결국은 무업의 길을 갈 것이라는 결론을 내면적으로 내리고 있다고 본다.(Wheel of Fortune - 직녀) 바야흐로 이제 결정적인 순간이 다가왔다. 살아가면서 자신을 이끌어줄 사람을 만나는 것만큼 좋은 일은 없을 것이다. 배고픈 사람이 빵 한덩이를 얻어서 한때의 허기를 채우는 것과는 비교가 되지 않는 평생의 허기를 채워주는 귀인인 것이다.(Six of Cups - 천태산 마고할미를 만나다) 이는 나(현 무속인)와 신도와의 관계를 재정립할 수 있으며 매우 긍정적으로 생각해 볼 만하다. 나 역시도 이에 대해서는 각오를 새롭게 다져야 할 것이다. 더불어 신도의 집안 상태를 살펴보니 그나마 다행인 것이 나름대로 합심해서 이 문제를 함께 해결해 나가려는 의지가 있어보인다. 평소에는 어땠을지 몰라도 이 문제에 대해서만은 도와줄 수도 있을 것 같다.(Eight of Cups - 새롭게 꾸린 가족들과 고향으로 향하다)

신내림을 받는다면 어떻게 될지 알아보니 특이한 카드가 나왔다. 계속해서 뭔가를 먹고 있으며 욕망의 노예가 되는 모습이다. 이는 경계해야할 부분으로서 신내림 받은 직후에 다가올 많은 유혹을 암시한다. 신내림은 거대한 세계에 한 발을 들여놓는 것에 지나지 않기에 스스로 절제하고 많은 것을 체념하고 단념해야 하는 일이기도 하다. 그리고 새로운 세계에서 겪으며 발전해가는 것은 자신과의 싸움이라고도 봐야한다. 이분이 그 유혹에 매우 빨리 희생될 소지도 다분해 보인다.(The Devil - 아귀)

만일 가까운 시일 내에 신내림을 받지 않고 계속 지연시킨다면 어떤 결과가 올지를 살펴보니 미묘한 카드가 나왔다. 이는 더 많은 세속적인 유혹과 갈등에 끊임없이 노출되는 것으로 보이며 결론이 나지 않는 것으로 내림을 받을지 말지를 계속해서 망설이는 것으로도 볼수 있다.(Two of Pentacles - 환웅의 제안)

총제적인 결과로는 물이 흘러가듯이, 또한 청정하게 될 때까지 자연스럽게 두면서 경과를 지켜보아야 한다고 나왔다. 내 쪽에서 먼저 신내림굿을 제안할 필요가 없으며 상대가 충분히 자신의 경험을 딛고 일어나 드디어 판단을 할 때까지 기다리는 것이 좋겠다.(The Star - 사해용왕부인)

신도의 과거 상태	신도의 현재 상태	신도가 말하지 않은 속마음	나와 신도의 관계	신도의 집안 상태

신내림을 받는다면	신내림을 받지 않는다면	총체적인 결과

신도의 과거 상태	신도의 현재 상태	신도가 말하지 않은 속마음	나와 신도의 관계	신도의 집안 상태
—	—	—	—	—
Seven of Wands 서천꽃밭에서 환생꽃을 얻고 사라대왕의 사위가 되다	Ten of Swords 최영장군이 최후를 맞이하다	Wheel of Fortune 직녀	Six of Cups 천태산 마고할미를 만나다	Eight of Cups 새롭게 꾸린 가족들과 고향으로 향하다

신내림을 받는다면	신내림을 받지 않는다면	총체적인 결과
—	—	—
The Devil 아귀	Two of Pentacles 환웅의 제안	The Star 사해용왕부인

부록
Appendix

—

신들의 위계

신들의 위계

신들의 위계에 대해서는 아래와 같이 분류하였다.

---

① 자연신과 인격신

② 천신과 지신과 인신

③ 천신
- 천신 하강 시의 특이점
- 천신은 어떤 제물을 받으시는가

④ 지신
- 무속인들이 지신기도를 해야 하는 이유
- 특별한 우리나라의 산신과 수신
- 적절한 산신기도터와 수신기도터의 구분
- 천지인은 하나로 연결된다

⑤ 인신
- 무속인들은 모두 인신을 주신으로 모실 수밖에 없는가
- 인신이 지신으로 상승되는 경우
- 몇 대 조까지를 인신으로 섬길 수 있는가

⑥ 신내림에 관하여
- 제례의식을 좋아하는 한민족
- 신내림의 인연찾기
- 신내림에도 신격이 우선이다

⑦ 영력의 종류
- 무업의 종류
- 영력 발현의 종류

인간 세계의 위계는 신들의 세계를 모방하여 만들어진 것이다. 원래 처음 세상이 만들어졌을 때, 인간 세계에는 왕이 없었다. 신들과 함께 살아가던 시절이 끝나고 신들이 자신들을 대신하여 대리 통치자가 필요하다고 느꼈을 때 비로소 왕이라고 하는 것이 생겨났다. 그리고 뒤이어 신하와 귀족들도 나타났다. 이는 신들의 계급을 본뜬 것이다. 순수히 인간의 창작이라고 보기 어렵다. 그러므로 신들의 위계에 대해서 잘 알려지지 않은 부분을 설명하고자 한다.

우리나라 만신들의 위엄은 세계적인 것이다. 이는 전통문화를 받들고 사람들의 애환을 어루만져준다는 기능적인 면을 떠나서 진실로 위대한 신들의 DNA를 가지고 있는 민족으로서의 자부심이다. 오랜 세월, 많은 전쟁과 정치세력의 변화를 겪으면서도 그 끈을 놓지 않고 오늘날에까지 면면히 흐르고 있는 대제사장의 직분을 향한 열정은 많은 만신들의 삶이 곧 증거라고 생각한다. 무속인은 바로 만신 그 자체인 것이다. 그러나 잊혀진 이 신들의 세계는 현재 많이 뒤틀리고 왜곡된 채로 너무나 오래 방치되어 왔고 각종 비유와 은유가

지나친 나머지 원형은 거의 소실될 지경에 이르렀다. 이에 궁금증을 갖고 있는 많은 분들에게 조금이라도 도움이 될까 하여 이 부분을 풀어서 설명하고자 한다.

① 자연신과 인격신

신들은 존재하는 형태적인 면에서 일단 크게 두 가지로 나뉘게 된다. 자연신은 태양, 천둥과 번개, 비, 파도 등의 자연이 가져다 주는 위대한 감응의 강도와 영향력에 따라서 신으로 모셔진다. 여기에는 오래된 나무나 강, 또는 바위 등도 해당될 때가 있다. 인격신은 이와 달리 사람의 형태를 갖추고 있고 거기에 개성있는 모습을 유지할 때가 많아서 사람들과 소통이 용이한 점이 많다. 어느 쪽이 우열이라고 하기는 어렵다. 자연신이 때로는 인격신의 형태를 띠고 나타날 때도 있는데(메시지 전달을 위해서) 인간또한 대자연의 일부이기 때문에 어느 순간은 인간으로 살다가 죽은 후에 흙으로 돌아가는 것을 생각해본다면 자연신과 인격신에 대해서 조금은 이해가 빠를 것이다.

② 천신과 지신과 인신(天,地,人)

거의 대부분이 이 분류에서 나누어진다. 위계는 천신이 가장 높으며 그 다음이 지신이고 그 다음이 인신이다. 천신은 출신 자체가 하늘나라이다. 그러기에 서열이 가장 높은 것이 당연하고 다루어지는 신들의 업무와 능력에 있어서도 가장 위대하고 장엄하다고 보겠다. 천신들은 자신의 모습을 자신이 원하는 대로 조절할 수 있다. 지신은 땅 위를 다스리는 신들로서 원래는 땅과 바다의 정기가 뭉쳐지고 신령하게 되어 스스로 존재하게 된 순수 에너지에서 기원한다. 때로는 사람으로 살다가 죽어서 인신이 된 후, 세월이 조금 경과된 후에 지신으로 상승되는 경우도 간혹 있긴 하다. 하지만 거의 천신의 하명을 받고 지상을 다스리는 것에 모든 직능이 집중되어 있다고 볼 수 있다. 지정해진 자신들의 구역을 맡아서 성실하게 다스리며 자연을 아끼고 거기에 머물러 사는 사람들의 삶을 돌본다. 마지막으로 인신은 만신들이 가장 친근하게 느끼는 조상신이라고 볼 수 있다. 이들은 다시 환생하지 않고 어떤 이유에서건 지상에 머물러 자신의 후손이나 혹은 인연 있는 사람에게 강림하여 점사를 보게 하고 치성이나 굿거리를 진행하게 해서 길흉을 돌보는 역할을 하게 된다.

③ 천신

신들의 위계는 매우 지엄해서 상부로 갈수록 그 법이 매우 엄격해지고 하부로 향할수록 조금 느슨해지는 경향이 있다. 또한 하부신은 상부신이 강림하게 되면 신력을 일시적으로 상실하게 되는데 이는 매우 자연스러운 현상이다. 나라의 대통령이 마을을 방문하면 마을 이장이 잠시 자신의 지위를 내려놓고 귀빈을 받드는 것과 같다고 보겠다. 그러나 천신이 직접 하강하는 일은 평범한 인간이나 만신들이 거의 알기 어려우며 하강하게 되더라도 지신들의 세계에 무슨 일이 생기거나 회합이 있을 때 하늘나라의 메시지를 전달하기 위한 목적일 때가 많다. 그렇기에 인신 계통이 알기가 어려우며 설사 안다고 하더라도 자리를 피하는 일이 생기고 그렇게 되면

인신을 주신으로 섬기는 만신들은 점사가 나오지 않고 치성이 효과가 없는 황당한 일을 경험하게 될 것이다. 이것은 많은 만신들이 겪는 부분인데 얼마 지나지 않아 다시 신력이 회복되기도 하지만 그 길로 영영 회복이 되지 않아 다시 굿을 해서 신을 받아모시는 등의 소란스러운 일이 생기기도 한다. 천신들의 강림으로 인신이 흩어지는 것을 간혹 '신이 뜬다'라고 표현하기도 하며 인신을 주신(主神)으로 모시는 무속인들에게는 여간 곤혹스러운 상황이 아닐 수 없다. 또한 이 부분에서 특징적인 것은 인근 백리 안의 거의 모든 인신들이 다 자리를 피하는 상황이 생긴다. 즉 자신에게 강림하지 않음에도 불구하고 그 영향권 안에 들어가는 것이다.

◆ 천신 하강 시의 특이점

천신은 일개 개인에게 하강하지 않으며 그 신력은 개인이 감당하기에 무리가 있다. 수많은 지신을 호령하는 천신은 그러한 면 때문에라도 개인에게 내려야 할 일이 없는 것이다. 개인의 핸드폰을 충전하려고 원자력발전소를 집에 들이는 것과 비슷할 것이다. 하지만 어떤 예언이나 목적이 분명한 알림이 있을 때에 간혹 일시적으로 천신이 하강을 하기도 하지만 이는 매우 이례적인 것으로 그럴 경우에는 그 무속인이 모시고 있던 신당의 신들은 다 물러나게 된다. 쫓겨나는 것이 아니라 예의를 갖추는 것이라고 봐야한다. 또한 천신이 개인에게 강림을 하실 때에는 인근의 지신이 먼저 나타나든가 조짐을 알리는 경우가 대부분이다. 따라서 무속인은 어떤 분이 강림하시는 것에 대한 전조를 미리 알게 된다. 이것을 모르는 무속인이 천신 운운할 수는 없을 것이다. 사전에 무속인은 모월 모시에 천신이 강림하실 것에 대한 고지를 인근 산신이나 용신의 방문, 혹은 자신이 그곳을 가서 기도를 올리고 싶은 강렬한 마음이 들며 그럴 때 알림을 받게 된다.

천신의 강림은 무속인으로서는 영광이지만 반대로 점사를 전혀 보지 못하게 되거나 좀 더 다른 형태로 자신이 발전해 가야하는 과제를 안아야 하기 때문에 힘겨운 소명이기도 하

신들의 위계

다. 이에 대해서 천신은 거의 감당할만한 자들을 선별하는 데 매우 오랜 시간 뜸을 들이게 되며 각종 다양한 방법으로 무속인을 테스트해 본다. 최종 낙점을 받아야 천신의 강림을 비로소 체험할 수 있는 것이다.

◈ 천신은 어떤 제물을 받으시는가

천신은 인신이나 지신과 달리 제물을 받지 않으시는 경향이 강하며 받는다고 하더라도 맑은 물을 정갈한 그릇에 올리는 정도가 족하다. 이것은 무속인 자신이 제물이 되기 때문이다. 스스로를 바치는 것보다 더한 경배는 없다. 혹 천신기도에 제물을 올리고 싶다고 하면 지극히 정결한 음식을 올려야 한다. 여기에 부정이 드는 것은 매우 위험한데 그것은 천지인의 신을 구별하지 못하는 무속인이나 일반인인 경우에는 재앙이 될만큼 꺼리는 부분이다. 따라서 청수(맑은 물)정도만 해도 충분히 자신이 갈무리할 수 있는 수준의 제물이라고 본다. 천신기도에는 여러 가지가 있는데 일반인이 천신기도를 하는 것은 그다지 권할 바가 못되며, 거의 효험이 없다고 봐야 한다. 이것은 인신을 주신으로 하는 무속인도 마찬가지다. 자신이 갖고 있는 것을 다 내어놓고 자기 스스로를 제물로 올릴 각오 정도가 있어야 천신의 감응을 요청드릴 자격이 되는 것이다. 그 후에 일어날 일도 감당을 할 수 있을지 겸허히 생각해 보아야 한다. 현대의 천신기도라고 하는 것은 거의 지신기도에 가깝다. 그러므로 이 부분은 공부하는 여러분들에게 또 하나의 풀어가야 할 숙제가 될 것이다.

④ 지신

◈ 무속인들이 지신기도를 해야 하는 이유

그러면 인신을 모시는 무속인들은 왜 정기적으로 지신(산신, 용신 등)기도를 드리러 가는가? 그것은 당연하게도 자신이 가는 것이 아니다. 자신이 모시는 인신이 기도를 가는 것이다. 한동안 자신이 해 온 일들에 대해 잘못된 것은 없는지 미

리미리 가서 여쭙고 이러저러한 지시와 방침을 들으려고 가는 것이다. 그래서 지나친 욕심으로 행하지는 않았는지, 한쪽에 편향되게 일을 진행하지는 않았는지, 자신을 모시는 무속인에게는 어떤 일이 있으려는지 이러저러한 것을 검사 받아야 하는 절차인 것이다. 때로 이런 지신기도를 드리고 난 후 몸이 아프거나 좋지 않은 일이 생기는 것에 대해서 동티가 났다든가 살(煞)을 맞았다든가 하는 그릇된 표현을 하는 무속인들이 있는데 그것은 정작 지신을 뵙지 못하고 산속의 이무기에게 기도를 드렸던지, 아니면 그간의 인신이 행한 일에 대해서 뭔가 마뜩찮은 평가를 받은 것으로 보는 것이 적합할 것이다. 지신은 굳이 인신을 모시는 무속인을 직접 추국하지는 않는 편으로 알려져 있다. 대신 인신이 받는 평가에 대해서 한몸인 무속인이 느끼는 감각일 수 있을 것이다. 또한 자신이 모시던 신이 이따금 '공부를 하러 다녀온다'든지 '산신에 가서 도술을 받아온다'든지 하는 말을 하는 경우가 있는데 이 모든 것이 지신으로부터의 가르침이라고 보면 될 것이다.

◈ 특별한 우리나라의 산신과 수신

국토의 많은 부분이 크고 작은 산으로 이루어져 있는 한반도는 산신을 빼고 말할 수 없다. 그만큼 산신들은 정기적으로 자신들의 회합을 갖는 것으로 매우 유명하다. 이는 큰 산이나 이름난 산일수록 더욱 그러하다. 큰 산맥을 따라서 뻗어 있는 산들의 각 산신은 주산(主山)에서 회합을 가진다. 작은 마을의 뒷동산에도 산신이 있다. 그분들도 큰 회합에는 모두 참여해야 한다. 회합에는 정기 회합이 있고 부정기 회합이 있다. 한 가지 주의해야 할 점은 무속인이나 일반인이 산기도를 갈 때에 산신들의 회합이 있는 날에 주산을 방문을 하게 되면 사람의 기도를 받지 않으시게 된다. 그 때에는 산의 기운이 더욱 무르익은 것을 느끼게 되며 꽉 찬 밀도감을 느낄 수 있을 것이다. 반대로 동네에 늘 가던 그 자리에 그날따라 산신의 감응이 없다고 느끼게 되는 날도 있는데 그런 날은 산신의 회합에 가시고 없는 것으로 보아야 한다. 이럴 때

는 빨리 챙겨서 귀가하는 것이 이롭다. 왜냐하면 산신들이 없는 장소에는 눈이 어두운 무속인들을 유혹하고자 하는 마물들이 어슬렁거리기도 하기 때문이다. 그들은 가끔 산신의 외모를 갖춘 모습으로 변하여 기도하러 오는 많은 사람들을 현혹하기 일쑤이다. 그것들도 대자연의 일부이기 때문에 따로 산신들이 가두어두거나 하지 않는 경우가 대부분이어서 주의를 해야 하는 것은 사람의 몫이다. 그러니 알아서 경계할 일이다. 일반인이 산행을 하다가 이상한 일을 겪는 경우도 상당히 많은데 굳이 그런 것을 전부 예로 들지 않더라도, 구분 정도는 할 줄 알아야 무속인이라고 할 수 있지 않겠는가. 또한 수신은 모든 물이 큰 바다로 모이는 것을 생각해보면 쉽게 이해가 갈 것이다. 사면이 바다로 된 섬나라이든, 삼면이 바다로 된 반도국가이든 매우 영적인 사람들이 많은 것은 수신이 갖는 신비로운 능력이라고 볼 수 있다.(영국, 일본, 이탈리아, 우리나라 등)

우리나라의 예를 들어서 보자면 각 삼면마다 수신의 개성이 다름을 알 수 있다. 동해바다의 바닷물은 그 색이 짙고 푸르며 때에 따라서 검푸르게도 변하는 등 매우 변화무쌍한데 그것은 강력한 파도와 그날그날의 대기의 상태, 여러 가지 조건에 매우 민감하게 반응하는 것으로 볼 수 있다. 또한 수심이 깊은 특징이 있으며 백사장이 넓게 펼쳐진 곳도 그 파도의 위력이 상당한 것으로 본다. 이는 매우 남성적인 경향이 있으며 활발하게 외부로 표출되는 에너지를 갖고 있다. 서해바다는 주로 물색이 회색빛을 띠며 뻘이 길게 드러나서 많은 생물들을 먹여 살리는 것을 실제 관찰할 수 있다. 또한 해가 질 때의 낙조는 매우 심오하게 바닷물을 물들이며 광활하고도 넓은 수신의 영역을 보여주는데 이는 매우 여성적인 것을 느끼게 된다. 인천쪽에 수월관음보살, 백의 해수관음상을 섬기는 무속인들이 유독 많은 것은 우연이 아니다. 어머니를 느끼게 하는 서해바다 수신의 에너지가 반영된 것이다. 남해는 아름다운 바다빛으로 유명하며 크고 작은 섬마다 사연과 응축된 에너지에 미묘한 차이가 있다. 매우 다양한 수신의 내력을 가진 곳으로 짐작해 볼 수 있고 산신과 함께 가장 잘

조화된 기도를 올릴 수 있는 곳이라고 판단된다. 산과 멀지 않은 곳에서 바다를 볼 수 있다는 말이다. 동해를 아버지, 서해를 어머니로 본다면 남해는 그 사이에서 태어난 많은 자녀들로 상상해 볼 수 있다. 이 많은 자녀들은 제주에 이르러 설문대 할망이 키운 500명의 자손들의 신화에 도달한다.

◈ <u>**적절한 산신기도터와 수신기도터의 구분**</u>

산은 산맥을 따라서 짚어볼 수 있으나 바다나 강의 경우는 어떻게 하는가, 이 부분은 좀 더 깊이 들어가야 하는 부분이어서 전부 이 장에서 설명기란 어렵다. 간단히 요약을 하자면 샛강은 합수되는 지점, 즉 큰 강과 만나는 지점에 수력이 발현된다고 본다. 또한 큰 강은 퇴적층을 만들면서 그 아래에 마을을 형성하게 되는데 그 지점도 유리하다. 매우 큰 바다는 포구를 만들면서 파도가 잦아져 들어오는 지역을 기도터로 정할 수 있다. 절벽에 파도가 끊임없이 부딪히는 곳이라든가 맥없이 흐르는 너무 약한 물줄기는 기도터로 적합하지 않다. 또한 계곡 깊이 조용하게 물이 고인 용소가 형성된 곳에는 수신기도의 주체가 되는 용왕보다는 이무기나 다른 존재들이 형성되어 있을 확률이 높기에 특히 주의를 요한다. 한편 깊은 산속의 바위에서 끝없이 샘이 솟아나는 곳은 산신과 수신의 합일 지점으로 기도에 있어서 매우 유리한 지점이 되기도 한다. 특히 맑은 폭포는 강렬한 산신과 수신의 통합기도가 가능하다. 그러나 에너지가 매우 강렬하므로 자신에게 맞는 지형을 찾는 것이 좋으니 지나침은 모자람만 못할 때가 있다.

◈ <u>**천지인은 하나로 연결된다**</u>

이것은 한민족을 아우르는 하나의 사상과 신념이기도 하지만 전 세계적으로 널리 분포되어 있는 믿음이다. 천지인은 별개로 존재하는 것이 아니다. 이것은 생명의 근원과 드러남과 활동에 대한 총괄적인 의미를 담고 있다.

신들의 위계

⑤ 인신

◆ 무속인들은 모두 인신을 주신으로 모실 수밖에 없는가

그것은 개인의 역량이며 신과의 인연법에 의한 것이라고 볼 수 있다. 거의가 인신 계열의 신을 모시고 살아가는 것이 무속인들의 삶이다. 그렇기에 찾아오시는 손님들의 인간적인 애환을 더욱 자세히 알고 풀어줄 수 있는 것이다.(인신은 인신의 역할을 한다.) 하지만 지신을 모시는 무속인들은 거의가 점사를 보지 않는다. 볼 필요가 없는 것이다. 지신들은 인신과는 완전히 격이 다른 신들이시며 대부분을 기도와 자신의 관할 하에 있는 지역에 어떠한 분쟁이나 삿된 기운이 감돌지 않는지가 주 관심사이다. 그러므로 개개인의 희노애락에 대한 부분은 인신들이 해결하는 것으로 역할이 나누어져 있다고 보는 것이 맞을 것이다.

그러므로 기도가 좋고, 거의 모든 생활을 기도하는 장소에서 보내며 그다지 손님과의 점사가 즐겁지 않고 점사의 결과도 잘 맞지 않으며(개개인의 생활에 그다지 관심이 없음) 더욱이 치성에 대해서도 마찬가지다.(예를 들면 자신에게 유리한 결과가 나오게 김 아무개가 기도를 백날 드려본들, 그 유리함이 이웃집 박아무개 한테는 오히려 해가 되는 일이 생긴다고 가정을 해보자. 그곳을 관할하는 지신들께서는 당연히 모두가 원만한 쪽으로 되도록 하는 것에만 관심이 있을 뿐이다. 그러므로 공평하게 하고자 하실 것이 당연하기 때문에 김 아무개의 기도는 효험이 없다.) 그러므로 지신을 모시는 무속인들은 거의 속세에 어울리지 않고 산 속에 거하는 경우가 대부분이고, 기복적인 부분에서 거의 효험이 없기 때문에 사람들도 찾지 않게 된다. 그렇기에 현대에 무속인 특히, 속세에 거하며 밀접하게 손님을 맞이하며 불리는 무속인들은 대개가 인신 계열이라고 볼 수 있다.

◆ 인신이 지신으로 상승되는 경우

살아생전에 국가와 민족을 위해 목숨을 바쳤다든지, 억울한 죽음을 맞이한 왕이라든지, 혹은 생애가 마을 사람들의 귀감이 되어 죽은 후에 수호신으로 추존되는 경우가 있다. 그러나 사후에 바로 지신으로 승격된다고 보기는 어려우며 오랜 세월이 흘러서 적당한 절차를 밟아야 한다. 특히 후손들로부터 제사를 받아들이는 4대 조상(고조)이 훨씬 지나게 되면 이미 그 조상은 인신의 한계를 벗어나는 것으로 파악하였고 그 경우는 마을신이나 산의 지신으로 좌정하게 되었다. 그러나 이것도 모든 경우에 해당하는 것이 아니라 존경받을 만한 사연이나 합당한 이유가 있어야만 한다. 인신이 지신으로 승격되는 경우는 그다지 흔하지 않으며 이러한 경우 조금 더 사람들의 삶에 밀접하게 느껴지는 친숙함이 장점이 된다.

이러한 지신들은 사람들의 애환에 대해 너그러운 분들이 많으며, 어떨 때에는 왕과 왕족을 위해서 출현하기도 하고, 중요한 인물이 탄생하는 집안에 나타나서 예언을 해주기도 하며, 매우 효성스럽거나 사연이 각별한 사람에게는 기적을 선물해주기도 한다. 그러다가 점점 더 상승된 지신의 성향으로 승격되고 나면 점점 더 속세의 일과는 인연이 멀어지게 되며 그렇게 되고 나면 일반 사람들이 지신을 뵐 일은 거의 드물게 된다. 특히나 명산의 주산에 거하는 산신들께서는 거의 개인의 기도를 받지 않고 설사 받는다고 하더라도 하부 산신일 확률이 높다. 하부 산신들이야 말로 우리가 종종 산신기도를 드리러 가는 곳에 거하시는 분들이며 각자 맡은 지역의 업무가 정해져있다고 봐야한다.

◆ 몇 대 조까지를 인신으로 섬길 수 있는가

조선시대에 접어들어 중국에서 들어온 유교가 나라의 이념으로 정착되면서 조상의 제사를 좀 더 격식있게 지내는 많은 방법이 생겨났다. 그러나 이것은 고대로부터 내려온 우리 민족의 특유한 제례를 영영 잊어버리게 만드는 폐단을 낳았으며 오히려 유교식으로 지내야지 배운 집안이고 가문이라는 비상식을 낳게 되었다.

고려시대부터 조선 중기인 17세기 전반까지는 자손들이 돌아가면서 제사를 지냈으며 여기에 아들과 딸(또는 사위), 친손과 외손의 구별이나 차별이 없었다. 재산상속은 균분상속이었다. 그러나 조선중기 이후부터 제사의 주체는 장남(종손)과 맏며느리(종부)로 바뀌었고 상속 지분도 장남이 독점하게 된다. 사당을 지어서 부모부터 고조까지 4대 조상들의 위패를 모시게 하여 그 제사를 받드는 관례가 정착을 해버렸다. 제사의 종류로는 네 계절의 중월(仲月: 음력 2·5·8·11월) 혹은 계월(季月: 음력 3·6·9·12월)에 받드는 시제(時祭), 조상이 사망한 날에 받드는 기제(忌祭), 봄가을 조상의 묘소에서 받드는 묘제(墓祭)가 있다. 음력 매달 초하루·보름·명절 및 조상의 생일 등에 모시는 제사를 차례(茶禮)라고 하며 또 명절에 모시는 제사는 절사(節祀)라고 한다. 거의 제사를 위해 준비하고 살아야 할만큼 실로 방대하다.

이렇듯 고조까지의 4대 봉사는 기본이었으며 가문에 초상이 나면 8촌까지 상복을 입게 되었는데 사정이 이러하다보니 하늘 아래 뚝 떨어진 천애고아가 아닌 다음에야 자신의 친족은 어떻게든 알게 마련이었고 그러다보니 어느 조상에 어느 다리가 놓여지는 것은(신을 받는) 누구에게도 일어날 수 있는 지극히 자연스러운 현상이 아닐 수 없었다. 즉 어느 후손에 어느 대감이 오시고 어느 할머니가 오셨는지는 특별히 뭐라고 할 게 아닐 만큼 밀접한 인간관계였다는 말이다. 불과 30년 전까지만 하더라도 4대 봉사를 모시는 집안을 심심찮게 볼 수 있었지만 급속한 근대화를 겪어 더욱 더 발전이 가속화되는 현대에는 매우 드문 풍경이 되어가고 있다. 더욱이 지금의 인류는 획기적인 사건인 인터넷의 등장으로 인하여 전 지구가 하나가 되는 경험을 일상적으로 느낄 수 있는, 유례가 없는 시대를 맞이하고 있다. 게다가 각종 다양한 종교관과 라이프 스타일을 가진 사람들이 폭발적으로 늘어나면서 조선시대를 지탱했던 제사문화는 점점 설 자리를 잃어가고 있는 게 현실이다. 그럼에도 불구하고 신을 받는 사람들은 점점 더 늘어나고 있으며 자신에게 신기가 있는 건 아닌지 하고 의혹을 갖는 사람들도 늘어나는 추세이다. 평소 4대

봉사를 통해서 제삿밥을 드시던 조상분들이 이젠 그마저도 안되자 직접 행동에 나선 것일까? 모를 일이다.

대개의 경우 4대조 이내를 인신으로 볼 수 있다. 그 위로 넘어가게 되면 거의 조상신으로 받아들이기 어렵게 된다. 또한 인신으로 좌정하는 조상은 살아생전에 공부가 되고 어느 정도의 격을 갖추어야만 인신으로서 활동할 수가 있다. 모든 조상이 사후에 인신으로 받아들여질 수 있는 것은 아니다.

◎ 신내림에 관하여

◆ 제례의식을 좋아하는 한민족

아무리 현대화가 이루어졌다고 하더라도 제사에 대한 개념이 이처럼 철저한 민족은 드물 것이다. 외국에서는 유대민족이 우리 한민족과 비교될 만하다. 우리들은 알게 모르게 제사를 상당히 사랑하는데 다른 여타 종교를 믿더라도 한민족화 된 색채를 띠게 된다. 기독교, 천주교, 불교도 마찬가지이다. 세계 어느 곳을 가보더라도 이렇게 신을 섬기는 나라를 찾기 힘든 것은 제사장의 피가 흐르고 있기 때문일 것이다.

외래 종교가 들어온 것은 불교가 들어오기 시작한 신라시대로 거슬러 올라간다. 하지만 우리나라 불교 역시도 산신각의 존재부터 시작해서 제례의식에 집중된 모양새를 부정할 수 없을 것이다. 조상을 믿지 않는 기독교는 여기에서 긴 언급은 하지 않으려한다. 다만 어떤 의식을 치르면서 자신의 신앙을 더 강화하려는 것은 다른 나라에서는 찾아볼 수 없는 특징이다. 새벽기도, 주중과 주말에 올리는 수많은 기도가 그것을 의미한다. 굳이 제물을 차리느냐의 유무로 판단하는 것이 아니라 기도를 사랑하고 그것에 많은 시간을 보내는 성향을 말하는 것이다. 이것은 오랜 역사 속에 살아 숨쉬는, 우리가 신과 소통하는 방식인 것이다.

신들의 위계

◈ 신내림의 인연찾기

이는 매우 복잡다단한 문제로써 하나의 설명으로 풀이할 수 있는 게 아니다. 병원에 가도 여러 가지 질병에 따라서 의사가 나누어져 있고 간단히 한 끼를 해결하는 식당에서도 동시에 모든 메뉴를 만들 수 없으며 자신만의 특징적인 음식을 제공할 뿐이다. 그러므로 자신이 어느 신을 받아 모셔야 하는지를 아는 것은 매우 중요하고 가장 핵심적인 부분이라고 할 수 있다. 대학 진학 시에 무엇을 전공하는가, 그 후에는 진로를 어떻게 나갈 것인가 등등 인생의 가장 중요한 갈림길을 선택할 때보다 더 신중하고 깊이 판단해야할 문제인 것이다. 이 부분을 모르게 되면 적절한 신선생(신어머니)을 만나기 어렵게 된다. 아이러니하게도 너무 모르다보니까 신선생이 다 알아서 해주겠지 라는 막연한 생각을 가지고 제자가 되어서 인연을 맺으면 신선생을 거의 전지전능한 존재로 여기게 된다. 이렇게 되면 많은 불행한 일들이 벌어지게 된다. 이것은 신선생과 제자가 되는 두 사람 모두의 문제가 아닐 수 없다.

먼저 이 길을 간 신선생은 자신이 전지전능하지 못하다는 것을 누구보다 잘 알고 있다. 외과의사가 될만큼 강한 비위를 가지지 못한 학생(늘 피를 보는 수술을 자주 하게 된다는 전제 하에)에게 외과를 강권하는 것이나 다름 없으며 그것을 해내지 못할 시에 너는 의사가 될 자격조차 없다고 폄하하거나 제자들의 기를 완전히 꺾어놓는 경우가 그것이다. 내림굿을 받았으나 말문이 제대로 터지지 않은 경우도 그것이다. 다른 행태로 문을 여는 경우도 많으나 그 선생은 자신이 받은 방식이 그러했기에 아는 것이 그 뿐인 것이다. 그것을 제자에게 해보았으나 아무 효과가 없다고 느끼자 제자의 자질이 없다고 혹평을 하기도 한다. 이러한 경우 제자는 또다시 방황을 하게 되며 자신이 무능하다고 느껴지고 다른 여러 굿판을 전전하며 제대로 된 선생을 만나지 못할 시에는 큰 빚을 지고 몰락하게 된다.

신선생들은 자기와 줄력이 다른 제자 후보자들이 왔을 때 매우 면밀하게 보고 받아들여야 한다. 귀한 사람이 쓸모없이 되어버리는 부작용이 생겨나기 때문이다. 지나치게 제자를 만들어야겠다는 것도 욕심이니 자신과 방향성과 성향과 신격이 맞는 제자를 살펴보고 받아야 할 것이다. 자신이 감당할 수 없는 제자를 두거나, 혹은 자신보다 신격이 높은 신력을 가진 제자를 아래에 두려고 하는 것은 매우 어리석은 일이다. 신내림은 자신에게 온 신과 그 신을 받게 도와줄 신선생(신어머니)을 잘 만나서 서로 인연을 맺고 가르침을 받는 아름다운 옛전통을 가리키는 말이었지만 현대에는 조금 안타까운 부분이 많다. 제자들은 외부에서 다양한 정보를 얻어듣고 자신의 선생을 의심하고 판단하며 재주만 배우고 나면 언제든지 독립할 생각을 갖고 있다. 선생들도 이러한 세태를 겪다보니 제자들을 키우는 데에 있어서 매우 냉정한 시각을 가지고 예전처럼 자식같이 품으려는 생각이 없다.

이러하듯 현 세태는 먼저 신의 길을 가는 신선생이 아무것도 모르는 제자를 우롱하기 좋은 상황이며, 제자 된 사람이 가벼운 기술을 몇 개 배운 뒤에 신선생의 뒤통수를 치는 것은 기본이다. 이는 매우 유감스럽지만 사실이다. 제자들은 자신의 신선생에게서 뭔가를 다 배웠다고 판단하면 올챙이 시절을 잊어먹고 나대기 시작하며 독립을 하고 나서는 신선생 깔보기를 동네 개보다 못하게 취급하려 한다. 신선생이라고 해도 신의 일은 평생을 배우고 닦아야 하는 길인데 고작 기술 몇 개를 배웠다고 해서 그것이 전부인양 하는 어리석은 팔푼이들이 가득한 세상이 되어버렸다. 인내심과 상식과 예의는 신의 세계에서 가장 중요한 덕목이다. 인간 세계도 그러한데 신의 세계는 더 엄중하다고 보아야 한다. 신의 대리자이므로 아무렇게나 해도 된다는 식의 사상만큼 신의 사제들을 썩게 만드는 독약은 없을 것이다.

◈ <u>신내림에도 신격이 우선이다.</u>

신격이 높은 신을 모시게 되는 경우는 자신보다 신격이 낮은 사람에게서 신내림을 받을 수 없다. 이것은 삼척동자도 다 아는 사실이다. 그러나 눈에 보이지 않으니 확실히 알 수가 없어서 신내림만 받으면 그저 모든 게 저절로 되는지 아는 사람들이 많다. 이에 여기에서 이러저러한 방법을 풀어서 설명하였으니 도움이 되었으면 좋겠다.

또한 선생과 제자 사이에 사람끼리는 너무 친하게 지내고 좋은데 신들끼리 화합이 되지 않아서 선생과 제자가 오래 함께 못하는 경우도 많다. 인신을 모시는 무속인들도 나름의 질서가 있어서 고상하고 학구적인 것을 좋아하는 선생 아래에 화려하고 활발한 신을 모시고자 하는 제자가 오래 붙어 있을리 만무하다. 그 반대의 경우도 그러하다. 인신들에게는 매우 강한 개성이 있고 이보다 더 인간적일 수 없을 만큼 확고부동한 취향을 드러내는데 그것이 때로는 맞고 때로는 충돌하는 것이다. 사람 세상과 크게 다르지 않다.

⑦ 영력의 종류

◆ 무업의 종류

1 영매가 되어서 각종 영가들을 몸에 싣고 그들의 애환을 달래주거나 악영향을 소멸시킬 수 있는 형.(굿과 기도치성을 진행할 수 있느냐는 별개의 문제이다. 이는 사전에 이 능력이 있는 사람이 익혀서 행할 수 있는 기술적인 부분으로 볼 수 있다)

2 심신이 아픈 것을 낫게 하는 치유형.(특히 건강에 집중되어 있다) 단순히 영가천도만으로 살아있는 사람의 건강이 회복되지 않을 때 좀더 활력과 생기를 불어넣는 능력을 말한다.

3 주로 상담을 진행하여 손님들이 앞으로 살아가야 할 길에 대한 적절한 조언을 제공하는 형.

4 자연 속에 깃들어 있는 힘을 다루고 조절하여 각종 은밀한 비방과 비술을 행하는 형.(풍수지리와도 밀접하다)

5 천신 또는 지신과의 소통을 위해서 일반인의 생활을 포기하고 수련에 집중하는 형.(점사와 굿을 진행할 수 없으며 행할 필요도 없다)

◆ 영력 발현의 종류(두 개 이상의 복합능력이 발휘되는 경우도 있다)

1 직접 눈으로 영가와 이와 관련된 영적 현상을 보는 형.(여기에 특이하게 후각이나 청각, 촉각만이 따로 발달되거나 통합될 수도 있다)

2 머릿속으로 그 화면이 지나가는 것처럼 재구성 되는 형.

3 거의 현실과 같은 꿈을 꾸거나 그것이 실제로 실현되는 형.

4 말로 하는 것이 이루어지는 형.(일반적인 예언과 국운에 따르는 등 범위는 차이가 있다)

5 손에서 기운이 나와서 상대를 낫게 하거나 아프게 하는 형.

6 자동기술 등으로 신의 글자를 쓰게 되거나 그림을 그리는 형.

—

이에 대해서 중요한 것은 어떤 역할 능력도 다 인연에 의한 것이며 더 중요하고 덜 중요하고가 없다는 것이다. 다 나름의 재능과 신들의 합의에 따라 이루어지는 것이니 겸허하게 받아들이는 것이 나을 것이다.

—

출처와 참고

Source & Reference

출처와 참고

00. 초립동
01. 초립 - 국립민속박물관 https://www.nfm.go.kr/
02. 관례축사 - 국립민속박물관 https://www.nfm.go.kr/
03. 호랑이 - 국립민속박물관 https://www.nfm.go.kr/
04. 호랑이 - 국립중앙박물관 https://www.museum.go.kr/
05. 이카로스 - Icarus(1588) from the series The four disgracers, Hendrick Goltzius
06. 이카로스 - 이카로스의 추락(1636), Peter Paul Rubens, 마드리드 프라도 미술관 소장
[닮은꼴 찾기] 출처 - 위키백과 https://ko.wikipedia.org/

01. 감흥신령
01. 만인산 - 국립민속박물관 http://www.nfm.go.kr/
02. 남원 관왕묘 적토마도 - 문화재청 http://www.cha.go.kr/
03. 그리스 델포이 신전
04. 터키 안탈리아 신전
05. 초감흥거리 - 국립민속박물관 https://www.nfm.go.kr/
06. 감흥화 - 국립민속박물관 https://www.nfm.go.kr/
[닮은꼴 찾기] 출처 - 위키백과 https://ko.wikipedia.org/

02. 별상부인
01. 모란
02. 호구별상도(1) - 국립민속박물관 https://www.nfm.go.kr/
03. 호구별상도(2) - 국립민속박물관 https://www.nfm.go.kr/

03. 가야산성모
01. 육대신장
02. 가야산 - 한국학중앙연구원 http://encykorea.aks.ac.kr/
03. 김해 가야 수로왕릉 - 한국학중앙연구원 http://encykorea.aks.ac.kr/
04. 경주 노서동 금목걸이 - 문화재청 http://www.cha.go.kr/

04. 옥황상제
01. 제우스(1) - © Marie-Lan Nguyen / Wikimedia Commons
02. 제우스(2) - Jupiter and Thetis(1811), Jean-Auguste-Dominique Ingres
03. 옥추경(1) - 국립민속박물관 https://www.nfm.go.kr/
04. 옥추경(2) - 국립민속박물관 https://www.nfm.go.kr/
05. 옥추경(3) - 국립민속박물관 https://www.nfm.go.kr/
06. 무신도 - 국립민속박물관 https://www.nfm.go.kr/
[닮은꼴 찾기] 출처 - 위키백과 https://ko.wikipedia.org/

05. 별상대감
01. 처용무 - 문화재청 https://search.cha.go.kr/
02. 처용암 - 문화재청 https://search.cha.go.kr/
03. 국사당 무신도 중 별상님 - 한국학중앙연구원 http://encykorea.aks.ac.kr/
04. 별상장군도 - 국립민속박물관 https://www.nfm.go.kr/
[돋보기] 출처 - 위키백과 https://ko.wikipedia.org/
            - 문화재청 https://www.cha.go.kr/

06. 부군님과 부인
01. 서빙고동 부군당(전경) - 한국학중앙연구원 http://encykorea.aks.ac.kr/
02. 서빙고동 부군당(탱화) - 한국학중앙연구원 http://encykorea.aks.ac.kr/
03. 도당굿 - 국립민속박물관 https://www.nfm.go.kr/
04. 이집트 신화
05. 마이산 탑사 - 한국학중앙연구원 http://encykorea.aks.ac.kr/
06. 아차산 등산로의 도당
[닮은꼴 찾기] 출처 - 위키백과 https://ko.wikipedia.org/

07. 도깨비
01. 두꺼비
02. 나무가면 - 영화 마스크(1994)
[돋보기] 출처 - 위키백과 https://ko.wikipedia.org/

08. 산신들의 바둑내기
01. 북두칠성과 삼태성 - 퍼블릭 도메인(Johann Elert Bode의 큰곰자리 성도)
02. 마니산 신선관 - https://blog.naver.com/jsh11172
03. 마니산 신선관 설명문 - https://blog.naver.com/jsh11172

09. 글문도사
01. 토끼
02. 토트
[닮은꼴 찾기] 출처 - 위키백과 https://ko.wikipedia.org/

10. 직녀
01. 직녀성(베가) - 퍼블릭 도메인(NASA)
02. 아라크네(1) - 구스타브 도레의 삽화 "단테 신곡 中" Gustave Dore of 1861 edition of Dante's Inferno.
03. 아라크네(2) - Pallas and Arachne(1636-1637), Peter Paul Rubens
04. 아라크네(3) - Minerve chasse la tisserante Arachné qui avait osé rivaliser en broderie avec elle, et la métamorphose en araignée Vers - 미네르바(아테나)만큼 수를 잘 놓는다며 경쟁하려던 아라크네를 쫓아 거미로 변신시키는 미네르바(1688), Rene Antoine Houasse
05. 모이라 여신 - The Three Fates(1550), Francesco Salviati
06. 하서집 - 국립중앙박물관 https://www.museum.go.kr/
[돋보기] 출처 - '직녀성의 위용' 위키백과 https://ko.wikipedia.org/
[닮은꼴 찾기] 출처 - 위키백과 https://ko.wikipedia.org/

11. 지하장군
01. 탄천(1)
02. 탄천(2)
03. 심장 무게 달기 - Papyrus of Hunefer(BC 1275년)

12. 삼신할머니
01. 연꽃(1)
02. 연꽃(2)
03. 삼신상 - 국립민속박물관 https://www.nfm.go.kr/
04. 울루루
05. 아기

13. 저승의 여대왕
01. 동자상

14. 대신할머니
01. 불사거리(1) - 국립민속박물관 https://www.nfm.go.kr/
02. 불사거리(2) - 국립민속박물관 https://www.nfm.go.kr/

15. 아귀
01. 아귀 - 위키백과 https://ko.wikipedia.org/

16. 성수대신
01. 아흔아홉상쇠방울 - 국립민속박물관 https://www.nfm.go.kr/
02. 무신도 - 국립민속박물관 https://www.nfm.go.kr/

17. 사해용왕부인
01. 버드나무 - 위키백과 https://ko.wikipedia.org/
02. 물동이(1) - 국립중앙박물관 https://www.museum.go.kr/
03. 물동이(2) - 국립중앙박물관 https://www.museum.go.kr/

18. 창부대신
01. 오르페우스(1) - 저승에서 에우리디케를 이끌고 나오는 오르페우스(1861), 장 바티스트 카미유 코로
02. 오르페우스(2) - 오르페우스와 디오니소스 여신도들(1710), 그레고리오 라자리니

19. 산마도령과 애기씨
01. 산삼
[돋보기] 출처 - 위키백과 https://ko.wikipedia.org/
[전래되어 오는 이야기] 출처 - '태양신 설화' 손성태(Son Sung-Tae). '우리민족의 태양신 신앙과 아메리카 이동' 비교민속학 0.52(2013)

21. 마고신
01. 청동방울 - 국립중앙박물관 https://www.museum.go.kr/
02. 석굴암 십일면관음상 - 문화재청 https://search.cha.go.kr/
03. 선릉공원 은행나무

프라임뮤즈
타로 아카데미

—

강의 및 자격증 안내

PRIME MUSE

PRIME MUSE TAROT ACADEMY

자격증 및 타로 아카데미 안내

■ 교육 및 자격증 문의
▶ 카카오톡 플러스친구 : @프라임뮤즈

■ 문의 전화
▶ 010-7141-8794

프라임뮤즈 타로 아카데미 안내

프라임뮤즈 타로 아카데미는 프라임뮤즈에서 발행된 타로카드를 기반으로 교육하고 있으며, 저자의 의도를 쉽게 파악하고 리딩할 수 있는 실전교육으로 타로심리상담사와 크리스탈힐러심리상담사를 꾸준히 배출해내고 있는 교육센터입니다.

체계적인 커리큘럼과 마인드 교육으로 실무환경에서 보다 수준 높은 리딩이 가능하게 하며, 단순히 미래를 맞추는 상담이 아니라 내담자의 마음을 이해하고 공감하며 새로운 길을 열어 줄 수 있는 안내자로써 그 역할을 충분히 수행할 수 있는 교육을 지향합니다.

타로심리상담사 자격증

▶ 타로심리상담사란?
타로카드를 통한 상담을 활용하여 피상담자의 현상 또는 심리상태에 대해 파악하고 구체적인 해결방안을 제시하여 피상담자의 문제해결을 도우며, 교육대상자에 대하여 타로카드를 활용한 소통, 심리 안정, 잠재능력의 발현 등 체계적이고 전문적인 교육 서비스를 제공하는 직무를 수행합니다.

▶ 자격증 특징
타로심리상담사는 프라임뮤즈에서 발행된 타로카드를 기반으로 이루어진 자격증입니다. 만신타로카드 및 궁궐비사 등 앞으로 계속해서 출시될 많은 타로카드를 비롯하여, 내가 원하는 카드를 배울 수 있고, 원저작자의 의도를 한눈에 파악하여 누구보다 쉽게 이해함으로써 실전상담에 바로 적용하실 수 있습니다.

필요에 따라 유니버셜 웨이트 타로카드 교육도 받으실 수 있습니다.

▶ 타로심리상담사 자격증 종류
◎ 타로심리상담사 1급
◎ 타로심리상담사 2급
◎ 타로심리상담사 3급

크리스탈힐러심리상담사 자격증

▶ 크리스탈힐러심리상담사란?
크리스탈 힐링 차크라 카드와 펜듈럼 및 실제 원석 등을 활용하여 피상담자의 심리상태를 이해하고, 정서적 힐링과 안정을 위한 상담 및 프로그램을 교육 및 기획하는 직무를 수행합니다.

▶ 자격증 특징
크리스탈힐러심리상담사 자격증은 크리스탈과 차크라에 대해 더욱 깊이 배울 수 있으며 프라임뮤즈에서 제작한 [크리스탈 힐링 차크라] 카드를 이용할 수 있습니다. 48가지의 원석과, 12가지의 행성카드로 이루어진 [크리스탈 힐링 차크라] 카드는 인체상응도와 감각수용도를 포함하고 있어 차크라의 형태, 내담자의 감정/감각에 대한 것까지 한눈에 파악할 수 있습니다.

실제 원석과 겸비하여 보다 높은 수준의 상담을 이어갈 수 있는 매개체로써 적극 활용하시길 바랍니다.

▶ 크리스탈힐러심리상담사 자격증 종류
◎ Advanced
◎ Intermediate
◎ Beginner

타로교육 1타강사 **스완!**

- 리딩이 안되는 당신을 위한 비법 대방출!

- 이제 당신도 연봉 1억의 타로상담사가 될 수 있다!

- N잡 시대에 타로창업을 위한 전문적인 실전교육부터 창업까지 ONE-KILL 레슨!

- 케이블 방송 및 다양한 크리에이터와 협업, 유튜브 촬영 다수
- 프라임뮤즈 타로 아카데미 대표 강사
- 강남 타로블라썸 대표 타로마스터
- 미지(Mizi) 엠버서더

타로, 쉽게만 간다면 누구나 아무나 할 수 있겠지요. 빠르지는 않아도 제대로 가는 방법을 알려드리겠습니다. 저도 전공과는 전혀 다른 타로의 세계로 접어들면서 갖은 어려움이 있었습니다. 하지만 곧 타로가 모든 전문 분야를 아우른다는 것을 깨달았습니다. 서로 소통이 줄어든 현대 사회에 타로는 말하지 않아도 이해하게 돕는 도구이며, 사랑을 느끼게 하는 도구인 것을 깨달았습니다. 타로를 취미로 하고 싶으신 분들, 타로를 업으로 삼고 싶으신 분들, 타로를 잡은 누구나 고민하는 부분 저도 했던 고민이기에 가이드이자, 지표가 되어드려서 제가 겪은 시행착오는 덜어가셨으면 좋겠습니다.

PRIME MUSE

GOLDEN AGE CO.